IT convergence and Creative e-learning

IT 융합과 창의 이러닝

한태인 지음

에피스테메
EPISTEME

IT 융합과 창의 이러닝

ⓒ 한태인, 2014

초판 1쇄 펴낸날 | 2014년 11월 28일

지은이 | 한태인
펴낸이 | 이동국
펴낸곳 | 한국방송통신대학교출판문화원
　　　　주소 서울특별시 종로구 이화장길 54 (110-500)
　　　　대표전화 1644-1232
　　　　팩스 (02)741-4570
　　　　홈페이지 http://press.knou.ac.kr
　　　　출판등록 1982. 6. 7. 제1-491호

출판문화원장 | 권수열
편집 | 이근호·김현숙
마케팅 | 전호선
편집·디자인 | 토틀컴
표지 디자인 | 최원혁
인쇄·제본 | 삼성인쇄(주)

ISBN 978-89-20-01498-7 93370

머리말

정보통신기술의 혁신이 가져온 사회문화적 변화는 실로 엄청나다. 컴퓨터와 통신기술이 교차적으로 그리고 동시적으로 발전하면서 인터넷이라는 인간사회 네트워크 형태를 바꾸어 놓는 괴물이 지구상에 회자되는 인간 활동의 대부분을 바꾸고 있다. 이라이프(e-life), 디지털 경제(digital economy), 그리고 스마트 라이프(smart life)는 삶과 관련된 개념으로 진화하면서 인터넷의 웹기반 생활 문화는 모바일 혁명과 함께 다양한 이용자 환경으로 급속한 발전을 시도하고 있다.

이러한 정보기술 혁신에 따른 사회문화적 변화는 당연히 교육에도 영향을 미쳤고, 훈련과 학습을 포함한 교육의 변화는 자명한 일이 되었다. 교육의 패러다임은 물론 교수방법론, 학습방법론의 변화와 함께 학습자와 교수자의 역할과 활동에 대한 변화도 요구되고 있다.

오래전에 보완 교육으로 출발했던 이러닝이 완전한 대체 교육으로 전환되었고, 학점은행학교나 사이버대학 등에서 오로지 이러닝을 통해서만 교육하고 학위를 수여한 지도 10여 년이 훌쩍 넘었다. 동시에 교육과 학습에 대한 사용성, 편의성, 성과효율성과 효과성 그리고 마지막으로는 면대면 교육과의 비교에 의한 객관성과 타당성 등 품질관리에 따른 문제 제기도 꾸준히 제시되어 왔다.

이 책은 이러한 정보기술 발전에 따른 교육과 학습 및 훈련의 변화를 어떻게 현실적으로 잘 정착시킬 수 있으며, 나아가서는 창의적인 학습 또는 교수 형태를 갖추게 할 수 있는가를 고민하면서, 그동안의 기술 변화와 교육방법의 변화를 통해 향후 나아가야 할 교수 및 학습 전략에 중점을 두어 내용을 전개하려고 노력하였다.

이 책은 이러닝의 역사, 이러닝과 관련 기술, 정책과 표준기술, 콘텐츠 제작방법과 교수 및 학습 전략 등을 담았으며, 이러한 교육과 학습이 가져오는 사회문화적 문제에 대하여도 기술하였다. 따라서 이러닝과 교육공학 그리고 이와 관련된 전공에서 다루어야 할 기본 지식이나 이론 등을 체계적이고 구조적으로 정리하였으므로, 관련 분야의 학습자 또는 연구인들이 이를 잘 활용하여 이 책에서 제시한 것보다 더 넓고 다양한 그리고 수준 있는 연구가 지속될 수 있는 데 기여할 수 있기를 희망한다.

일러두기

이 책을 보는 데 다음을 유의하면 덜 궁금할 것이다.

1. 일부 그림이나 표의 출처에 밝힌 웹페이지의 경우, 이 책을 집필할 때는 해당 URL이 존재하였으나, 발행 이후에는 존재하지 않거나 내용이 변경되었을 수 있다.

2. 본문에서 재인용된 출처의 경우, 출처를 찾아서 표기하려고 노력하였으나 찾지 못하여 참고문헌에서 일부 누락된 것이 있다.

3. 참고문헌의 경우, 한국방송통신대학교 대학원 이러닝학과에서 사용하는 IEEE의 참고문헌 정리 방식에 따랐다. 그러므로 타 학문 분야에서 사용하는 정리방법과 다를 수 있다.

4. 단어의 띄어쓰기와 붙여쓰기의 경우, 표준 국어에서 규정한 것과 다를 수 있다. 이는 이 분야의 많은 전문인이 통상적으로 표기하는 방식에 따른 것이다.

차 례

01

제 1 부
이러닝과 정보통신 융합

제 1 장

01

이러닝 개론

1 이러닝의 개념과 정의

1.1 이러닝의 정의와 용어의 어원

이러닝(e-learning)이란 'electronic learning'의 약자로 '전자적 학습'으로 번역할 수 있으며, 전기적 신호를 매개로 강의를 제공하는 원격교육 방법을 의미한다. 협의의 개념으로 보면 인터넷을 통한 원격교육을 뜻하는 경우가 많지만, 넓은 의미로는 CD-ROM을 통한 교육부터 인공위성 전송을 통한 교육까지를 포함하므로 온라인교육(online learning)이나 컴퓨터기반 교육(CBT: Computer-Based Training)보다 넓은 개념으로 사용될 수 있다.

이러닝은 기본적으로 학습, 교육, 훈련을 위한 정보기술(ITLET: Information Technology for Learning Education and Training)을 포함하고 있다. 이는 이러닝이 전자적 학습이라는 용어로 표현되고 있지만, 이러닝은 학습은 물론이며 교육과 훈련이라는 용어까지 포함하고 있다는 것을 보여 주는 것이라 할 수 있다. 따라서 이러닝은 이트레이닝(e-training)과 이에듀케이션(e-education) 모두를 포함하고 있다고 이해해야 할 것이다.

이러닝이란 용어를 누가 최초로 사용했는지는 분명하지 않다. 1995년 출간된 마이클 무어(M. Moore)와 그레그 키어슬리(G. Kearsley) 공저의 『원격교육: 체계 개설(*Distance Education: A Systems View*)』에서 이러닝에 대한 언급과 전망이 소개된 바 있지만 그보다는 훨씬 이전에 사용된 것은 분명하다.

인터넷이 보급되고 인터넷 활용 서비스들이 활발히 진행되면서 이러닝이라는 용어가 사회에서 빈번히 사용되었기 때문에 국내에서는 이러닝 사업자라는 명목으로 1990년대 초부터 전문기업들이 생겨났으며, 1990년대 중반부터는 전 세계적으로 이러닝에 대한 표준에 대하여 논의되기 시작하였다. 또한 본격적으로 이러닝을 시도한 기관은 캐나다 앨버타 주의 앨버타 대학이라고 소개되고 있으나, 우리나라의 경우만 해도 2000년대 초반에 사이버대학이 태동한 것을 보면 이러닝 용어의 태동은 1990년대 초반 이전임이 확실하다. 항공산업컴퓨터기반훈련위원회(AICC: Aviation Industry Compuer-based training Committee)와 대학들이 항공조종사 과정에 대해 웹시티(WebCT)사, 선 마이크로시스템(Sun Microsystems)사와 함께 협력 관계를 형성해 인터넷 학습 환경 솔루션을 구축하고 제공하기 시작한 것을 웹을 근거로 한 이러닝의 시발점으로 보는 견해도 있다.

1.2 정보기술 변화와 이러닝 개념

1) 정보기술과 교육

정보기술은 비즈니스를 혁명적으로 변화시켰고, 교육에도 디지털 혁명의 영향력이 적지 않게 작용하였다. 이러닝으로 대변되는 교육의 변화는 교육 환경의 기술적인 측면뿐만 아니라 패러다임 자체를 바꾸어 놓고 있다. 과거와 같이 사람들을 교육으로 끌어들이는 대신 이러닝은 교육을 사람들에게 가져다준다. 언제, 어디서, 누구에게나 교육이 가능하도록 하는 것이 바로 이러닝이다.

이러닝은 기술기반(technology-based) 교육을 의미하며, 교육용 CD-ROM이나 교육용 소프트웨어를 이용하는 학습, 교육 및 훈련으로서 컴퓨터기반(computer-based) 교육, 웹기반(web-based) 교육, 가상학습(virtual classroom) 등과 같이 교육에 협력학습이나 협동학습과 같은 협업을 강조하고 있는 디지털 협력학습(collaborative learning)을 포함하는 개념이다.

2) 네트워크 환경과 교육

흔히 오프라인교육과 비교하여 회자되는 온라인교육은 인터넷, 인트라넷, 엑스트라넷을 통한 웹기반의 교육을 의미하며, 이러닝의 한 부분이다. 그리고 유사 개념으로 쓰이는 원격교육(distance learning)은 온라인교육은 물론 좁은 의미의 웹기반 이러닝까지 포함하는 가장 광범위한 개념이다. 이러한 개념적 정의는 현실적으로 정확하게 구분되어 사용되고 있지 않으며, 이러닝, 온라인교육, 사이버

교육 등의 용어들은 거의 같은 의미로 쓰이고 있다.

반면 오프라인교육은 면대면 수업(class-learning), 즉 교실 기반 교육으로 표현되고 있다. 교육의 전달 방법 측면에서 기술기반 교육이라는 표현을 사용하기도 하고, 교강사를 통해 콘텐츠가 일방향으로 전달되는 이러닝 형태들은 강사 주도(instructor-led) 교육이라는 표현을 사용하기도 한다.

1.3 전자상거래와 이러닝

과거에는 컴퓨터, 네트워크 기술과 성능의 한계 때문에 현실 세계를 그대로 정보기술로 표현하는 멀티미디어 서비스가 완전할 수 없었다. 그러나 최근 몇 년 사이에 그 벽이 점차 허물어지고 있다. 그것은 단지 어디에서나 접속할 수 있다는 접속 가능성을 넘어 어디에서나 실생활과 똑같이 할 수 있다는 완전한 멀티미디어 기술로 급속히 변화하고 있는 것이다.

멀티미디어 기술의 발전은 사회를 이비즈니스(e-business)라는 산업경제 활동으로부터 이라이프(e-life)라는 문화사회 활동으로 변화시키고 있다. 그중 문화·사회·경제적으로 커다란 변혁을 가져올 산업 분야가 바로 이러닝이라 일컫는 교육 분야이다. 따라서 이러닝을 전자상거래의 한 영역으로 보고 의료 서비스의 이헬스(e-health), 물류유통 서비스의 이로지스틱스(e-logistics) 등의 전자상거래 서비스 분야와 유사하게 구분하기도 한다.

1.4 이러닝의 산업적 정의

1) 광의의 이러닝

광의로는 교수와 교육, 학습 등의 일부 또는 전체를 정보기술(IT)을 이용하여 지원하거나 전달하는 교육 전체를 총칭한다. 따라서 이 개념에 따르면 이러닝은 방송통신망을 통한 온라인교육과 CD-ROM, DVD 등 저장형 교육 콘텐츠전달 매체를 통한 오프라인교육을 모두 포함한다.

2) 협의의 이러닝

협의로는 유무선 방송통신망이나 인트라넷(LAN)을 통해 시간과 공간의 제약 없이 관련 지식과 정보에 접근하여 양방향으로 학습 또는 교육하는 방식을 의미한다. 따라서 이러닝은 교육 콘텐츠, 네트워크와 H/W 및 S/W 등 기술 솔루션, 교육생·교수·운영자 등이 상호 협업하는 쌍방 간 네트워크 커뮤니티로 구성되어야 하며, 이를 충족하는 사이버교육(cyber education), 온라인교육, 웹기반 교육 등을 포함할 수 있다.

1.5 이러닝의 기술적 정의

1) 어의적 정의

이러닝을 단어적인 측면에서 정의하면 전자기술을 기반으로 하는 학습을 말한다. 전자기술에 포함되는 형태로는 인공위성·TV·라디오 등을 통한 원격교육, 독립된 컴퓨터에서의 CD-ROM 형태의 CBT, 인터넷에 연결되어 운영되는 웹기반 학습 등이 모두 포함된다. 하지만 이 모든 교육 형태는 이러닝보다는 '기술기반 교육'이라고 포괄적으로 정의할 수 있다.

2) 기술 응용 측면적 정의

이러닝에 대한 어의적 정의 외에 다른 관점에서 정의를 내리기도 한다. 단어에 내재하는 전자기술에 대한 포괄적 의미로 정의를 내리기보다는 인간을 교육시키는 경험을 만들기 위하여 인터넷과 디지털 기술을 사용하는 일(Horton, 2001), 또는 지식과 퍼포먼스를 향상시키는 다양한 해결책을 전달하기 위하여 인터넷 기술을 이용하는 일(Rosenberg, 2001) 등으로 그 활용 방식에 초점을 두어 정의를 내리기도 한다.

또한 학습자중심의 융통성 있고 상호작용적인 환경 속에서 정보와 교수 내용을 전달하고 다양한 형태의 학습 경험과 활동을 지원하는 인터넷 기반의 교육체제(정인성, 2002)로도 정의하며, 인터넷 기반으로 학습자 상호작용을 극대화하면서 분산형의 열린 학습 공간을 추구하는 교육(한국U러닝연합회, 2003)으로 정의하기도 한다.

이렇듯 이러닝에 대한 인터넷 네트워크 활용 측면의 정의에서도 어떻게 바라보느냐에 따라 그 해석과 정의가 달라져, 학자들 사이에서도 아직 이러닝에 대한 통일된 정의가 사용되지 못하고 있으며, 일반적으로 인터넷, 즉 멀티미디어와 네트워크를 활용하여 교수와 학습을 실시하는 의미로 폭넓게 사용하고 있다.

1.6 이러닝의 보편적 정의

앞에서 살펴본 이러닝의 여러 정의를 종합하여 보면, 다음 세 가지의 구성요소를 갖는 온라인교육으로 정의할 수 있다.

첫째, 컴퓨터와 관련된 기기 및 소프트웨어, 콘텐츠를 포함한 멀티미디어 및 이들을 다루는 정보처리기술이 활용되어야 한다. 둘째, 어떠한 방법과 형식을 취

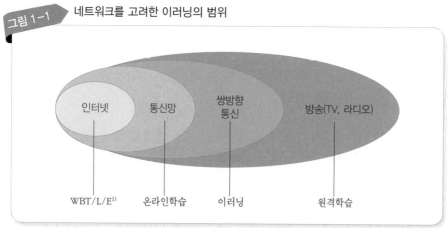

그림 1-1 네트워크를 고려한 이러닝의 범위

인터넷 통신망 쌍방향 통신 방송(TV, 라디오)

WBT/L/E[1)] 온라인학습 이러닝 원격학습

1) Web based Training, Learning, Education.

하더라도 양방향의 통신이 가능하여야 한다. 마지막으로, 이러닝이 이루어지는 공동체 또는 교육 환경 내에는 참여자의 활동이 존재하여야 한다. 이때 참여자라 함은 학습자, 교강사는 물론 도움을 주는 관리자와 시스템까지 모두를 포함한다.

이러한 세 가지 구성요소와 이러닝에 활용되는 네트워크를 고려한 이러닝의 범위를 그림으로 나타내면 [그림 1-1]과 같다.

1.7 다양한 국가와 기관의 이러닝 정의

1) 해외 국가들의 이러닝 정의

이러닝에 대한 정의는 매우 다양하며 아직 명확한 정립이 이루어지지 않은 상태라고 앞에서 언급하였다. 이는 교육적·사업적·기술적인 면에서 보는 시각들이 다르고, 다양한 분야의 산업과 교육의 융합에서 파생되는 산업 영역의 창출과 여러 산업 분야의 연계성 때문에 이러닝 산업의 명확한 한계 범위의 설정이 어렵기 때문이다. 따라서 다른 나라의 이러닝에 대한 정의를 살펴보는 것은 그 차이를 이해하는 데 도움이 될 것이다. 먼저 영국에서의 이러닝 정의를 살펴보면 〈표 1-1〉과 같다.

〈표 1-1〉 영국의 이러닝에 대한 정의

구분	이러닝의 정의
교육부 (DFES: Department for Education and Skills)	• 인터넷, 인트라넷, 컴퓨터기반 기술, 양방향 TV 등 정보통신 기술 도구를 이용한 학습 • 전자칠판이나 비디오 컨퍼런스 등의 e-technology를 이용하여 전통적인 학습을 지원하는 학습 • 학습자가 가장 적합한 시간과 장소, 학습 속도에 따라 광범위한 분야의 학습을 할 수 있는 맞춤형 학습
합동정보통신위원회 (JISC: Joint Information Systems Committee)	• 학습자가 필요한 만큼의 학습을 적합한 시간에 어디서나 할 수 있는 것으로 단지 테크놀로지와 결부한 학습이 아닌 강사와 같은 교육도구

출처: DFES, JISC.

구분	이러닝의 정의
선진학습기반협의회(ALIC) 『이러닝 백서 2004~2005』	정보통신기술의 통신 네트워크를 통한 주체적인 학습
일본 미디어교육개발센터	지식과 성과 증진을 위한 인터넷 기술을 이용하여 다양한 솔루션을 제공하는 것
일본 경제인연합 『이러닝 도입법』	인터넷이 연결된 자신의 PC를 사용하여 언제 어디서나 자신의 페이스로 학습할 수 있는 구조
일본 능률협회	WBT 솔루션을 활용한 학습을 동기·비동기에 치우지지 않고 제공하는 학습 형태(원격학습>이러닝>온라인학습>컴퓨터기반 훈련의 포함 관계를 도식화함)
도키와 유지(常盤祐司) 『이러닝: 실천적 기술의 습득 방법』	멀티미디어와 네트워크에 의해 만들어진 가상 세계 중 풍부한 정보와 지식의 지원과 피드백을 모토로 시행착오를 겪으며 실천하는 학습 형태

출처: ALIC.

일본의 『이러닝 백서』는 이러닝을 '정보통신기술(ICT: Information & Communi-cation Technology)의 통신 네트워크를 통한 주체적인 학습'이라고 정의하고 있다. 일본 미디어교육개발센터는 2003년 9월 위성 원격수업 교수설계 강좌인 이러닝 기초 강좌에서 이러닝을 '지식과 성과 증진을 위한 인터넷 기술을 이용하여 다양한 솔루션을 제공하는 것'이라고 정의하였다.

또한 지식관리시스템과 성과지원시스템, 온라인교육과 오프라인교육 등을 포함한 한 조직의 인재 개발을 위한 총체적인 인프라 구조를 이러닝시스템이라 하고, 온라인으로 제공되는 교육 모듈을 이러닝 코스라고 정의하고 있다(〈표 1-2〉 참조).

2) 국내 기관들의 이러닝 정의

국내에서도 이러닝에 대한 정의는 기관마다 다양하다. 2004년 1월에 의원 입법으로 제정된 이러닝산업발전법[이러닝(전자학습)산업 발전 및 이러닝 활용 촉진에 관한 법률, 약칭 '이러닝산업법']에서는 이러닝을 전자학습, 즉 "전자적 수단, 정보통신 및 전파·방송기술을 활용하여 이루어지는 학습"으로 정의하고 있으며, "전자

〈표 1-3〉 한국의 이러닝에 대한 정의

구분	이러닝의 정의
한국소프트웨어진흥원	• 광의로는 교수와 교육, 학습 등의 일부 또는 전체를 정보기술을 이용하여 지원 전달하는 교육 전체를 총칭 • 협의로는 유무선 방송통신망이나 인트라넷을 통하여 시간과 공간의 제약 없이 지식과 정보에 접근하여 양방향으로 학습 또는 그러한 교육방식으로 정의
산업자원부· 한국U러닝연합회	• 전자적인 매체를 기반으로 한 모든 학습을 의미 • 통신망을 통한 분산 형태의 학습뿐 아니라 독립된 형태의 CD-ROM 매체를 통한 학습까지 포함
한국교육학술정보원	• 정보통신기술을 활용하여 언제, 어디서나, 누구나 수준별 맞춤형 학습을 할 수 있는 체계
이러닝산업발전법	• 전자적 수단, 정보통신 및 전파·방송기술을 활용하여 이루어지는 학습

출처: (주)마인드브랜치아시아퍼시픽.

적 방식으로 처리된 부호·문자·도형·색채·음성·음향·이미지·영상 등 이러닝과 관련된 정보나 자료"를 이러닝콘텐츠라고 정의하고 있다(〈표 1-3〉 참조).

산업자원부와 한국U러닝연합회는 『2003 e-러닝 백서』를 통해 전자적인 매체를 기반으로 하는 모든 학습을 이러닝이라 정의하고, 통신망을 통한 분산 형태의 학습뿐 아니라 독립된 형태의 CD-ROM과 같은 매체를 통한 학습까지 포함한다고 기술하고 있다.

3) 국제표준화기구의 이러닝 정의

국제표준화기구(ISO: International Organization for Standardization)의 소위원회인 교육정보기술 국제표준화위원회(ISO/IEC JTC1) 36번째 Sub Committee(SC36)에서는 이러닝을 보다 간단하고 포괄적으로 정의하였다. ISO/IEC JTC1 SC36은 이러닝을 정보통신기술지원 학습(ICT-supported learning)과 동일한 개념, 즉 '정보통신기술을 이용한 학습'이라고 정의하고 있다.

2 이러닝의 범위

　이러닝에서 주요한 개념인 디지털화와 양방향성을 중심으로 학습의 방법과 영역을 정리하면 [그림 1-2]와 같다. 교재로 사용되는 콘텐츠가 완전히 전자화되어 있을 경우에 디지털화가 높고, 서적이나 대면학습 등 전자화되어 있지 않은 교재를 사용할 경우의 디지털화는 낮다. 강사의 강의를 실시간으로 전송하는 학습 유형은 학습 실행 시에 반드시 강사가 필요하기 때문에 디지털화 비율은 낮다.

　양방향성이란 학습자가 스스로의 의지로 학습 참여 기회를 부여받아, 학습을 진행해 가면서 사람 또는 컴퓨터로부터 적절한 상호작용을 적시에 부여받을 수 있는 것을 의미한다. TV·라디오 방송과 같이, 학습자의 행동이 방송내용에 전혀

그림 1-2 디지털화와 양방향성을 기준으로 한 이러닝의 범위

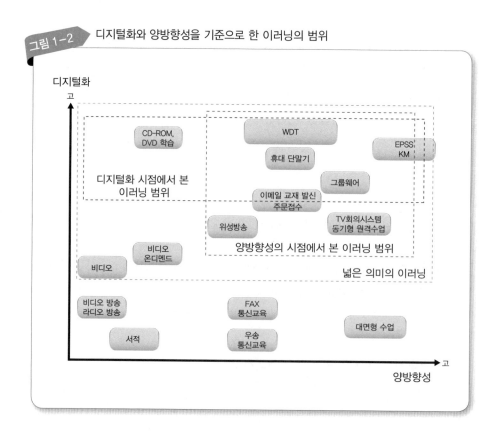

영향을 미치지 않는 것이 양방향성이 가장 낮다고 볼 수 있으며, 프로그램 일부나 페이지를 건너뛰는 것이 가능한 CD-ROM과 서적은 방송에 비교하면 양방향성이 다소 높지만, 웹기반 교육이나 면대면 학습에 비교하면 높다고 말할 수 없다.

학습자의 행동으로 학습프로그램이 변하는 웹 교육시스템에서는 학습관리시스템(LMS: Learning Management System)과 조합하거나, 강사의 지도를 병행하는 경우 더욱 높은 양방향성을 확보할 수가 있다. 학습의 자유도가 높은 면대면 수업과 같이 수강자의 반응을 보면서 강사가 자유롭게 프로그램을 진행할 수 있는 학습 형태는 양방향성이 높은 학습 방법이라고 할 수 있다.

2.1 이러닝 산업의 정의

1) 이러닝 산업의 법적 정의

이러닝산업발전법에서의 이러닝이란 전자적 수단, 정보통신 및 전파·방송기술을 활용하여 이루어지는 모든 학습을 의미한다. 또한 『2003 e-러닝 백서』(산업자원부·한국U러닝연합회, 2003)에서의 이러닝 산업의 정의를 보면, 이러닝 산업은 콘텐츠, 솔루션, 서비스로 구분되고, 수요자에 따라 기업교육, 초·중등교육, 고등교육, 성인교육으로 분류하고 있다. 따라서 이들 정의를 포함한 이러닝 관련법에 따른 이러닝 산업의 정의에서, 이러닝 사업이란, 콘텐츠 사업, 솔루션 사업, 서비스 사업으로 상품이나 서비스(또는 재화나 용역이라 표현됨)를 거래함으로써 형성되는 산업의 군을 일컫는다.

2) 이러닝산업실태조사에서의 정의

2004년부터 현재에 이르기까지 정보통신산업진흥원에서 발간되고 있는 이러닝산업실태조사에서의 이러닝 산업 정의를 살펴보면, 유무선 인터넷 및 전파(위성)방송 등을 통해 교육, 훈련 및 학습을 제공하는 서비스 사업과, 교육정보화를 위한 소프트웨어 및 하드웨어, 네트워크를 구축·제공하는 솔루션 사업, 그리고

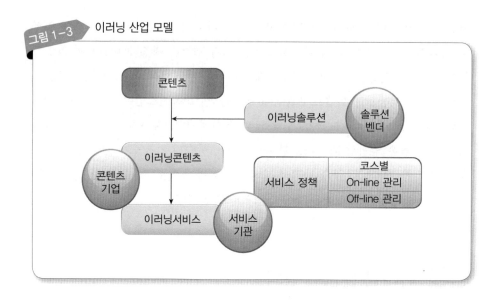

그림 1-3 이러닝 산업 모델

〈표 1-4〉 이러닝 산업의 분야

구분	내용	표준산업분류
콘텐츠	이러닝 관련 정보·자료를 멀티미디어 형태로 개발·제작·가공·유통	정보처리업
솔루션	이러닝 정보시스템(HW·SW·기자재)을 개발·제작·가공·유통	정보처리업
서비스	이러닝서비스(교육·훈련·학습 등) 제공, 이러닝 관련 컨설팅 수행	교육자문·서비스업

상호작용의 의도를 가지고 교수설계된 교육 콘텐츠 제공, 사업, 시스템 및 교육 컨설팅을 수행하는 사업 군을 일컫는다. 이러닝 산업을 구성하는 내용과 각 하위 사업의 연관 관계는 [그림 1-3]과 〈표 1-4〉와 같다.

2.2 이러닝 사업자의 정의

앞에서 제시한 여러 문헌과 제도에서 본 바와 같이 이러닝 콘텐츠와 솔루션 및 서비스는 이러닝 산업의 핵심 구분이며, 이들을 사업으로 영위하는 사업자들은 다음과 같이 정의할 수 있다.

1) 콘텐츠 사업자

이러닝 산업에서 이러닝콘텐츠 사업자는 이러닝에 필요한 정보와 자료를 멀티미디어 형태로 개발, 제작, 가공, 유통하는 사업자를 말한다.

2) 솔루션 사업자

이러닝 산업에서 이러닝솔루션 사업자는 이러닝에 필요한 교육 관련 정보시스템의 전부나 일부를 개발, 제작, 가공, 유통하는 사업자를 말한다.

3) 서비스 사업자

이러닝 산업에서 이러닝서비스 사업자라 함은 정보통신 네트워크를 통해 교육, 훈련, 학습 등을 쌍방향으로 개인, 기업 및 기관에게 직접 서비스를 제공하고, 이러닝 교육 및 구축 등 이러닝 사업 제반에 관한 컨설팅을 수행하는 사업자를 말한다.

2.3 이러닝콘텐츠

1) 이러닝콘텐츠의 개념

이러닝콘텐츠를 구성하기 위해서는 학습할 내용이 필요한데 여기에는 학습 내용 관련 각종 정보 자료와 연구 결과물, 각종 데이터베이스 등이 포함된다. 이러닝콘텐츠는 텍스트, 이미지, 오디오, 비디오, 애니메이션 등 다양한 멀티미디어의 형태로 표현된다.

이러닝콘텐츠는 작게는 디지털화된 문자나 그림, 음성, 동영상에서 크게는 교육 및 교육 지원에 활용할 목적으로 자료를 디지털 형태로 가공하여 오프라인, 온라인 및 모바일 환경에서 유통할 수 있도록 한 콘텐츠를 의미하기도 한다.

2) 이러닝콘텐츠의 개발 방향

이러닝콘텐츠는 가장 중요한 요소인 학습자들의 주의 집중과 참여의 폭을 넓힐 수 있는 상호작용이 반영된 방향으로 개발되어야 하며, 오프라인교육에 비해 상대적으로 빠르게 콘텐츠의 수요가 증가함에 따라 다양한 교육 과정에 대한 요구를 충족해야 한다. 또한 콘텐츠에 대한 지속적인 평가로 질적 향상에 노력을 기울여야 한다.

이러닝콘텐츠를 사이버 공간을 통해 효과적이고 효율적으로 전달하기 위해서는 교수설계 및 개발 분야의 전문성과 교육공학적 이론과 실무가 요구된다. 이를 지원하기 위해 각종 교수학습 이론, 학습 대상자별 학습 원리, 사이버 공간의 심리 및 윤리 등 교육학, 심리학 분야의 이론과 실무, 멀티미디어 콘텐츠를 효과적으로 전달하기 위한 멀티미디어 매체에 대한 이해 등이 요구된다.

3) 이러닝콘텐츠의 설계

이러닝콘텐츠의 설계 및 개발은 콘텐츠의 질을 좌우하는 결정적인 과정으로 교수설계 및 개발의 원리에 따라 이루어진다. 이러닝콘텐츠 설계의 정의는 광의와 협의로 나누어진다.

광의의 이러닝콘텐츠 설계는 성과와 학습을 위해 조직 구성원(학습사)의 요구를 파악하여 이를 충족시킬 수 있는 교육적 해결 방법 중 이러닝을 선택하여 콘텐츠를 설계하는 것이다. 그리고 이러닝콘텐츠 설계란 이러닝을 통해 효과적이고 효율적으로 해결할 수 있는 방안을 실행하기 위해 교육 대상, 학습 목표, 학습 내용, 학습 방법, 전달 매체 등을 분석, 설계, 운영, 평가하는 체계적인 접근 방법을 의미한다.

협의의 이러닝콘텐츠 설계는 학습 목표 및 학습 내용을 분석하여 효과적이고 효율적인 이러닝 교수학습 활동 및 각종 운영 전략, 평가 전략, 상호작용 전략 및 인터페이스 등을 설계하는 미시적인 설계 활동을 의미한다. 이 밖에 이러닝을 실행하는 사이버 공간의 상호작용적인 특성을 효과적으로 활용하기 위해서는 사이버 공간에서 이루어지는 의사소통 및 실리적 특성과 윤리적 이슈 등에 대한 이해와 이에 대처할 수 있는 기술이 부가적으로 요구된다.

2.4 이러닝솔루션

1) 이러닝솔루션의 개념

이러닝솔루션이란 이러닝 전 과정의 관리에 필요한 물리적 컴퓨팅 환경을 의미하며 물리적 환경이라고도 한다. 단, ITLET 환경에서는 하드웨어 장비의 규격이나 기준에 관한 품질을 제외한 소프트웨어 측면의 품질관리(QA: Quality Assurance)를 의미한다. 이러닝솔루션의 범위는 교육 과정의 부문별 단위 프로그램부터 종합적 지원이 가능한 학습관리시스템(LMS)을 망라하는 모든 이러닝을 지원하는 관련 컴퓨터 소프트웨어를 포함한다.

이러닝솔루션은 이러닝을 지원하기 위해 학습콘텐츠의 전달, 평가와 관리에 이르기까지 교수학습의 전반적 과정을 통합적으로 운영·관리할 수 있는 학습관리시스템과 비전문가를 포함한 일반인들이 이러닝콘텐츠를 쉽게 제작하도록 도와주는 저작도구를 포함한 일련의 학습콘텐츠관리시스템(LCMS: Learning Contents Management System)을 말한다.

그러므로 이러닝이 가능한 시스템 환경에서 이러닝을 진행할 수 있도록 도와주는 컴퓨터 프로그램의 집합체 중 학습을 지원하는 프로그램의 부분 또는 전부를 말한다. 따라서 이러닝솔루션이라고 하면 전자적 학습과 사이버교육을 가능하게 하는 일련의 공학적 시스템을 의미한다.

2) 학습시스템

이러닝 학습시스템은 이러닝이 가능한 시스템 환경에서 이러닝을 진행할 수 있도록 도와주는 컴퓨터 프로그램의 집합체 중 학습 과정을 관리하는 프로그램의 부분 또는 전부이다. 이러닝은 기본적으로 정보통신 인프라에서 가능하며 텍스트, 오디오, 비디오 제작 및 편집 도구, 운영·관리시스템, 전자적 성능지원시스템(EPSS: Electronic Performance Support System), 전사적 자원관리(ERP: Enterprise Resource Planing), 지식경영시스템, 평가 도구, 시뮬레이션 도구 등 교육기관의 특성에 맞는 다양한 테크놀로지의 응용이 필요하다.

3) 행정 및 운영 시스템

이러닝의 행정 및 운영 체제는 이러닝이 가능한 시스템 환경에서 이러닝 학습을 진행할 수 있도록 도와주는 컴퓨터 프로그램의 집합체 중 이러닝을 효과적이고 효율적으로 지원하기 위한 인적·물적 지원 및 운영시스템을 포함한다. 수강관리, 성적 관리, 학적 관리시스템을 대표적인 예로 들 수 있다.

4) 지원체제

이러닝학습 지원체제란 기능 면에서 서비스 기관이나 프로그램마다 매우 복잡하고 다양하다. 일반적으로 학습 자료 및 코스의 개발과 운영 측면, 개별 학습자를 관리하고 지원해 주는 지원서비스 측면, 코스를 관리하는 행정적 측면, 자료를 개발하고 전달하며 학습자를 관리하는 인적 자원 측면, 교육의 질을 제고하기 위한 제반 연구에 대한 측면이 고려되어야 한다. 지원체제에는 디지털 도서관, 교수학습 자료 개발센터, 인력 양성기관, 시스템 운영기관이 있는데, 이들이 유기적으로 연계될 수 있도록 내적으로 협력해야 한다.

2.5 이러닝서비스

이러닝서비스는 온라인으로 교육, 훈련, 학습 등을 쌍방향으로 정보통신 네트워크를 통해 개인, 기업 및 기관에게 직접 서비스를 제공하는 것과 이러닝 구축 및 교육 등 이러닝 사업 제반에 관해 컨설팅하는 것을 말한다.

- 정규교육 관련: 초·중등 및 고등 교육기관과 연계하여 이러닝으로 학습하고 학점 또는 학위를 준다.
- 사설 학원 관련: 사설 학원을 운영하면서 전부 또는 일부를 이러닝을 통해 서비스를 제공한다.
- 일반 기업 관련: 자가 소유 또는 임차한 정보통신 네트워크를 통하여 기업이 교육, 훈련, 학습의 이러닝서비스를 제공한다.

2.6 이러닝 인프라

1) 이용 장비 및 장치

스마트폰과 스마트 태블릿(이하 '스마트폰/태블릿')은 우리 생활을 통째로 바꾸었다. 아침에 일어나면서부터 잠자리에 들 때까지 스마트폰/태블릿을 손에서 떼지 않는다. 2012년 8월 12일 자 「타임」지는 스마트 장치가 우리 생활에 미치는 영향을 6개국 대상으로 조사하고 그 결과를 게재하였다.

그중 우리 삶의 방식에 가장 많은 영향을 미치는 모바일 장치를 묻는 질문에 문자 메시지, 인터넷, 카메라가 상위권을 차지했고, 그다음으로는 GPS(Geographical Positioning System) 내비게이션, SNS(Social Network Service) 사용, 게임, 위치기반 광고 순으로 조사되었다. 스마트 장치가 우리의 삶의 대부분에 활용되고 있음을 알 수 있다.

또한 「타임」지는 스마트폰에서 가장 많이 사용하는 기능과 적게 사용하는 기능의 비율을 국가별로 구분하여 통계를 발표하였다. 전화 통화에서는 대한민국과 인도가 가장 높았고, 영국이 가장 낮았다. 문자 수신/발신 비율은 인도가 가장 높았고, 미국이 가장 낮았다. 대체로 인도가 대부분의 영역에서 가장 높은 비율을 차지하였고, 그다음으로는 중국의 비율이 높았다. 반대로 미국은 고른 영역에서 가장 낮은 비율을 차지하고 있는 것으로 밝혀졌다.

「타임」지가 소개한 자료에는 아쉽게도 교육에 관한 내용은 찾아보기 어려웠다. 스마트폰/태블릿으로 문자, 채팅, 인터넷 등은 많이 활용하지만 학습으로 연계되는 비율은 낮다고 볼 수 있다.

또한 노트북, 태블릿, 스마트폰별로 구분하여 각각 휴대성, 기능성, 유연성, 활용성, 연결성 면에서 조사한 결과 기능성을 제외한 나머지 4개 영역에서 스마트폰이 가장 높게 평가되었다. 이는 생활에서 가장 밀접하게 위치해 있고 가장 많이 활용되기 때문인 것으로 분석된다.

그렇다면 학습에서 스마트폰과 스마트 태블릿을 사용하는 용도는 얼마나 다를까? 미국의 이러닝솔루션 사업자인 업사이드 러닝(Upside Learning)사는 다음과 같이 발표하였다.

"배우고자 하는 욕구가 생기는 다섯 가지 순간에 대한 조사에서 스마트폰은 무엇인가를 기억하고자 할 때, 무엇인가 변화가 있을 때, 그리고 무엇인가 잘못되어 가고 있을 때 주로 사용하고, 태블릿은 이러한 스마트폰 사용용도 외에 추가적으로 처음 학습할 때, 그리고 좀 더 배우고자 할 때 사용한다."

업사이드 러닝의 창업자 아미트 가르그(Amit Garg)는 태블릿을 활용한 콘텐츠를 설계할 때 다음과 같은 사항들을 고려해야 한다고 밝혔다.

- Relevance(관련성): 태블릿과 학습관리시스템(LMS)과의 연계성 고려
- Embed in Workflow(업무흐름 삽입): 업무와 연결된 내용들 삽입
- Consistency(일관성): 태블릿과 하이브리드 애플리케이션 간의 일관성 있는 인터페이스 제공
- Personalization(개인화): 개인적 특성 고려
- Offline Usage(오프라인 사용성): 오프라인에서의 사용 고려
- AR/QR code(승강현실/QR 코드): 증강현실(AR: Augmented Reality)이나 QR코드 활용 고려
- Responsive Design(상호작용이 있는 설계): 콘텐츠와 사용자 간의 상호작용 고려

2) 전자책

디지털교과서의 개념은 다양한 측면에서 논의될 수 있다. 디지털교과서가 논

의되기 시작한 초기에는 형태적·기능적 측면이 강조되기도 했다. 디지털교과서는 '전자교과서'라는 용어로 쓰이기도 했으며, 관련 연구 및 정책 추진이 본격화되면서 '디지털교과서'라는 개념을 체계적으로 정립하기 시작하였다. 이와 관련하여 교육과학기술부(2007)는 디지털교과서를 '학교와 가정에서 시간과 공간의 제약 없이 기존의 교과서, 참고서, 문제집, 용어사전 등의 내용을 포함하고, 이를 동영상, 애니메이션, 가상현실 등의 멀티미디어와 통합 제공하며, 다양한 상호작용 기능과 학습자의 특성과 능력 수준에 맞추어 학습할 수 있도록 구현된 학생용의 주된 교재'라고 폭넓게 정의 내리고 있다.

디지털교과서의 개념에 대한 다양한 논의는 〈표 1-5〉와 같이 살펴볼 수 있다.

좀 더 명확히 디지털교과서를 확인해 보기 위하여 기존 서책형 교과서와 비교해 보면 〈표 1-6〉과 같다.

〈표 1-5〉 디지털교과서의 개념 논의

출처	디지털교과서의 개념
텍사스 교육청 (2000)	학습자에게 정보를 제공하기 위한 컴퓨터 소프트웨어, 상호작용 비디오디스크, 자기 매체, CD-ROM, 컴퓨터 코스웨어, 온라인 서비스, 디지털 매체 또는 여타의 정보전달 매체와 디지털 매체에 의한 학습 과정에 대한 지원
강신천(2002)	초·중등학교 교과와 관련된 디지털화된 모든 형태의 학습 보조물
손병길 외(1997)	시공간에 구애받지 않고 교육서비스를 제공하기 위해 학교 또는 가정에서 모두 사용될 수 있는 멀티미디어 형태의 학습 교재로서 기존의 교과서에 비해 다양하고 풍부한 자원과 기술을 동원하여 학습자와의 상호작용이 가능하며 학습자의 특성과 능력 수준에 맞추어 학습할 수 있도록 만들어진 전자도서
변호승(2005)	기존 서책형 교과서를 디지털화하여 서책이 가지는 장점과 아울러 검색, 내비게이션 등의 부가편의 기능 그리고 애니메이션, 3D 등 멀티미디어, 학습지원 기능을 구비하여 편의성과 학습 효과성을 극대화한 디지털 학습 교재

출처: 교육과학기술부·한국교육학술정보원, 2007, 재인용.

〈표 1-6〉 디지털교과서와 서책형 교과서의 비교

구분	디지털교과서	서책형 교과서
학습 장소	온·오프라인 학습 활동 가능(학교 혼합학습 환경에서 활용 가능)	오프라인학습 활동
자료 수집 및 검색	다양한 정보 데이터베이스와의 연계를 통한 자원기반 학습 실현	교과서 외의 자료를 찾기 위한 별도의 시간과 비용 필요
학습 방법	학습자중심의 자기주도적 학습 활동 촉진 및 교사·학생·디지털교과서 간 상호 쌍방향·다방향 교수학습 활동 촉진	교사중심의 교수 활동 및 정보와 지식전달 등 단방향 교수학습 활동이 많음
교과 연계	동일한 교과의 다른 학년 교재 및 다른 교과 교재를 실시간으로 열어 보고 확인할 수 있어 교과 간 연계학습 가능	교과 간 단절된 개별적 학습 교재로 교과 간 관련 자료를 활용하는 데 어려움이 큼
자료 유형	텍스트, 이미지 외에 동영상, 소리, 애니메이션, 가상현실 등 멀티미디어 자료를 통해 교수학습의 현실성 제고	텍스트와 이미지 중심의 평면적·선형적 교수학습 자료
전달 매체	지식정보사회에 맞는 다양한 디지털 기기 활용 가능	인쇄매체
자료 변환	정보와 지식의 생성·변화 및 각종 데이터 통계 자료의 변화에 따른 신속한 반영 가능	인쇄 후 데이터의 수정이나 신속한 변환이 어려움
교육 격차	다양한 정보 활용, 간접적 체험학습 등을 통해 도서벽지, 농산어촌 학생들의 교육 기회 및 교육 격차 감소	서책형 교과서나 참고서만으로는 지식정보사회에서 요구되는 다양한 정보와 학습 활동 기회를 얻는 데 한계가 있음
학습 환경	혼합학습 환경에서 디지털교과서 활용, 온·오프라인 교수학습 활동 수행이 수월	오프라인 활동이 주류이므로 학교 환경에서 이러닝을 위한 별도의 노력 필요
학습 및 수업 효과	학생중심의 자기주도적 학습지원을 통한 학업 성취도 및 만족감 제고	교사중심의 활동이 많아 학습자 주도적 활동과 학습이 어려움
수준별 교수학습	학습자 수준과 능력에 맞춘 맞춤학습 실현 가능	학습자 능력에 따른 수업이 어려운 일대다 학습

3) 전자칠판

기술의 급격한 발전은 교육 환경 전반에 다양한 영향을 미치고 있다. 특히 영상 기술의 발전을 통해 학교 현장에는 프로젝터를 활용한 수업이 보편화되고 있으며, 특히 전자칠판(interactive whiteboard)의 보급이 빠른 추세로 늘어나고 있다.

전자칠판은 컴퓨터와 연결되어 컴퓨터 화면이 전자칠판에 나타나고, 손이나 전자펜을 통해 전자칠판에 표시된 컴퓨터 기능을 제어할 수 있는 교육용 기자재이다. 비디오, 그림, 사진 및 동영상, 3D 등 다양한 콘텐츠를 즉각적으로 조작함에 따라 교사의 동선을 줄여 주고, 학생들의 동기유발 및 상호작용을 촉진시키는 중요한 매개체 역할을 하고 있다.

영국 교육정보원(BECTA: British Educational Communications and Technology Agency, 2004)에서는 전자칠판을 '컴퓨터 및 프로젝터와 연결되어 큰 화면을 가진 접촉 감지기능이 내장된 칠판'이라고 정의하였다. 이는 전자칠판을 간단명료하게 표현한 것으로 컴퓨터는 운영체제와 필기인식 소프트웨어(판서 기능)를 포함하고 있으며, 대형 모니터 장치에는 물체를 인식할 수 있는 센서가 부착되어 사용자가 전자칠판을 통해 직접 컴퓨터를 제어할 수 있는 구조이다.

전자칠판의 종류는 〈표 1-7〉과 같이 화면 투사 기술에 따라 프로젝터형과 평판형으로 크게 구분할 수 있다.

〈표 1-7〉 전자칠판의 종류

방식	종류	장점	단점
프로젝터형	전면투사	• 저렴한 가격 • 공간 활용 유리	• 그림자 발생 • 유지보수 비용(램프 교체) 발생
	후면투사	• PDP에 비해 저렴한 가격	• 설치 후 후면 공간 필요 • 시야각이 좁음
평판형	PDP	• 해상도 및 시야각 우수 • 공간 활용 유리	• 모니터 발열 현상 • 후면투사형에 비해 고가
	LCD	• 해상도 및 시야각 우수 • 전력 소모 및 발열이 적음 • 공간 활용 유리	• 구매 비용 고가

프로젝터형 중 전면투사형은 전자칠판 전면에 부착된 프로젝터를 통해 컴퓨터 화면을 TV나 화이트보드에 투사하여 사용한다. 프로젝터가 전자칠판 앞쪽에 위치하게 되어 그림자가 생기는 단점이 있지만, 최근 초점을 활용하여 근거리에서 투사가 가능한 프로젝터가 보급됨에 따라 그림자에 의한 불편이 많이 해소되었다. 최초 설치 비용은 평판형에 비해 저렴한 편이지만, 램프를 자주 교체해야 하는 번거로움이 있다. 후면투사형은 화면 뒷면에 있는 프로젝터를 통해 영상을 재현하는 일체형으로 외형은 TV와 유사하다. 평판형에 비해 가격은 저렴하지만, 시야각이 좁고 설치 시 교실 공간을 많이 차지하는 단점이 있다.

평판형은 PDP(Plasma Display Panel)와 LCD(Liquid Crystal Display)로 구분할 수 있다. 영상 장비에 센서를 부착한 형태로 겉모습은 TV와 동일하다. PDP와 LCD는 화면 선명도와 시야각이 매우 우수하지만 프로젝터형에 비해 크기 대비 높은 가격을 형성하고 있다.

이 외에도 전자칠판용 센서를 부착하여 사용할 수 있는 제품들이 있다. 센서 부착형은 화이트보드 혹은 TV와 같은 영상매체에 별도의 센서를 부착하여 사용하는 방식으로 가격이 저렴한 편이다.

4) 활용 네트워크 및 단말기

(1) 모바일러닝 환경

정보통신기술의 발달은 교육 분야에도 커다란 변화를 요구하기 시작했다. 특히, 이동통신기술의 발달은 모바일 기기를 통해 '옮겨 다니는' 학습 환경을 구축할 수 있는 기반이 되었다. 이에 더하여 학습자 개인의 정보를 처리하는 능력과 학습 결과를 처리하는 고도의 지능을 가진 학습관리시스템이 가능해졌고, 학습단말기 보급으로 인해 학습자들의 개인별 학습이 용이해졌다. 이러한 모바일 기술 때문에 학습의 의미를 재정의하게 되는데, 원래 학습은 제한된 시간과 공간에서 일어나는 교사와 학생, 혹은 학생 간의 상호작용이었던 반면, 모바일 환경에서의 학습은 정해진 시간이나 장소의 제한을 넘어선 상호작용으로 여러 가지 가능성을 제시해 준다.

모바일(mobile)이란 '이동성을 가진' 것을 의미하며, 모바일러닝이란 개인휴대

장치, PDA(Personal Digital Assistant), 노트북 등과 같은 휴대와 이동이 가능한 정보통신 기기를 이용하여 학습이 이루어지는 것을 말한다. 또한 이렇게 모바일 기기에서 학습이 이루어지는 상황이나 공간을 모바일러닝 환경으로 지칭할 수 있다.

최근에는 휴대용 기기를 비롯하여 이와 관련된 무선 랜 기술 등이 급격한 발전을 거듭하면서 모바일통신 환경을 기반으로 하는 모바일러닝 모형이 연구되고 있다. 이러한 모바일러닝은 무선이동통신 기술을 탑재한 휴대폰, PDA 등에서 일어나는 경우와 무선 랜 기반의 모형으로 구별되는데, 국내의 어학교육 등은 전자에 해당하며, 국내 대학에서 무선 랜을 구축하여 언제 어디서나 네트워크에 접속하여 학습할 수 있게 하는 것은 후자에 해당한다. 이와 같이 모바일 환경을 갖춘 경우 이를 바탕으로 새로운 모형의 학습이 가능하며, 정보 활용성을 극대화할 수 있는 기반이 된다(한상용 · 김경숙, 2003).

앞서 소개된 가상현실이나 증강현실과 더불어 모바일 통신기술은 유비쿼터스(ubiquitous) 교육 환경 구현을 가능하게 하는 기술이다. 모바일러닝 환경이 제공하는 이동성과 휴대성은 많은 연구를 가능하게 하였는데, 모바일러닝과 기존의 교실학습을 비교하는 연구, 제한된 학교 · 교실 환경을 벗어난 비형식적 학습에 관한 연구, 모바일을 이용한 가상학습 환경의 구축과 관련된 연구, 자기주도 학습 및 개별화 학습에 관한 연구 등이 있다.

이러한 연구들은 첫째, 교실학습 환경보다 모바일러닝 환경에서 학습자가 더 참여적이고 능동적이며, 자기주도적인 학습을 할 가능성이 높다고 평가하고 있으며, 둘째, 모바일 및 다른 신기술이 접목되어 학습자 간 의사소통이나 협동학습에 기여할 수 있으므로 개인학습에서 협동학습으로, 일대일 의사소통 채널에서 다자간 의사소통 방식으로의 전환이 가능하다고 보고하고 있다. 셋째, 형식적 학습에 그치지 않고 이를 비형식적 학습까지 확대할 수 있으며, 넷째, 노트북을 비롯한 각종 모바일 기기 사용을 통한 기술 활용 능력 향상에도 기여한다고 보고하고 있다.

비형식적 학습은 오랫동안 그 중요성이 논의되어 왔는데 학습자가 항상 의도된 환경, 형식적인 환경에서만 학습하지 않고 우연적 학습 상황이나 의도되지 않은 경우에도 학습이 활발히 일어난다는 데 초점을 둔다. 연구자들은 형식적 학습과 비형식적 학습 이 두 가지를 분리하여 비교 연구나 각각의 특징을 따로 연구해 왔다. 그러다가 모바일 공간에서의 학습의 등장으로 인해 이 두 영역의 학습은 서로 긴밀히 연관되어 연구되기 시작하였다. 즉, 모바일러닝의 가장 중요한 특징 중 하나가 학교 안에서 일어나는 형식적 학습과 학교 밖에서 가능한 비형식적 학습의 경계를 무너뜨린다는 데 있다. 소효정 외(2008)는 이 두 가지 이분법적 학습 모드를 연결하는 것으로 모바일러닝 공간의 중요성을 설명하면서, 최근 학습의 상당 부분은 학교 밖의 환경에서 일어나므로 이러한 학교 밖의 다양한 비형식적 환경에 대한 신중한 접근이 필요하다고 지적하고 있다. 교실 내의 학습과 교실 밖의 학습을 자연스럽게 연결시킨 통합학습으로서의 모바일러닝 환경에 대한 연구가 필요한 실정이다.

모바일러닝 공간의 또 다른 큰 특징 중 하나는 이동성이다. 많은 연구들이 모바일러닝 환경에서의 이동성으로 인해 학습자 간 의사소통의 형태가 일대일에서 다자간 의사소통으로 변할 수 있다고 보고하고 있다. 즉, 다양한 학습 현장으로 직접 나가서 보다 많은 학습자들과 교류할 수 있는 기회를 가질 수 있다는 것이다.

소효정 외(2008)의 글에 의하면 싱가포르는 1997년부터 정부 주도하에 Edu-PAD 프로젝트를 시행하여 이동 휴대가 가능한 소형의 EduPAD를 보급하여 학습자중심적이고 학교 수업과 방과 후 학습 활동을 연계할 수 있도록 하는 사업이 시범적으로 수행되었으며, 장소의 제한을 없앰으로써 정규교육과 비정규 학습 간의 벽을 허물 수 있었다. 이와 관련하여 의도적 학습과 우연적 학습 간의 경계도 무너뜨리는 경계 없는 교육을 추진하는 근간이 되었다.

국내에서는 초등학교 등에서 무선 랜을 사용할 수 있는 노트북을 가지고 인터넷 활용수업을 진행하고 있는데, 교내에서 학생들은 언제든지 원하는 장소에서 무선 랜에 접속하여 원하는 정보를 검색해 볼 수 있다. 이를 통해 학생들은 스스로 원하는 자원을 탐색하는 능력을 기를 수 있으며, 그 결과를 토대로 다른 학생들과 토론하고 서로 상호작용할 수 있게 된다. 이러한 무선 랜 노트북 활용 교육의 시사점은 신속하고 수월한 정보 접근성이며 학습자의 흥미를 높일 수 있다는 점에서 중요성을 찾아볼 수 있겠다. 또한 이동이 수월해 즉각적인 활용이 가능하고 학습 공간으로의 역할도 충분히 수행한다. 이러한 장점들로 인해 학습 참여도 및 만족도 또한 높게 나타난다(한상용·김경숙, 2003). 그러나 아이들의 인지적 능력과 정의적 측면에서 차이가 나듯이 컴퓨터 및 정보기술의 활용능력에서도 성취도 차이를 보이므로 각별한 관심과 주의가 필요한 것으로 보인다.

앞서 말했듯이 국내 대학에서는 캠퍼스 전체에 무선 랜을 설치하여 이를 적극적으로 교육에 활용하는 방안을 마련하는 데 중점을 두고 있다. 이는 수업에서뿐만 아니라 학사 행정 처리 면에서도 그 활용도가 크다고 할 수 있다. 모바일 도서관을 구축한 대학들도 적지 않다. 모바일 도서관은 도서관에 물리적으로 방문하지 않고서도 학내에 설치된 기기나 인터넷에 접속하여 언제 어디서나 자료검색 및 정보 습득이 가능하고, 여러 가지 정보들을 학생 개인의 휴대용 단말기로 전송받을 수 있다는 편리함을 갖추고 있다.

(2) IPTV

디지털 기술이 발전함에 따라 유선과 무선, 방송과 통신, 통신과 컴퓨터 등 기존의 기술·산업·서비스·네트워크의 구분이 모호해지면서 이들 간의 새로운 형태의 융합 현상, 즉 디지털 컨버전스(digital convergence)가 미디어 및 정보통신 환경에 큰 변화를 일으키고 있다. 이러한 디지털 컨버전스의 대표적인 서비스로 IPTV(Internet Protocol Television)를 들 수 있다.

IPTV는 기본적으로 통신과 방송이 융합된 디지털 컨버전스의 대표적인 매체로서 인터넷 프로토콜을 활용하여 다양한 콘텐츠 및 서비스를 제공하는 텔레비전을 의미하는데, 국내외 기관 및 연구자들에 의해 제시되어 온 개념적 정의들을 정리하면 〈표 1-8〉과 같다.

이 정의를 종합해 보면 IPTV가 인터넷 프로토콜을 이용한다는 점, 서비스 품질이 요구된다는 점, 데이터를 포함한 비디오·오디오 등과 같은 다양한 멀티미디어 서비스가 제공된다는 점, 텔레비전을 통해 서비스가 제공된다는 점 등이 IPTV의 주요한 속성이라고 할 수 있다.

즉, IPTV는 방송과 통신이 융합된 대표적인 디지털 컨버전스 매체로, 인터넷 프로토콜을 이용하여 일정한 서비스 품질이 보장된 다양한 멀티미디어 콘텐츠를 양방향으로 제공하는 텔레비전이라고 할 수 있다. IPTV가 가지고 있는 핵심적인 특성을 크게 세 가지로 나타내면 다음과 같다.

〈표 1-8〉 IPTV의 개념

연구자 · 연구기관	개념적 · 조작적 정의	비고
김영상 (2005)	IPTV는 인터넷 프로토콜을 이용한 TV로서 협의의 개념으로는 IP 네트워크 기반의 TV 방송 서비스를 의미하며, 광의의 개념으로는 양방향성을 지원하는 TV 단말기기 기반의 지능형 서비스를 총칭한다.	
ITU-T (2006)	IPTV란 일정 수준의 서비스 품질, 보안, 상호작용성, 신뢰성 등을 제공하기 위하여 관련되는 IP 기반 네트워크에서 전송되는 텔레비전, 비디오, 오디오, 텍스트, 그래픽, 데이터 등과 같은 멀티미디어 서비스로 정의된다.	다양한 멀티미디어 콘텐츠 제공 언급
OECD (2007)	IPTV란 인터넷 프로토콜을 경유하여 전송되는 비디오 및 오디오, 문자, 데이터 등과 같은 부가적인 서비스를 의미하며, 통상적으로 하나의 텔레비전으로 간주될 수 있도록 일정한 품질의 선형 · 비선형 프로그램 채널 형태를 제공한다.	
전자신문 (2008)	IPTV는 초고속인터넷을 이용해 양방향으로 정보 · 동영상 콘텐츠 · 방송 등을 텔레비전에서 제공하는 서비스이다. 통신 · 방송의 융합 서비스로 디지털 컨버전스의 대표적 형태이다. 시청자가 편리한 시간에 보고 싶은 프로그램만 볼 수 있다는 점이 케이블 방송과 다른 점이다. IPTV를 이용하기 위해서는 텔레비전과 셋톱박스 · 인터넷 회선만 연결되어 있으면 된다.	
IPTV Dictionary (2009)	IPTV는 IP를 통해 TV(비디오 · 오디오) 서비스를 송신하는 프로세스로서 여기서 IP 네트워크란 인터넷 프로토콜을 사용하여 음성 또는 멀티미디어 커뮤니케이션을 송수신하고 전달하는 것을 말한다. 이러한 IP 네트워크는 인터넷 같은 공공의 IP 시스템이 될 수도 있고, 랜 기반의 사적인 데이터 시스템이 될 수도 있으며, 두 시스템이 합쳐진 하이브리드 시스템일 수도 있다.	
Wikipedia (2009)	IPTV란 네트워크 인프라, 즉 광대역 접속 환경에서 인터넷 프로토콜을 사용하여 디지털 텔레비전 서비스가 전송되는 시스템이다. 일반적으로 IPTV는 전통적인 방송과 케이블 시스템으로 전송되는 것이 아니라 인터넷 프로토콜을 사용하는 컴퓨터 네트워크 기술들을 통해 시청자에게 전달되는 텔레비전 콘텐츠이다.	

출처: 임정훈 외, 2009.

가) 인터넷 프로토콜 TV로서의 IPTV

IPTV의 가장 큰 특성은 그 개념에서도 나타나듯이 인터넷 프로토콜을 사용하여 서비스가 제공되기 때문에 기존의 인터넷을 통해 제공되었던 서비스를 포함하여 고화질, 고음질의 다양한 멀티미디어 콘텐츠가 이용자들에게 제공된다는 것이다.

나) 지능적 프로그램(intelligent program) TV로서의 IPTV

IPTV는 사용자의 선호도나 취향, 스타일에 맞춰서 지능화된 서비스 제공이 가능하다. 즉, 사용자가 자주 이용하는 콘텐츠 추적 및 학습자의 이력 분석을 통하여 지능적으로 학습자에게 적합한 콘텐츠나 정보를 제공하여 개개인이 요구하는 지능적인 프로그램을 제공할 수 있다는 것이다.

다) 상호작용이 가능한 개인적(interactive personal) TV로서의 IPTV

IPTV는 상호작용 활동, 양방향 서비스 및 개별화된 맞춤형 서비스 지원이 가능하다. 즉, 기존의 TV가 일방적인 정보전달 방식을 취했다면, IPTV는 양방향적인 정보전달 방식을 취해, 사용자가 원하는 시간에 원하는 프로그램이나 콘텐츠를 선택할 수 있다. 주문형 비디오(VOD) 서비스, 전자상거래(T-commerce), 엔터테인먼트 서비스, 은행업무 서비스, 메신저 서비스 등이 대표적인 예라고 할 수 있다. 특히 이러한 맞춤형 서비스가 지원되기 위해서 리모컨, 키보드 및 다양한 입력 장치가 사용되는데, 실시간 서비스 이용, 의견 교환 등의 다양한 상호작용 활동이 가능하다.

5) 이클립 및 단위 콘텐츠

2008년 에듀넷 활용 실태분석 자료를 보면 많은 양의 콘텐츠가 서비스되고 있음에도 이용실적은 높지 않다. 그 이유는 콘텐츠의 양은 많지만 실제 필요한 콘텐츠를 찾아서 이용하기에는 너무 복잡하고, 필요한 콘텐츠를 재가공하여 사용하는 것이 어려울 뿐 아니라, 학습자의 다양한 학습 경험에 대한 요구와 높은 학업 성취를 기대하는 학부모를 만족시키지 못하기 때문인 것으로 나타나고 있다.

최근에는 위와 같은 문제들을 해결하고 교수학습에서의 활용도 증진을 위해 멀티미디어 학습콘텐츠를 5분 이내의 클립 영상이나 이미지, UCC, 전자책 등을 제공하는 이클립(e-clip)을 서비스하고 있다. 특히, 고품질의 교육방송 콘텐츠뿐 아니라 콘텐츠 기업, 개인 사용자의 콘텐츠를 유통할 수 있는 개방된 체제를 기반으로 학습에 이용되는 부가 자료(설명, 활동지, 활용 지도안, 관련 자료 등)를 제공한다. 또한, 여러 가지 저작도구, 꾸러미 기능 등을 제공하여 교수자들의 수업 준비 및 학습자의 학습과 수행 평가를 지원하고 있다.

02

정보통신 융합과
이러닝서비스

1.1 원격교육

원격교육(distance learning)은 넓은 의미에서 면대면 교육을 제외한 모든 종류의 미디어를 활용한 교육방법을 의미한다. 그러나 웹기반의 의미로서 원격교육은 인터넷을 기반으로 다양한 멀티미디어 정보기술을 활용하여 사용자가 원하는 시간과 장소의 사이버 공간에서 이루어지는 학습 활동을 말하기도 한다. 이들은 모두 수요자중심의 교육서비스가 제공되는 새로운 개념의 교육체계로서, 정보통신기술과 미디어의 비약적인 발전 과정 속에서 의미가 지속적으로 변화되면서 이어 온 개념이다.

이렇듯 원격교육에 대한 정의는 강조되는 측면에 따라 크게 네 가지로 나눌 수 있다.

첫째, 매체를 강조하는 측면에서 보면, 원격교육이 교육서비스를 제공하는 자와 교육서비스를 제공받는 자 간의 물리적 거리를 핵심으로 하고 있음을 전제로 그 간격을 메워 주는 수단으로서 매체를 이용하여 교육 행위가 이루어지는 것으로 본다.

둘째, 원격교육이 운영되는 과정적 특성을 강조하는 측면에서 보면, 학습자의 자율적인 학습을 체계적으로 지원하는 형태로서 원격교육을 정의한다. 이는 교육서비스 제공자와 떨어져서 학습하는 학습자의 학습 형태가 기본적으로 자율적 학습의 특성을 지니며 이러한 자율학습을 지원하는 활동을 강조하는 것이다.

셋째, 원격교육의 상호작용적 특성을 강조하는 측면이라 할 수 있다. 이는 원격교육은 교육서비스 제공자와 학습자 간의 의사소통의 대부분이 직접적인 만남이 없이 이루어지기 때문에 학습 과정의 진행을 촉진하기 위해서는 교육서비스 제공자와 학습자 간의 쌍방향 커뮤니케이션이 필수적이라는 것이다. 이를 촉진하는 매개체로서 정보통신 테크놀로지가 강조되는 한편 인쇄나 출판 교재에 의한 원격교육에서도 교훈적 쌍방향 상호작용을 중시하는 것과 맥락을 같이한다.

넷째, 기존의 다른 교육 형태와의 비교를 통해 원격교육을 정의하는 측면이다. 원격교육은 면대면 교육과 달리 교육서비스 제공자와 학습자 간의 물리적 거리가 있다는 점, 독학이나 비형식 개인학습과는 달리 운영 과정상 조직적인 지원을 받는다는 점, 매체를 매개로 하여 쌍방향 상호작용을 추구하는 특성을 지니고 있기 때문이다.

1) 컴퓨터기반 교육

이러닝의 초보적인 단계인 컴퓨터기반 교육(CBT: Compurter Based Training, 또는 CBL: Computer Based Learning, 또는 CBE: Computer Based Education)의 초기 버전은 주로 카세트테이프나 CD-ROM에 의존했다. 이러한 형태의 CBT가 갖는 주요 장점은 웹기반 교육이 갖는 통신 수단의 대역폭이나 빠르기 등과는 문제가 없다는 것이나, 특수하게 제작하지 않고서는 일반적으로 양방향 상호작용이 거의 없는 문제점을 가지고 있다.

또한 CD-ROM의 저장용량이 커서 대용량의 오디오나 비디오 파일을 내려받아도 네트워크를 둔화시키지 않고 풍부한 멀티미디어 프레젠테이션을 전송할 수 있다. 그러나 온라인교육이 불가능하여 강사 및 동료와의 의사소통 측면에서 한계가 있기 때문에 학습 환경은 개인컴퓨터 수준으로 제한되어 서비스가 제공되었다.

2) 우편통신교육

우편통신교육의 개념을 살펴보면, 인쇄매체로 제작된 교재와 안내서를 우편제도를 활용하여 학습하는 것을 의미한다. 따라서 우편통신교육훈련은 교육서비스 제공자와 학습자가 물리적으로 떨어져 있다는 점과 조직적인 지원이 이루어진다는 점에서 원격교육과 공통점을 지니지만 그 간격을 메우기 위한 매개수단으로서 우편통신이라는 매체를 사용한다는 차별적 특성에서 정의되는 교육 형태이다.

3) 방송통신교육

방송통신교육(open education)은 태생이 국가적인 필요에 의해 만들어진 경우가 대부분이어서 한마디로 정의하기는 어려우나, 경제적 조건, 지역적 조건, 연령 등으로 일정 기간 동안 교육적인 시설, 설비 밑에서 교육자로부터 직접 교육받지 못하는 사람들에게 방송과 통신의 매체를 이용하여 자율학습을 제공하는 교육이라고 정의할 수 있다.

이 정의에는 두 가지 형태의 방송통신교육이 포함되어 있다. 하나는 사회교육 형태의 방송통신교육이며, 다른 하나는 학교교육 형태의 방송통신교육이다. 종래 방송통신교육이라 하면 주로 전자를 말하였다. 각종 시험에 대비하는 통신교육, 방송국의 계획에 의해 이루어지는 체계적인 교양 강좌와 외국어 강좌가 이에 속한다. 이러한 교육은 아무리 장기간에 걸쳐 받아도 학력으로 인정되지 않았다. 후자는 교육의 대상과 방법은 사회교육적인 형태를 취하고 있지만 학력을 법적으로 인정한다는 점에서는 학교교육과 조금도 다름이 없는 방송통신교육의 형태를 말한다. 영국의 공개대학(Open University), 일본의 통신고등학교 및 방송대학, 우리나라의 한국방송통신대학교 등이 이에 속한다.

앞에서 말한 후자의 방송통신교육 제도의 출현은 교육의 기회 균등 및 사회적 평등이라는 점에서 교육제도상의 일대 변화를 가져왔음을 뜻한다. 즉, 종래의 교육제도는 학교교육과 사회교육의 두 갈래밖에 없었으며 학력의 법적인 인정은 학교교육에 한정되어 있었다. 학교교육의 관점으로 볼 때 확실히 제3의 새로운 학제의 탄생이다.

이와 같은 교육 또는 교육을 실시하는 기관은 통신학교(correspondence school), 방송학교(broadcasting school), 공중학교(air school), 방송 및 통신학교(air and correspondence school), 개방학교(open school), 가정학교(home school), 캠퍼스 없는 학교(non-campus school), 교외교육(extra-mural education), 교외생학교(校外生學校, school of external studies), 학교 확장 프로그램(school extension program) 등 다양한 명칭으로 불리고 있다.

1.2 혼합학습

1) 개념과 정의

혼합학습(blended learning)은 다양한 학습 방법과 다양한 형태의 미디어를 결합하여 학습의 기회를 최대한으로 마련할 수 있도록 하는 것이다. 따라서 혼합학습은 단순히 온라인·오프라인을 통합하는 것이 아니라 동시적 학습(synchronous learning)과 비동시적 학습(asynchronous learning)을 혼합하고 온라인과 오프라인 학습 전략의 혼합 및 실천공동체(CoP: Communities of Practices)와의 통합 등 다양한 혼합 방법을 의미한다. 그러나 일반적으로 혼합학습의 개념은 온라인학습과 오프라인학습을 혼합한 것으로 가장 많이 활용하고 있어 자기주도적(self-directed) 학습으로서의 이러닝과, 강의 및 토론학습으로서의 면대면 교실기반 학습이 결합되어 교과 과정이 구성되는 것을 의미한다.

2) 혼합학습의 특성과 활용

이러닝을 도입·운영하고 있는 교육기관에서 학습 효과를 향상시키기 위해 활용하는 대표적인 설계전략 중의 하나는 바로 혼합학습이다. 혼합학습은 일반적으로 이러닝을 통해 전통적인 면대면 교육방식이 갖고 있던 시간과 공간상의 제약 및 상호작용성의 한계를 극복하려던 노력에서 한 걸음 더 나아가 이러닝 교육방식에 전통적인 면대면 교육방식이 갖고 있는 교육적 장점을 결합, 적절히 활용함으로써 학습 효과를 극대화하기 위한 설계 전략이다. 이처럼 혼합학습은 온라인과 오프라인 학습 환경만을 결합하는 것이 아니라 학습 목표, 학습 시간과 공간, 학습 활동, 학습 매체, 상호작용 방식 등 다양한 학습 요소들의 결합을 통해 최상의 학습 효과를 도출해 내기 위한 이러닝 설계 전략으로 그 개념과 영역을 확장해 나가고 있다.

3) 학교교육에서의 활용

교실수업은 교실이라는 제한된 공간에서 교사 주도적으로 교수학습 활동이 진행되며 주로 강의식 수업이나 소집단 활동 형태로 이루어지는 데 반해 온라인학습은 네트워크라는 무형의 공간에서 학습자가 주도적으로 자료를 탐색하고 정보를 습득하거나 온라인 커뮤니티 속에서의 상호작용 활동을 통해 지식을 체득하게 된다. 교실수업과 온라인학습 간에는 이와 같은 나름대로의 특징이 있기 때문에 가르치고자 하는 수업 목표나 교수학습 활동이 무엇이냐에 따라 교실수업이 더 적합하거나 온라인학습이 더 적절한 상황이 발생할 수 있어 혼합학습을 잘 활용하면 학습 목표를 효과적이고 효율적으로 달성할 수 있다.

4) 혼합학습의 주요 영역

혼합학습의 주요 영역은 학습 환경, 학습 목표, 학습 내용, 학습 시간, 학습 장소, 학습 형태, 상호작용의 유형 등으로 구분할 수 있다.

(1) 학습 환경과 학습 목표

먼저 학습 환경의 경우, 일반적인 혼합학습의 대표적인 설계 전략이라 할 수 있는 오프라인 교실수업과 온라인학습을 혼합하는 것을 의미한다.

학습 목표의 경우는 전통적인 오프라인 교실수업에서도 인지적·정의적·신체적 영역을 적절히 혼합하여 활용하고 있지만 온라인 활동을 추가함으로써 달성이 더욱 용이한 목표 영역도 얼마든지 존재할 수 있다.

(2) 학습 내용과 학습 시간

학습 내용의 경우, 구조화된 학습 내용과 비구조화된 학습 내용으로 구분된다. 구조화된 학습 내용이란 정해져 있는 교육과정과 관련된 교과서, 참고자료 등을 의미하며, 비구조화된 학습 내용이란 정해진 학습 내용을 더욱 풍부하게 해 줄 수 있는 다양한 정보원을 의미하는데 동료학습자로부터 얻은 새로운 정보나 인터넷 등에서 정보검색을 통해 발굴한 관련 자료 등을 의미한다.

학습 시간은 실시간과 비실시간을 지칭하는 것으로 통상적으로 교실에서 교사와 함께 수행하는 수업 활동은 실시간으로, 교실 밖에서 인터넷을 이용해 관련 활동을 수행하는 것은 비실시간으로 이루어진다. 다양한 웹 채팅 기능이나 메신저의 활용을 통해 사이버 공간에서 실시간으로 의사소통 활동이 일어나는 경우가 많은 편이다.

(3) 학습 장소와 학습 형태

학습 장소의 경우, 학교교육에서는 학습 장소나 공간을 분리할 수 없으므로 교실 내에서 이루어지는 학습(on class)과 교실 밖, 가정이나 사회, 특히 현장 체험 학습 장소에서 이루어지는 학습(off class)으로 해석할 수 있다.

학습 형태의 경우, 오프라인 환경이든 온라인 환경이든 어느 환경에서든지 활용이 가능하다고 볼 수 있는데, 학습의 '단위' 중심으로 학습 형태를 구분하는 것이다. 실제 교실 현장뿐만 아니라, 온라인 환경에서도 개별적 또는 집단적으로 교사가 학생을 대상으로 공지하고 안내하는 일체식 학습이 가능하다는 점에서 혼합학습을 이러닝의 한 가지 요소로 고려할 수 있다.

(4) 학습 매체와 상호작용 유형

학습 매체의 경우, 다양한 교수학습 매체 중 특정 학습 목표 달성을 위한 학습 조건에 가장 적합한 매체로서 어떤 것을 사용하느냐 하는 요소를 뜻하며, 텍스트 자료, 오디오기반 매체, 비디오기반 매체, 멀티미디어기반 매체, 컴퓨터·인터넷 기반 매체 등이 하위 요소들이라고 할 수 있다.

상호작용 유형이란, 의사소통의 중요성을 바탕으로 학습자가 무엇과 혹은 누구와 상호작용하는 활동을 중요시할 것인가에 따라 여러 가지 유형이 혼합된 설계 전략을 구상할 수 있다는 것이다. 학습자가 학습 내용 또는 학습 자료와 상호작용하는 경우를 포함하여 학습자와 학습자, 학습자와 강사, 학습자와 커뮤니티 간의 다양한 대인 간 상호작용 유형이 여기에 포함될 수 있다.

1.3 유목학습

유목학습(nomadic learning)은 한 곳에 머무르면서 학습을 하는 것이 아니라 이 곳저곳을 다니면서 학습할 수 있다는 개념에서 파생된 개념이다. 따라서 이러한 개념은 무선통신의 발달에 의하여 발생될 수 있는 통신기술기반의 학습을 의미한다. 여기에 사용되는 무선통신은 인공위성, 이동통신, 무선인터넷, 근거리통신(NFC: Near Field Communication) 등이 다양하게 활용되고 있으며, 모바일러닝(mobile learning), 엘러닝(l-learning), 유러닝(u-learning), 스마트러닝(smart learning) 등이 여기에 포함된다.

1) 모바일러닝

모바일러닝에 관한 연구는 아직 활발하지 않으므로 일반적으로 구현되는 학습환경을 통하여 개념을 정리하고 있다. 모바일러닝은 이러닝에 포함되는 하나의 학습방법으로 전자적 매체 중 모바일 환경으로 구현되는 휴대폰이나 스마트패드, PDA 등과 같은 매체로 이루어지는 학습방법이다. 이러닝이 웹을 기반으로 시간과 공간의 제약 없이 다양한 자원과 상호작용을 통해 이루어지는 학습자 주도적인 학습이라고 정의한다면, 모바일러닝은 모바일 인터넷 환경에서 휴대성의 장점을 활용하여 시간과 공간의 제약 없이 다양한 자원과 상호작용을 통해 이루

〈표 2-1〉 모바일러닝과 이러닝 비교

	모바일러닝	이러닝
학습 매체	휴대폰, PDA	PC, 양방향 TV, 온라인 매체
구현 환경	모바일 인터넷기반	웹기반
학습 장소	Anywhere	학습 장비가 구비된 장소
학습 시간	비동시성	비동시성
학습 자료	텍스트, 소리, 동영상 등	텍스트, 소리, 동영상 등

출처: 김동현, 황재훈, 2005.

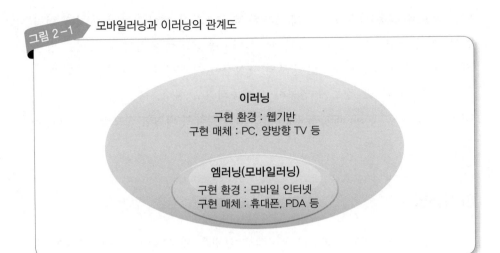

그림 2-1   모바일러닝과 이러닝의 관계도

이러닝

구현 환경 : 웹기반
구현 매체 : PC, 양방향 TV 등

엠러닝(모바일러닝)

구현 환경 : 모바일 인터넷
구현 매체 : 휴대폰, PDA 등

어지는 학습자 주도적인 학습이라고 할 수 있다. 이는 독자적인 학습을 진행하거나 오프라인이나 온라인 학습의 보조 도구로 활용되는 다양한 유형의 학습 형태까지도 포괄하는 개념이라고 할 수 있다(〈표 2-1〉, [그림 2-1] 참조).

영국의 앵글리아 폴리테크닉 대학교(Anglia Polytechnic University)의 울트라연구소(Ultralab)에서는 엠러닝(m-learning)은 휴대폰이나 PDA 등을 통해 젊은 성인(16세 이상)이 이동하면서 학습할 수 있는 학습 방식이라 하였다. 또한 국제표준화기구(ISO)의 소위원회인 ISO/IEC JTC1 SC36에서는 엠러닝과 모바일러닝을 동일하게 사용하고 있으며, '위치 또는 이동에 구애받지 않고 모바일 장치를 이용한 학습'으로 정의하고 있다.

2) 엘러닝

엘러닝, 즉 위치기반 학습(location based learning)을 이해하기 위해서는 먼저 맥락인식에 대해 이해할 필요가 있다. 맥락인식은 사용자가 처해 있는 상황에서 필요한 정보를 실시간으로 제공하는 방식을 의미하는데, 사용자의 위치 정보 등을 파악하여 상황에 적합한 정보를 자동으로 추출하여 제공하는 기술이다. 이와 같은 맥락인식 기법은 감각적 몰입(sensory immersion)과 위치기반 정보(location based information)에 의해서 증진될 수 있다. 감각적 몰입은 사용자가 처리하고 있는 정보를 더욱 사실과 가깝게 표현하여 실제같이 보이도록 하는 것을 의미한다. 예를 들면, 박물관을 관람할 때 고대의 동물 화석과 함께 살아 있을 당시의 모습을 함께 제공해 준다면 정보의 사실성이 더욱 증대될 것이다. 이러한 기능은 종종 위치기반 정보에 연동하여 작동되기도 한다. 즉, 사용자의 위치를 GPS(Geographical Positioning System) 등으로 추적하여 적절한 정보를 제공하기도 한다.

3) 유러닝

유러닝, 즉 유비쿼터스(ubiquitous) 학습 환경은 세상의 모든 곳을 학습의 장으로 활용하는 열린 환경을 말한다. 예를 들어, 우리가 여행하는 중에 어떤 문화재를 보게 된다면 유비쿼터스 환경에서는 그와 관련된 학습을 즉시 할 수 있게 된다.

학습자가 지니고 있는 휴대용 개인 단말기의 칩과 문화재 속의 칩이 서로 연결되어 학습자 단말기상에 관련 내용이 자동으로 나타나 스스로 학습할 수 있는 정보가 제공된다. 이것은 기존에 학습자가 인터넷 등에 의도적으로 접속하거나 이동해야 하는 방식에서 학습자 개인의 필요와 상황에 맞는 맞춤교육으로의 큰 방향 전환을 가져오는 것으로 볼 수 있을 것이다.

유비쿼터스 기반의 교육 환경은 특히 개인용 단말기 등의 급속한 발달과 보급으로 학습 도구가 개인화됨으로써 가속화되고 있다. 유비쿼터스의 라틴 어원에서도 알 수 있듯이 유러닝은 누구나, 언제, 어디서나, 어떠한 기계장치를 이용해서도 정보를 주고받을 수 있는 환경을 전제로 한다.

4) 스마트러닝

스마트코리아 포럼(2010. 11.)에서는 스마트러닝(smart learning)을 '학습자들의 다양한 학습 형태와 능력을 고려하고, 학습자의 사고력, 소통 능력, 문제해결 능력 등의 개발을 높이며, 협력학습과 개별학습으로서 장치보다 사람과 콘텐츠에 기반을 둔 발전된 정보통신기술(ICT: Information & Communication Technology)기반의 효과적인 학습자중심 지능형 맞춤학습'으로 정의했다. 이듬해 스마트교육 추진전략(국가정보화 전략위원회, 2011. 6.)에서는 스마트러닝을 '스마트교육은 21세기 학습자 역량 강화를 위한 지능형 맞춤학습체제로 교육 환경, 교육 내용, 교육 방법 및 평가 등 교육체제를 혁신하는 동력'이라고 정의하였다. 스마트러닝은 〈표 2-2〉와 같은 개념을 포함해야 한다.

스마트러닝은 환경적인 측면에서 스마트폰, 태블릿, 노트북 그리고 개인용 컴퓨터를 이용하여 인터넷의 풍부한 교육콘텐츠를 사용할 수 있어야 한다. 소프트웨어 측면에서 학생은 자기주도적 학습 계획을 수립하고 학습 흥미에 따라서 자신의 특성에 맞는 개별화된 학습을 지향해야 하며, 강의를 제공하는 측에서는 풍부한 콘텐츠와 정확한 학습 평가를 통해서 학습자가 자신의 수준에 적합한 학습을 계속 진행하도록 해야 한다. 동일한 수업에서도 학생들의 성취도는 각자 다른 결과를 도출한다. 이것은 학생들의 수업에 대한 이해도와 몰입 정도가 다르며, 이외에 많은 다양한 요인에 의해서 다른 결과를 얻는다는 것을 뜻한다. 학생에 따라서 도표와 수식에 빠른 집중을 할 수 있는 경우도 있고, 스토리텔링이 필요한 경우 등 학습 성향이 다를 수 있다. 따라서 스마트러닝에는 학생들의 학습 성향을 지능적으로 찾아내는 단계, 다양한 수업 모델 중 적합한 모델을 제공하는 단계, 평가를 통해서 학생의 수업 성취도를 진전시키는 단계 등 개별화된 학습 모형의 개발이 요구된다.

〈표 2-2〉 스마트러닝의 개념

자기주도적 (Self-directed)	학생 스스로 학습을 계획하고 수행하는 '자기주도적 학습 지향'
동기유발 (Motivated)	다양한 콘텐츠를 활용한 '체험 기반의 창의적 학습 지향'
수준과 적성 (Adaptive)	학생 개별의 수준과 적성을 고려한 '유연하고 개별화된 학습 지향'
풍부한 자료 제공 (Resource Enriched)	디지털 콘텐츠 및 온라인학습 과정을 활용한 '풍부한 교육 콘텐츠를 활용한 학습 지향'
정보기술 활용 (Technology Embedded)	언제 어디서나 동일한 학습 환경 조성의 '기술기반의 학습 지향'

2 시대별 이러닝

2.1 교수중심 교육 시기(~1983년)

컴퓨터가 광범위하게 사용되기 전에는 교수중심의 교육이 주된 교육방법이었다. 교수중심의 교육방법은 교수자가 학습자에게 지식을 전달만 할 뿐, 교수자와 학습자 간의 상호작용을 잘하는 것이나 학습자의 지식 습득 여부는 전적으로 학습자의 능력에 의하여 결정되었다.

하지만 획일적인 강사주도형의 교육은 대개 높은 비용을 수반할 뿐 아니라 일방향(one way)의 수업방식이었기 때문에 교수자들은 교육을 위한 더 나은 방법을 찾으려고 노력했다.

2.2 멀티미디어 시기(1984~1993년)

윈도 3.1, 매킨토시, CD-ROM, 파워포인트 등의 매체들은 멀티미디어 시기의 기술적인 진보였다. 시각적으로 효과적인 교육 지도가 가능하다는 점, 이동이 보다 용이하다는 점 때문에 컴퓨터기반의 교육은 CD-ROM을 통해 학습자에게 전달되었다. 언제 어디서든지 이용 가능한 CD-ROM 매체가 가지고 있는 장점은 기존의 교수중심의 교육이 가지고 있던 단점을 보완하기에 충분했다.

2.3 1세대 이러닝(1994~1999년)

이메일과 웹 브라우저, HTML, 멀티미디어 재생기의 기술적 진보와 더불어 낮은 용량의 오디오 및 비디오 파일과 자바(Java) 기술은 멀티미디어 교육의 모습을 바꾸기 시작했다. 웹 방송에 기반을 둔 낮은 품질의 교육프로그램이 선보이기 시작했으며, 이러닝은 인터넷의 확산과 더불어 획기적인 발전이 가능해졌다.

이러닝은 인터넷 및 컴퓨터의 대중화와 그 역사를 같이한다고 할 수 있다. 등장 초기에는 공교육과 같은 일반 대중을 위한 것이 아니라 기업의 인력 교육 비용을 감소시키기 위한 것이 주목적이었다. 따라서 학습자 개개인의 학습 목표 달성에 주안점을 두고 학습자가 자신의 능력에 맞게 학습 속도를 조절하거나 학습자의 답변에 즉각적인 피드백을 주는 것이 주목적이었다.

그러나 1960년대에 등장한 초기 이러닝 환경은 전통적인 오프라인학습 환경과 마찬가지로 기존 지식의 일방적인 제공 및 습득에서 벗어나지 못했다. 이후 1980년대에 들어서면서 PC의 보급 및 정보처리기술의 발달과 함께 이러한 기존의 학습 환경에서 벗어나 보다 학습자중심적이고 상호작용적인 이러닝에 대한 요구가 증가하였으나, 이러닝 관련 기술이 대중화되지 못한 관계로 학습프로그램의 저작도구가 미비했기 때문에 콘텐츠의 제작이 어렵고 복잡하여 학습자는 여전히 수동적인 존재로 남아 있었으며 상호작용 역시 제한적인 수준에서만 허용되었다(조광수 외, 2005).

2.4 2세대 이러닝(2000~2003년)

자바와 네트워크의 기술적인 진보, 오디오·비디오의 실시간 전송과 더욱 진보된 웹 디자인은 교육 산업 분야에 혁신을 가져왔다. 인터넷 전송망의 속도 향상은 고용량의 미디어 활용을 가능하게 하였고, 보다 높은 품질의 멀티미디어 콘텐츠들이 등장했다.

2.5 3세대 이러닝(2004년~)

기존 이러닝이 대부분 톱다운(top-down) 방식으로 진행되어 콘텐츠전달 위주의 자기주도형(self-directed) 학습이 주류를 이룸으로써, 학습자 참여율 및 만족도

저하 등의 근본적인 문제를 안고 있었던 것에 비해, 최신의 웹 기술이 적용된 3세대 이러닝은 소셜 네트워크 서비스(SNS)와 같은 형태의 개념이 결합되어 콘텐츠의 생성, 활용 등이 학습자의 자발적인 참여에 의해 이루어짐으로써 높은 교육 효과를 기대할 수 있다. 또한 콘텐츠의 개인화가 가능하여 이러닝 시장의 성격을 대중(mass)에서 틈새(niche)로 변화시켜 가고 있다. 이러한 패러다임의 변화를 통해 학습자 간 또는 학습자와 교사 간의 상호작용 학습 활동이 가능하고, 학습자는 자신의 의견을 직접 반영할 수 있는 참여적 학습 환경에서 학습하는 것이 가능하게 되었다.

3 ▶ 웹의 발전과 이러닝

이러닝의 역사는 컴퓨터기반 교육을 포함하더라도 그다지 길지 않은데, 최초에는 전통적 강의실 교육 환경하에서 슬라이드나 PC를 이용한 교육이 일부 이루어져 왔으며, 어학이나 스포츠 분야에서 비디오나 오디오 테이프를 이용한 교육이 시도되었다. 이때는 교사가 중심이 되는지, 콘텐츠가 중심이 되는지에 따라 단순한 클릭이나 읽기 과정을 뛰어넘어 훨씬 발달된 교육 기술을 사용함으로써 교육 효과를 높일 수 있었다. 이러한 방법은 가장 초보적인 온라인 형태로의 교육이 웹을 근거로 서비스되는 단계로 이동하기 훨씬 전에도 이미 학습자들의 교육 경험을 향상시키기 위한 기술로 사용되고 있었다.

가장 많이 쓰였던 전달 수단은 CD-ROM이었지만, 그 이전의 원격교육은 비디오나 오디오 테이프의 사용을 통해 이루어졌다. 이후 이러닝은 멀티미디어 및 웹의 발달과 함께 현재에 이르기까지 다양하게 발전해 왔다.

3.1 웹 2.0

1) 웹의 진화

웹 2.0을 설명하기에 앞서서 웹의 진화에 대해 알아보고자 한다. 웹 2.0을 설명하기 위해서는 웹 2.0이 어떻게 생겨났고, 현재 언급되기 시작한 웹 3.0은 또 어떻게 나오게 되었는지에 대해 알아볼 필요가 있다.

교육 분야에서는 웹 2.0을 적용한 사례가 아직 그리 많지는 않지만, 정보통신 분야에서는 2006년도부터 뜨거운 화두가 되었다. 웹 2.0은 무엇인지, 웹은 어떻게 변화되었는지는 〈표 2-3〉을 통해 알아보자.

[그림 2-2]에서 알 수 있는 바와 같이 웹은 PC 시대부터 시작되었다. 그러다가 PC통신, 웹 서버 등의 인터넷을 통해서 단순히 제작자가 소비자에게 필요한 정보를 가진 웹페이지를 제공하고 사용자들이 자유롭게 사용하고 있는 웹 1.0 시대

〈표 2-3〉 웹1.0, 웹2.0, 웹3.0의 비교

구분	웹1.0	웹2.0	웹3.0
시기	1990~2000년	2000~2010년	2010~2020년
키워드	접속	참여와 공유	상황인식
콘텐츠 이용 행태	생산자가 이용자에게 일방적으로 콘텐츠 제공 → 이용자는 콘텐츠 소비자	이용자는 콘텐츠의 생산자이자 소비자이며 유통자	지능화된 웹이 이용자가 원하는 콘텐츠를 제공 → 개인별 맞춤 서비스 제공
검색	검색엔진 내부에서만 가능	여러 사이트에 있는 자료의 개방(OpenAPI)	사용자 맞춤형 검색
정보 이용자	인간	인간	인간, 컴퓨터
기반 기술	브라우저, 웹 저장	브로드밴드, 서버 관리	시맨틱 기술, 클라우드 컴퓨팅, 상황인식
대응 단말	PC	PC 및 모바일 장치	PC, 모바일 장치, 시계와 같은 액세서리 등 다양

출처: 전자정보센터, 2007.

그림 2-2   웹 서비스 기술의 변화

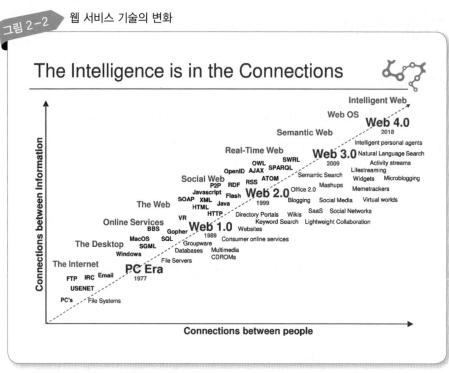

출처: http://www.radarnetworks.com/

(1990~2000년), 블로그, 위키피디아 등의 사용자 참여를 통해 진화하는 웹 2.0 시대(2000~2010년)를 거쳐, 웹 3.0 시대(2010~2020년)에는 인공지능 웹인 시맨틱 웹(Semantic Web)이 구현될 것이다. 웹 4.0 시대(2020~2030년)에는 언제 어디서나 편리하게 사용가능한 유비쿼터스 웹으로 진화될 것이라 한다.

　웹이 진화됨에 따른 서비스 기술에는 어떤 변화가 있었는지는 [그림 2-2]를 통해 알 수 있다. 웹 2.0 시대에 대두되는 기술로는 Weblog, RSS, OpenID, XML, SOAP, ATOM, AJAX, Wiki, SaaS, Social Networks, CSS, Mash up, Microformat 등이 있다.

2) 웹 2.0의 개념

　웹 2.0이라는 개념이 등장하기 전까지는 차세대 웹을 뜻하는 말로 시맨틱 웹을 사용하였다. 시맨틱 웹은 웹의 창시자인 팀 버너스 리(Tim Berners Lee)에 의해

1998년 제안된 차세대 웹의 이름이다. 시맨틱 웹의 특징은 인공지능을 통한 자동화가 강화되었다는 것이다. 다시 말해 최대한 사람의 손을 거치지 않고 프로그램이나 로봇이 알아서 사용자가 필요로 하는 정보를 처리해 주는 웹을 시맨틱 웹이라고 한 것이다.

웹 2.0은 차세대 웹을 경제적인 관점에서 접근하다가 만들어진 말이다. 2001년 닷컴버블에서 붕괴된 넷스케이프(Netscape)와 라이코스(Lycos) 등의 인터넷 서비스와 살아남아 입지를 높인 구글(Google), 아마존(Amazon), 이베이(eBay) 등의 인터넷 서비스를 구분할 단어가 필요해졌으며, 이때 닷컴버블에서 살아남은 회사들의 공통점과 기존의 웹의 전환점을 찍는 의미에서 웹 2.0이라는 단어가 처음 나오게 되었다. 2004년에 열린 웹 2.0 컨퍼런스에서 오라일리 미디어사(O'reilly Media, Inc.)의 대표인 팀 오라일리(Tim O'reilly)가 웹 2.0의 특징을 핵심 개념으로 정리하며 현재의 웹 2.0의 개념이 형성되었다.

웹 2.0에 대해 설명하기 위해서는 닷컴버블에서 살아남은 대표적인 웹 2.0 인터넷 서비스를 살펴볼 필요가 있다.

〈표 2-4〉를 보면 알 수 있듯이 단순히 웹 서비스뿐만 아니라 비트토렌트(BitTorrent)나 P2P(peer to peer)와 같은 웹이 아닌 데스크톱 애플리케이션까지 포함하였다. 그 이유는 웹 2.0은 단순 웹 서비스만을 말하는 것이 아닌, 플랫폼으로서의 웹, 즉 웹 애플리케이션을 제공하는 플랫폼으로의 발전이기 때문이다. 그 플랫폼을 바탕으로 생산자뿐만 아니라 소비자들도 정보를 창작할 수 있도록 한, 사용자의 참여를 기반으로 하는 플랫폼이 웹 2.0이라 할 수 있다.

웹 2.0 서비스를 살펴보면 사용자의 참여를 유도하는 서비스 모형임을 알 수 있다. 이것이 웹 2.0의 진정한 개념이라 할 수 있다. 위 서비스들은 사용자들의 참여, 공유, 개방이란 세 단어가 녹아 있는 웹서비스이다. 사용자들의 보다 많은

〈표 2-4〉 웹 2.0 인터넷 서비스

구글(Google)	플리커(Flickr)	비트토렌트 (BitTorrent)	위키피디아 (Wikipedia)	eBay
Blogging	Cost per click	Web services	Tagging (folksonomy)	P2P

참여를 유도하고, 그 산출물을 공유하고, 외부에 개방할 수 있도록 하는 서비스가 웹 2.0의 인터넷 서비스임을 설명할 수 있다.

웹 2.0을 교육서비스에 접목하기 위해서는 웹 2.0의 특징을 이해할 필요가 있다. 이에 팀 오라일리가 정한 웹 2.0의 특징을 살펴보고 앞으로 교육서비스의 나아가야 할 방향을 모색하고자 한다.

(1) 웹은 플랫폼이다

팀 오라일리는 플랫폼으로서의 웹을 정리하며 넷스케이프와 구글을 예로 들었다. 넷스케이프는 1990년대 후반, 자사의 웹 브라우저의 시장 점유율이 높은 점을 이용하여 웹 브라우저와 연계된 애플리케이션, 즉 소프트웨어를 통해 플랫폼을 장악하려 하였지만, 낡은 소프트웨어 패러다임의 관점에서 접근하였기에 실패하였다. 이에 반해 구글은 패키지 소프트웨어 개발이 아닌 웹을 플랫폼으로 활용하여 서비스로서 소프트웨어를 제공하는 새로운 방식을 채택하였다. 즉, 웹을 서비스 플랫폼으로 활용하면서 방대한 데이터를 수집하고 정보를 제공하는 데이터 수집, 관리에 노력을 기울임으로써 수많은 사용자들의 신뢰를 얻게 되었다.

(2) 집단 지성을 활용한다

웹이라는 플랫폼 위에 공존하는 사용자들이 만들어 내는 지식은 엄청난 힘을 가지고 있었다. 이를 설명하기에 적합한 사이트로 국내외 대표적인 곳 두 곳을 들면 국외 사이트로는 위키피디아(http://www.wikipedia.org), 국내 사이트로는 네이버(http://www.naver.com)의 지식인이 그것이다.

위키피디아는 누구나 자유롭게 글을 쓸 수 있는 사용자 참여의 온라인 백과사전이다. 누구나 자유롭게 글을 쓸 수 있고 고칠 수 있는 체제로 만들어져 있다. 네이버 지식인은 누가 질문을 하면 누구나 질문에 대해 답을 할 수 있도록 한 시스템이다. 이 두 서비스는 모두 사용자의 참여가 없으면 불가능하며 사용자들의 글이 데이터로 만들어져 사이트가 운영되고 있다. 사용자들의 참여 증가가 콘텐츠 증가를 이루며, 콘텐츠의 증가가 더 많은 사용자에게 서비스하는, 사용자 참여를 바탕으로 집단 지성 서비스가 무한한 성장성을 가지고 있음을 보여 준다.

(3) 데이터가 차별화의 열쇠이다

웹 2.0의 또 다른 핵심 키워드는 '데이터'이다. 대부분의 컴퓨터에는 '인텔 인사이드'라는 스티커가 붙어 있어 컴퓨터를 동작하게 하는 가장 중요한 요소가 CPU임을 확인할 수 있다. 이와 마찬가지로 잘 정리된 데이터는 웹에서 컴퓨터의 CPU와 같은 역할을 할 만큼 중요하다. 똑같은 지도 서비스를 하더라도 단순 지도만 서비스하는 것보다 사용자가 직접 맛집을 등록하거나, 데이트 코스 등을 입력한 부가 정보도 많은 서비스를 선호할 것이다. 단순 지도 서비스는 누구나 할 수 있지만 사용자가 직접 참여한 데이터는 얻기 힘든 좋은 정보이기에 웹의 데이터는 컴퓨터의 CPU와 같은 의미로 볼 수 있다.

(4) 소프트웨어 배포 주기란 없다

구글과 넷스케이프의 사례에서 언급했던 것처럼 인터넷 시대에 소프트웨어의 중요한 특징 중의 하나는 소프트웨어가 물건이 아닌 서비스로 제공된다는 점이다. 이 사실은 기업의 비즈니스 모델에 근본적인 변화를 일으키고 있다.

웹 브라우저라는 물건으로서의 소프트웨어를 제공한 넷스케이프는 실패하였고, 검색서비스라는 서비스로서의 소프트웨어를 제공한 구글은 성공하였다. 웹 서비스로서의 소프트웨어는 사용자의 불편 없이 업그레이드가 가능하다. 웹이라는 개방적인 공간이기에 개발자는 개발한 새로운 기능을 실시간으로 반영하고, 사용자들의 반응을 실시간으로 관찰해 어떤 새로운 기능이 어떻게 이용되고 있는지 관찰할 수 있다. 관찰을 통해 사용자가 사용하지 않으면 그 기능을 삭제하고, 사용자의 반응이 좋으면 기능을 사이트 전체로 확대하는 등, 사용자의 피드백을 낭비하지 않고 지속적인 개선을 해 나갈 수 있는 것이 웹 2.0 기업의 특징 중 하나라고 할 수 있다.

(5) 가볍고 단순하게 프로그래밍한다

가볍고 단순한 프로그래밍은 서비스 기능을 쉽게 다른 용도로 개조와 재조합이 가능하도록 구성하는 것을 의미한다. 웹 2.0 서비스 기술로 언급되는 WWW, RSS, AJAX와 같은 시스템은 쉽게 재사용이 가능한 기술들로서 빠르게 변화하는 인터넷 비즈니스 모델이나 트렌드를 쉽게 서비스에 반영할 수 있도록 할 수 있다.

(6) 웹은 단일 장치를 넘어선 소프트웨어이다

웹 2.0에서 주목해야 할 특징 중 하나는 장치의 대상을 PC 플랫폼으로 한정하지 않는다는 것이다. 이 말은 웹 애플리케이션은 PC에서만 운용되는 것이 아니라 모바일 장치, TV 등의 브라우저가 설치된 어떠한 장치를 통해서도 자유롭게 접근이 가능하다는 것을 의미한다. 이 원칙을 가장 잘 표현하는 것이 애플(Apple)의 아이튠즈(iTunes)이다. 아이튠즈는 사용자가 휴대 단말기를 사용하여 웹의 정보로 접근하는 것을 가능하게 했다. 이렇게 다양한 방법을 통해 웹 서비스를 제공함으로써 조금 더 많은 사용자를 확보할 수 있는 것이 웹 2.0 기업들의 특징 중 하나이다.

(7) 사용자들에게 풍부한 사용자 경험을 제공한다

웹 2.0 애플리케이션은 다양한 사용자 인터페이스를 가지고 있다. 웹에서 전면적인 애플리케이션을 제공할 수 있다고 하는 생각이 확산되기까지는 구글의 지메일(Gmail)과 구글 맵스(Google Maps)의 등장이 큰 계기가 되었다. 이 두 서비스는 웹기반의 애플리케이션이지만 풍부한 사용자 인터페이스와 PC에 필적하는 양방향성을 갖추고 있다. 이런 웹기반의 애플리케이션을 개발하기 위해서 구글이 이용한 기술을 'AJAX'라고 하는데, 이 이름은 웹 디자인 회사인 어댑티브 패스(Adaptive Path)의 제시 제임스 개릿(Jesse James Garrett)이 명명하였다. 그는 AJAX는 하나의 기술이 아니고 뛰어난 다수의 기술들을 새로운 강력한 방법으로 조합한 것이라고 표현하였다. 이 AJAX라는 기술은 웹 2.0 애플리케이션에 큰 영향을 주었고, PC 소프트웨어에서 제공하는 풍부한 사용자 인터페이스와 기능을 웹에서도 제공할 수 있다는 가능성을 보여 주었다.

3.2 웹 2.0 서비스 유형

앞서 언급한 일곱 가지 원칙을 염두에 두고 현재 활성화되어 운영되는 웹 서비스들을 살펴보면 웹 2.0의 주된 특징이 완벽하게 일치하는 것은 아니지만 최대한 반영되어 있다는 것을 알 수 있다. 그렇다면 지금까지 언급한 웹 2.0의 일곱 가지 특징을 웹 서비스에 도입한다면 성공적인 웹 서비스를 구현할 수 있을까? 일곱 가지 중 몇 가지는 이미 도입하였는데 왜 웹페이지가 활성화되지 못하는가, 라는 의문을 가질 수 있다. 지금까지 운영하고 있는 웹서비스시스템을 버리고 새로운 웹 2.0의 플랫폼을 도입해야 하는 의문도 가지게 된다. 이런 의문을 없애는 웹 2.0 도입 방향은 항상 웹 서비스는 발전하기 위해 노력해야 하며, 사용자의 요구를 수용하고, 시대적 흐름을 수용할 자세를 가져야 한다는 것이다. 그럼으로써 도태되지 않고 사용자의 신뢰를 받는 서비스로 살아남을 수 있을 것이다.

이를 위해 웹 2.0 기술로 도입되는 RSS, OpenID, XML, SOAP, ATOM, AJAX, RIA, CSS, SNS, Microformat, Mash up 등의 단위 기술과 웹 2.0 서비스라 불리는 Trackback, Blog(Weblog), SEO, Flickr, BitTorrent, Wiki, P2P, Tagging(folksnomy), Social bookmarking, Open market, Social computing 등에 대해 알아보자.

요즘 들어 open이라는 단어가 들어간 오픈소스, 오픈 마켓, 오픈 소셜, 오픈 아이디 등의 단어들이 쏟아져 나오고 있다. 이러한 것들은 웹 2.0 개념을 도입한 참여, 공유, 개방의 실천을 통해 자연스럽게 나오는 용어라고 생각한다. 이를 반영한 사회적 현상 및 현재의 교육서비스에 대해서 실제 예시를 통해 정리해 보고자 한다.

1) RSS

RSS(Really Simple Syndication)는 새로 업데이트된 정보를 사용자가 해당 사이트에 직접 방문하지 않더라도 확인할 수 있도록 해 주는 기능으로, RSS 독자들에게 찾으려는 사이트에서 자신의 상황을 비교하여 자동적으로 최신 내용을 가져다준다. RSS로 콘텐츠를 구독하기 위해서는 구독받아 볼 페이지(RSS feed)가 필요하다. 초기 RSS는 뉴스나 블로그에만 국한되어 사용되었지만 현재는 증권사, 여행사, 쇼핑몰 등 다양한 곳으로 확산되고 있다.

2) OpenID

OpenID는 [그림 2-3]을 통해 알 수 있듯이 웹에서 자신의 계정을 통합적으로

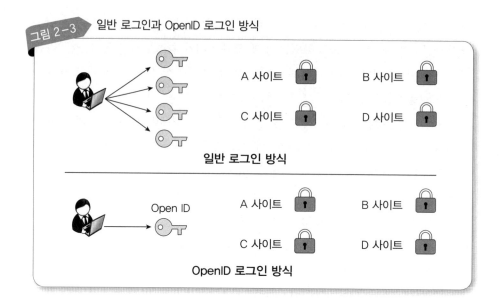

그림 2-3 일반 로그인과 OpenID 로그인 방식

A 사이트   B 사이트

C 사이트   D 사이트

일반 로그인 방식

Open ID   A 사이트   B 사이트

C 사이트   D 사이트

OpenID 로그인 방식

관리하는 방식이다. SSO(Single Sign On)와도 비슷한 개념인데, SSO가 하나의 큰 시스템에서 사용되는 것이라면 OpenID는 여러 웹에서 사용 가능한 것이라고 보면 된다.

웹사이트를 로그인할 때 사용자 ID와 암호를 요구하는데, 대부분의 사람들은 같은 ID와 암호를 많은 웹사이트에서 사용하고 있다. OpenID 인증을 통해 하나의 인증된 OpenID로 OpenID를 지원하는 모든 웹사이트들에 복잡한 가입 절차 없이 로그인할 수 있다. 하지만 보안을 강조하는 우리나라의 현 추세에서는 특정 서버를 통한 OpenID는 그리 많이 확대되지 못할 것으로 예상된다.

3) XML

XML(eXtensible Markup Language)을 번역하면 '확장 가능한 마크업 언어'이다. 즉, 인터넷 웹페이지를 만드는 HTML을 획기적으로 개선하고 확장시킬 수 있는 언어이다. XML은 네트워크를 통해 정보를 교환하는 표준 형식이 되며, 문서 구조의 기술을 소비자가 독자적으로 정의할 수 있는 메타언어로서 컴퓨터들 간의 데이터를 교환하기 위해 사용된다.

[그림 2-4]와 같이 XML과 HTML의 차이는 웹 브라우저에 나타나는 데이터의

그림 2-4 XML 문서를 이용하는 정보시스템

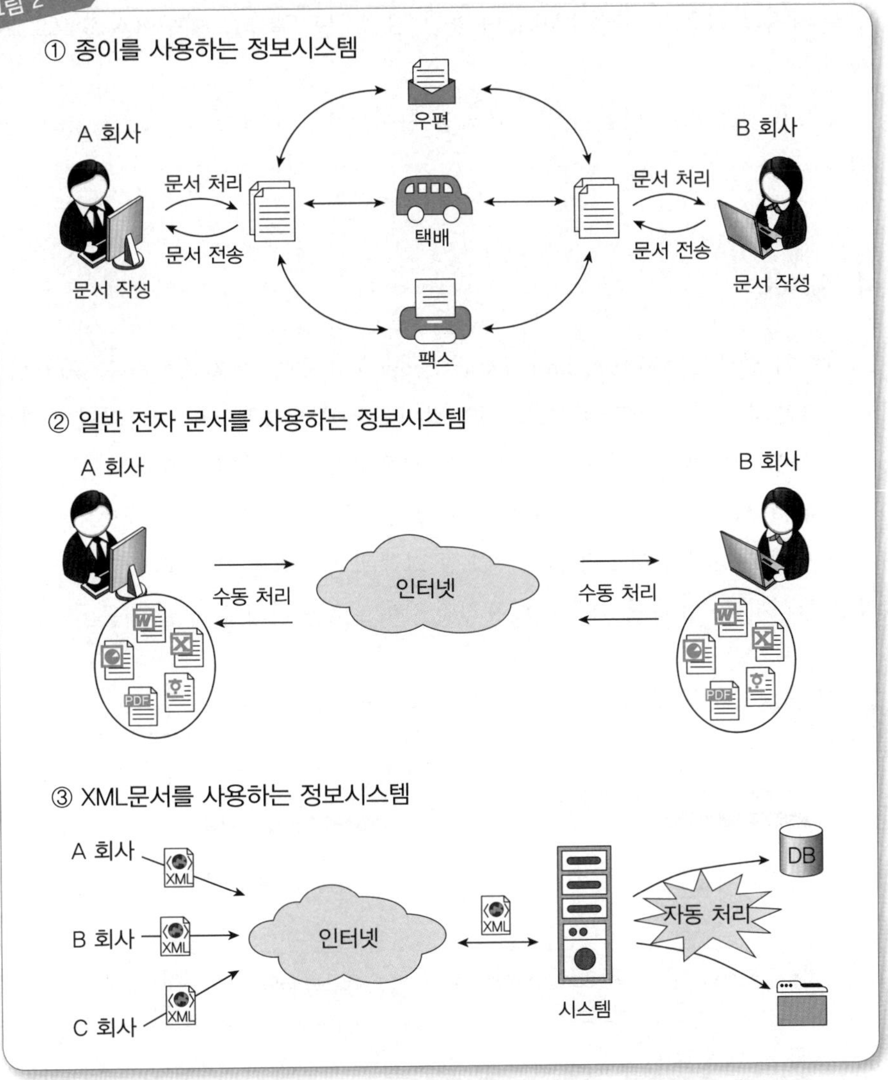

① 종이를 사용하는 정보시스템

A 회사
문서 작성
문서 처리
문서 전송
우편
택배
팩스
문서 처리
문서 전송
B 회사
문서 작성

② 일반 전자 문서를 사용하는 정보시스템

A 회사
수동 처리
인터넷
수동 처리
B 회사

③ XML문서를 사용하는 정보시스템

A 회사
B 회사
C 회사
인터넷
XML
시스템
자동 처리
DB

출처: 송재신 외, 2011.

〈표 2-5〉 XML의 특징

• 저장 크기가 작다.	• 문서가 자동 처리된다.
• 전송 속도가 빠르다.	• XML은 표준 문서이다.
• 소프트웨어 비용이 안 든다.	• 문서 교환과 재사용이 가능하다.
• 검색이 빠르고 정확하다.	• 보안성이 뛰어나다.
• 문서가 구조화되어 있다.	

표현이 아닌 데이터의 교환인 것을 알 수 있다. 또한 XML은 〈표 2-5〉와 같은 특징을 가지고 있으며, 향후 XML을 활용한 웹 작업은 필수로 이루어질 것으로 예상된다.

XML을 기반으로 만들어진 대표적인 사이트로는 World of Warcraft-US가 있다.

4) AJAX

간단히 말해 AJAX(Asynchronous Javascript and XML)는 웹페이지를 불러오는 방식에 변화를 준 것이다. [그림 2-5]와 같이 그래프의 일부분이 변경되었을 경우 일반 사이트의 웹페이지 리로딩 방식은 사용자가 요청하면 서버에서 사용자의 정보를 읽어들이고 페이지 전체를 새로 보여 주는 방식인 데 반해, AJAX를 이용하면 전체 페이지의 리로딩 없이 필요한 그래프 부분만을 새로 리로딩하여 보여 주는 방식이다. AJAX를 이용한 대표적인 사이트로는 지메일, 구글맵 등이 있다.

그림 2-5 일반 사이트와 AJAX 이용 사이트의 데이터 리로딩 방식

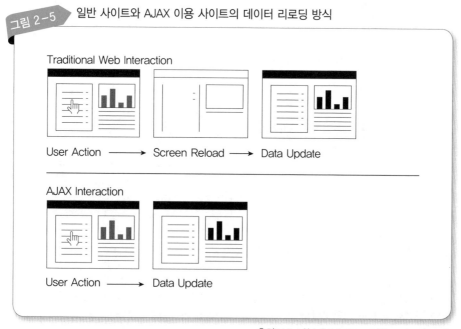

출처: http://static.lukew.com/ajax_overview.gif

5) RIA

RIA(Rich Internet Application)는 전통적인 데스크톱 애플리케이션의 기능과 특징을 구현한 웹 애플리케이션이다. 주로 복잡한 조작을 할 수 없었던 웹 브라우저 기반의 애플리케이션을 대체하기 위한 솔루션으로 사용되고 있다.

우리나라에서는 'X 인터넷' 솔루션이라 많이 불리지만 전 세계적으로 RIA라는 표현을 사용하고 있다. 국내에서는 국산 제품들이 많은 레퍼런스를 확보하고 있는 추세지만 이 분야의 강자인 어도비사(Adobe Systems Corp.) 제품이나 마이크로소프트사(Microsoft Corp.) 제품은 아직 많은 레퍼런스를 확보하지 못한 상황이다.

6) SaaS

SaaS(Software as a Service)는 서버에 컴퓨터 소프트웨어를 설치해 두고 사용자는 별도의 소프트웨어를 구입하지 않고 웹 브라우저를 통해 서버에 설치된 소프트웨어를 사용한 만큼 지불하는 형태의 서비스 방식을 의미한다. 마이크로소프트, 구글 등에서 이러한 서비스가 제공되고 있다([그림 2-6] 참조).

그림 2-6 구글 닥스(Google Docs)

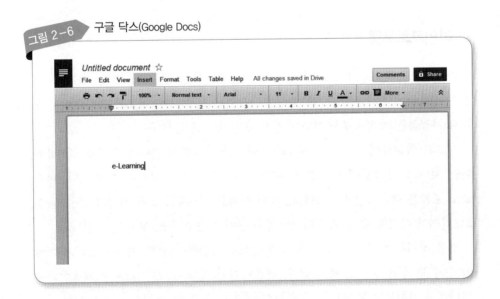

7) CSS

CSS(Cascading Style Sheet)는 W3C(World Wide Web Consortium, www 브라우저/서버 기술의 표준화 단체)의 표준으로 웹페이지의 레이아웃과 스타일을 정의할 때 사용하는 기술로서, CSS를 이용하면 웹페이지의 디자인이나 장식 요소(폰트 색상, 배경색 등)를 문서 본체와 분리할 수 있다.

8) SNS

소셜 네트워크 서비스는 매체를 통해 SNS(Social Network Service)라는 용어로 더 많이 사용되고 있다. SNS는 말 그대로 온라인 인맥 구축 서비스이다. 1인 미디어, 1인 커뮤니티, 정보 공유 등을 포괄하는 개념이며, 참가자가 서로에게 친구를 소개하여 친구 관계를 넓히는 것을 목적으로 개설된 커뮤니티형 웹사이트이다.

현재 전 세계적으로 가장 널리 사용되고 있는 SNS는 트위터(twitter), 마이스페이스(myspace), 페이스북(facebook) 등이 있다.

9) 마이크로포맷

마이크로포맷(microformat)은 웹페이지 및 RSS와 같은 HTML 또는 XHTML 기반의 정보군에서 사용될 수 있는 특정 마크업을 사용하여, 정보를 메타데이터 형태로 가공하는 방식으로 구현되는 정보 포맷 방식을 말한다.

태그와 비교하여 설명하면 태그는 콘텐츠를 만들면서 콘텐츠에 대해 꼬리표를 다는 것이고, 태그들이 쌓이면 컴퓨터에 의해 자동으로 체계화할 수 있다. 마이크로 포맷은 태그와는 달리 HTML 안에 의미를 부여함으로써 기계가 읽을 수 있고, 기계가 이해할 수 있도록 데이터를 바꾸어 주는 기술로 생각할 수 있다.

웹을 창시한 팀 버너스 리가 차세대 웹으로 제안한 시맨틱 웹은 컴퓨터가 이해할 수 있는 웹을 목표로 하고 있다. 컴퓨터가 이해할 수 있는 정보를 제공한다는 의미에서 마이크로 포맷은 시맨틱 웹의 바탕이 될 수 있는 기술 중 하나이다.

10) 매시업

매시업(mash up)은 웹에서 제공하는 정보와 서비스를 융합하여 새로운 소프트웨어나 서비스, 데이터베이스 등을 만드는 것을 의미한다. 즉, 한 개 또는 복수의 OpenAPI(Application Programming Interface)를 조합하여 더 나은 창작물을 만드는 것이다. 매시업을 적용한 예로 지도 API와 맛집 정보 사진 API를 접목한 예가 있다([그림 2-7] 참조).

그림 2-7 API 매시업을 적용한 플리커 지도

출처: http://www.flickr.com/map/

11) 트랙백

트랙백(Trackback)은 원격 댓글을 쓰고 이를 알려 주는 기능이다. 원래 콘텐츠에 댓글을 쓰면 해당 콘텐츠 밑에만 댓글이 남는데 그 댓글을 내가 원하는 곳에 남길 수 있도록 한 기능이다.

트랙백은 철저한 1인 미디어를 지향하는 블로그들 사이의 연결고리를 만들어 주어 소통 네트워크를 만들어 내는 역할을 한다. 누군가의 블로그를 읽고 그에 대한 의견을 자신의 블로그에 써 넣은 후 트랙백을 주고받으면 원래 글 아래에 새로운 글로 가는 링크가 붙게 된다. 즉, 한 개의 콘텐츠와 관련하여 여러 명이 글을 쓰는데 글쓰는 위치를 본인의 블로그로 할 수 있도록 한 것이 트랙백이라

그림 2-8
네이버 블로그의 트랙백 화면

할 수 있다. 네이버 블로그에서는 트랙백을 '엮인글 쓰기'라는 명칭으로 서비스 중이다([그림 2-8] 참조).

12) 블로그

블로그(blog, weblog)는 자기 소유의 공간에 자발적으로 글을 올려야 하므로 기존 게시판과 달리 콘텐츠의 질이 높으며, 트랙백이라는 엮인글을 통해 개인에 의한 여론 형성도 가능하기에 현재 많은 기업이 블로그를 활용한 다양한 마케팅 및 여론몰이를 해 나가는 e-WoM(World of Mouse) 마케팅이 활성화되고 있다([그

그림 2-9
프레스블로그-블로그 마케팅 사이트

〈표 2-6〉 블로그 서비스 형태

가입형 블로그	이글루스, 프리로그, 다음, 네이버, 파란, 야후, 싸이월드, 블로그팟 등
설치형 블로그	테터툴즈, 워드프레스, 이즈블로그

림 2-9] 참조).

　블로그는 서비스 형태에 따라 가입형 블로그와 설치형 블로그로 구분할 수 있다. 가입형 블로그는 네이버, 다음과 같은 대형 포털 사이트에서 제공하는 서비스로 가입 절차를 통하여 개인 페이지를 가질 수 있는 형태이고, 설치형 블로그는 소프트웨어를 컴퓨터에 설치하듯이 블로그 설치파일을 개인 PC에 내려받은 후 자신의 웹 계정에 설치하여 블로그를 생성하는 형태이다(〈표 2-6〉 참조). 두 블로그 형태는 사용의 용이성, 설치의 간편성 등에 대하여 각각 장단점이 있다. 하지만 자유롭게 블로그를 관리하고 디자인할 수 있는 설치형 블로그와 달리 가입형 블로그들은 자사의 서비스만을 활용해야 한다는 점에서 웹 2.0의 참여, 공유, 개방의 기본 개념 중에서 개방의 개념이 약간 부족하다고 볼 수 있다.

13) SEO

　SEO(Search Engine Optimization)는 검색 엔진 최적화라는 의미로, 검색 엔진의 검색 결과에서 자사 사이트가 상위에 표시되도록 구사하는 등의 여러 가지 기술을 뜻한다.

14) 플리커

　플리커(Flickr)는 온라인 커뮤니티를 바탕으로 한 사진 관리 및 공유 서비스로, 태그와 OpenAPI와 같은 웹 2.0의 특징을 잘 활용한 웹 2.0 서비스의 대표적인 사이트이다. 이 서비스는 처음으로 사진에 태그를 붙여서 서비스함으로써 사용자는 빠르게 사진을 찾을 수 있도록 하였다.

15) 비트토렌트

　비트토렌트(BitTorrent)는 P2P 서비스 방식 중에서 현재 가장 발전된 방식의 파일 전송 프로토콜의 이름이자 그것을 이용하는 응용 소프트웨어의 이름이다. 비트토렌트를 이용하면 파일을 인터넷상에 여러 노드에 분산하여 저장하고 해당 파일을 내려받고자 하는 노드가 다수의 접속을 통해 여러 노드로부터 동시에 파일을 가져오는 방식을 취하고 있다([그림 2-10] 참조).

　한국에서 비트토렌트가 해외보다 대중적으로 알려지지 않았던 이유는 초고속 인터넷 인프라스트럭처가 상대적으로 잘 다져져 있어 P2P를 이용하는 다른 방식

그림 2-10 비트토렌트의 분산 네트워크

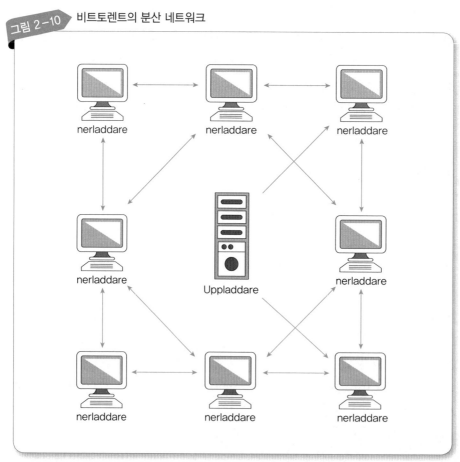

출처: http://en.wikipedia.org/wiik/BitTorrent

의 서비스들을 무리없이 사용할 수 있어서인 것으로 판단된다.

파일을 공유하기 위해서는 공유하고자 하는 파일에 .torrent라는 확장자를 가지는 파일을 생성해야 하는데 이 파일에는 공유하고자 하는 파일의 메타데이터나 트래커(tracker) 등의 정보가 수록된다. 이 토렌트 파일을 통해 내려받기가 가능하며, 해당 파일은 특정 크기로 잘게 쪼개져서 내려받기가 진행된다. 해당 토렌트 파일에 대한 접속자 수가 많으면 많을수록 내려받고자 하는 노드들이 특정 크기로 쪼개진 조각 파일들을 다수가 공유함으로써 전송 부하를 줄일 수 있다.

16) 위키

위키(wiki, wikipedia)는 웹 브라우저를 이용하여 간단한 마크업 언어를 통해 쉽게 내용을 추가하고 고치고 삭제할 수 있는 웹사이트를 의미하며, 하와이어로 '빠르게'라는 뜻이다. 위키는 문법이 쉽고, 글을 고칠 수 있는 자격이 따로 있는 것이 아니어서 누구나 함께 글을 써 내려갈 수 있다. 이렇게 여럿이 써 내려간 글에 대해서는 글을 쓴 모두가 저작권자가 된다.

최근 인터넷 포털 사이트인 다음에서 웹 2.0의 참여, 공유, 개방의 의미하에 10만여 건의 백과사전 콘텐츠를 위키피디아에 무상 기증하였으며, 기증된 콘텐츠는 다음뿐만 아니라 다른 포털에서도 이용할 수 있도록 함으로써 위키피디아의 집단 지성에 이바지하였고, 웹 2.0의 참여, 공유, 개방의 의미에 부합하는 활동을 하였다.

17) 태깅, 포크소노미

태그(tag)는 콘텐츠의 내용을 대표하는 키워드를 말하며, 태깅(tagging)은 사용자가 태그를 붙이는 행위를 의미한다. 태그는 사람과 컴퓨터를 동시에 이해시킬 수 있도록 사람이 콘텐츠에 여러 가지 의미를 부여하여 컴퓨터가 이해하게 한다는 시맨틱 웹으로서의 행위를 찾을 수 있다.

포크소노미(folksonomy)는 전통적인 분류 기준인 '디렉토리' 검색 대신 사용자가 자유롭게 선택한 키워드(태그)에 따라 나누는 새로운 분류체계로서 '사람들에

그림 2-11 플리커의 인기태그

All time most popular tags

animals architecture art asia australia autumn baby band barcelona beach berlin bike bird birds birthday black blackandwhite blue bw california canada canon car cat chicago china christmas church city clouds color concert dance day de dog england europe fall family fashion festival film florida flower flowers food football france friends fun garden geotagged germany girl graffiti green halloween hawaii holiday house india instagramapp iphone iphoneography island italia italy japan kids la lake landscape light live london love macro me mexico model museum music nature new newyork newyorkcity night nikon nyc ocean old paris park party people photo photography photos portrait raw red river rock san sanfrancisco scotland sea seattle show sky snow spain spring square squareformat street summer sun sunset taiwan texas thailand tokyo travel tree trees trip uk unitedstates urban usa vacation vintage washington water wedding white winter woman yellow zoo

의한 분류법(folk+order+nomous)'을 의미한다. 예를 들어, 정치, 경제, 사회, 문화와 같은 분류가 아니라 프리미어리그 베스트 골 모음, 완소남 등 키워드를 기준으로 정보를 모으는 것을 말한다([그림 2-11] 참조).

특정한 분류체계에 따라 콘텐츠를 분류하는 택소노미(taxonomy)와는 달리 사용자의 자유로운 태깅을 통해 분류가 형성되는 포크소노미는 구성원에 의해 살아 움직이는 분류체계를 만들 수 있다는 장점이 있다.

네이버에서는 태그에 테마(할래, 갈래, 좋아해, 살래 등)를 붙여서 블링크라는 명칭으로 태그 클라우드 서비스를 하였지만 2009년 12월을 기점으로 블링크 서비스를 태그 서비스로 전환하였다.

18) 사회적 북마킹

사용자들은 웹 서핑 중 북마크할 가치가 있는 사이트 또는 포스트, 웹페이지를 발견하면 웹 브라우저의 즐겨찾기에 추가하는 것이 일반적이다. 하지만 다른 장소, 다른 컴퓨터에서 웹 서핑을 할 때 즐겨찾기를 설정해 놓은 사이트가 기억나지 않아 답답함을 느끼는 경우가 발생할 수 있다. 이를 해결하기 위해 만든 것이 사회적 북마킹(social bookmarking)이다. 말 그대로 북마킹을 개인 PC에 저장하는 것이 아니라 북마킹 서비스를 하는 웹페이지에 등록하여 언제든지 북마킹해 놓은 사이트를 사용 가능하도록 하는 것이다. 대표적인 사이트로는 2003년에 만들어진 'del.icio.us'가 있으며, 한국에서는 마가린(http://mar.gar.in), 네이버 북마크(http://bookmark.naver.com) 등이 있다. 2009년부터는 북마크뿐만 아니라 폴더 관리, 사진과 동영상, 각종 파일까지 북마킹하는 서비스도 플러그앳(http://www.plugat.com)을 통해서 추진 중이다.

19) 오픈 마켓

오픈 마켓(open market)은 일반적인 쇼핑몰 판매 방식을 벗어나, 개인 판매자들이 온라인에 직접 매장을 개설하고 상품을 매매하는 방식이다. 교육 시장도 오픈 마켓을 통해 강사뿐만 아니라 지식이 있는 사람이라면 누구나 강의를 개설하거나, 교육 자료를 탑재할 수 있도록 하였다. 또한 학습자들은 필요한 교육 자료를 오픈 마켓을 통해 구입하거나 원하는 교육내용이 없을 때에는 필요한 강좌를 바로 개설 요청하여 시장이 형성되도록 구성하고 있다. 기존의 제공자중심의 교육 시장에서 누구라도, 어느 곳에서라도, 언제라도 교육 자료를 사고팔 수 있는 교수자와 학습자 간의 직접적인 공급과 수요가 발생하는 오픈 마켓형 교육 시장이 점차 증가하고 있다.

기존 학원 강좌와 다른 점은 오픈 마켓 서비스 공급자는 더 이상 교육콘텐츠를 제작하지 않고, 웹 플랫폼 구축을 통한 시장만 형성해 주며, 공급자와 수요자가 자발적인 마켓에서 콘텐츠를 생성·공유한다는 점에서 웹 2.0의 개념을 반영하였다고 할 수 있다.

20) 사회적 컴퓨팅

2008년 12월 14일 퓨 인터넷 & 아메리칸 라이프 프로젝트(Pew Internet & American Life Project)는 578명의 인터넷 전문가와 618명의 관계자를 대상으로

2020년 인터넷이 사회, 정치, 경제 전반에 미치는 영향에 대한 예측 조사를 통해 '지리적으로 근접한 곳에 있는 사람과의 관계나 혈연상의 관계보다는 인터넷상의 관계로 동료 집단이 정의될 것' 이라고 예측하였다.

이처럼 점차 면대면 관계보다 온라인상에서의 관계가 대두되고 있는 시점에서 요즘 회사에서는 사회적 교류를 담당하는 임원이 생겨나는 등의 기업 혁신 방법론으로 사회적 컴퓨팅(social computing)이 자리 잡고 있다. 사회적 컴퓨팅이란 위키, 블로그, 이메일, 북마크, 위젯(Widget) 등 이른바 웹 2.0 기능을 접목한 컴퓨팅 애플리케이션을 말한다. 각 회사에서는 직원 교류를 위해 인트라넷 등을 교류 사이트 형태로 만들어 활용하는데 이를 통해 업무와 관련된 많은 아이디어, 사내 전문가 등을 발굴할 수 있다.

제 3 장

03

이러닝과 정보통신기술

1 이러닝 기술의 이해

1.1 이러닝을 위한 기술의 다양성

이러닝과 관련된 기술을 콘텐츠 관점에서 분류해 보면 크게 콘텐츠 제작 기술, 콘텐츠 전달 기술, 콘텐츠 관리 기술, 콘텐츠 평가 기술 등 4대 영역으로 구분할 수 있다. 그러나 이를 또 다른 관점인 이러닝 관련 정보의 표준 체계 측면에서 보면 기술적 관점과 중첩되기도 하지만 그 범주들이 달라질 수 있다. 즉, 학습설계, 콘텐츠 관리, 학습 자원 관리, 실행 환경, 참여자, 인증 등으로 구분되기도 한다.

1.2 기술의 구분과 효과성

이러닝 관련 기술은 기술의 진보로 인해 얻을 수 있는 효율성과 함께 학습 효과의 제고를 가져올 때 비로소 기술로서 가치가 있음을 인정받는 특성을 지니고 있다. 중요한 것은 효과성과 관련한 부분은 순수 기술뿐만 아니라 학습 모형에 대한 깊은 이해를 기반으로 하여 시스템 아키텍처와 서비스 모델 등이 제시되었을 때 효과성을 가져올 수 있다는 것이다.

즉, 이러닝의 효율성과 효과성은 복합적 요소들이 매우 포괄적으로 관련되어 있으므로 많은 분야에서 협력하여 연구가 되어야 하는 부분이다. 이러한 점을 염두에 두고 이러닝의 효율성, 효과성과 관련하여 의미 있는 각종 연구 동향 중 중요한 규격과 연구들도 설명 내용에 포함한다.

1.3 이러닝 교육정보기술의 계층적 이해

앞에서 살펴본 바와 같이 이러닝 기술에 대한 이해는 다양한 관점에서 제기되

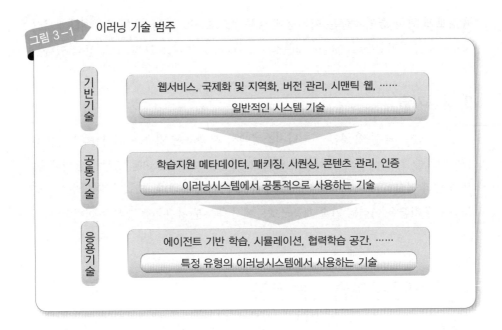

그림 3-1 이러닝 기술 범주

기반기술 → 웹서비스, 국제화 및 지역화, 버전 관리, 시맨틱 웹, ……
일반적인 시스템 기술

공통기술 → 학습지원 메타데이터, 패키징, 시퀀싱, 콘텐츠 관리, 인증
이러닝시스템에서 공통적으로 사용하는 기술

응용기술 → 에이전트 기반 학습, 시뮬레이션, 협력학습 공간, ……
특정 유형의 이러닝시스템에서 사용하는 기술

고 있는데 일반적으로 이러닝 기술을 크게 기반기술, 공통기술, 응용기술로 나누는 데는 공통적으로 이해하고 있다. 이를 계층적으로 나누어 보면 [그림 3-1]과 같으며 이에 대한 요약 설명은 다음과 같다.

1) 기반기술

기반기술은 이러닝시스템에 특화되지 않은 일반적인 시스템 기술을 의미하며 기술의 관리적 측면이 많다. 웹서비스, 국제화 및 지역화, 버전 관리, 시맨틱 웹, 지적재산권의 문제 등은 정보통신 분야에서 일반적으로 언급되는 기술이다.

2) 공통기술

공통기술은 다양한 이러닝시스템 및 다른 정보시스템에서 공통적으로 발견할 수 있는 기술을 의미한다. 응용기술이나 사용자 에이전트를 위해 공통적으로 사용되는 서비스와 표준의 집합이며, 공통기술에서 나타나는 이러닝 표준화 요소들은 기반기술 요소를 바탕으로 이러닝에 특화된 요소들에 대한 것이 핵심이다. 교

육정보에 관한 공통기술은 이러닝에 공통적으로 사용되는 기술로서 메타데이터(metadata), 패키징(packaging), 시퀀싱(sequencing), 콘텐츠 관리, 인증 등이 있다.

3) 응용기술

응용기술은 특정 유형의 이러닝시스템에서 사용하는 기술을 의미한다. 사용자 에이전트를 위한 서비스에서 공공 인터페이스(public interface)를 생성하기 위한 높은 수준의 기술을 말하며 통합된 서비스 등이 여기에 속한다. 교육정보에 대한 정보통신 응용기술은 이러닝 기술 계층구조도에서 대부분 응용기술 부분을 의미한다.

1.4 계층구조별 기술 동향

시장조사 기관인 가트너사(Gartner, Inc.)는 여러 가지 연구와 조사 결과를 토대로 2013년 10대 전략적 기술 트렌드를 발표하였다. 이 중 다음의 트렌드를 이해하고 정보통신기술과 이러닝의 관계를 접목해 본다면 이해의 폭이 한층 넓어질 것이다. 여기에서는 가트너의 전략적 트렌드를 구체적으로 살펴보기로 한다.

1) 기반기술 동향

(1) 모바일 장치 전쟁

가트너의 예측에 의하면, 2013년도 이후에는 모바일폰을 통한 인터넷 접속이 PC를 앞설 것이고 2015년 이후에는 스마트폰과 같은 핸드셋 장치를 이용한 접속이 비핸드셋을 이용한 접속의 4배에 달할 것으로 예상하였다. 이에 따르면 2015년까지 미디어 태블릿 매출은 노트북 매출액의 50%를 차지할 것이고, 윈도8은 구글 안드로이드나 애플의 iOS보다 뒤처질 것이다. 이에 따라 기업들은 다양한 형태로 PC와 태블릿 하드웨어 표준화를 저해하는 요인들을 고려하여 플랫폼을 개발하여야 한다. 윈도를 중심으로 한 PC 우위 시대는 포스트PC 시대로 대체되어 윈도는 여러 정보통신 환경 중의 하나가 될 것이다.

(2) 하이브리드 정보통신과 클라우드 컴퓨팅

가트너의 정보통신서비스에 대한 설문조사 결과에 의하면, 내부 클라우드 (internal cloud) 서비스 중개업이 새로 생겨났다. 이는 정보통신서비스 기관이 지금까지 모두 분산된 이종적이거나 복잡한 클라우드 서비스들을 내부 사용자나 외부 비즈니스 파트너들에게 수요와 공급을 확대시킬 수 있도록 도움을 주어야 한다는 책임감을 인식했기 때문이다. 이러한 내부 클라우드 서비스 중개업 역할이 정보통신서비스 기관 자체의 영향력을 유지하고 구성하는 데 의미를 가지게 되고 수시로 변하는 새로운 요구와 관련하여 클라우드를 하나의 정보통신기술 (ICT: Information & Communication Technology) 수용의 접근방법으로 증대시키고자 하는 것이다.

(3) 인 메모리 컴퓨팅

가트너에 의하면, 인 메모리 컴퓨팅(in memory computing) 역시 변화된 기회들을 제공한다. 몇 시간이 소요되는 어떤 작업(task)들이 몇 분, 심지어는 몇 초 안에 처리되어 실시간 또는 거의 실시간에 가깝게 내부나 외부 사용자들에게 클라우드 서비스 형태로 제공이 된다. 수백만 개의 이벤트들은 수십 밀리세컨드 내에 스캔되어 관련성과 패턴이 있는지를 감지하여 새로운 사업의 기회요소로 사용될 수 있으며 마치 방금 생겨난 것과 같은 착각을 불러일으키기도 한다. 동일한 데이터세트(data set)에 대한 동시성 트랜잭션(transaction)과 분석 프로그램들은 비즈니스 개혁을 위한 미개척된 가능성을 열어 준다. 수많은 개발사들이 인 메모리 컴퓨팅 기반의 솔루션을 수년 내에 출시할 것이고 이러한 접근을 주로 사용하는 형태가 될 것이다.

2) 공통기술 동향

가트너에 의하면, 사물 인터넷(IoT: Internet of Things)은 고객이 가지고 있는 장치들이나 물리적인 자산들이 인터넷에 연결되어 있는 것처럼 인터넷이 물리적인 아이템을 확장하는 방법에 대한 개념을 설명하는 것이다. IoT는 다양한 모바일 장치에 내장된 것들이 포함된 센서와 이미지를 인식하는 기술, 그리고 근거리통신(NFC: Near Field Communication)을 이용한 지불 기능 등을 포함한다. 결과적으로, 모바일은 더 이상 단순히 셀룰러(cellular) 핸드셋이나 태블릿을 사용하는 것을 의미하지 않는다. 셀룰러 기술은 약학이나 자동차를 포함한 새로운 형태의 장치들에 내장된다. 스마트폰이나 다른 인공지능 장치들은 셀룰러 네트워크만 이용하지 않고 NFC, 블루투스(Bluetooth), 그리고 와이파이(Wi-Fi: Wireless Fidelity)를 이용하여 넓은 영역의 장치들에 사용되기도 하고 손목시계 디스플레이, 건강 센서, 스마트 포스터, 홈 엔터테인먼트시스템과 같은 주변 기계의 장비들과 통신한다. IoT는 폭넓게 새로운 응용프로그램과 서비스들이 가능하도록 만들어 준다.

(1) 전략적 빅 데이터

빅 데이터는 개인적인 관점에서 기업의 전략적 정보 아키텍처로 변화하고 있다. 이는 데이터의 크기, 다양성, 속도와 복잡성을 다루게 되면서 많은 전통적인 접근 방법으로 변화하는 것을 의미한다. 이러한 것들을 깨달으면서 선두적인 기관들이 의사결정에 필요한 모든 정보를 가지고 있는 단일 엔터프라이즈 데이터 저장소의 개념을 버리고 있다. 대신, 기관들은 다수의 시스템, 콘텐츠 관리시스템, 데이터 저장소, 데이터 시장 그리고 데이터 서비스나 메타데이터와 함께 묶은 특화된 파일시스템들로 이동하고 있다. 이러한 구조가 논리적인 엔터프라이즈 데이터 저장소가 될 것이다.

(2) 실행 가능한 분석 자료들

분석 자료들은 점차적으로 정책을 실행하는 데에 도움을 주고 있다. 성과와 비용의 상승으로 인해 정보통신 리더들은 비즈니스에서 분석된 자료들을 실행으로 옮길 수 있는 여력이 생겨났다. 클라우드 기반 분석 엔진과 연계된 모바일 클라이언트와 빅 데이터 저장소들은 언제 어디서나 최적화되고 시뮬레이션된 결과를 사용할 수 있도록 만들고 있다. 이러한 새로운 단계는 시뮬레이션을 하거나, 예측하거나, 최적화하거나, 다른 분석 자료들을 제공하여 비즈니스의 실행 단계에서 의사결정을 할 때 탄력성을 가질 수 있도록 하고 있다.

(3) 기업용 앱 스토어

전문가들은 기업들이 복잡한 앱 스토어의 미래 변화에 직면해 있다고 말한다. 왜냐하면 많은 개발사들이 그들의 스토어를 특정 장치와 앱 형태로 제한하고 있어 기업들은 여러 개의 스토어와 거래해야 하고, 여러 지불 절차와 다수의 라이선스 조건을 만족해야 하기 때문이다. 몇 년 안에 많은 기관들이 모바일 응용 프로그램을 근무자들에게 개인용 응용 프로그램 스토어를 통해 제공할 것이고, 기업용 앱 스토어(App. store)를 이용해 정보통신기술의 역할은 중앙중심적인 기획에서 시장을 지배하는 마켓으로 변하게 될 것이라고 전망하였다.

3) 응용기술 동향

(1) 모바일 애플리케이션과 HTML5

가트너에 의하면, 애플리케이션을 접하는 개인 고객과 기업 고객을 만드는 도구 시장은 복잡한 양상을 보이고 있다. 이에 따라 모바일 개발 도구를 몇 개의 카테고리로 구분하였으며, 몇 년 안에 모든 종류의 모바일 응용 프로그램을 최적화할 수 있는 단일 도구는 없어질 것이라고 예상했다. 6개의 모바일 아키텍처, 즉 원초적(native), 특별(special), 하이브리드(hybrid), HTML5, 문자(message)와 클라이언트 없이(no client) 이루어지는 것들이 유명해질 것이다. 그렇지만 원초적 애플리케이션들로부터 HTML5와 같은 웹 애플리케이션들로 장시간 변화가 일어날 것이다. 그럼에도 불구하고 원초적 애플리케이션은 사라지지 않을 것이고 최고의 사용자 경험과 가장 정교한 특징을 나타낼 것이다. 개발자들 역시 터치를 최적화한 모바일 응용 프로그램들을 개발하여 여러 장치를 지원할 것이다.

(2) 개인용 클라우드

가트너에 의하면, 개인용 클라우드는 개인용 콘텐츠를 보관하거나, 자기만의 서비스에 접속할 때 사용한다. 개인적으로 선호하는 것들을 모아 놓거나 디지털 생애의 중심으로 생활할 수 있기 때문에 점차적으로 개인용 클라우드로 대체될 것이다. 이는 다양한 측면의 삶이 있더라도 여러 장치에서 웹에 접속할 수 있는 연결고리를 만들 것이다. 개인용 클라우드는 자신만의 서비스 수집, 웹 작성들을 할 수 있기에 컴퓨터와 커뮤니케이션 활동의 중심이 될 것이다. 사용자들은 이를 휴대할 수 있고, 언제 어디서나 필요에 따라 사용할 수 있다. 개인용 클라우드는 클라이언트(client) 기반 장치에서 클라우드 기반 서비스로 변화시키고 있다.

(3) 통합된 에코시스템

시장은 점차적으로 통합된 시스템과 생태계로 변하고 있고, 느슨하게 연결된 이종적인 접근으로부터 멀어지고 있다. 이러한 트렌드를 추진하는 힘은 저비용, 단순성, 그리고 증명된 보안성을 원하는 사용자들에게 있다. 이 트렌드가 끼치는 영향은 개발사들이 보유하고 있는 여러 솔루션을 더 많이 관리하는 능력과 더 많은 이익을 내고자 하는 능력, 그리고 다른 하드웨어를 추가하지 않으면서 제한된 환경 내에서 완벽한 솔루션을 제공하는 능력을 가질 수 있도록 해 준다. 이러한 트렌드는 응용 소프트웨어는 하드웨어를 묶고, 소프트웨어와 서비스를 묶기도 한다. 모바일 시장에서는 애플, 구글, 마이크로소프트를 포함한 개발사들이 다양하게 조절하여 최종 생태계를 클라이언트 프로그램인 애플리케이션으로 변화시키고 있다.

1.5 다양한 기술의 응용

1) 기술의 개발과 융합

이러닝콘텐츠 관련 기술은 앞에서 언급한 대로 기술 요소, 정보 요소, 학습 모형과 관련된 프레임워크 등 매우 광범위한 관련 요소들을 내포하고 있다. 그리고 이 요소들은 고립·분산되어 있기보다는 각 요소가 상호관계를 형성하고 있다.

이렇듯 이러닝 관련 기술은 기술 그 자체보다는 효과적이고 효율적인 학습자 서비스를 최상위 범주로 상정하고, 이에 필요한 각종 기술 요소들을 적용하고 각종 정보 요소들을 표준화하여 상호운용성, 재사용성 등을 극대화할 수 있는 기술을 확보하는 형태가 주를 이룬다. 다시 말하면 이러닝만을 위한 독자적인 원천기술의 개발보다는 존재하는 모든 정보통신기술 중에서 이러닝서비스에 필요한 기술들을 적절히 조합 응용하는 것이다.

2) 기술 융합 응용의 예

전기전자기술자협회/학습기술표준화위원회(IEEE/LTSC: Institute of Electrical and Electronics Engineers/Learning Technology Standardization Committee) WG4(일종의 TFT, 뒤에서 자세히 설명)에서 논의되고 있는 디지털저작권표현언어(DRELs: Digital Rights Expression Languages)의 경우, 이러닝을 목적으로 하는 디지털 콘텐츠의 디지털저작권표현언어를 개발하고자 하는 노력을 하고 있는데, 이 WG4에서는 새로운 DRELs 표준을 만들고자 하는 것이 아니다. 그보다는 기존의 공개 디지털저작물언어(ODRL: Open Digital Rights Language), 동영상전문가그룹(MPEG: Moving Pictures Experts Group), 실행시간부호화(RLE: Run Length Encoding) 등과 같은 표준 및 규격들에 이러닝 디지털 콘텐츠를 적용하고자 할 때 맞지 않는 부분이 무엇인지를 지적하고 기존의 표준들이 교육 커뮤니티에서 효과적으로 사용될 수 있는 권고사항을 마련하는 것이 목적이다.

3) 기술 개발과 적용의 예

이러닝 분야가 성숙함에 따라 이러닝 분야의 특성이 잘 살아 있는 기술 사례도 발견할 수 있다. 학습 효과성의 제고를 위한 각종 학습서비스 아키텍처를 정의하고 이를 위해 가장 효과적으로 적용할 수 있는 교육모형언어(EML: Educational Modeling Language)와 같은 모형화 언어의 개발이 그것이다. 이러한 모형화들은 시스템이 해석할 수 있도록 스키마를 만들고 XML 등과 같은 언어를 사용하여 표현하게 된다.

1.6 이러닝의 발전 단계

이러닝의 발전 단계를 매체 변화와 이러닝의 등장을 중심으로 표현하면 [그림 3-2]와 같다.

이러닝의 발전 과정은 [그림 3-3]과 〈표 3-1〉과 같이 요약된다.

그림 3-2 이러닝의 발전 단계

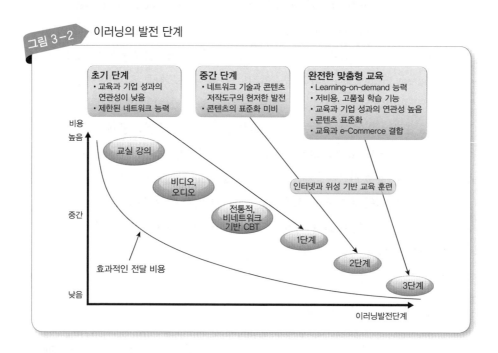

그림 3-3 이러닝의 발전 과정

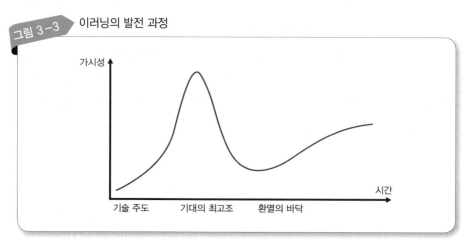

〈표 3-1〉 기간별 이러닝의 발전 과정

구분	First Wave [도입기(기대)]	Second Wave [조정기(현실)]	Third Wave [도약기(미래)]
이러닝	• 차세대 킬러 애플리케이션 • 벤처 캐피탈의 투자 집중 • 기술 발전에 의한 이러닝 발전	• 기술의 개선 요구 • 표준화, 상호처리 가능성 • 콘텐츠의 질 문제	• 교육 본인의 기능 담당 • 변화, 교육 혁신 추구 • 교육 혁신의 기회 제공 도구 • 교육에서의 활용에 의한 이러닝 발전
기본 가정	• ICT 활용능력은 생활기능(life skill)이며, 개인의 고용 가능성을 높이는 척도 • ICT를 통한 비용 절감 효과	• 디지털 격차, 지식 격차 해소 • 소외계층 지원	• 이러닝 활용의 일상생활화 추진 • 이러닝이 교수학습과정의 중심으로 자리매김 • 교육 혁신 도구
방향	• 인프라 구축, 하드웨어 중심 투자 • 고판매율, 저사용률 • 정적(fixed) 콘텐츠 • 코스웨어 중심 • 온라인 페이지 터너(online page-turner) • 단방향 커뮤니케이션 • 내용 전달 중심 • 기술 중심적 내용 전달	• SCORM 도입 • LMS(학습관리시스템) 도입	• 소프트웨어, 사람 투자 • 기 구축된 인프라의 활용 • 유동적(fluid) 콘텐츠 • 커뮤니티 활동 • 양방향 커뮤니케이션 • 학습자 주도적 지식 구성 • 교수적 접근, 정보적 접근 • 지식경영 • LMS/LCMS(학습콘텐츠관리시스템)를 통한 학습 지원 서비스 제공
정책 추진	• 인터넷통신 훈련 제도 실시 • 교육정보화 • 컴퓨터, ICT 활용교육 보급 • 사이버대학 설립	• EBS 수능강의 • 대학 이러닝 활성화 • 이러닝콘텐츠 표준 제정 노력 • 이러닝콘텐츠 품질인증 • ADL Co-Lab 운영	• 이러닝 활성화를 통한 국가 인적자원개발 추진 전략 • 아시아태평양경제협력체(APEC: Asia-Pacific Economic Cooperation) 사이버교육 연수센터 설립 • 개도국 이러닝 지원

이러한 관점에서 발전하고 있는 이러닝의 현황은 그 시장이 초기 거품기를 지나 다양한 교수학습방법과 운영 전략에 따른 적자 생존기에 이르러 있고, 단순한 인터넷을 매체로 하는 학습 형태에서 나아가, 인간·사물·컴퓨터의 융합을 통한 유비쿼터스의 형태로 옮겨 가며, 적시공급(JIT: Just In Time) 학습이 필요한 교육 영역

에서 연구가 진행 중이다. 이러한 자각하에 정부에서는 이러닝을 통한 국가인적자원개발 추진 전략, 이러닝을 통한 고등교육 혁신 전략을 수립·추진하고 있다.

이러닝의 개인교육과 평생교육 그리고 학교교육으로의 확대는 21세기의 가장 큰 교육적 도구와 방법으로 교육과 훈련의 중심에 있을 것으로 전망된다. 이러닝 학습콘텐츠 개발을 위한 미국의 고등교육 정책기관의 코스 개발, 교습과 학습, 그리고 코스 웹디자인은 미시적 교수설계 차원에서는 온라인과 관련된 웹디자인 원리로 알맞은 폰트 사용, 적합한 그래픽, 무색 바탕 사용, 단순성과 비주얼 구성이다. 이러한 핵심원리는 콘텐츠 개발이 대상에 따라 인지적 노력을 요구할 때 더 중요하게 다루어진다는 것이다. 간단한 웹디자인을 통한 인지학습 효과 극대화를 위해서는 아래와 같은 기준을 적용할 수 있다(Fardouly, 1998).

① 학생들은 학습에 완전히 참여해야 하며, 관심을 집중해야 한다.

② 학생들은 자신의 이해에 따라 학습 진행을 할 수 있어야 한다.

③ 학생들이 자신이 배울 것을 사전에 알 때 학습 효과는 크다.

④ 학습 내용은 학생들이 과정과 구성에 대해 충분히 이해할 수 있는 표지판과 함께 유의한 방식으로 전개되어야 한다.

⑤ 사전에 학습이 되어야 될 지식에 대해 알려 주고, 배울 수 있는 기회도 마련해 준다.

⑥ 적당한 도전과 긴장감은 학습을 촉진시킨다.

⑦ 학습에는 정신적·심리적으로 상호작용성이 있어야 한다.

⑧ 학생들은 주기적으로 자신의 성과에 대해 통보를 받고 성공할 수 있도록 격려를 받아야 한다.

⑨ 학습은 사전 지식과 연관이 될 때 효과적이다.

⑩ 새로운 기술을 적용해 볼 수 있고 새로 배운 지식을 다른 상황에서 적용할 수 있는 기회가 충분히 주어져야 한다.

2 ▶ 이러닝 적용 기술의 사례

　이러닝은 시스템 통합(SI: System Integration) 기술의 일종이다. 즉, 현재 존재하는 대부분의 정보통신기술(ICT)은 이러닝의 기반기술이 될 수 있다. 여기에서는 그중 특별히 이러닝과 연관성이 높고 이러닝을 위해서 필히 개발되어야 하는 기술 위주로 살펴보기로 한다.

2.1 인공지능 기술

　먼저 인공지능 기술에 대해 살펴보면 인공지능은 다양한 형태로 교육 분야에 활용될 수 있다. 가장 대표적으로는 학습설계를 돕는 교수용 전문가시스템에 사용될 수 있다. 또한 지능적 컴퓨터기반 교수설계(CBI: Computer Based Instruction)에서도 사용될 수 있다. 학습을 보조하는 에이전트에도 사용될 수 있는데 여기서 사용되는 에이전트는 다양한 기능을 수행한다. 학습의 검색, 분산기술 지원 등을 할 수 있다.

2.2 음성처리 기술

　음성처리 기술은 음성인식, 화자인식, 음성합성, 음성코딩으로 나누어진다. 이러닝시스템에서는 학습의 인터페이스를 다양화하는 부분에서 사용될 수 있다. 예를 들어, 외국어 공부를 할 때 학습자는 자신의 어법과 발음 등을 인식함으로써 좀 더 나은 학습 효과를 얻을 수 있을 것이다. 또한 노인이나 장애인처럼 키보드를 사용하기 불편한 사람들을 위한 학습지원시스템에서도 사용될 수 있다.

2.3 MPEG 기술

MPEG 기술은 학습에서 사용되는 학습 자원 중 동영상과 오디오를 조작할 수 있는 핵심기술이다. 네트워크를 통해 학습을 전송할 때 네트워크의 환경에 따라 다른 학습 자원을 전송해야 할 필요가 있기 때문에 현재 MPEG에서 가장 이슈화되는 미세입자확장성(FGS: Fine Granular Scalability)는 이러닝 기술 중 핵심기술이라고 할 수 있을 것이다. 또한 MPEG21의 디지털아이템적응(DIA: Digital Item Adaptation) 기술을 통해 학습자의 선호도에 따른 학습 환경을 제공할 수도 있다.

2.4 XML 기술

트렌드 콘텐츠를 표현하는 것은 상당히 중요한 기술이다. XML은 데이터와 표현정보가 분리되어 있기 때문에 학습콘텐츠를 정의하는 데 아주 유용하다. 하나의 학습 코스에 대한 XML만 정의하면 사용자가 원할 때마다 표현정보를 입혀 사용자에게 전송할 수 있다. 현재 스콤(SCORM: Sharable Contents Object Reference Model)은 XML을 기반으로 하는 표준이다. 콘텐츠의 패키징, 학습 순서를 나타내는 시퀀싱, 학습 자료를 설명하는 메타데이터 등 모든 것이 XML로 기술되어 있다.

2.5 차세대 인터넷

차세대 인터넷은 학습시스템이 사용하는 인프라이다. 현재는 PC 환경에 구현되어 있지만 사용자의 요구에 따라 플랫폼을 확장하는 것은 꼭 필요한 일이다. 따라서 웹 2.0, 웹 3.0에 대한 다양한 실제 기술응용 능력이 필요하다. 또한 인터넷프로토콜 버전 6(IPV6)에 대한 기술변화에의 대응도 요구된다.

2.6 협력학습 제공 기술

학습 효율 향상을 위해서 협력학습을 지원하는 기술이 필요하다. 현재 교육정보기술 국제표준화위원회(ISO/IEC JTC1 SC36) WG2에서 협력학습에 관한 기술표준을 추진 중에 있으며, 여러 가지의 기술 개발은 추후 국제표준에 따라 진행될 것이다.

협력학습지원시스템은 작업 공간 참조모형(workplace reference model)과 학습자 간 상호 정보교환 및 에이전트(agent) 간의 통신규약에 기술 근거를 두고 있다. 에이전트가 협력학습에서 일어나는 학습 행위를 작업 공간에 기록하면 추후 작업 공간 내에 기록된 학습자의 협력학습 패턴을 분석하여 협력학습시스템을 분석하고 더 좋은 협력학습 모형을 개발할 수 있다.

이러한 목적을 위해 학습자 상호작용 추적 에이전트, 학습자와 학습 자원 추적 에이전트, 학습자 행동 추적 에이전트를 개발하게 된다. 물론 에이전트 이외에도 협력학습을 지원하는 요소는 상당히 많다. 대부분 도구적인 것이기 때문에 이에 대한 기술은 개발되어 있는 상태이다.

2.7 지능적 튜터링시스템 기술

지능적 튜터링시스템(ITS: Intelligent Tutoring System)은 이러닝 기술 중 최선의 기술이며 최고의 기술로 평가되고 있다. 이는 이러닝이라는 기술이 존재하는 한 계속 개발되어야 하는 연구 주제이기도 하다. ITS 기술은 발전 진화적인 연구로서 현재는 연구 초기 단계이다. 이를 위해 필요한 기술은 다음과 같이 요약될 수 있다.

① 능력 모델에 근거한 학습자 모형화 기술
② 학습 자원 재구성 기술
③ 학습자와 학습 역량 기술과 차이(gap) 분석 기술
④ 학습 코스 재구성 기술

2.8 감성 체험 기술

현재의 이러닝 환경은 PC에 기반을 둔 일종의 컴퓨터기반 교육(CBT: Computer Based Training)이다. 그러나 고품질 콘텐츠 기술, 인터페이스 기술, 게임 기술, 가상현실 기술 등이 발전함에 따라 학습 환경은 변할 수 있다. 시뮬레이션을 통해 학습을 하고 사람이 가상현실로 들어가 학습을 하는 등 우리가 영화에서 봤던 일들이 현실로 이루어질 수 있다.

이는 이러닝 기술이라기보다는 가상현실 기술이지만 가상현실 장치에서 받은 입력을 학습관리시스템으로 연결하는 부분이라든가 가상현실 분석 도구 등 이러닝적 요소가 포함될 부분은 무궁무진하다.

2.9 전사적 자원관리시스템과의 통합 기술

기업은 물론 일반적인 공교육 분야의 학습자 관리시스템에서는 개인, 그룹, 멤버십과 같은 학습에 영향을 줄 수 있는 유형의 정보에 대해서는 학습시스템과 학습과 관련된 주변 시스템을 통합적으로 관리하기 위한 기술의 통합이 요구된다.

전사적 자원관리(ERP: Enterprise Resource Planing)시스템은 일반적으로 엔터프라이즈시스템 간에 주고받는 데이터 형식과 인터페이스를 표준화하여 교육서비스 기관을 대상으로 하는 교육기관 통합 프레임워크(SIF: School Interoperability Framework) 기술로 설명하고 있으며, 도서의 출판, 인적 자원, 회계, 기반구조, 교수서비스, 도서관 자동화, 마케팅, 학생정보시스템, 교통과 지리정보 등 모든 정보관리시스템을 하나로 통합하여 관리하는 기술이다.

3 이러닝과 기술표준

3.1 이러닝 표준의 이해

이러닝의 주된 기술 분야는 네트워크 기술과 인프라, 교육방법과 컴퓨팅환경을 적용하는 교육공학, 그리고 멀티미디어 기술을 포함한 응용정보기술이다. 이 분야의 기술과 표준의 연구는 선진국에서 일찍이 본격화되었다. 교육 시장은 경제적 선점과 함께 문화적으로도 파급효과가 큰 분야이기 때문에 선진국들이 관심을 기울이는 것은 당연한 것이다.

이러한 이러닝의 성장과 발전에 대한 공동 활용 사업은 아시아유럽정상회의(ASEM: Asia Europe Meeting)나 아시아태평양경제협력체(APEC), 그리고 경제협력개발기구(OECD: Organization for Economic Cooperation and Development) 등을 중심으로 지역 사회의 효과적인 인재 육성, 산업 경쟁력의 향상 및 이러닝 비즈니스의 촉진을 꾀하는 것을 목적으로 한 다양한 협력체제의 구성에 합의되었으며, 일반적으로 인터넷을 통한 동일 네트워크를 형성하여 추진하는 것을 목표로 하고 있다.

따라서 이를 실현하기 위한 구체적인 활동으로는 이러닝과 관련되어 각국이 공통으로 활용할 수 있는 표준 사양에 근거한 이러닝시스템과 콘텐츠의 개발 및 개발된 시스템과 콘텐츠의 표준화에 관한 실증 실험 등이 주요 사업으로 부각되었다.

이러닝 표준은 현재 국제적으로 많은 관심을 가지고 여러 단체에서 규격을 개발하고 있다. 대표적인 규격이나 표준 개발 단체로는 ADL(Advanced Distributed Learning Initiative), AICC(Aviation Industry CBT Committee), ARIADNE(Alliance of Remote Instructional and Authoring Distribution Networks for Europe), IMS (Instructional Management System), IEEE/LTSC, ISO/IEC JTC1 SC36 등이 있고, 그 중 ADL의 SCORM 규격이 국제표준의 중심으로 자리 잡고 있는데, 이는 AICC, IEEE, IMS의 규격을 통합하여 만든 규격이라 할 수 있다.

이러닝 표준의 목적

이러닝을 포함한 정보통신산업은 네트워크 외부효과[직접적으로는 어떤 제품 이용자가 증가하면 증가할수록 개별 이용자가 제품으로부터 얻는 편익이 증가하는 효과(전화, 통신망, 철도 등)이다. 간접적으로는 동일 제품 또는 호환성 있는 제품 사용자가 증가하면 그 제품과 보완성을 갖는 제품의 수요가 증가하는 효과(VHS 플레이어 보급으로 카세트, 영화 등 콘텐츠 수요 증가)이다.]로 인한 경제적 파급효과가 크기 때문에 표준을 누가 지배하느냐에 따라 해당 산업에 대한 시장 형성이 바뀌게 된다. 기업 입장에서는 자사가 개발한 기술을 표준화해 시장을 선점하고, 또한 표준과 관련된 기술은 특허화해 관련 기술 분야도 독점하는 등 다양한 기술개발 전략을 통해 시장경쟁에서 우위를 점하기 위한 노력이 필요하다.

특히 1995년 세계무역기구(WTO: World Trade Organization) 체제가 출범하면서 미국과 유럽 등 선진국들은 자국의 기술을 세계화하려는 의도로 WTO 회원국은 반드시 국제표준을 준수해야 한다는 규범을 만들었다. 이에 따라 각국은 자국의 기술을 국제표준화해 자국 산업을 보호함과 동시에 해외시장 개척의 기회로 여기게 되었다.

한편 소비자 입장에서도 안정적이고 좋은 품질의 서비스를 불편 없이 이용할 수 있어야 한다. 그리고 사업자의 불필요한 중복 투자와 원가 상승을 방지해 소비자의 가격 부담을 줄이고, 사회 전체적인 재원 낭비를 방지할 필요가 있다. 이를 위해서는 정보통신 제품과 기기 간의 상호호환성(compatibility), 상호운용성(interoperability), 상호접속성(interconnectivity)이 필요한데 이때 표준이 가장 핵심적이고 중요한 개념으로 등장한다.

1) 세계시장 선점을 위한 국제표준화

정치 이데올로기가 붕괴하고 냉전이 종식된 이후, 세계시장 통합을 배경으로 미국, 유럽, 일본 등 선진국을 중심으로 자국의 표준으로 세계를 통합하려는 움직임이 현저해지기 시작했다. 1995년 WTO 체제가 출범하면서 규제나 표준이 무역장벽이 되지 않도록 하기 위해 '각국의 기술 기준·표준과 적합성 평가체제가 국제표준을 채택'[TBT 협정(Agreement on Technical Barrier to Trade)]하도록 하고 있다.

세계시장은 WTO 협정으로 기술장벽을 비롯한 모든 무역장벽이 무너졌고, 국내시장과 세계시장의 구분이 없어졌다. 따라서 세계 각국은 경쟁우위를 확보하기 위해 자국의 기술이 국제표준이 되도록 치열한 전략적 경쟁을 전개하고 있다. 미국이나 유럽이 기술표준을 통상 쟁점화해 자국의 기술우위를 고착화하기 위한 전략을 실행하고 있는 것도 이러한 이유에서이다.

특히 미국은 자국 기술로 명실상부한 세계화를 달성하기 위해 북미자유무역협정(NAFTA: North American Free Trade Agreements), APEC, 유럽연합(EU: European Union), WTO 등 지역 및 국제 무역구조에서 자유무역을 촉진하기 위한 정비에 앞장서고 있다. 그리고 다자조약인 WTO 체제의 한계를 극복하기 위해 양자 간 무역자유화 조치, 즉 자유무역협정(FTA: Free Trade Agreement)를 진행하고 있다.

이처럼 표준은 무역전쟁의 핵심으로 자리 잡고 있으며, 얼마나 핵심적인 기술을 개발할 것인가(기술개발 전략)에 이어, 이러한 핵심기술을 어떻게 국제표준화할 것인가(국제표준화 전략)가 세계시장 선점을 위한 핵심전략이 되고 있다.

2) 경쟁력 강화를 위한 기술개발과 표준화의 연계

정보통신산업의 특성 때문에 표준을 제압하는 자가 시장을 제압하고(winner takes all), 표준 경쟁은 전면적 승리 아니면 전면적 패배가 되는 것이 일반적인 상황이다. 즉, 독자적으로 개발한 표준이 시장의 지배적 표준이 되면 해당 분야의 시장을 독점한다. 그리고 막대한 지적재산권 수입을 창출한다.

유럽의 이동통신 기술방식인 GSM(Global System for Mobile Communication)이 유럽 대부분의 국가에서 표준으로 채택되자, 일본의 디지털 이동통신 방식인 주파수분할시스템(PDS: Pulse Division System) 방식은 시장에서 사라졌을 뿐만 아니라, 일본은 휴대폰 가격에 막대한 로열티를 지불하고 GSM 기술을 도입하였다.

우리나라는 세계 최초의 코드분할 다중접속(CDMA: Code Division Multiple Access) 기술을 상용화하였다. CDMA 방식은 현재의 정보통신 강국을 달성하는 데 결정적 기여를 하였다. 그러나 휴대폰 판매가의 5.25~5.75%의 로열티를 미국

퀄컴사(Qualcomm Co.)에 지불하고 있다.

또한 VCR 시장에서 마쓰시타의 VHS 방식이 시장의 사실표준이 되자, 소니의 베타 방식은 시장에서 사라졌다. 그러나 소니는 표준화 경쟁에서는 패배했지만, VHS에 대한 특허를 가진 JVC사(Victor Company of Japan, Ltd.)의 로열티 수입(누계 약 2,000억 엔, 한화 약 2조 원)을 능가하는 로열티 수입을 얻고 있다. 이는 소니가 다수의 VHS 관련 특허를 가지고 있기 때문이다.

IMT-2000(International Mobile Telecommunications 2GHz)은 국제전기통신연합 (ITU: International Telecommunication Union)에서 정의한 2기가(giga) 대역의 차세대 모바일 국제표준이다. 그러나 IMT-2000은 비동기식(W-CDMA)과 동기식 (CDMA2000) 모두를 지원하기 때문에 유럽 및 일본 기업들은 비동기식을 기반으로 한 3세대 모바일 표준 단체(3GPP: 3rd Generation Partnership Project)를 결성하였고, 북미 기업들은 동기식을 기반으로 한 모바일 표준 단체(3GPP2)를 결성하여 모바일 표준 경쟁을 시작하였다. 결국 이는 무선접속 및 전송시스템 분야를 주도하는 에릭슨사(Ericsson Inc.)와 퀄컴사 간의 경쟁이 되었다. 연간 수백억 달러에 달하는 차세대 이동통신 장비시장의 주도권을 장악하기 위해 자사의 특허를 보다 많이 반영하려는 전략적 의도에서 이러한 표준화 경쟁이 이루어진다. 이처럼 표준은 기업과 국가의 경쟁력 강화를 위한 중요한 전략이 되고 있다. 그러나 무엇보다도 원천기술의 확보 노력이 병행되어야 함을 잊어서는 안 된다.

3) 공공의 안전성 보장 및 소비자 보호를 위한 표준화

일반적으로 소비자는 스스로의 가치관에 따라 재화 내지 서비스를 신택한다. 따라서 표준은 소비자의 현명한 선택을 위한 공정하고 투명한 기준으로서 중요한 의미를 가진다. 국제적으로도 소비자보호시스템 구축이라는 측면에서 규제의 보완책으로 표준의 활용이 강조되고 있다. 특히 최근에는 소비자의 기호가 고도화·개별화되면서 재화 또는 서비스에 대한 새로운 표준화 수요가 증대하고 있으며, 소비자의 평가가 제품 출시 전 새로운 단계로 등장하고 있다.

2004년 말 인도네시아에서 발생한 대지진과 메가 쓰나미는 세계적 비극으로, 이를 계기로 세계 각국은 자연재해에 대해 관심을 기울이고 있다. 이와 관련해 미리 재난을 예보하는 재난방송시스템 구축을 위한 표준이 논의되고 있다. 이처럼 국가는 시장이 개입하지 않는 분야에 대해 국가의 안보와 안전 등 공공의 안전을 위해 필요한 표준을 제정하고 있다.

3.3 국제기구 및 단체의 표준화 활동

1) ISO/IEC JTC1 SC36

(1) 탄생 배경과 구성

이러닝에 관한 국제적 표준은 관련 단체에 의해 멀티미디어 콘텐츠 표준의 일환으로 이루어졌다. 이미 널리 알려진 ADL과 AICC, IMS, CEN(Committee of European Normalization, 유럽표준기구), IEEE/LTSC와 같은 기관이 대표적인 단체 표준 활동 기관들이다.

2000년을 전후하여 미국의 백악관을 중심으로 한 클린턴 정부가 차세대 정보통신서비스 강화 계획의 일환으로 멀티미디어 콘텐츠 및 이러닝콘텐츠 표준에 관한 것을 SCORM이라는 기술로 가시화함으로써 전 세계가 여기에 커다란 관심을 갖기에 이르렀다.

결국 ADL의 주도하에 AICC, IEEE/LTSC, IMS가 이 기술을 국제교육정보화표준으로 하기 위한 연구를 시작하였고, 이러한 노력에 의하여 2000년에 국제표준화기구(ISO: International Organization for Standardization)의 소위원회인 ISO/IEC JTC1 SC36이 탄생하게 되었다.

ISO/IEC JTC1 산하의 SC36(36번째 Sub Committee)은 2000년 3월 영국의 런던에서 첫 총회를 열고 출발하였다. 이 모임은 일 년 중 3월과 9월에 두 차례씩 총회를 개최하였다. 그러나 2012년부터는 일 년에 한 번씩 개최되며 우리나라는 3번이나 개최한 주요 참여국가가 되었다.

ISO/IEC의 이러닝 관련 표준화는 JTC1의 SC36에서 진행하고 있다. 이 분과의 구체적인 작업과 분야는 '학습, 교육, 훈련에 대한 정보기술(ITLET: Information

Technology for Learning, Education and Training)'로, 학습, 교육 및 훈련을 목적으로 개인, 단체 또는 조직을 지원하고 자원과 도구의 상호 연동과 재사용을 가능하도록 하기 위한 정보기술 분야의 표준을 관장하고 있다.

SC36은 마치 SCORM의 표준을 제정하기 위한 국제회의로 구성된 것처럼 보이나, 지금은 이러닝과 관련된 정보기술 전반에 대해 다루고 있다. 또한 용어 정의를 첫 작업그룹으로 구성한 이후 협업학습을 그 다음 작업그룹으로 구성하는 등 정보기술에 교육공학의 의미가 많이 부여된 표준기술에 대해 논의가 진행 중이다.

더욱이 2003년부터는 총회 사이에 중간회의(interim meeting)가 열리고 있는데, 필요한 분과별로 협의에 의해 열리고 있어 표준화 활동이 활발하게 진행되는 모습을 보이고 있다. 국제표준화기구(ISO)에서 이런 회의 체계가 갖추어지면 실제 표준안의 작성은 주로 중간회의에서 만들어지고, 그 결정에 대한 논의를 총회에서 하게 된다.

(2) 국제표준화위원회의 정의

ISO/IEC JTC1(Joint Technical Committee)에서는 필요에 의해 어떤 SC가 생겨날 경우 그 목적과 범위 등을 정의해야 하고, 그 SC 아래 각 WG(Working Group)가 파생되는 경우에도 똑같은 정의를 해야 하는데, 이를 ToR(Terms of Reference)라 칭하고 그 위원회나 그룹이 가장 함축된 정의를 의미한다. 이 정의에 의하면 이러닝 표준이란 ITLET의 표준을 의미한다.

(3) 표준화의 범위

ITLET와 관련된 표준으로서 교육대상은 개인이든 기관이든, 조직이든 어떤 사용자 주체도 포함될 수 있어야 하며, 교육자원이나 교육도구의 재사용성과 상호운용성을 가능하게 하여야 한다.

(4) 참여 국가

2008년 3월 총회를 기준으로 SC36 표준화 활동의 참여 국가는 총 29개 국가인데 24개 국가는 투표권이 있는 정회원(P member)으로 여기에는 호주, 일본, 중국, 한국, 미국, 캐나다, 케냐, 체코, 덴마크, 아일랜드, 핀란드, 독일, 프랑스, 벨기에,

이탈리아, 네덜란드, 우크라이나, 노르웨이, 룩셈부르크, 스페인, 스웨덴, 스위스, 영국, 러시아 등이 속해 있었다.

반면 참가권만 있는 국가를 참관회원(O member)이라 하며 싱가포르, 터키, 홍콩, 헝가리, 말레이시아의 5개국이 여기에 속해 있었다. 그러던 것이 2014년에는 총 45개국이 참가했는데, 회원국이 22개국, 참관회원 국가가 23개이다. 참여 국가들의 변동은 〈표 3-2〉, 〈표 3-3〉, 〈표 3-4〉, 〈표 3-5〉와 같다.

또한 투표권은 없지만 표준에 참여하여 도움을 주고 이를 실현할 수 있게 하는 기관이 있는데, 이는 대체적으로 단체표준을 재정하는 기관들로서 이를 연계기관(Liaison Organization)이라 한다. 연계기관으로 IEEE/LTSC, CEN/ISSS/

〈표 3-2〉 SC36의 참여 국가(29개국, 2008년 3월 기준)

구분	대륙		국가
회원국 (24)	아시아/오세아니아	4	호주, 일본, 중국, 한국
	북미	2	미국, 캐나다
	유럽/아프리카	18	케냐, 체코, 덴마크, 아일랜드, 핀란드, 독일, 프랑스, 벨기에, 이탈리아, 네덜란드, 우크라이나, 노르웨이, 룩셈부르크, 스페인, 스웨덴, 스위스, 영국, 러시아
비회원국(5)		5	싱가포르, 터키, 홍콩, 헝가리, 말레이시아

〈표 3-3〉 SC36의 참여 국가(31개국, 2009년 3월 기준)

구분	대륙		국가
회원국 (26)	아시아	4	일본, 중국, 한국, 인도
	오세아니아	2	오스트레일리아, 뉴질랜드
	북미	2	미국, 캐나다
	서유럽	13	벨기에, 덴마크, 핀란드, 프랑스, 이탈리아, 독일, 아일랜드, 룩셈부르크, 네덜란드, 노르웨이, 스페인, 스웨덴, 영국
	동유럽	4	카자흐스탄, 체코, 러시아, 우크라이나
	아프리카	1	케냐
비회원국(5)		5	터키, 싱가포르, 말레이시아, 헝가리, 홍콩

〈표 3-4〉 SC36의 참여 국가(38개국, 2009년 9월 기준)

구분	대륙		국가
회원국 (23)	아시아	4	일본, 중국, 한국, 인도
	오세아니아	2	호주, 뉴질랜드
	북미	2	미국, 캐나다
	서유럽	11	덴마크, 핀란드, 독일, 프랑스, 이탈리아, 네덜란드, 영국, 노르웨이, 룩셈부르크, 스페인, 스웨덴
	동유럽	2	러시아, 우크라이나
	아프리카	2	케냐, 알제리아
비회원국 (15)	아시아	5	싱가포르, 홍콩, 말레이시아, 인도네시아, 사우디아라비아
	서유럽	6	벨기에, 헝가리, 아일랜드, 스위스, 포르투갈, 터키
	동유럽	3	카자흐스탄, 체코, 루마니아
	남미	1	콜롬비아

〈표 3-5〉 2014년 SC36의 참여 국가

구분	대륙		국가
회원국 (22)	아시아	4	중국, 인도, 일본, 한국
	오세아니아	1	호주
	북미	1	캐나다
	서유럽	9	덴마크, 프랑스, 독일, 이탈리아, 룩셈부르크, 네덜란드, 노르웨이, 스페인, 영국
	동유럽	3	러시아, 슬로바키아, 우크라이나
	아프리카	4	알제리아, 케냐, 남아프리카공화국, 튀니지
비회원국 (23)	아시아	7	홍콩, 인도네시아, 이란, 카자흐스탄, 말레이시아, 사우디아라비아, 싱가포르
	오세아니아	1	뉴질랜드
	서유럽	7	벨기에, 핀란드, 아일랜드, 포르투갈, 스웨덴, 스위스, 터키
	동유럽	5	보스니아, 체코, 헝가리, 루마니아, 세르비아
	북미/남미	2	콜롬비아, 미국
	아프리카	1	가나

WS-LT(교육기술유럽표준위원회), DCMI(Dublin Core Metadata Initiative)가 활동하고 있다.

(5) 작업그룹의 종류와 역할

SC36 아래에는 7개의 작업그룹이 구성되어 있다. 각 그룹은 JTC1로 지정된 정의와 범위를 가지고 각 나라의 국가대표(NB: national body)가 참여하여 표준화 활동을 벌이고 있다. 모든 표준은 여기에서부터 출발하여 표준 제정의 기초 작업이 이루어진다. 〈표 3-6〉은 작업그룹의 명칭과 정의를 나타내고 있다.

〈표 3-6〉 작업그룹의 명칭 및 정의

작업 그룹	명칭과 정의
WG1	용어
WG2	협력 및 인공지능기술
WG3	참여자 정보
WG4	관리와 전달
WG5	품질인증
WG6	플랫폼, 서비스, 규격의 통합
WG7	문화, 언어, 인간적인 기능 활동

(6) 기타 작업그룹

JTC1의 표준화 활동에서 이루어져야 할 작업이 상당하게 있음에도 그 내용이 기존의 작업그룹의 한 분야이거나, 아직 작업그룹으로 발전할 단계로 보기에는 여러 사정상 이르다고 판단되는 경우, 그리고 여러 작업그룹에 보조적 기능그룹으로서 공용으로 존재할 필요가 있는 경우에 다양한 작업그룹이 구성될 수 있다. 이 그룹 역시 간사를 임명하고 표준화 작업을 하게 함으로써 관련 작업그룹을 돕

〈표 3-7〉 기타 작업그룹과 정의

그룹 이름	정의
AG01	사업 계획 및 의사소통

도록 하는 경우이다. 이 경우에도 간사는 SC36 총회에 작업 결과를 보고할 의무
가 있으며 결과에 대한 작업그룹의 채택 등에 대하여 투표를 실시할 수 있게 되
기도 한다. 현재는 한 개의 작업그룹이 있다(〈표 3-7〉참조).

(7) 표준화 진행 현황

이러닝 표준뿐만 아니라 JTC1의 모든 기술의 표준화는 작업그룹의 사전 작업
항목(PWI: Pre-liminary Work Item) 또는 각국의 기여 제안안(contribution paper)으
로부터 출발한다. 이러한 공통의 관심사는 복잡한 과정을 통해 국제표준으로 공
포될 때까지 논의와 투표, 그리고 마지막으로는 각국에 문건을 유통시켜 질의와
승인 단계를 거쳐 확정하게 된다.

SC36은 2000년부터 시작되어 역사가 비교적 짧은 위원회이기 때문에 일정상
아직 확정된 국제표준은 미미하며, 작업그룹에서 위원회 상정 목표를 진행하고
있거나 작업그룹에서 작업 중이다.

2) AEN

(1) 설립 배경

최근 일본이 주도하고 있는 아시아 지역의 이러닝 기술표준 협의체인 AEN(Asia
E-learning Network)에 대해 조금 더 살펴보자. 2002년 12월 도쿄에서 1차 회의를
진행했던 적이 있으며, 2005년에는 4개의 작업그룹을 구성하여 현재 각 작업그룹
의 간사 회장을 온라인으로 선출하였다.

이 모임에는 2007년 현재 아시아의 13개국이 참여하고 있다. 일본의 선진학습
산업컨소시엄(ALIC: Ad-vanced Learning Industry Consortium)이 1개국에 2명씩 초
청형식으로 전액을 지원하며, 참여를 요청 중에 있어 그 모임의 영향력에 대하여
는 미지수이다.

(2) 회의의 개최

AEN은 2003년 12월 10일에 도쿄에서 WG별로 회의가 개최되었으며, 11일에
는 산업포럼인 세미나를 개최하고 12일에는 AEN 총회를 개최한 바 있다. 이어서

작업 그룹	명칭
WG1	이러닝 표준의 보증
WG2	다국어 콘텐츠 제작 방법
WG3	고등 및 기업교육을 위한 교수설계
WG4	이러닝 품질인증

2004년도에는 11월에 일본 도쿄에서 WG1과 WG4의 분과위원회가 열렸으며, 12월에는 싱가포르에서 총회가 열렸다. 총회에서는 4개의 작업그룹과 함께 이벤트 성격의 산업화 보급 및 촉진 사업이 진행되는데, 하나는 AEN Award라는 행사이고, 다른 하나는 AEN plug fest이다.

2005년에는 중국의 베이징에서 12월에 총회를 열기를 희망하였으나, 또다시 일본 도쿄에서 개최되었다. 이미 AEN 13개국이 모두 동의한 바 있어 회의의 정통성에 시시비비가 나올 정도이다.

2006년 12월에도 3회의 AEN 총회가 열렸다. 우리나라는 동남아시아의 각국들로부터 이러닝의 기술이전이나 정보기기 및 환경에 대한 지원요청을 받고 있는 실정이다. AEN에서 진행되는 작업그룹의 명칭을 보면 어떤 표준화 작업들이 이루어지는지 쉽게 알 수 있다. 이를 정리하면 〈표 3-8〉과 같다.

3) IEEE/LTSC

(1) 표준화회의 구성

IEEE의 학습기술표준화위원회(LTSC)는 1996년에 조직되어 20여 개 이상의 연구그룹(일반, 학습자 관련, 콘텐츠 관련, 데이터와 메타데이터, 학습관리시스템 등)으로 분류되는 다양한 학습 기술과 관련된 표준을 제정하고 있다.

IEEE/LTSC는 명실상부한 이러닝의 단체규격 표준연구 및 생성의 실질적인 기관이며 ADL, IMS와 밀접하게 프로젝트를 진행하고 있다. 현재 ISO/IEC JTC1 SC36에서 개발 중인 표준규격은 이미 AICC, IMS에서 개발한 규격들이 많이 상정되어 있다. 메타데이터 관련 활동은 학습객체메타데이터(LOM: Learning Object Metadata) 그룹에서 수행하고 있다. LTSC는 모든 개인이나 기관이 참여할 수 있도록 개방되어 있으며, LTSC의 LOM은 IMS, ARIADNE, GESTALT, AICC 등의 학습 매체 메타데이터를 개발하는 많은 그룹들의 동의를 얻고 있다. 또한 이들 기관은 모두 LOM의 개발에 적극적으로 참여하고 있다.

(2) 표준화 활동

IEEE/LTSC에는 20여 개 이상의 작업그룹(Working Group)이 활동해 왔다. 그러나 대부분의 프로젝트들은 종료되었거나 중지되어 현재는 최소화된 형태로 4개 정도의 프로젝트가 진행되고 있지만 진행되어 온 대부분의 이러닝 표준화 요소들이 이러닝의 흐름에 미친 영향은 적지 않다.

WG1은 '구조와 참조모형(Architecture & Reference Model)'으로 이러닝시스템의 상위 수준 아키텍처들과 관련이 있는 시스템 디자인 및 컴포넌트(component)들에 관한 표준안들을 마련함으로써, 다양한 범위의 이러닝시스템 구조를 설명할 수 있는 표준안을 마련하였다. 2003년에 IEEE의 인증을 받았으며 현재는 활동하지 않고 있다.

WG4는 디지털저작권표현언어(DREL)에 관한 표준연구로 학습, 교육, 훈련 등과 관련하여 디지털 권리 표현 언어와 관련된 표준안들을 개발하고 있다. 2002년부터 활동을 시작하여 많은 진척을 이루고 있다.

WG11은 '컴퓨터관리교수설계(CMI: Computer Managed Instruction)'로 특정 교과목 내용, 단원의 조직 및 계열화, CMI 프로그램을 통한 교과목 내의 단원 시작과 종료, 교과복과 단원 또는 수업 수준의 목표, 학습자의 성취도 보고 등과 관련된 표준안을 다루고 있다.

WG12는 '학습객체메타데이터(LOM)'로 학습 객체의 메타데이터 관련 표준을 다룬다. 이 연구 집단에서는 LOM 표준, LOM의 바인딩데이터모형, LOM의 XML 바인딩데이터모형, LOM의 RDF(Resource Description Framework) 바인딩데이터모형 등의 표준을 개발하고 있다.

마지막으로 WG20은 '역량정의(Competency Definitions)'로 역량 프로파일에 들어갈 역량과 관련된 표준안을 개발하기 위해 구성되었다. 가장 최근에 조직된 그룹으로 2004년부터 활동을 시작하였다.

IEEE의 LTSC에서 개발된 이러닝 표준안들은 공식적인 인증절차를 통해서 국제적인 표준이 된다. 그리고 이 표준은 LTSC의 연구 집단이 독자적으로 개발하는 것보다는 다양한 표준화 관련 기구들의 참여에 의해 이루어지고 있다.

(3) LOM의 개발과 다른 기관과의 연계

IMS 메타데이터 버전 1.0은 LOM 3.5를 기반으로 하고 있다. IMS, IEEE, AICC 등 여러 기관의 합의에 의해 LOM 표준이 변경되면 그 변경 사항을 각자의 표준 규격에 반영하게 된다. 최근에 LOM 그룹은 19개의 요소에 대한 제어 어휘 리스트를 완성한 바 있으며, 일반 텍스트(free text) 값을 갖는 요소를 기술할 때 언어 변수를 제공하는 연구를 하고 있다.

4) CEN/ISSS LTWS(Learning Technologies Workshop)

(1) 회의의 구성

유럽표준기구(CEN)의 ISSS(Information Society Standardization System)는 전자기술과 통신 분야를 제외한 영역의 표준화를 선도하는 유럽의 3개 표준기구 중의 하나로, 전자상거래를 위한 프레임워크, 아키텍처, 모델을 주제로 하는 CEN/ISSS electronic commerce workshop을 개최하여 여기서 승인된 내용을 CWA(CEN Workshop Agreement)라 일컫고 연구를 진행 중이다.

(2) 표준화 활동

1999년, 유럽표준기구인 CEN에서는 ISSS 분과를 두고 유럽의 정보화 사회를 지원하기 위해 학습 기술 분야의 워크숍을 개최했다. 이 워크숍에서 수행하고자 한 메타데이터 관련 작업에는 표준의 장려, 분류와 제어 어휘의 제정, 특정 기관을 위한 LOM 적용, LOM의 RDF/XML 연결, LOM의 국제화 등이 포함되었다. 뿐만 아니라 여러 언어권과 문화권에서 사용되고 있는 다양한 분류와 제어 어휘의 번역 및 연계를 시도하고 있다.

5) AICC

(1) 회의의 구성

교육 부문에서 시뮬레이션을 통한 실물교육을 주도했던 기관이 AICC(Aviation Industry CBT Committee)이다. 이 단체는 비행조종사들을 가상 비행기를 통해 장시간 교육할 수 있는 시스템을 만든 기관이기도 하다. 따라서 컴퓨터를 활용한 교육정보기술에 일찍 진출한 사업자 단체이기도 하다.

(2) 표준화 활동

AICC의 문서 규정은 크게 세 가지로 나누어진다. 첫 번째는 공식규격이다. 두 번째는 테크니컬 리포트(technical report)로 이는 규격은 아니지만 정식 승인을 거친 문서로 각 작업그룹의 약어 대문자로 시작한다(예를 들어, CMI, COM, CRS 등). 마지막으로 화이트 페이퍼(white paper)와 워킹 도큐먼트(working document)가 있는데 이는 정식 승인을 받지 않은 문서이며, 명명법은 테크니컬 리포트와 동일하다.

6) IMS

(1) 회의의 구성

IMS(Instruction Management System) 프로젝트는 1997년 EduCom NLII(National Learning Infrastructure Initiative)로부터 시작된 기업체와 연구기관, 정부기관 사이의 합동 프로젝트로, 다양한 교육 관련 서비스들이 상호운용성을 갖도록 교육 분야 자료의 기술을 위한 메타데이터 및 기술적 측면의 요구사항들을 연구·개발해 널리 보급하기 위한 사업이다.

IMS는 회원기관으로서 교육기관(캘리포니아 주립대학, 캘리포니아 대학, 미시간대학, 버지니아 공대 등), 기업(애플, 시스코, IBM, 마이크로소프트, 오라클, 선 마이크로시스템, 웹시티 등), 그리고 정부기관(국방성, 노동부, 교육성 등)을 망라하고 있으며, 협력기관(ADL, ARIADNE, AICC, DCMI, CEN/ISSS, IEEE, W3C, NIST 등)은 세계적인 ICT와 교육 관련 표준화 기관들이 포함되어 있다. 따라서 IMS에서 발표하는 명세서는 교육 명세서의 세계적인 표준안이라고 할 수 있다.

또한 ADL의 SCORM으로 수집되는 대부분의 실질적 내용을 생산하고 있는 기관이기도 하기 때문에 이 기관이 제출한 규격들은 검토할 만한 충분한 가치가 있으며, ADL과는 불가분의 관계에 있다.

IMS는 현재 가장 활발히 활동하고 있는 이러닝 표준화 단체 중 하나로서 2002년까지 평가문항 상호운용성 관련(QTI, content packaging), 학습자 정보 관련(LIP, enterprise), 학습 체계 관련(metadata, reusable competency definition)의 일련의 규격을 책정하였다. 현재 IMS의 활동 중심은 첫째, 단순 시퀀싱 활동 콘텐츠(simple sequencing active content), 시뮬레이션(simulation) 등 콘텐츠의 기능과 동적인 행동에 관한 것으로 단순 시퀀싱은 ADL SCORM version 1.3에서 WBT 콘텐츠의 동작을 기술하기 위하여 사용되고 있다.

둘째로는 learning design, digital repositories와 같은 교육 활동과 교육시스템의 포괄적인 기술과 기능 규정을 목표로 하는 것이 있고, 셋째로는 웹서비스, 모바일러닝, 접근성과 같이 이러닝 기반의 진행과 주변 환경 변화에 따른 새로운 과제에 대응하는 것이 있다. IMS의 또 하나의 활동으로서 이러닝시스템과 콘텐츠가 표준규격에 적합한지를 인정하기 위한 통일적인 범위 구축을 목표로 2002년부터 준비 작업이 진행되고 있는 ICP(International Conformance Program)가 있다. ICP는 개별의 규격에 관한 인정시험을 설계·설치하는 것을 목적으로 하는 것이 아니라, 인정활동의 중립성, 제3자성을 확보하기 위하여 일반적인 형식 만들기를 목표로 한 것이다. 앞으로는 ADL의 SCORM 인정도 ICP의 산하에서 통합되어 갈 것으로 예상된다.

(2) 표준화 활동

IMS에서 추진 중인 표준화 규격은 20여 종에 이른다. 〈표 3-9〉는 IMS에서 추진 중인 표준화 규격과 해당 규격의 주요 내용을 요약한 것이다.

규격이 체계화된 18종 외에도 최근 이러닝 표준화의 트렌드 중 하나인 SOA(Service Oriented Architecture) 등 약 3종의 신규 프로젝트가 추진 중에 있으며 곧 공개될 예정이다. 이 밖에 IMS에서 역점을 두고 있는 표준화 분야는 다음과 같다.

• IMS Common Cartridge

- IMS Abstract Framework
- IMS Tools Interoperability Guidelines

〈표 3-9〉 IMS 표준화 규격명 및 주요 내용

규격명	주요 내용
IMS Access For All Meta-data Specification	학습콘텐츠에 대한 사용자의 접근성을 향상시키기 위한 규격으로서 ISO/IEC JTC1 SC36의 WG7의 연구 범위와 유사
IMS Learner Information Package Accessibility for LIP	모바일 환경과 같은 시스템 환경, 주변 환경 장애요소 등을 해결하는 것을 포함하며, 학습시스템의 사용과 인터페이스에 초점을 맞춤
IMS Guidelines for Developing Accessible Learning Applications	분산 환경하에서의 학습 커뮤니티에 대한 프레임워크 제안
IMS Reusable Definition of Competency or Educational Objective Specification	역량 혹은 학습/훈련의 결과에 대한 정의를 설명하고 교환하기 위한 규격
Content Packaging Specification	학습 객체들을 조직화할 수 있도록 하는 명령어들을 하나로 패키징하는 것에 대한 표준
IMS Digital Repositories Specification	메타데이터 등 각종 자원을 보관하고 있는 디지털 저장소에 대한 저장, 배포 등의 관리와 검색, 통지 등의 활용에 대한 규격
IMS Enterprise Specification	시스템의 수업 정보 및 학습자 등록 정보 등 학사, 인사관리시스템 정보를 교환하기 위한 규격
IMS Enterprise Services Specification	학습 내용 속에 사람, 그룹, 회원에 대한 설명 정보를 교환하는 데 어떻게 시스템이 관리하는지 정의
IMS ePortfolio Specification	학교-직장으로의 전이과정에서 포트폴리오를 지원하는 평생교육 차원의 규격
IMS General Web Services Specification	서로 다른 소프트웨어와 공급업체의 플랫폼상에서 웹 서비스 기반 규격 구현 시 상호 호환성을 증진
IMS Learner Information Package Specification	학습자 정보(신상, 학습 과정, 목표, 성취도 등)의 시스템 간 교환을 목적으로 만든 규격
Learning Design Specification	학습콘텐츠에 적용이 되는 교수학습 방법론을 기술하는 방법에 대한 규격. OUNL의 EML에서 기원

Learning Resource Meta-data Specification	MS Learning Resource Meta-data는 IEEE 표준 1484.12.1인 LOM과 연계
IMS Question & Test Interoperability Specification	평가에 대한 데이터와 도구들을 공유하기 위한 표준 규격이다. IMS QTI 규격은 온라인용 문항, 시험, 문제은행을 인코딩하기 위한 XML 포맷을 정의
IMS Resource List Interoperability	콘텐츠 저장소와 이러닝시스템 간의 구조화된 메타데이터를 어떻게 교환하는지 기술
IMS Sharable State Persistence	이러닝실행시스템에서 콘텐츠 오브젝트들 간의 상태정보를 공유하고 저장하는 것을 가능하도록 기술하는 규격
IMS Simple Sequencing Specification	학습 단위 활동에 대해 일관성 있게 경험을 관리할 수 있도록 하기 위한 규격으로, 학습 활동 경로를 기술하기 위한 규격이다. IMS Simple Sequencing은 SCORM 1.3에 그대로 반영
IMS Vocabulary Definition Exchange	IMS Vocabulary Definition Exchange(VDEX)는 다양한 용어 리스트를 교환하기 위한 문법을 정의. VDEX에서는 'vocabulary'와 관련하여 'Vocabulary', 'Classification', 'Taxonomy', 'Thesaurus', 'Glossary'와 같은 용어들을 ISO 등으로부터 채택하여 사용

7) ADL

(1) ADL의 설립

ADL(Advanced Distributed Learning)은 미국 국방성과 백악관 과학기술정책국에 의해 1997년 설립된 것으로 '언제 어디서나' 양질의 학습을 제공하기 위한 사업이다. ADL은 온라인의 교육과 훈련을 위하여 동적이고 경제적인 학습용 소프트웨어의 대규모 개발을 가속화하기 위하여 발족되었으며, ADL의 주된 역할은 서로 다른 소스(표준 그룹)들로부터의 규격과 표준을 만드는 것을 기록, 검증, 촉진, 지원하고자 하는 것이다.

ADL은 미국 정부뿐만 아니라 기업들과 많은 교육·훈련 기관들이 협동적으로 함께 참여하고 있는 그룹이 되어 영국, 캐나다, 한국, 호주 등이 협력 기관의 역할을 공동으로 수행하고 있다.

(2) 표준화 활동

ADL은 1999년 이러닝 표준화 규격인 SCORM의 첫 번째 규격을 발표한 이래 2006년 현재 SCORM 2004 제3판(3rd edition) 규격까지 발표하면서 전 세계적으로 적용 범위와 영역을 넓히고 있는 추세이다.

ADL의 역할은 IEEE/LTSC, IMS Global 등과 같은 표준 규격을 개발하는 원천 그룹으로부터 자료를 제공받아 이들 규격을 검증하고 적용 가능한 모델로 통합하는 것이다. 실질적으로 SCORM 규격은 IEEE/LTSC의 메타데이터 규격인 LOM 과 데이터모델 규격, IMS의 콘텐츠 패키징 규격과 시퀀싱 규격을 조합하여 제작된 것이다.

현재 ADL은 광범위한 협력 네트워크를 구축하고 있다. 우선 본부라 할 수 있는 미 국방성 산하의 ADL Co-Lab(미국 알렉산드리아 소재)을 중심으로 Academic ADL Co-Lab, Joint ADL Co-Lab, Workforce ADL Co-Lab 등 3개의 Co-Lab과 ADL Technology Center, ADL Job Performance Technology Center 등 2개의 센터가 미국에 위치하고 있다. 국가 간 협력을 위한 Partnership Co-Lab은 영국, 캐나다, 호주, 한국 등 4개 국가에 현재 설치되어 있으며, 대만, 남미(멕시코 중심) 지역에서도 Partnership Co-Lab을 설치하기 위해 추진 중이다. 그 외에도 Academic ADL Co-Lab은 100여 개의 기관 및 대학들과 연구 네트워크를 구축하고 게임기반 학습 및 시뮬레이션기반 학습 등 차세대 이러닝콘텐츠 연구개발에 박차를 가하고 있다.

한국에서는 전자거래진흥원이 ADL Partnership Co-Lab을 운영 중이며, 정보통신산업진흥원이 Academic ADL Co-Lab 자격으로 연구네트워크에 참여 중이다.

(3) SCORM

ADL이 제안한 SCORM은 콘텐츠 또는 학습 활동의 시작과 추적 방법을 표준화하며, 복잡한 학습 경험을 미리 정의된 동작과 로직으로 정의하기 위한 규격이다. SCORM은 이러한 표준화를 통해서 콘텐츠에 대한 검색과 전달이 플랫폼에 독립적일 수 있으며, 재구성 및 재사용이 가능하다는 기대효과를 제시하고 있다. 만약 단순히 하이퍼링크된 웹사이트라면 사용자에 대한 추적 또는 기능이나 역량에 대한 평가가 이루어질 수 없기 때문에 SCORM 규격을 적용할 필요가 없을 것이다. SCORM은 단순한 하이퍼링크 콘텐츠 이상의 복잡한 콘텐츠 및 학습 경험 관리를 가능하게 한다.

SCORM 규격의 구성은 개별적인 문서들이 모아진 책장과 같은 개념으로 볼 수 있으며, IMS, AICC, ARIADNE, IEEE/LTSC와 같은 이러닝 커뮤니티의 규격들을 통합한 형태이다. 그러나 이 규격들은 SCORM 규격 안에서 일부 확장되고, 일부 세부사항과 구현지침이 추가되었다.

다양한 SCORM 문서들이 〈표 3-10〉과 같이 분야별로 세분화되어 기술되어 있기는 하지만 상호 간 중복되고 공통으로 사용되는 부분들이 있다. 예를 들어, 실행환경(RTE: Run Time Environment) 문서는 주로 콘텐츠와 LMS 간의 통신에 관하여 기술하고 있으나 실제 통신을 수행하는 콘텐츠객체(SCO: Sharable Contents Object)에 대해서도 자주 언급한다. 하지만 SCO에 관한 상세한 내용은 콘텐츠집합모델(CAM: Contents Aggregation Model) 문서에서 다룬다. 이와 유사하게 시퀀

〈표 3-10〉 각 SCORM 문서의 내용

SCORM Book	개념	주요 SCORM 기술	중첩 영역
개관 (Overview)	상위 수준의 개념 정보	SCORM 용어의 상위 수준 요소들에 대한 소개	CAM, RTE, SN 문서들 상위 수준에서 다룸
콘텐츠집합 모델(CAM)	조합, 라벨링, 학습콘텐츠 패키징	SCO, 어셋, 콘텐츠 집합, 패키지, PIF(Package Interchange File), 메타데이터, Manifest, 시퀀싱 정보, 내비게이션 정보	SCO와 Manifest, RTE를 통한 LMS와의 SCO 통신, 시퀀싱·내비게이션 정보를 포함하는 Manifests
실행환경 (RTE)	RTE에 대한 LMS 관리이며, 론치, 콘텐츠-LMS 간 통신, 추적, 데이터 전송, 에러 핸들링	API, API 객체, 론치, 세션 방법, 데이터 전송 방법, Temporal Model, 실시간 데이터모델	CAM 문서에서 설명되는 SCO는 RTE를 사용하는 콘텐츠 객체임
시퀀싱과 내비게이션(SN)	시퀀싱과 내비게이션	활동트리, 학습 활동, 시퀀싱 정보, 내비게이션 정보, 내비게이션 데이터모델	시퀀싱·내비게이션은 콘텐츠가 Manifest에서 조합되는 방법에 영향을 미침

싱과 내비게이션 문서는 SCORM 시퀀싱과 내비게이션을 다루고 있다. 그리고 LMS가 어떤 주어진 시간에 어떠한 콘텐츠 조각을 전달할 것인지를 결정하는 방법에 관한 정보는 실행환경(RTE) 문서에서 다루고 있다.

(4) LETSI

ADL은 메타데이터, 콘텐츠 패키징(CP: Contents Packaging), RTE, 시퀀싱, 매니페스트(manifest) 등 SCORM의 5개 영역 중에서 IMS의 영역인 CP와 시퀀싱을 빼고, Core SCORM이란 이름으로 ISO/IEC JTC1에 Fast Track으로 표준규격을 상정하였다. 그리고 모든 관련 사업을 LETSI(Learning Education Training Systems Interoperability)로 이관하여 현재 이 두 부분에 대한 다른 형태의 표준규격을 개발하고 있다.

우리나라에서는 정보통신산업진흥원이 회원기관으로서 주된 역할을 수행하고 있으므로 적극적인 참여는 물론이고, 표준의 공동 개발과 협력관계를 통해 국제 표준화 정보에 앞서 나갈 수 있을 전망이다.

8) ARIADNE

(1) 표준화 목적

ARIADNE(Alliance of Remote Instructional and Authoring Distribution Networks for Europe)는 EU에서 추진 중인 교육학습용 텔레매틱스(telematics for education and training)에 관한 연구와 이의 개발을 위한 프로젝트이다. ARIADNE는 컴퓨터에 기반을 둔 교수법과 정보시스템을 활용한 교육 과정을 개발하고 사용하기 위한 방법 및 도구들을 만들어 내는 일에 중점을 두고 있다.

ARIADNE의 주요 목적은 전자 형태의 교육 자료를 대학과 기업에서 공유할 수 있도록 촉진하는 것인데 이를 위해 지식풀시스템(knowledge pool system)을 개발함으로써 유럽 전역에 걸친 많은 교육 자료들이 분산 저장되도록 했다. 그리고 이러한 지식풀시스템은 자료의 효과적인 활용을 가능하게 하는 메타데이터를 기반으로 하고 있다. 또한 ARIADNE는 과학 유형(science type)에 대한 분류 체계를 개발했다.

(2) 표준화 활동

ARIADNE 메타데이터는 LOM과 완벽하게 상호 호환되도록 구축되었으며, 다양한 언어와 문화 환경에서 운용될 수 있도록, 다시 말해 원시 자료의 언어와 메타데이터 언어에 구애받지 않고 이용될 수 있도록 설계되었다. ARIADNE 메타데이터는 먼저 논리적 순서에 따라 이루어진 7개의 범주로 분류되고, 각 범주는 필수적으로 기술되어야 하되(하나만 예외), 그 안에 속한 요소는 필요에 따라 선택 가능하도록 구성되어 있다.

LMS와 요구기술

1 학습시스템

1.1 학습 자원의 전달과 기술

1) SCORM과 LOM

2000년을 전후하여 미국의 백악관을 중심으로 한 클린턴 정부가 차세대 정보통신서비스 강화 계획의 일환으로 멀티미디어 콘텐츠 및 이러닝콘텐츠 표준에 관한 것을 SCORM(Sharable Content Object Reference Model)이라는 문제로 가시화함으로써 전 세계가 여기에 커다란 관심을 갖기에 이르렀다.

이 문제의 주요 관련 기관은 백악관과 국방성이 주도하고, ADL(Advanced Distributed Learning)이 이를 대행하게 하여 주요 참조모형이나 인증 등의 업무를 진행하게 하고, AICC(Aviation Industry Computer-based training Committee)는 자료모형이나 통신규약 그리고 API(Application Programming Interface) 등을 집중 연구하게 하였다. 또한 IEEE/LTSC(Institute of Electrical and Electronics Engineers/Learning Technology Standardization Committee)에는 메타데이터 표준화 콘텐츠 단위 요약을 포함한 학습객체메타데이터(LOM: Learning Object Metadata)를 연구하게 하였으며, IMS에는 콘텐츠 패키징과 XML 관련 기술을 연구하게 함과 동시에 이 문제를 선세계 표준으로 나아가게 하기 위한 작업도 IEEE/LTSC가 맡도록 하였다. 따라서 LOM은 SCORM의 골격이라 할 수 있다.

2) 콘텐츠 시퀀싱

콘텐츠 시퀀싱(Contents Sequencing)이란 학습에 필요한 콘텐츠를 학습관리시스템(LMS: Learning Management System)에 표준화된 방법으로 전달하기 위해 콘텐츠를 표준화된 하나의 묶음으로 포장하는 기술이다. 현재까지는 단순 시퀀싱(simple sequencing) 기술을 사용하고 있다. 여기에는 콘텐츠 패키징 도구를 사용하게 되는데, 콘텐츠의 전달 표현구조를 설명하는 표준화된 도구인 'IMSmanifest'라는 프로그램으로 이는 파일들에 대한 압축 기능을 포함하고 있다. 압축된 결과물은 패키지교환파일(PIF: Package Interchange File)이라고 부른다.

학습관리시스템을 통해 학습 자원을 전달하는 경우, 때로는 단순 시퀀싱이 아닌 방법으로 전달해야 할 필요가 있을 수 있다. 예를 들어, 학습자의 환경에 따른 서로 다른 콘텐츠에의 접근이나 학습자의 선호도에 따른 대체 콘텐츠에 대한 접근이 그러한 것이다. 이런 경우에는 보통 동적 시퀀싱(dynamic sequencing)과 같은 방법으로 학습콘텐츠를 학습자에게 전달해야 할 것이다. 이에 대한 표준화된 도구는 아직 없지만 학습시스템에서는 매우 필요한 기능이다. 이런 기능이 추가되면 보충학습이나 심화학습 등을 위해 다양한 콘텐츠를 동시에 제공하는 것이 가능하여 학습자 주도학습(self directed learning)이 원활하게 이루어질 것이다.

3) 학습의 설계

교수설계는 양면적 특성을 지니고 있다. 하나는 교육학적 교수학습 목적 설계의 환원주의적 인식론이고, 다른 하나는 구조주의적 인식론이다.

교수설계 행위가 갖는 문제적 상황들에만 안목을 고정시키면, 다양한 맥락에서 일관되게 사용할 수 있는 실천적인 교수설계 지침으로서의 모형이 설 자리가 없어 보인다. 개별 설계 맥락이 모두 다르고 학습자 또한 그 개개인의 특성이 백인백색인 상황에서 의사결정을 위한 정보와 판단 준거가 될 지식이 부족할 수밖에 없는 복잡한 교수설계 상황에 적용할 수 있을 정도로 세부적이면서, 동시에 대다수의 사람들이 쉽게 이해할 수 있고 여러 설계 맥락과 국면에서 두루 사용될 수 있는 일반적인 적용 능력 또한 갖추어야 하는 교수설계 모형을 만들어 내는 작업이 가능해야 하기 때문이다. 상호 어려운 관계에 있는 두 개념 간의 균형을 적절하게 유지해 내는 것이야말로 유용한 교수설계 모형이 갖춰야 할 중요한 성능이라 할 것이다.

분석하고 나누어 각개격파하자는 환원주의적 인식론은 세부적인 가이드라인을 제공함으로써 보다 친절하게 교수설계자를 인도할 수 있다는 딕 & 케리(Dick &

Carey) 계통의 설계 모형을 중심으로 제시되고 있으며, 이와 근친 관계에 있는 설계 모형의 군집을 형성한다.

다른 하나는 이렇게 마련된 각개의 작은 단위들을 종합하고 연결시켜 이해하지 않고 부분만을 볼 경우 전체에 대한 조망을 하지 못하게 된다는 구조주의적 견해를 가질 수 있는데, 이러한 부류가 또 하나의 다른 개념군을 이룬다.

그러나 이 두 진영 간의 벽은 얇고 무르기 때문에 어느 진영에 속하는지 판단하기 어려운 중도적 부류들이 존재한다. 그 구체적인 위치, 어느 극단에 더 가까운지는 모형 개발자 각자의 인식론적 입장과 설계에 대한 이해 차이 정도로 결정된다.

1.2 동기유발 및 몰입과 요구 기술

1) 스토리텔링 기법

스토리텔링(Storytelling)은 이야기(story)와 말하기(telling)의 합성어로서, 학습자들의 학습방법이나 학습결과에 대한 변화를 목적으로 이야기를 전달하되, 가장 연관관계가 높고 효과적인 표현 방법까지 고려한 전략적 의사소통 기법이다. 스토리텔링은 이러닝뿐만 아니라 광고, 마케팅, 경영, 게임, 만화 등에까지 널리 사용되고 있다.

전달하고자 하는 학습 내용을 가장 잘 어울리는 스토리 안에 넣었을 경우 학습자가 훨씬 이해도 잘 할 수 있을 뿐만 아니라 배운 내용을 현실에 적용하기도 용이하다. 스토리텔링은 학습 자원을 전달하는 입장에서는 단순히 정보를 전달한다는 것과 달리, 이미 알려진 스토리라는 것을 활용함으로써, 학습자의 입장에서 학습할 수 있도록 도와주는 것을 많이 고려한다.

이는 학습 자원을 전달하는 강의(tutorial) 방식보다는 전문적인 지식을 전달하는 측면에서는 다소 약한 편이지만 학습자의 입장이 고려된 측면이 강조되어 효율성과 효과성을 포함한 생산적인 방법으로 더 많이 활용되고 있다.

2) 게임기반 학습

게임러닝(Game Learning)은 게임기반 학습(game based learning)으로서 서버 기반의 게임형 교육콘텐츠 활용 교육을 의미한다. 게임을 통해 학습에 대한 재미를 느끼면서 학업을 신장시키기 위하여 도출된 개념이 게임러닝인데 이는 최근 들어 상당한 관심을 모으고 있다. 현재 국내의 게임기반 교육용 애플리케이션은 초기 단계에 머무르고 있지만, 교육용 애플리케이션은 교육 시장에서 콘텐츠온라인 게임러닝의 활용 범위를 고려할 때 경제적 가치가 높고 무한한 성장 가능성이 있다.

따라서 정보통신 및 교육 분야에서 게임을 기반으로 하는 게임러닝과 관련한 연구개발에 많은 관심이 집중되는 추세이다. 게임러닝의 학습 효과는 게임의 재미, 놀이, 규칙, 목적, 쌍방향성, 결과와 피드백, 적응력, 승리, 갈등·경쟁·도전·반대, 문제해결, 상호작용, 표상(representation)과 이야기를 통해서 즐거움과 기쁨, 열정적 참여(involvement), 구조, 동기, 활동, 배움, 자아만족감, 아드레날린, 창의성, 사교적 집단, 정서 등의 효과를 볼 수 있다.

3) 에이전트 이론

협력학습 환경하에서 에이전트(agent)란 학습자에게 현황이든 환경이든 과제든 설명해 줄 수 있거나, 보편적이고 일반적인 사용 방법으로 독립적인 기능을 수행할 수 있는 일종의 단일 소프트웨어이다. 예를 들어, 관리자가 도구를 배분하는 에이전트도 가능하고, 학습자와 다른 에이전트들 사이의 일정관리 에이전트, 에이전트들 중에서 협력학습과 관계있는 협력 에이전트도 포함되며, 검색 에이전트나 에이전트들 간의 의사소통을 모니터하는 에이전트들도 그 사례에 속한다. 에이전트 통합의 다양한 형태가 학습자에게 도움을 줄 수 있으며, 이메일 에이전트, 메신저와 같은 의사소통 서비스 에이전트, 개인의 도구와 자원을 관리하는 에이전트도 포함한다. 에이전트가 습득한 지식에 대한 관리방법은 현저히 다를 수 있다. 예를 들어, 간단한 과제 지향 에이전트는 지식표현을 가지고 있다. 반면에 더욱 많은 의사결정과 책임이 있는 다면적 기능을 가진 지능형 에이전트는 계속된 변화를 가지며 진화된 지식표현을 가지고 있다.

협력학습 공간은 협력적인 문제해결 공간이 고려되어야만 하며, 학습 효과에 따라 행동을 조정할 수 있다. 전형적으로 협력학습 환경에서 나타날 수 있는 에이전트는 물리적인 특성에서 일치하지 않을 수 있으며, 동시에 에이전트들은 개인정보를 저장할 수 있어야 하고, 스스로는 다른 고유의 기능도 가질 수 있어야 한다. 그러므로 에이전트 기능들에 관련된 정보기술의 통합과 일치는 진보된 협력학습 환경에서 매우 중요하다.

협력학습에서 정보기술은 분산컴퓨팅 환경을 기반으로 하고 있기 때문에 자율적인 정보과정 단위에 구분을 두며, 각각의 학습자에게 개인적인 환경을 적합하게 하는 것이 기본이어서 많은 에이전트에게 가이드라인을 정해 주는 것이 필요하다. 따라서 이러한 기술에 관한 표준이 필요하게 되며, 이는 협력학습 목표를 향한 협력학습 환경에서 상호 협력하는 에이전트들을 위한 의사소통에 필요한 특별한 성질의 데이터 모델을 정하게 된다.

1.3 상호작용과 요구 기술

1) 동기식 학습

동기식 학습(synchronous learning)은 통신이 개인 사이에 동시에 발생하고 정보가 순간적으로 접근된다는 것을 의미한다. 동기식 이러닝의 예로는 실시간 대화, 비디오나 오디오의 토론이 포함되며, 강사와 수강자가 온라인의 협업적 교육 환경하에서 실시간으로 연결되어 강의가 진행된다. 지역적인 위치에 관계없이 특정 주제에 관한 학습 경험을 공유할 수 있다는 것이 장점인 반면, 단점은 학습 계획과 학습 실행을 학습자 스스로 조정하지 못한다는 점이다.

2) 비동기식 학습

비동기식 학습(asynchronous learning)은 실시간으로 이루어지지 않는 학습으로, 강사와 학습자는 게시판과 전자우편을 통해 학습을 진행하고, 비동시성의 이러닝에서 몇몇의 예들은 스스로 조절하는 코스를 이수하는 것을 포함한다.

비동기식 학습의 이점은 접근성이 편리하고 시간이 허락될 때 학습할 수 있는 환경을 제공받는다는 것이다. 비동기식 학습의 단점은 학생이 강사나 동료 수강자들과 상호작용하는 것이 어렵다고 느낄 수도 있다는 것이다. 상호작용 없이 자극받지 않았다고 느낄 수도 있다는 것이다. 〈표 4-1〉은 동기식 학습과 비동기식 학습의 선택 사례를 보여 준다.

〈표 4-1〉 동기식 학습과 비동기식 학습의 선택 사례

동기식 학습을 선택하는 경우	비동기식 학습을 선택하는 경우
• 학습자들이 다른 학습자와 토론하면서 문제를 해결해야 하는 내용일 경우 • 학습자들이 다른 학습자들과의 공동활동을 통해 진도에 뒤처지지 않고 학습을 진행하도록 동기부여를 하기 위한 경우 • 대부분의 학습자들이 같은 요구와 같은 질문을 공유하고 있을 경우	• 학습자들이 여러 나라에 흩어져 시차를 두고 업무를 수행하는 경우 • 학습자들이 교육을 위한 시간 조절을 융통적으로 하기 어려운 직무를 수행할 경우 • 학습자들 간에 개별적인 요구가 강할 경우

3) 협동학습

협동학습(cooperative learning)은 학습자 개인 또는 집단별로 학습목표를 위해서 힘을 모아 목표를 이루어 내는 학습방법이다. 학습목표를 위한 구성원의 역할이나 기능, 또는 분담할 내용 등을 구분하지 않고 구성원 모두가 학습목표를 향한 유사한 학습활동을 하여 결과를 이루어 내는 것이 특징이다. 따라서 한 구성원의 탁월한 지도력이나 우월성의 덕택으로 다른 구성원들이 쉽게 목표에 이를 수도 있고, 반대의 논리도 가능한 학습방법이다. 그러므로 목표를 향한 구성원 간의 도움은 양방향이다. 구성원 모두가 동일한 과제로 학습하고, 동일한 목표를 가지고 학습한다. 따라서 팀 간의 평가뿐만 아니라 팀 내에서의 구성원 간의 평가가 가능한 학습방법이다. 그러므로 협동학습은 전통적 교수학습방법을 보충해 주는 활동이 아니라 하나의 수업전략으로 투입된다.

4) 협력학습

협력학습(collaborative learning)은 두 사람 이상이 그룹이 되어 학습에 참여하게 되고 이 그룹 멤버가 협력하여 하나의 공통적인 목표에 도달하는 것을 목적으로 하는 교육 방식이다. 협력학습은 힘을 모아서 학습목표를 이루어 내는 학습방법이기 때문에 협력에서는 우수학생이 부진학생을 일방적으로 돕는 일방향 조력이 나타나기도 하며, 상호 돕는 양방향의 조력으로 나타나기도 한다.

협력학습이 협동학습과 구별되는 가장 중요한 점은 학습자들이 개인 또는 팀별로 가능한 서로 다른 기능이나 역할을 통해 학습목표를 달성하는 것이어서, 일반적으로 공동점수와 공동보상에 대한 구성원의 책무가 따르게 되며, 대표적인 형태가 소집단 협력학습이다. 따라서 협력학습에서는 학습자와 학습자(learner to learner) 간의 상호작용과 협력, 에이전트와 에이전트(agent to agent)의 통신을 위한 프로토콜이 필요하게 된다.

국제표준에서는 협력학습 작업 공간(work space)에서 사용되는 주요 컴포넌트들, 예를 들면 토론, 협력 활동 학습의 결과, 가상학습 시나리오, 대화 데이터, 화이트보드의 공유, 애플리케이션에서의 공유, 사용자나 객체 데이터와 같은 요소의 추상화된 인터페이스에 대한 표준을 정의하고 있다.

에이전트는 협력학습 공간에서 흔하게 볼 수 있고, 이러한 에이전트들은 속성에 따라 변화하면서 개인의 정보를 저장하고 그에 따른 다른 기능을 상속받게 되므로 보다 진보적인 협력학습을 위해서는 정보통신 관련 기술들의 통합이 중요하다. 학습자는 협력학습을 지원하는 시스템을 통해 서로 멀리 떨어져 있어도 협력학습을 할 수 있으며 촉진자(facilitators)가 각 그룹에 대한 책임을 지고 도와주는 역할을 한다.

이러한 과정들을 국제 교육정보기술표준회의의 협력학습 분과에서는 이러닝 협력학습 절차로 제시하는데, 먼저 학습설계자(교사, 협력학습 전문가, 학습자 등)가 협력학습 개체 데이터를 넣게 되면 데이터가 표준에 맞는 협력학습을 지원하는 시스템에 들어가게 되고, 시스템이 협력학습 개체 데이터에 이미 기술한 사항에 의거하여 협력학습 공간(collaborative workplace)이라는 표준에 준수하는 가상의 네트워크 기반의 공유 장소를 생성하는 것이다.

2 평가시스템

2.1 평가 관리와 요구 기술

1) 평가시스템과 설계

평가는 크게 시스템 평가와 콘텐츠 평가, 학습자 평가로 나누어 볼 수 있다. 시스템 평가는 운영 서버나 네트워크를 포함하는 하드웨어와 이러닝이 운영되는 학습관리시스템(LMS)에 대한 평가를 의미한다.

콘텐츠 평가는 학습 내용의 제시 방법, 사용자 인터페이스의 일관성, 학습자의 학습 수준에 적합한 학습내용의 선정 여부, 동기부여를 위한 상호작용 촉진 정도, 관련 학습자료의 제공 정도 등에 대한 평가를 수행한다. 시스템 평가와 프로그램 평가는 별도의 체크리스트를 통해 이러닝에 참여하는 여러 사람이 평가한다.

학습자 평가는 다양한 평가 방법을 고려하여 온라인의 학습활동을 평가할 수 있어야 하며, 기존의 오프라인수업의 기준으로만 평가하지 않도록 주의해야 한다.

콘텐츠를 개발하는 과정에서는 프로젝트 관리를 통해 전체적인 교육용 콘텐츠에 대한 품질관리와 각 단계들에서 발생하는 문제를 해결하기 위한 인적·물적 자원의 신속한 지원이 이루어질 수 있는 관리 활동을 수행한다.

2) 이테스트

온라인으로 이루어지는 수업에서 시험도 온라인으로 이루어지는 경우를 우리는 이테스트(e-test)라고 부른다. 이러한 이테스트를 처리하기 위해서는 정보통신기술에서 수용해야 하는 몇 가지 기술이 필요하다.

첫째는 본인인증 문제이다. 멀리 떨어진 단말기에서 시험을 시행하므로 학습자 본인을 확인해야 하는 문제가 발생한다. 여기에 필요한 기술로는 인증서의 활용, 지문인식, 홍채인식 등이 사용된다. 특히 최근에는 안면인식 프로그램을 활용한 본인인증을 도입하기도 한다. 하지만 본인인증에 대한 부정행위를 막기에 완전하지 않기 때문에 여러 가지 방법을 혼용하여 사용한다.

둘째는 시험에 대한 부정행위(cheating)를 방지하는 문제이다. 여기에는 다양한 방법이 있다. 시험 시간 동안 다른 데에 눈을 돌리지 못하도록 시험문제 수를 늘리고 빠듯한 시험 시간을 주는 방법, 학습내용을 이해하여 숙지한 것을 논술형으로 제출하게 하는 방법 등으로 서적을 옆에 두고 펼쳐 본다거나 주위에 미리 적어 놓은 내용을 참고할 수 없도록 하는 방법들이다.

셋째는 출제문제에 대한 난이도 조절에 관한 문제이다. 여러 가지 방법이 사용되고 있는데 그중 제일 먼저 고려하는 방법은 시험시간의 분배에 대한 대응이다. 온라인 시험은 한 번에 너무 많은 수험자가 발생할 경우, 이를 적절하게 배치하는 것이 필요하게 되며 이를 시스템에 반영하여 서로 다른 시간에 시험을 보더라도 난이도에 문제가 없도록 하는 시험시간의 분배에 대한 대응을 의미한다. 같은 문제를 다른 시간에 시험 치르게 하는 데에 따른 문제이다. 이를 위해서는 같은 내용에 대한 많은 문제를 출제한 후, 임의의 방법으로 또는 몇 가지의 집합(set)으로 문제가 출제되게 하는 방법을 사용한다. 여기에서 중요한 것은 난이도의 조절이다. 이를 위해서는 이테스트의 소프트웨어에서 중요하게 여겨지는 것으로 시험문항의 난이도를 자동적으로 조절해 주는 프로그램이 필요하다. 문제은행형 이테스트는 모두 이런 방법을 활용한다.

2.2 참여자 관리와 요구 기술

1) 교강사

교강사는 교수 절차의 방법, 교수학습 과정에서의 요구사항 등을 잘 파악하고 있어, 설계 과정에서 그와 관련된 사항들을 결정하는 데 도움을 제공하며 개발된 콘텐츠의 검토 활동에 참여하고 현장 적용 평가를 주도하는 역할을 한다. 또한 운영단계에서 교강사의 주 역할은 강의를 전달하고 학습자의 질문에 답변하는 역할을 하며, 운영 시 학습자에 대한 평가 활동을 담당한다. 최근에는 전통적인 내용 제공자의 역할에서 벗어나 학습과정의 촉진자로서의 학습 선도자적 역할 변화가 요구되기도 한다. 이러한 역할을 수행하기 위해서는 소셜 네트워크 서비스(SNS), 마인드맵(mind map), 토픽맵(topic map), 콘셉트맵(concept map) 등과 같은 다양한 의사소통과 그에 대한 관리 기술들이 필요하다.

2) 이러닝 촉진자(온라인튜터 및 과정운영자)

이러닝 촉진자는 공지사항 관리, 과제물 관리, 평가 관리, 교과게시판 관리, 토론방 관리, 학습진도 관리, 학습 안내 등 행정적 측면의 운영과 과정운영적 측면의 운영 등 학습에 필요한 모든 지원과 안내를 담당한다. 이러한 역할 역시 소셜 네트워크 서비스나 각종 의사소통을 원활하게 도와주는 도구들이 필요하다.

3) 교수설계자

교수설계자는 교수설계의 계획을 세우고 단계별 설계 활동을 주도하며 설계 과정의 모든 활동을 관리하는 역할을 수행한다. 따라서 효과적인 교육을 위해서 교수설계 전략은 학습 진행 중 교수자 및 이러닝 촉진자에 대한 재교육 및 중간 점검 등에 활용되어야 한다. 실제 운영단계에서 발생하는 교강사나 학습자의 요구사항을 수렴하여 보완하고, 이러닝 프로그램에 대한 지속적인 검토와 수정을 통해 이러닝 프로그램의 질을 향상시킬 수 있다. 아울러 예기치 않았던 교수설계 상의 문제점이 운영단계에서 노출되거나, 제공되지 않았던 정보 중 업데이트가 필요한 내용이나 추가될 내용은 계속 강사에 의해 보완될 필요가 있으며, 상호작용이 효과적으로 일어나고 있는지를 계속 점검하여야 한다. 이를 위한 기술로서는 프로젝트 관리 및 의사소통 지원기술들이 필요하다.

4) 시스템 관리

이러닝의 학습효과를 보장하기 위해서 학습콘텐츠의 품질과 함께 이러닝시스템 관리의 중요성은 아무리 강조해도 지나치지 않는다고 표현할 수 있다(박종선, 2009). 똑같은 학습콘텐츠로 학습하더라도 어떻게 학습을 지원하고 관리하느냐에 따라 그 성과는 달라질 수 있기 때문이다. 기업 이러닝 교육의 실제적인 성과를 담보하기 위해서는 이러닝의 질 관리가 아주 중요한데, 이러닝시스템 관리는 이러닝의 질 관리에 기여하는 아주 중요한 요소이기 때문이다. 이러닝시스템 관리를 통해 학습자의 학습 실패를 막고, 보다 풍부하고 고차원적인 학습 활동이 이루어질 수 있도록 지원할 수 있다.

2.3 학습자 관리와 요구 기술

1) 학습자 정보

학습자란 개인 또는 집단으로 구성된 학습 자원을 활용하여 지식을 습득하기 위하여 학습에 참여하는 사람이며, 이러한 개인 또는 집단의 정보를 학습자 정보라 한다. 이는 개인정보, 선호도, 학습수행 결과, 포트폴리오, 기타 여러 유형의 정보를 포함한다.

학습자 정보 관리는 첫째, 어떤 학습기술시스템에서 또는 여러 학습기술시스템들 간에 학습사 정보에 대한 기록을 작성, 등록, 유지, 관리, 사용, 상호교환 및 공동운용을 쉽게 할 수 있도록 하고자 하는 것이다. 둘째, 이러한 학습참여자 정보를 기반으로 하여 고급 서비스가 가능한 시스템(예를 들어, 개인화, 맞춤화 기능이 최적화된 지능형학습시스템 등)에서는 개인화 · 맞춤화된, 적응형 학습서비스를 위한 사전 정보의 근거로 삼기 위한 것이다. 셋째, 학습참여자의 측면에서는 여러 장소나 조직에 소속된 다른 종류의 학습시스템들에서도 이전의 자신의 학습과 연결된 연장선상에서 알맞은 학습을 적시에 제공받을 수 있게 하기 위한 것이다.

학습자의 개인정보라 함은 개인을 식별할 수 있는 일반적인 정보로서, 개인의 정보를 대상으로 하는 성명, 주소, 전화번호, 식별자, 이메일 등의 리스트를 포함한다.

학습자 수행정보는 학생의 이력이나 현재 진행하고 있는 공부, 업무 및 미래의 학습목표 등과 관계된 정보를 포함하며, 이는 학생의 학업 성적이나 자격증 취득 날짜, 유효 날짜, 학습 경험, 학습자 능력 등의 리스트를 말한다.

특정 학습자 특성정보는 지적·물질적·기술적 선호를 포함한 언어능력, 장애, 자격 등에 따라 정의된 학습자의 정보에 대한 일반적인 접근성(accessibility)으로 어느 누구라도 쉽게 접근할 수 있도록 각 학습자의 정보를 가지고 접근성을 부여하는 정보를 의미한다. 이는 특히 문화적으로 결핍된 학습자들의 특성과 장애를 가진 학습자들의 특성을 고려하게 된다.

2) 이포트폴리오

학습이 이루어지면 학습자에 대한 모든 학습이력을 관리하게 된다. 이를 전자적으로 관리할 수 있도록 하는 것이 이포트폴리오(e-portpolio)이다.

포트폴리오는 장기간에 걸친 발달이나 성취를 보여 주는 의도적이고도 선별적인 작업물의 집합이라고 할 수 있다. 이러한 포트폴리오의 특징을 기반으로 하여 전자화한(digitalization) 것이 이포트폴리오이다. 이포트폴리오는 과거의 학습, 경험, 과외활동에 대한 학점인정을 가능하게 해 주고 포트폴리오를 통하여 학습자 스스로 자신의 학습을 주도해 나갈 수 있다.

이포트폴리오는 학습자의 학습상태를 추적하고 학습자의 학습과정에 관한 증거를 수집할 수 있는 디지털 데이터로 구성되어 있으며, 이것은 또한 사용자의 요구에 따라 학습자 또는 교수자가 쉽게 관리할 수 있다. 이포트폴리오는 학습참여 주체에 따라 학습자 포트폴리오, 티칭 포트폴리오, 교육기관 포트폴리오로 나눌 수 있으며, 포트폴리오의 사용목적에 따라 발달 이포트폴리오, 평가 이포트폴리오, 전시 이포트폴리오, 혼합 이포트폴리오로 나눌 수 있다.

3) 학습자의 만족도와 역량 모형

근본적으로 교육의 비용 효과성은 교육비용 대비 교육서비스의 질에 대한 고객의 총체적 만족도에 달려 있다. 따라서 이러닝의 비용효과성도 교육서비스의 질에 대한 학습자의 만족도로 평가할 수 있다. 교육서비스의 질은 흔히 수료율, 국가적인 공인, 외부검정기관의 평가, 자체적인 평가 등을 통해서 검증하지만 가장 근본적이고 결정적인 평가 준거는 고객의 만족도이다. 즉, 이러닝의 과정에서도 고객만족이라는 개념이 중요하다는 것이다.

그러므로 이러닝의 효과를 진단하고, 이를 제고하기 위해서는 교육과정의 설계 및 교수과정 전반에 걸쳐 학습자의 의견에 지속적인 관심을 가지고 의견을 수렴하는 공간을 마련하는 일이 중요하다. 특히, 직업교육의 상황에서는 어떠한 학문적 기준에 도달했다는 사실보다는 학습자가 교육받아 온 행위를 구현할 수 있는가, 목표한 능력을 습득했는가의 여부가 고객 만족의 결정요인이 된다고 할 수 있다. 더욱이 구성원의 교육을 통해 기업은 얼마나 많은 생산성을 창출했는가에 지대한 관심이 있다는 것도 염두에 두어야 한다.

결국 이러닝의 비용효과성은 순수 교육비 및 기회비용의 경제성과 함께 교육서비스의 질에 대한 학습자 및 인재관리시스템의 만족도를 총체적으로 고려할 때 제대로 평가될 수 있다고 할 수 있다.

회사나 조직에서 말하는 핵심역량(core competency)은 자사가 지니고 있는 고유하고 독자적이며 궁극적인 능력을 뜻하며, 조직역량(거시적 관점)과 개인역량(미시적 관점)으로 나누어진다. 조직역량은 타 기업과 차별적이고 쉽게 모방되지 않으며 기업 내부에 뿌리 깊게 내재되어 있는 근본적인 경쟁우위 요소를 말하는데, 기술, 시스템, 문화 등이 이에 속한다. 개인역량은 특정 직무수행에서 높은 성과를 달성하는 데 직접적으로 관련 있는 요소를 말하는데, 개인의 지식, 스킬, 태도, 가치 등이 이에 속한다.

3 지원시스템

3.1 이러닝서비스 관리시스템

1) 접근성

국내 이러닝의 웹접근성 문제는 W3C(WWW Consortium) WAI(Web Accessibility Initiative)에서 추천하고 있는 기술표준에 따라 세 가지 영역으로 볼 수 있다. 첫째는 콘텐츠에 대한 웹접근성 문제로 WCAG(Web Contents Accessibility Guideline)의 표준기술, 둘째는 저작도구에 대한 웹접근성 문제로 ATAG (Authoring Tool Accessibility Guideline)의 표준기술, 셋째는 학습자들이 사용하고 있는 모든 응용프로그램에 대한 웹접근성의 문제로서 UAAG(User Agent Accessibility Guideline)의 표준기술이다.

이는 시스템과 콘텐츠의 문제인데, 대부분의 국내 학습관리시스템의 경우 PC의 웹 환경에서 동작하는 것을 전제로 웹 인터페이스로 구현되어 있는 경우가 대부분이어서 이에 대한 개선이 필요하여 나오게 된 개념들이다.

최근에는 스마트폰이 출시되면서 모바일 웹접근성과 관련된 이슈가 제기되기 시작했고, 비로소 웹접근성과 관련된 다양한 문제해결 방법이 본격적으로 다뤄지기 시작하였다. 이러닝에서는 시스템적인 이슈들은 기존 정보통신 웹접근성 해결 방법과 동일한 방식으로 문제해결이 되고 있으며, 이는 표준 HTML 규격을 지키면서 교차 또는 협력 브라우징(cross browsing) 지원을 하는 방식으로 웹 인터페이스를 제공하게 된다.

2) 편의성

이러닝은 서비스 제공 측면에서 편의성을 제공해야 한다. 따라서 이러닝서비스관리시스템 측면에서 학습자에게 학습자가 원하는 시간(anytime)에 즉시적인 (just in time) 학습이 가능해야 한다. 또한 이러닝은 학습내용을 반복 수강할 수 있게 서비스를 제공해야 한다. 상호작용의 경우에도 비동기적으로 이루어지면 학습내용 또는 피드백의 내용이 플랫폼상에 올려져 있기 때문에 학습자가 원하면 언제든지, 몇 번이고 반복해서 볼 수 있다. 이러한 학습내용 또는 상호작용의 휘발성을 보완하고자 최근에는 동기적 상호작용을 하고 있는 상황 자체를 영상으로 녹화하여 저장할 수 있는 기능이 보급되고 있다.

3) 상호운용성

이러한 학습관리시스템뿐만 아니라 이러닝콘텐츠를 관리하는 역할을 하고 있던 학습콘텐츠관리시스템(LCMS: Learning Contents Management System) 또한 상호운용성을 위한 서비스로 진화하고 있다. 그 대표적인 사례가 SCORM 규격이다. SCORM 규격은 ADL에서 제정된 콘텐츠 패키징 규격으로 콘텐츠의 상호운용성을 위해 개발된 것으로 초기 SCORM 표준과는 달리 현재의 SCORM 버전은 구조적으로 매우 복잡한 규격을 가지고 있었다. 이 때문에 이를 지원하는 LCMS 또한 매우 복잡한 기능성을 갖추고 있다. 국내에서도 다양한 LCMS가 존재하고 있는데 SCORM 2004의 완전한 기술명세를 지원하는 데는 한계를 드러내고 있다. 이는 개발에 많은 자원이 필요하고 유지 보수를 하는 데도 어려움이 많기 때문이다.

국내에서는 SCORM 표준을 기반으로 한 다양한 콘텐츠가 개발되어 있으나 원래 목적이었던 콘텐츠의 상호운영을 기준으로 봤을 때 그 효용성은 매우 떨어진다고 할 수 있다. 본래 LCMS에서 요구되는 기능은 크게 패키징, 저장, 검색, 배포, 평가라고 할 수 있으며, SCORM은 이러한 콘텐츠를 관리하는 데 발생되고 있는 여러 가지 문제를 매우 쉽게 해결해 주는 기술표준 명세인 것이다.

4) 기술 유연성

기술 유연성은 두 가지 측면의 보완 기술을 의미한다. 이는 고객이 택할 수 있는 서비스의 종류에 따라 서비스의 다양성과 신축성 관리를 유연하게 할 수 있다는 것을 말한다. 넓게는 교육서비스 중에 발생할 수 있는 문제로 학습자가 교육 운영의 일대일 맞춤 서비스를 받을 수도 있고 전체적인 일괄 서비스를 받을 수도 있는 체계가 그 예이며, 또 다른 예로는 서비스 제공 능력의 유연성 관리도 포함할 수 있다. 이는 시간대에 따라 변할 수 있는 서비스 수요에 맞추어 수용 능력을 조정할 수 있는 정도를 의미한다.

이러한 넓은 의미의 유연성 외에 좁은 의미의 기술 유연성도 있다. 어떤 학습 시스템이 새로 나온, 아니면 기존의 다른 응용 소프트웨어를 사용할 때 이에 대한 적응력이 있어야 함을 의미한다. 이를 견고성(robust)이라고도 표현하는데 향후 다가올 새로운 기술에 대해서 스스로 대응력이 있도록 시스템의 설계 및 구현에 기술 적용이 되어야 함을 의미하는 것이다.

3.2 학습콘텐츠관리시스템

학습콘텐츠관리시스템은 콘텐츠를 관리하는 시스템으로, 표준화된 방법으로 패키징된 콘텐츠는 어떠한 콘텐츠든지 학습콘텐츠관리시스템에 탑재될 수 있으며, 학습콘텐츠관리시스템은 탑재되는 콘텐츠의 구조 및 학습 자원을 구조적으로 관리한다. 학습콘텐츠관리시스템의 기능은 콘텐츠를 구성하는 학습객체단위의 세부적인 관리기준을 적용함으로써 학습객체에 대한 체계적인 관리 및 재사용성을 높여 주고 학습객체들을 재구성하여 새로운 과정을 생성하는 등 확장성의 기능을 제공해 준다.

학습콘텐츠관리시스템은 콘텐츠에 대한 메타데이터, 콘텐츠를 구성하고 있는 학습객체에 대한 메타데이터, 콘텐츠를 구성하고 있는 물리적인 파일들에 대한 디렉토리 등을 관리하고 있으므로, 학습콘텐츠관리시스템에서 특정 콘텐츠의 제공을 요청받게 되면 해당 콘텐츠를 검색해서 실제 학습자에게 전달하는 기능을 수행하는 것이다.

1) 콘텐츠 저작도구

콘텐츠 저작도구는 동영상, 이미지, 텍스트, 음성 등 다양한 미디어를 온라인 강의실에 활용 가능하도록 콘텐츠를 제작할 수 있는 솔루션, 소프트웨어 또는 도구들을 일컫는다. 오프라인 강의실에서 진행되고 있는 수업 진행상황을 저작도구 혹은 화면 캡처 프로그램을 이용해 녹화하고 이를 콘텐츠로 만들어 인터넷 혹은 팟캐스트 같은 형태로 서비스를 하는 개념을 말한다.

이러한 개념은 이미 이러닝에서 광범위하게 활용되고 있으며, 첨단 강의실 같은 대규모 시스템을 활용하는 방법부터 간단하게 웹캠이 있는 노트북을 활용하는 사례까지 다양한 방식으로 저작이 이뤄지고 있다. 이렇게 만들어진 콘텐츠는 학습관리시스템에 탑재되어 트래킹 관리가 될 수 있는 형태로 제공되거나 블로그 등에 단순 링크되어 인터넷으로 서비스할 수 있다.

많은 기관에서는 이러한 기능을 가지고 있는 소프트웨어를 도입하여 오프라인 수업의 보조 교재 혹은 온라인 강좌에 활용하고 있다. 국내에서 가장 많이 활용되고 있는 것은 자이닉스(Xinics)의 ePresto와 같은 저작도구(authoring tool)이다. 이들 저작도구를 활용하여 많은 이러닝콘텐츠들이 저작되고 있고 사이버 강좌로 서비스되고 있다. 이 밖에 다울소프트, 포씨소프트 등도 이와 같은 저작도구를 보유하고 있고, 국내외로 활용 사례들이 늘어나고 있다.

지금까지 국내에 보급되었던 여러 저작도구가 저작기능으로서는 많은 역할을 했던 것이 사실이지만 저작-관리-배포라는 서비스 플랫폼의 관점에서 꼭 필요한 모든 요소를 가지고 있었던 것은 아니라고 할 수 있다. 현재 사용되고 있는 대부분의 저작도구는 콘텐츠 제작이라는 기능 중심으로 구현되어 있어 제작 이후의 콘텐츠관리시스템(CMS: Content Management System, 편집, 보관, 아카이빙, 보안 등) 및 서비스(링크, 업로드) 기능이 필요한 실정이다.

2) 콘텐츠 관리도구

학습콘텐츠관리시스템은 기본적으로 인터넷 환경에서 사용되는 대용량의 콘텐츠를 효율적으로 관리하기 위해서 사용되는 시스템으로 CMS를 기반으로 하고

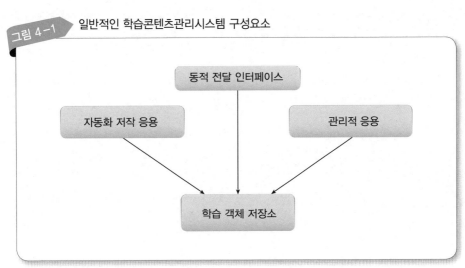

그림 4-1 일반적인 학습콘텐츠관리시스템 구성요소

동적 전달 인터페이스

자동화 저작 응용

관리적 응용

학습 객체 저장소

출처: Brennan, Funke, & Anderson, 2001.

있다. 이 CMS에 이러닝 특성에 맞는 콘텐츠 관리 기능을 포함하여 학습콘텐츠관리시스템이 만들어진다. 학습콘텐츠관리시스템은 이러닝콘텐츠를 학습자의 필요에 맞게 학습 객체로 생성, 저장, 조합, 전달할 수 있는 플랫폼으로 정의되기도 한다(Brennan, Funke, & Anderson, 2001). 학습콘텐츠관리시스템의 기본적인 기능은 [그림 4-1]과 같다.

02 ↲

제 2 부
이러닝의 실현

LMS의 도입과 활용

1 LMS 개요

　LMS는 Learning Management System의 약자로, 학습관리시스템이라고도 하며 학습자의 학습을 지원하고 관리하는 역할을 한다. LMS는 학습자가 사이버 공간에서 원하는 학습 진행을 할 수 있도록 교육과정을 개설하고 수강신청을 하는 등 교사와 학생이 학습에 참여하기 위한 과정을 준비하고, 실제 학습이 이루어지는 과정에서는 학습자의 학습과정을 추적하고 학습 이력을 관리하여 학습자 개인에 대한 맞춤형 학습을 제공한다. LMS의 구성별 주요 기능은 〈표 5-1〉로 요약할 수 있다.

〈표 5-1〉 LMS의 구성별 주요 기능

구성	기능
메인	교육원 소개 / 교육프로그램 안내 / 교과목 안내 / 수강신청 / 학습지원센터 / 상담신청 / 퀵메뉴
강의실	강의 보기 / 강의계획서 / 공지사항(과목) / 질의응답(과목) / 자료실(과목) / 과제물 / 토론방 / 시험 / 설문 / 개설과정 정보 / 강의교재관리 / 문제은행관리 / 과목자료 이월 / 학습자조회 / 강의메뉴관리
평가관리	학습시간 조회 / 학습활동 조회 / 평가기준 설정 / 출석관리 / 평가결과 변경 / 종합평가 / 학습독려
교과관리	학습유형 설정 / 트랙구성관리 / 개설과목 생성 / 강의계획서 / 프로젝트팀 관리 / 강의교재관리 / 문제은행관리 / 시험정보관리 / 수강등록 정보 조회 / 과제관리 / 토론관리 / 학습현황 조회 / 출석관리 / 학습시간관리 / 학습활동관리 / 평가기준 설정 / 종합평가관리 / 과목설문관리 / 과목정보 이월 / 과목변경관리
시스템관리	시스템 설정 / 소속코드관리 / 설문관리 / 학기일자 설정 / 강의기간 설정 / 평가등급 설정 / 팝업 공지관리 / 사용자정보관리 / 접속현황(시스템) / 접속현황(교과목) / 통계관리 / 매출관리 / 정산관리 / 환불관리

1.1 학습자 지원시스템

LMS의 학습자 지원시스템은 학습자와 관련된 정보 및 학습자가 강의를 수강할 때 지원해 주는 역할을 담당하며, 이에 대한 기능은 〈표 5-2〉와 같다.

〈표 5-2〉 학습자 지원시스템의 기능

구분	메뉴	기능
마이페이지	내 강의실 홈	과목별 진도현황 및 학습활동 확인 수강 중인 과목, 과목 공지사항 및 나의 상담내역, 학습설계 현황 확인
	학습 중인 과목	학습 중인 수강과목과 주요 학습일정 확인
	수강정보	수강신청 결제내역 및 과목 확인, 수강신청 변경 및 취소 신청 페이지
	학습 완료 과목	학습이 완료된 과목 리스트와 성적 확인
	제증명 신청	증명서 발급과 발급내역 확인
	수강과목	현재 학습 중인 과목과 학습 종료된 과목 확인 페이지
	일정 조회	운영자가 등록해 놓은 학사행사와 운영일정 확인
	성적 정정 신청	성적에 이의를 신청하고 내역을 확인할 수 있는 페이지
	시험문제 이의신청	시험문제에 이의를 신청하고 내용을 확인할 수 있는 페이지
	학습설계 신청	본인의 정보를 넣고 체계적으로 학습설계를 받을 수 있는 페이지
	학습상담 신청	학습자가 본인의 정보를 기재한 후 상담내용을 기재하여 상담을 받을 수 있도록 지원하는 페이지
	설문	설문 참여, 결과 보기
	쪽지	쪽지 보내기, 받기, 삭제
	메일	이메일 보내기, 받기, 삭제, 완전삭제 전체, 사용자ID, 성명, 소속별 메일링 기능
	내 쿠폰함	학습자가 보유한 쿠폰 현황, 사용내역 확인 가능
	내 정보	개인정보 확인 및 수정

	강의실 홈	학습진도 및 과목 공지사항, 시험, 과제, 강의평가 등의 내용을 확인
	학습하기	주차와 차시별 강의를 학습
	공지사항	해당 과목에 대한 공지사항 확인
	질의응답	해당 과목에 대한 질의응답 등록, 수정, 삭제
	자료실	게시판 형태로 각종 파일 첨부 가능하며 자유롭게 자료를 공유
	학습노트	학습노트 다운받기, 노트 쓰기
	과제	과제 수령(복수 과제 중 선택) 및 과제 제출, 과제 피드백 기능을 제공, 해당 교육과정에서 주어진 과제 수행
	시험	해당 과목의 시험에 응시
	토론	주제별 토론방 글쓰기, 수정, 삭제 성적 반영 여부 / 반영률 설정 기능
강의실	실시간 토론	실시간으로 토론방에 접근하여 토론할 수 있는 공간
	프로젝트	조 편성을 통해 해당 조원들이 주제에 대한 프로젝트를 수행 역할 분담 / 일정 설정 / 토론 / 과제
	일정표	개인일정 등록, 수정, 삭제
	나의 자료실	카테고리별 자료등록 페이지
	수강생 조회	해당 과목의 전 수강생을 볼 수 있고 쪽지 및 이메일 전송 가능
	강의계획서 조회	과목의 강의계획서 조회
	출석현황 조회	주차와 차시별로 본인의 학습한 내역을 확인
	학습이력 조회	학습한 이력을 기간 설정하여 조회
	강의평가	학습과목의 교수와 학습에 관한 설문 참여
	성적 확인	해당 과목의 성적을 확인

1.2 교수자 지원시스템

LMS의 교수자 지원시스템은 교수자와 관련된 정보 및 교강사가 강의를 진행할 때 지원해 주는 역할을 담당하며, 이에 대한 기능은 〈표 5-3〉과 같다.

〈표 5-3〉 교수자 지원시스템의 기능

구분	메뉴	기능
마이 페이지	내 강의실 홈	담당 강의 교과목 정보 확인, 교과진도율 및 과목 공지사항, 시험, 과제, 강의평가 등의 내용을 확인
	강의과목	교수자의 담당 강의 교과목
	수강신청현황	학습자 수강신청 현황 확인
	문제은행	시험문제 등록, 수정, 삭제 기능 제공 객관식, 주관식, 진위형, 단답형, 서술형, 랜덤형 문제 지원
	일정 조회	운영자가 등록해 놓은 학사행사와 운영일정 확인
	설문	설문 참여, 결과 보기
	쪽지	쪽지 수신, 발송 기능
	이메일	관련된 답변을 검색하여 확인 가능
	내 정보	중복등록 확인 / 개인정보 입력
강의 과목 강의실	강의실 홈	학습진도 및 과목 공지사항, 시험, 과제, 강의평가 등의 내용 등록 및 확인
	학습하기	학습콘텐츠 확인
	공지사항	과목 공지사항 등록 및 관리
	질의응답	학생들 질의 답변 작성
	자료실	학습에 필요한 각종 자료를 등록하여 공유
	실시간토론	실시간 토론방에 입장하여 주제에 관해 토론
	일정표	개인일정 등록, 수정, 삭제
	나의 자료실	카테고리별 개인자료 등록 페이지
	강의계획서 관리	강의계획서 등록 및 편집, 관리
	강의관리	강의 정보·목차 등록, 과제관리, 시험관리, 토론관리, 프로젝트관리, 수강생관리, 게시판관리, 학습현황, 학습이력 조회, 학습독려, 출석관리, 자료이월, SMS 발송내역관리
	평가관리	평가비율 설정, 학습자 성적관리, 평가등급관리

1.3 관리자 지원시스템

LMS의 관리자 지원시스템은 LMS 관리자가 학습시스템을 원활하게 관리할 수 있도록 지원해 주는 역할을 담당하며, 이에 대한 기능은 〈표 5-4〉와 같다.

〈표 5-4〉 관리자 지원시스템의 기능

구분	메뉴	기능
과정/학기/강의관리	운영학기	운영학기 정보, 공지사항, 수강신청현황, 개설과목 및 트랙 정보 확인
	대기학기	대기상태의 학기 정보, 공지사항, 수강신청현황, 개설과목 정보 확인
사용자 관리	관리자 관리	관리자 정보를 등록, 수정, 삭제, 일괄등록
	중간관리자 관리	중간관리자 정보를 등록, 수정, 삭제, 일괄등록
	교수자 관리	교수자 정보를 등록, 수정, 삭제, 일괄등록
	조교자 관리	조교자 정보를 등록, 수정, 삭제, 일괄등록
	학습자 관리	학습자 정보를 등록, 수정, 삭제, 일괄등록
	교안관리자 관리	교안관리자 정보를 등록, 수정, 삭제
운영 관리	학기관리	새로운 학기 운영·종료·대기 학기로 등록 관리
	과정관리	학위과정, 비학위과정, 학습지원과정 등록 관리
	전공관리	학사·전문학사에 따라 전공 등록
	자격증관리	사격증 등록, 삭제
	학습경로관리	학점원 취득경로 및 트랙구성에 따른 학습경로 관리 학습경로 구성등록 관리
	개설과목관리	신규과목 등록, 수정, 삭제
	과목콘텐츠관리	과목의 강의계획서와 목차 등록, 관리
	강의관리	학기에 강의 등록, 수정, 관리
	공개강의관리	과정명, 운영상태, 강의기간 등을 입력하여 강의등록, 수정, 삭제

가상 강의실 관리	운영	교수자 권한 강의실 공통
	종료	교수자 권한 강의실 공통
	대기	교수자 권한 강의실 공통
	전체	교수자 권한 강의실 공통
매출 관리	임금관리	수강신청 내역과 쿠폰, 장학, 결제수단 등별로 입금내역 조회 가능
	입금현황관리	기간별로 입금현황 조회, 엑셀출력
	환불관리	환불요청 학습자 조회, 환불처리
	정산관리	학기별 기간설정 후 정산현황 파악
	과목변경관리	수강신청과목을 학습자 요청의 타 과목으로 변경승인
상담 관리	상담현황	입학 및 등록 상담, 학습설계상담, 경력상담, 질의응답, 과 목별 질의응답, 빠른 학습상담, 운영, 각 상담업무별 담당 자 관리, 전체 상담진행 현황 모니터링
	시험 이의신청관리	학습자가 제기한 시험 이의신청 확인, 처리
	성적 이의신청관리	학습자가 제기한 성적 이의신청 확인, 처리
학사 지원	공지사항관리	메인공지관리·과목공지관리에서 공지와 일정 등록가능
	학적관리	수강생별 학적 관리
	수강생 통계	강의별 수강생 현황 통계 조회
	수강신청 관리	학기별, 트랙별, 과목별 수강신청 현황 조회 관리
	학점등록 관리	수강생별 취득학점원 관리 학점등록 인정 신청 및 관리
	학점취득 관리	학점원별 이수비율 제한 관리 학점 이관 관리
	성적관리	강의별 성적관리, 개인별·과목별 성적 조회, 학기별 성적 조회, 총괄점수 산정, 강의별 평균점수 조회, 이수·낙제 율 조회 및 낙제자 조회, 개별점수 항목 조회 및 등록, 성 적 정보 출력
	평가등급 관리	절대평가 및 상대평가별 등급 조절 관리

	수료 및 이수 관리	수료기준 관리
	수료 관련 출력물	수료증, 인증서 등 각종 수료 및 이수 출력물 관리
	재입학 및 재수강	재입학 신청 및 재수강 관리
	학위관리	학위취득현황, 학위취득 신청자 조회, 학위취득 심사결과 조회
	장학관리	장학 종류의 등록 관리 수강생별 장학현황 및 감면 내역 조회 및 이력 관리
	증명서관리	각 사용자의 증명서 조회, 출력기능
	교육운영자료관리	과목별로 세부과목 운영문서 확인, 출력기능
부가 서비스 관리	FAQ관리	FAQ 등록 / 카테고리 관리
	게시판정보관리	공지사항 / 일정안내 / 교육자료실 / 질의응답 등록 정렬순서 수정 / 게시판 추가
	팝업공지관리	팝업공지 등록 / 수정, 삭제
	시험성적분포 조회	각 과목 시험의 최고·중간·최저점수 확인, 파일로 추출
	SMS관리	SMS 발송된 총 내역 확인, SMS 발송
	증명서관리	각 사용자의 증명서를 조회하고 출력기능
	상담관리	학습설계상담, 질의응답, 학습상담실, 과목별 질의응답, 빠른 학습상담, 업무상담자별로 관리현황 파악
	메인공지관리	메인공지 관리 , 등록
	과목공지관리	과목공지 관리 , 등록
	수강신청안내관리	수강신청 시 학습자들에게 노출되는 안내문구 작성
모니터링 관리	시스템접속 통계	연별, 월별, 일별, 시간별 시스템 접속현황
	과목접속 통계	학기, 과목별, 기간별 접속현황
	시험일자 검색	학기별 시험목록 확인 / 시험일정 확인
	교수자 사용현황	해당 과목의 교수자 사용 현황을 확인
	과목운영현황	학기별 과목운영현황 안내
	학습독려	학습이 부진한 학생 등의 데이터 추출, 이메일, SMS 등으 로 독려

	학습진도율현황	학습자의 진도율 현황 파악
	과제제출 여부	학습자의 과제물 제출현황 파악
	과제점수	학습자의 과제점수 조회
	시험참여 여부	학습자의 시험참여 여부 조회
	중간·기말 성적관리	학습자들의 시험성적 확인
	퀴즈점수	학습자들의 퀴즈점수 확인
시스템 설정 관리	소속관리	소속코드 추가, 수정, 삭제
	권한그룹 메뉴관리	권한그룹 추가, 수정, 삭제 / 메뉴별 권한부여
	시스템코드관리	카테고리별 사용하는 분류 또는 상태값을 생성, 유지 교육과정 분류코드 관리
	평가등급관리	점수별 비율등급 부여 설정
	첨부파일 용량제한	이메일, 자료실 등의 첨부파일 용량제한
강의실 (교수자, 관리자 공통)	강의실 홈	학습진도 및 과목 공지사항, 시험, 과제, 강의평가 등의 내용등록 및 확인
	학습하기	콘텐츠 학습페이지
	공지사항	과목 공지사항 등록 및 관리
	질의응답	학생들 질의 답변 작성
	자료실	학습에 필요한 각종 자료를 등록하여 공유
	실시간토론	실시간 토론방에 입장하여 주제에 관해 토론
	일정표	개인일정 등록, 수정, 삭제
	나의 자료실	카테고리별 개인자료 등록 페이지
	강의계획서 관리	강의계획서 등록 및 편집, 관리
	강의관리	과목정보, 학습목차관리, 과제관리, 시험관리, 토론관리, 프로젝트관리, 수강생관리, 게시판관리, 학습현황, 학습 이력 조회, 학습독려, 출석관리, 자료이월, SMS 발송내역 확인 및 관리
	평가관리	평가비율 설정, 학습자 성적관리, 평가등급관리

1.4 학습지원시스템

LMS의 학습지원시스템은 LMS에서 기본적으로 학습에 대한 기능을 제공하는 것으로, 이에 대한 기능은 〈표 5-5〉와 같다.

〈표 5-5〉 학습지원시스템의 기능

구분	메뉴	기능
로그인	아이디/비밀번호 찾기	이름, 이메일 주소 등을 통한 아이디/비밀번호 찾기
	개인정보 관리	등록된 개인정보 수정 및 관리
회원등록	회원등록	중복 등록 확인, 개인정보 입력, 학적 입력
대학소개	대학 소개	대학 소개 페이지
	총장 인사말	총장님의 인사말 등록
	연혁	대학 연혁 기재
	장학제도 안내	대학에서 진행되는 장학제도에 대한 안내 페이지
	찾아오시는 길	대학 위치와 찾아오는 길 안내 페이지
교육 프로그램 안내	교육프로그램 개요	성인 대상 교육프로그램에 관한 의미와 도입배경 설명
	학점인정 절차	학습자 등록, 학점인정 신청 등의 방법 안내
	학위취득 과정	각 전공별로 세부 이수과목과 학위취득 방법 안내
	자격증취득 방법	각 자격증 소개와 취득 방법 안내
	대상별 학습설계	각 대상의 유형에 따른 학습설계 안내 페이지
	수강방법	개강 및 수강신청 안내 페이지
	학위수여	학위에 대한 개념, 종류 및 학위수여 방법 안내
	학칙 및 관련 법령	학점인정과 대학운영에 관한 법령 안내
	주의사항	학습 관련 주의사항 안내
수강신청	전체과목 안내	대학에서 운영 중인 교육프로그램 안내
	수강신청 안내	수강신청 방법 안내 페이지
	환불규정 고시	환불규정을 학습자들이 보기 쉽게 안내
마이페이지	마이페이지	관리자, 교수자, 학습자별로 마이페이지 별도 구성

	학습도우미 홈	효율적인 학습을 위한 이용 안내 및 학습 자료 제공
학습지원 센터	처음사용자 안내	처음 사이트를 이용하여 학습하는 사람들을 위한 최적화 프로그램
	공지사항	사용자 공지사항
	일정 안내	학기별 각종 행사와 학습일정 안내
	교육자료실	학습자들의 학습을 위한 자료를 다운로드 받을 수 있는 자 료실
	질의응답	학습자들이 교육을 하면서 제기하는 문의를 올려놓을 수 있는 공간
	빠른 학습상담	간단한 개인정보 기입을 통한 전화상담 신청
	PC원격지원 요청	학습진행 오류 등에 대처하는 원격지원 서비스
	학습프로그램	학습진행을 위한 학습프로그램을 다운받을 수 있는 페이지
	FAQ	FAQ 등록 / 카테고리 관리
	통합검색	원하는 자료를 검색할 수 있는 페이지
	사이트맵	메인페이지의 모든 메뉴를 한눈에 볼 수 있는 페이지
지식로그	지식로그	학생이 학습지식을 모아서 관리할 수 있는 블로그형 지식 로그

2 상용 LMS

2.1 국내 상용 LMS

1) 포씨소프트

포씨소프트(4CSoft)는 LMS와 관련하여 active4C-LMS, live4C-Classroom, Smart4C라는 솔루션을 보유하고 있다. active4C-LMS는 사이버교육을 효과적으로 운영하고 관리할 수 있는 학습관리시스템으로 사용자 편의에 맞게 설계·구현하여 사용자에게 최적의 맞춤식 플랫폼을 제공한다. live4C-Classroom은 실시간으로 여러 사람이 화상, 음성, 이미지 등을 공유할 수 있는 원격교육 및 회의 솔루션으로 동일 시간, 동일 장소에서 교육·회의하는 것과 같은 효과를 볼 수 있는 실시간 프리젠테이션, 실시간 면대면 커뮤니케이션 기능을 제공한다. Smart4C는 스마트폰 기반 통합 모바일 LMS 기능을 갖추고 있다.

2) 메디오피아테크

메디오피아테크(Mediopia Tech)는 훌라(hulla)서비스를 제공하고 있으며, 11년간 300여 개 고객사의 이러닝 역사와 함께해 왔다고 할 수 있다. 훌라서비스는

그림 5-1 메디오피아테크의 훌라서비스 메인 화면

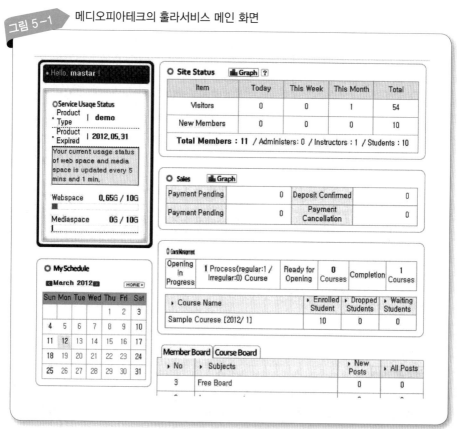

출처: 메디오피아테크, http://www.mediopia.co.kr/

에듀트랙(미국 ADL, AICC, 일본 SCORM을 인증받은 국제규격의 표준 LMS)을 기반으로 홈페이지, 교육 관리, 매출 관리, 통계 관리, 디자인 관리, 게시판 관리, 회원 관리 등을 모두 포함한 솔루션뿐만 아니라 서버, 네트워크는 물론, 기술지원과 용역서비스까지 포함하는 교육솔루션서비스를 제공하고 있다([그림 5-1] 참조). 홀라서비스는 LMS를 온라인서비스로 제공하기 때문에 네트워크 전문사업자와 협력을 하는데, 국내 CDN(Content Delivery Network) 전문기업인 씨디네트웍스(CDNetworks), 국내 호스팅회사인 가비아(Gabia)와 함께 고객사의 서비스를 수행하고 있다.

3) 디유넷

디유넷(DUNET)은 LENS(Learning Environment by Network Service)라는 이러닝 원격관리솔루션을 제공하고 있으며, 모바일 및 데스크톱 버전이 존재한다. LENS 1.0은 세계적인 이러닝 대회인 러닝 임팩트 어워즈(Learning Impact Awards) 2008

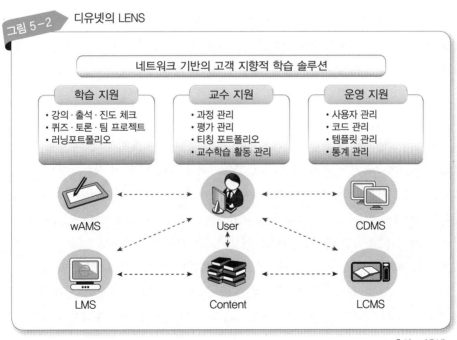

그림 5-2 디유넷의 LENS

네트워크 기반의 고객 지향적 학습 솔루션

학습 지원
• 강의 · 출석 · 진도 체크
• 퀴즈 · 토론 · 팀 프로젝트
• 러닝포트폴리오

교수 지원
• 과정 관리
• 평가 관리
• 티칭 포트폴리오
• 교수학습 활동 관리

운영 지원
• 사용자 관리
• 코드 관리
• 템플릿 관리
• 통계 관리

wAMS   User   CDMS

LMS   Content   LCMS

출처: 디유넷.

에서 국내 최초로 은상을 수상하였으며, LENS Mobile은 스마트폰과 아이패드 등 각종 스마트기기에서 구현되도록 설계된 웹기반 모바일러닝관리시스템이다. LENS는 네트워크 기반의 이러닝솔루션으로 원격 설치 및 관리로 운영 비용 절감 효과, LMS(학습관리시스템)와 LCMS(학습콘텐츠관리시스템) 기능의 통합, 모듈별 개발로 재사용성 및 확장성 확보, 사용자 중심의 개인화 지원화면 및 ASP 서비스 기능 제공, 모바일 LMS 연동 가능, 화상강의 연동 가능 등의 특징을 가지고 있다 ([그림 5-2] 참조).

4) 다울소프트

다울소프트(Daul Soft)는 렉처메이커(LectureMaker), 테스트메이커(TestMaker), 이클래스시스템(E-Class System)이라는 솔루션을 보유하고 있다. 렉처메이커는 온라인교육 WBT용 학습콘텐츠를 저작할 수 있는 PC용 저작도구로 이러닝에 사용되는 학습콘텐츠를 저작할 수 있도록 도와준다. 다양한 멀티미디어 자료와 PPT, PDF, 플래시, HTML 문서 등의 문서호환이 가능하며, 동영상, 음성녹화와 전자판서를 이용한 강의녹화는 물론 상호작용이 가능하다. 주요 기능으로는 강의 녹화, 단추를 이용한 상호작용, 파워포인트 문서 삽입, PDF 문서 삽입, 프레임 동기화, 진행 단추, 다양한 저장 방식을 들 수 있다. 지원 강의용 이러닝콘텐츠의 저작이 필요한 교사, 학원강사, 대학교수, 연구원, 인사 및 교육담당자 등이 활용할 수 있다.

테스트메이커를 이용하여 모든 콘텐츠는 데이터베이스로 저장되어 검색, 추출, 조합 등으로 제공되고, 인쇄, 프레젠테이션을 통해 학습 자료로 활용할 수 있다. 저작된 문항, 시험지, 교재 등 저작된 콘텐츠는 각각의 데이터베이스로 저장되고, 유형에 따라 아이콘으로 구분되며, 여러 가지 콘텐츠를 폴더 단위로 저장하여 관리할 수 있는 특징을 지니고 있으며, HWP 문서로 제작된 학습 자료를 자동으로 변환할 수 있다. 주요 기능으로는 멀티미디어 자료 활용, 문항 작성, 시험지 구성, 요점정리, 교재구성 시 활용을 들 수 있으며, 교사, 학원강사, 대학교수, 연구원, 인사 및 교육담당자 등 학습 자료의 저작과 체계적인 관리가 필요한 개인이 사용할 수 있다.

이클래스시스템은 학습콘텐츠 저작도구와 커뮤니티형 이러닝시스템이 결합된 학습콘텐츠 저작에서부터 운영, 학습, 학습결과 분석까지 교수자가 직접 이러닝 전문가의 도움 없이도 운영할 수 있는 이러닝시스템으로, 교육목적에 따라 이러 닝을 다양한 방법으로 학습에 적용할 수 있다. 강의실 수업을 지원·보충하기 위한 블렌디드 러닝에서 학습관리시스템을 이용한 완전 이러닝까지 교수자의 선택에 따라 운영할 수 있다. 주요 기능으로는 학습 위주 통합메뉴 구성방식, 커뮤니티 위주 개별 메뉴 구성방식, 학습방법 회원관리 및 이메일 발송, 학습방의 메뉴별 하위폴더 구성, 다양한 유형의 학습폴더 구성, 일반 게시판 폴더 구성, 디자인 및 레이아웃 관리, 앨범형 사진게시판, TM자료형 폴더 구성, 토론 기능, 설문 기능, 수행평가 기능 등을 들 수 있다.

2.2 해외 상용 LMS

1) 블랙보드

블랙보드(Blackboard)는 글로벌 LMS 솔루션 제공자로 미국, 영국, 일본, 이탈리아, 스페인 등 60개국 2,200개의 교육기관에 소프트웨어를 라이선스 형태로 공급하고 있다. 이러닝 길드(e-Learning Guild)에 따르면, 블랙보드는 교육용 LMS에서는 1위를, 기업용 LMS에서는 5위를 차지하고 있다. 블랙보드는 유연한 라이선스(flexible license) 가격 정책을 가지고 있어서 제품을 도입하려는 조직의 규모에 상관없이 다양한 라이선스 조건을 제공하고 있으며 사용자의 수가 많을수록 낮은 단가로 라이선스를 제공한다. 미국 도입 사례를 보면, 뉴멕시코 주 전체 초·중·고교, 공립대학과 공무원 교육을 위해 블랙보드를 도입했으며, 뉴저지 주 페어팩스 카운티의 교육청 산하 초·중·고교를 대상으로 한 이러닝에도 블랙보드를 도입하고 있다.

2) 러닝 스페이스

IBM사의 러닝 스페이스(Learning Space)는 차세대 통합 학습시스템(Next Generation Integrated Learning System)으로 명명된 이러닝 플랫폼을 기반으로 하고 있다. 러닝 스페이스에서는 이러닝 플랫폼의 주요 기능을 대표하는 세 가지 모듈로써 가상의 교실(virtual classroom), 학습관리(learning management), 그리고 콘텐츠관리(content management)를 제시하고 있다. 이러한 구분은 학습관리와 콘텐츠관리라는 분리된 기능이 통합된 이러닝 플랫폼으로 기능적 발전을 추구하게 된다. IBM에서는 학습콘텐츠관리(learning content management)라는 용어를 사용하지 않고 콘텐츠관리라는 용어를 사용하여 학습관리 기능과 구분하고 있다는 점이 특이하다. 이는 교수학습 관련 정보를 관리하는 기능을 군이 콘텐츠 자체의 관리 기능과 연계하는 것을 조심스러워하고 있기 때문이다. 그러나 최근 모든 LMS가 LCMS 기능을 포함하여 설계하는 움직임을 고려할 때, 플랫폼의 기능을 개념화하는 데 약간의 방향 정립이 늦은 것으로 판단된다.

3 오픈소스 LMS

3.1 오픈소스 LMS에 관한 이해

오픈소스에 대한 국제적 관심이 높은 데 비해 국내에서는 아직 저조한 편이다. 오픈소스 플랫폼 관련 해외 동향 파악은 우리가 어떻게 오픈소스를 수용하고 혜택을 받을 수 있는가에 대한 방향을 제시해 줄 것이다. 오픈소스라고 하면 제일 먼저 떠오르는 리눅스(Linux)와 아파치(Apache), 마이에스큐엘(MySQL) 등과 같이 정보통신기술의 전반적인 내용을 포함하는 운영체제나 웹서버 관련 플랫폼에 대한 내용을 떠올리는데, 이러한 주제는 배제하고 이러닝에서 언급되는 솔루션, 콘텐츠, 서비스라는 세 가지 영역에서 오픈소스 패러다임이 어떻게 수용되고 있는

가를 살펴보고 이를 정리할 필요가 있다.

솔루션 분야에서는 이러닝을 언급할 때 가장 기본적인 인프라를 제공하는 LMS를 언급하지 않을 수 없다. 해외의 오픈소스 LMS는 무들(Moodle)과 사카이(Sakai)가 많은 영향력을 미치며 활발한 활동을 전개하고 있다. 콘텐츠 분야에서는 교육 및 연구 자료를 공유하려는 오픈 콘텐츠 운동이 전개되고 있으며 이러한 내용은 OER(Open Education Resource)과 Open Access로 나타나고 있다. 서비스 분야에서는 매시업(mash up)과 오픈API를 활용한 구글 맵(Google MAP), 페이스북(Facebook), 유튜브(YouTube), 플리커(Flickr) 등이 활발한 서비스를 제공하고 있다. 솔루션, 콘텐츠, 서비스의 세 가지 분야는 이러닝에서 기본 영역이기도 하지만 오픈소스 플랫폼으로써 각 분야가 긴밀한 연결성을 가지고 있다. 그 이유는 모두가 협력과 공유, 개방이라는 오픈소스 운동의 패러다임에 기초하고 있기 때문이다.

따라서 오픈소스 플랫폼이라는 것을 솔루션 및 콘텐츠에 국한된 내용으로만 보지 않고 플랫폼에 담을 수 있는 콘텐츠와 이러한 오픈 콘텐츠를 제공할 수 있는 서비스까지 확장하여 정의하고자 한다.

3.2 오픈소스 LMS의 이용 현황

LMS는 우리말로 학습관리시스템이라고 하는데, 이는 학사관리시스템이라는 말과 차별화된다. 학사관리시스템이란 대학에서 학사행정 업무를 관리하는 시스템인 반면, 학습관리시스템은 주로 학습에서 발생하는 여러 프로세스를 관리하고 진행할 수 있도록 도와주는 시스템이다. 학습관리시스템의 궁극적인 결과물은 학사관리시스템으로 연계될 수도 있지만, 두 시스템의 역할은 명확히 구분된다. LMS에 일부 학사관리 개념이 들어가기도 하지만 기본적으로 LMS는 학사관리를 목적으로 만들어진 것은 아니다.

해외에서는 오픈소스 LMS가 최근 4~5년 동안 널리 활용되고 있다. 해외 고등교육 영역에서 많이 사용되는 오픈소스 LMS로는 무들, 사카이, 에이튜터(ATutor), 닷런(dotLRN), 캐롤라인(Claroline) 등이 있고, 상용 LMS로는 웹시티(WebCT),

블랙보드, 러닝 스페이스 등이 있다.

　개인화된 학습 환경이 증가하는 영국의 중등학교에서는 무들을 가장 많이 사용하고, 초등학교에서는 세 번째로 많이 사용하고 있는 것으로 알려져 있다. 무들은 영국의 방송통신대학을 비롯해 캐나다의 방송통신대학, 네덜란드의 방송통신대학, 미국의 루이지애나 대학, 캘리포니아 주립대학 등의 여러 대학에서 사용되고 있다. 또 다른 오픈소스 LMS인 사카이에 대한 관심도 증가하고 있는데, 무들이 오픈소스 커뮤니티의 관심과 자발적 참여에 의해서 성장한 반면, 사카이는 관 주도형이라 할 만큼 여러 대학교와 공익 재단의 개발 지원을 받고 있다.

　오픈소스 LMS는 무들과 사카이의 활용이 지배적인 역할을 하고 있는데, 이 두 가지 오픈소스의 활용 현황과 특징을 살펴보고 전체적인 LMS 솔루션의 역할과 발전 방향을 살펴보도록 한다.

3.3 무들 현황과 특징

　무들(MOODLE: Modular Object-Oriented Dynamic Learning Environment)은 2002년 1.0 버전이 발표된 이래 2009년 7월 현재 1.9.5⁺ 버전이 출시되었다. 무들은 상용 LMS인 블랙보드와 경쟁할 수 있는 LMS로 전 세계적으로 3만 6,000개의 사이트에 설치되어 있고, 사용자도 2,500만 명이 넘는 가장 인기 있는 LMS 중의 하나이다. 〈표 5-6〉은 무들을 설치한 사이트 수가 매우 높은 비중을 차지하고 있음을 보여 준다.

　무들은 학원 등의 조그만 교육기관에서부터 수만 명의 학생이 있는 대학교에 이르기까지 폭넓게 사용되고 있다. 무들은 설치 및 유지가 쉽고, 구성주의 교육철학을 기반으로 설계되어 기능이 다양하고 여러 가지 학습 활동 기능을 제공하며, 사용자들이 많아서 무들 커뮤니티가 활성화되어 있다. 또한 PHP 언어를 기반으로 하고 있기 때문에 프로그램 비전문가들도 쉽게 개발에 참여할 수 있어서 개발자 층이 두텁다는 장점도 지니고 있다. 무들에서는 역할의 정의가 자유롭고 참가자는 협력학습 환경에서 교수자나 학습자가 될 수 있다. 학습자들은 포럼이나 위키, 어휘사전, 데이터베이스, 메시지 등의 무들 학습 활동에서 협력활동을

구분	사용기관		사용자		기관별 평균 사용자
엔젤(ANGEL)	162	7.6%	1,110,564	5.9%	6,855
블랙보드(BlackBoard)	848	39.6%	7,496,777	39.6%	8,841
캔버스(Canvas)	166	7.7%	1,552,482	8.2%	9,352
D2L	219	10.2%	2,035,660	10.8%	9,295
무들(Moodle)	339	15.8%	2,519,077	13.3%	7,431
사카이(Sakai)	97	4.5%	1,154,076	6.1%	11,898
레거시(Legacy)	146	6.8%	1,645,122	8.7%	11,267
기타	167	7.7%	1,415,520	7.5%	8,476

통하여 다양한 활동을 모듈화하여 제공함으로써 기능을 확장할 수 있으며, 각 클래스는 이러한 활동 모듈들의 자유로운 조합으로 구성된다.

3.4 사카이의 현황과 특징

사카이는 미국 인디애나 대학, 미시간 대학, MIT, 스탠퍼드 대학 등에서 자체 개발하여 사용하던 온라인학습시스템을 공동으로 개발하기 위해 시작된 오픈소스 프로젝트이다. 사카이 프로젝트는 초기에 멜런 & 휴렛(Mellon & Hewlett) 재단 및 사카이 창립 멤버들의 지원을 받다가 2006년에 커뮤니티에 의해 운영되는 비영리기관인 사카이 재단에 넘겨졌다. 사카이 개발은 사카이 파트너 프로그램 (SPP: Sakai Partners Program)에 의해 지원받고 있는데, 이 프로그램에 가입한 기관은 사카이 재단과 커뮤니티 활동을 위해서 매년 1만 달러씩 기금을 출연하며 사카이 재단의 관리에 참여하여 사카이 개발 과정에 직접 기여하기도 한다. 그리고 사카이 재단은 사카이 프로그램 개발 및 활용을 위한 커뮤니티 활동을 지원한다. 같은 오픈소스 LMS지만 생성된 배경과 개발 진행 방식에서 사카이는 무들과 다르게 자생적인 커뮤니티이고, 무들은 체계적이고 조직적인 지원에 의한 커뮤니티라는 차이점을 갖고 있다.

사카이 파트너 프로그램은 교육기관이나 비영리기관 및 사카이 오픈소스 정책에 동의하는 기업들이 가입할 수 있다. 사카이를 설치하여 실제적으로 운영하고 있는 기관은 전 세계에 분포하고 있으며 주로 미국과 네덜란드의 대학들이 많이 사용하고 있다. 중국과 호주에서도 각각 2개 이상의 기관이 사카이를 사용하고 있다. 영국에서는 가상 연구 환경 구축을 위한 사카이 VRE(Virtual Research Environment) 프로젝트를 랭커스터 대학, 옥스퍼드 대학, 데어스베리(Daresbury) 연구소, 포츠머스 대학들이 수행하고 있다. 네덜란드에서도 사카이를 도입하고 있는데, 정보통신기술을 통한 혁신을 목표로 고등교육기관과 연구기관들이 협력하여 조직을 구성하였다. 네덜란드에서 사카이 구성은 2006년 7월에 이루어졌다.

사카이는 자바(Java) 언어를 사용하고, 사용자가 수만 명이 되는 대규모 대학을 목표로 설계 및 개발되었으며, 2009년 7월 현재 160개의 교육기관이 사카이를 사용하고 있고 각 기관의 규모는 200명으로부터 20만 명에 이르기까지 다양한 규모이다. 무들은 일반인들이 쉽게 설치하고 운영할 수 있는 반면 사카이는 시스템을 운영하는 데 정보통신 전문가가 필요하다.

3.5 무들과 사카이의 비교

사카이는 자바를 기반으로 만들어진 학습관리시스템이다. 사카이에서는 강좌를 사이트로 관리한다. 교수자는 사이트를 만들어 여기에 과제, 채팅, 자원 등의 학습 자료들을 관리한다. 교수자는 강좌에서 필요한 기능들을 설정하여 사용할 수 있다.

무들과 사카이의 기본적인 차이는 사용자 인터페이스에 있다. 무들에서는 학습 자료뿐만 아니라 학습 활동을 쉽게 찾을 수 있는 반면, 사카이에서는 학습 자료, 토론 등이 종류별로 구분되어 있어서 학습자들이 이를 찾아서 학습 활동을 해야 한다. 무들은 활동 단위로 LMS가 설계되어 있어 다양한 학습 활동을 그룹화하여 학습 방향을 제시할 수 있으나, 사카이에서는 학습 활동별로 순서화는 가능하나 서로 다른 학습 활동들을 순서화하여 제시하기 어렵다. 사카이에 많은 개발

비가 투자되고 있음에도 같은 오픈소스인 무들에 비해 확산이 부진한 이유는 다음과 같다.

　사카이는 자바 기반 애플리케이션으로 톰캣(Tomcat) 등의 애플리케이션 서버 위에서 동작한다. 무들은 동작 환경인 아파치 및 PHP를 설치하는 데 XAMPP 등을 사용하거나 Windows Installer 버전을 사용하면 쉽게 설치할 수 있으나, 사카이의 경우에는 데모 버전을 제외하고는 설치가 복잡하며, 사카이를 실제 사용하기 위해서는 소스를 컴파일해야 하는데, 이는 정보통신 전문가들의 도움이 필요하고, 무들 개발자들이 사카이 개발자보다 많으며, 향후 사카이가 계속 개발된다면 상황이 달라질 수 있겠지만 현재로서는 LMS로서의 완성도가 무들이 더 높다. 오픈소스를 사용하는 비즈니스 차원에서의 평가에서도 무들은 사카이에 비해 높은 점수를 받고 있다.

　무들이 대중성과 사용자 편리성에서 강점을 보이고 있으나 전문적 프로그래밍 언어인 자바로 개발되었다는 사실과 시스템적 확장성 및 표준적 기술을 구현하고 있다는 면에서는 사카이가 무들을 앞서고 있다. 또한 서비스 중심 아키텍처 (SOA: Service Oriented Architecture) 기반으로 모듈을 설계하여 재구성할 수 있도록 개발되었으며 다른 솔루션과의 통합과 연계를 고려한 점에서는 사카이가 우수한 점수를 받을 수 있다.

3.6 블랙보드와 오픈소스 LMS의 비교

　블랙보드(Blackboard)는 상용 LMS로서 북미권에서 가장 많이 사용되는 솔루션이다. 블랙보드는 2006년 웹시티를 인수 합병하여 사업을 확장하였는데, 웹시티도 많은 시장을 점유하고 있던 경쟁 회사였던 만큼 LMS 솔루션 시장에서 막대한 지배력을 차지할 수 있었다. 이러한 블랙보드의 독주는 오픈소스 LMS의 출현으로 제동이 걸렸으며 무들이 블랙보드의 시장을 점유하기 시작한다는 평가가 나오기 시작하였다.

　블랙보드가 웹시티를 통합 인수한 후에 정한 높은 가격 정책으로 많은 사용자들이 무들로 떠났으며, 무들방(Moodleroom)이라는 무들 호스팅 서비스와 관련 자료를 제공하는 회사에 의해 무들이 체계적으로 보급되었다. 또한 무들과 블랙보드의 사용성에 대한 만족도를 홈볼트 대학에서 조사한 바에 따르면, 무들을 선호하는 학생들이 35.7%, 블랙보드를 선호하는 학생들이 21.4%, 둘 다 좋다는 학생들이 42.9%로 나왔다. 미국 아이다호 대학에서도 무들과 사카이, 웹시티에 대한 만족도 조사를 하였다. 그러나 소수가 참여하여 평가한 결과에 대한 신뢰성이 충분하지 못하였지만 무들에 대해 좋은 평가가 나왔다.

블랙보드는 시장 점유율의 추락을 만회하기 위하여 2009년 5월에 ANGEL LMS 솔루션을 9,500만 달러에 인수하였다. 블랙보드는 개발과 자원을 공유하여 가격 비용을 절감하고 경쟁력을 높이기 위한 조치라고 이야기하지만, 전형적인 사업적 인수합병 정책이라고밖에 생각할 수 없다. 웹시티의 합병에서도 알 수 있듯이 블랙보드는 사업적 목적으로 시장을 독점하기 위해 인수합병을 시도하였고, 결과적으로 70%가 넘는 시장 점유율을 바탕으로 높은 가격 정책을 고수하였다. 이러한 독점적 사업방식에 불만을 품은 많은 사용자들이 무들로 이동하였음에도 블랙보드는 또다시 최근 급격하게 성장하고 있는 ANGEL LMS 솔루션을 인수하여 동일한 사업 행태를 반복하고 있는 것이다.

무들의 오픈소스 정책과 안정화된 서비스가 정착됨에 따라 블랙보드의 입지는 더욱 약화될 것으로 전망된다. 오픈소스와 경쟁할 수 없는 저렴한 개발 단가에 밀려 블랙보드는 서비스와 운영에 대한 차별화된 가격 정책을 벌일 수밖에 없을 것이다. 그러나 이미 오픈소스 진영에서는 무들방(Moodleroom)과 같은 체계적이고 안정적인 서비스를 갖추고 있기 때문에 블랙보드가 차별화된 경쟁력을 갖추기 힘들 것으로 전망된다. 이런 현상은 국내의 LMS 시장에서도 이미 목격되었다. LMS 솔루션의 소스 코드를 팔려고 하는 이러닝 업체들의 구태의연한 사업방식으로 폐쇄적인 LMS의 구현과 경쟁력 없는 제한적 기능의 유사 솔루션들만 난립했을 뿐 궁극적인 수익 모형을 창출하지 못하여 실패한 사례는 국내에서도 이미 널리 알려져 있다.

또 하나 관심 있게 볼 오픈소스 솔루션 프로젝트로 쿠알리(Kuali, http://www.kuali.org)를 들 수 있다. 쿠알리는 대학교의 회계관리와 학생관리에 관련된 솔루션을 여러 대학이 동참하여 개발 및 활용할 목적으로 추진되는 프로젝트로서 콜로라도 주립대학, 코넬 대학, 인디애나 대학, 미시간 주립대학, 애리조나 대학 및 캘리포니아 대학 등이 참여하여 진행하고 있다. 이러한 프로젝트가 LMS와 연계되어 통합 대학 솔루션으로 제공된다면 오픈소스 플랫폼의 보급이 더욱 가속화될 것으로 예상된다.

3.7 오픈소스 LMS 활성화

오픈소스 LMS에서 제공하는 표준 사용자 인터페이스는 블록이나 탭 윈도 등으로 구성되어 국내 사용자들과 친숙하지 못하다. 또한 대부분의 교육기관에서는 외부로부터의 기술지원을 기대할 수 없는 오픈소스 LMS를 도입하는 데 부담을 갖고 있다. 도입 후에 LMS에 문제가 있다거나 수정이 필요한 경우, 전적으로 문제해결을 공급업체에 의존하기 때문에 오픈소스 LMS 서비스업체가 많지 않은 상황에서 이러한 문제는 구매자에게 부담이 될 수 있다. 우리나라 교육기관에서 시스템의 유지보수비로 책정할 수 있는 것은 구입단가의 10%이다. 오픈소스 학습관리시스템의 경우 하드웨어 구입비용 외에 소프트웨어 구입비용이 거의 없기 때문에 유지보수비용이 적게 책정될 수밖에 없으며 이는 오픈소스 LMS의 사업을 어렵게 한다.

우리나라에서 오픈소스 학습관리시스템 사용을 활성화하기 위한 방안으로는 고등교육기관에서 학습관리시스템의 유지보수 및 호스팅 비용을 현실화할 수 있도록 정책이 변경되어야 한다. 또한 권역별 대학 이러닝 지원센터에서 오픈소스 학습관리시스템의 번역화 작업 및 개발에 참여하도록 권장하는 방법, 무들이나 사카이에서 만든 콘텐츠 공유를 장려하고 이를 서비스할 수 있는 콘텐츠 허브를 구축하는 방법, 오픈소스 활용 시범 사업을 추진하는 방법, 교육기관들이 LMS를 구축하기 위하여 오픈소스 LMS를 선택하는 경우 시·도 교육청 및 지자체 등이 유지보수비용을 지원해 줄 수 있는 체계를 구축하거나, 오픈소스 LMS 업체로부터 적절한 비용으로 유지보수를 받을 수 있도록 제도를 정비하는 방법 등이 있다. 또한 교사를 대상으로 하는 정보화교육 과목에 오픈소스 LMS 활용법 등의 강좌를 개설하고, 교육공학적이며 창의적인 오픈소스 LMS 활용 방법을 개발하여 확산하도록 배려하는 방법들이 있다. 영국에서 오픈소스를 정부기관 프로젝트에 적극적으로 사용하라는 액션 플랜(Action Plan)이 2009년 2월에 발효되었는데 이러한 정책도 참고해야 한다.

무들과 사카이는 매우 훌륭한 학습관리시스템이다. 무들과 사카이 같은 오픈소스 학습관리시스템이 상용 학습관리시스템에 대해 갖는 장점은 소스가 공개되어 있기 때문에 사용자들이 필요에 의해 기능을 추가하거나 수정하여 사용할 수 있다는 점이다. 무들은 많은 사용자 및 개발자가 있다는 것이 장점이고, 사카이는 주로 고등교육기관을 위한 개발비가 많이 투자되고 있는 과정/학습관리시스템이라는 것이 장점이다. 두 제품 모두 온라인교육 환경에 필요한 많은 구성요소들을 이미 가지고 있으며, 기능이 계속 향상될 것으로 예상된다.

해외에서 무들 및 사카이의 도입 사례가 증가함에 따라 국내 고등교육기관에서도 오픈소스들에 대한 도입 검토가 이루어지고 있는데, 이를 뒷받침하기 위한 정책이 추진되어야 할 것이다. 교육기관에서 과정/학습관리시스템에 대한 충분한 유지보수비용의 책정은 오픈소스 솔루션을 호스팅하는 기업뿐만 아니라 국내의 학습관리시스템 제공 기업에도 도움이 될 것이다.

또한 국내에서 진행되고 있는 한국 무들 사용자 모임을 활성화하고 세종대학교, KAIST, 이화여자대학교에서 도입하거나 도입하기 시작한 무들이 제대로 활용될 수 있도록 관여한 개발 업체들이 성공 사례를 만들 수 있도록 노력해야 할 것이다. 또한 미국의 무들방과 같은 본격적인 호스팅 서비스가 국내에서도 활성화될 수 있도록 진행되어야 할 것이다.

4 오픈 콘텐츠

4.1 오픈 콘텐츠 현황

협력, 공유, 개방의 요소를 바탕으로 한 인터넷 백과사전인 위키피디아 (wikipedia)의 정신은 오픈소스 프로그램과 유사한 바가 있다. 이러한 오픈소스 정신은 오픈 콘텐츠의 형태로도 나타나는데 공개 교육 자료(OER: Open Education Resource)와 개방 접속(Open Access)이 대표적인 오픈 콘텐츠 운동이라고 할 수 있다. OER은 교수 및 학습 자료, 연구 자료들이 공익적 차원에서 다른 사람에 의해서 재활용이 가능할 수 있도록 제공되고 활용되어야 가치가 있는 것이라는 사상에서 비롯되어 다양한 종류의 콘텐츠를 공유 가능하도록 지원하는 운동이다.

개방 접속은 대학교수들의 저작물을 인터넷에 공개하는 운동을 의미하는 것으로 자신의 저작물을 인터넷을 통하여 서로 공유하자는 사상이다. OCW(Open Course Ware)/OER 협의체로는 다음과 같은 사이트들이 있다.

- 세계적인 규모의 GLOBE(http://www.globe-info.org)
- 유럽연합의 ARIADNE(http://www.ariadne-eu.org)
- 캐나다의 LORNET(http://lornet.org)
- 일본의 NIME-glad(http://nime-glad.nime.ac.jp/en)
- 미국의 MIT OCW(http://ocw.mit.edu)
- 세계적 컨소시엄인 Open Course Ware 컨소시엄
  (http://www.ocwconsortium.org)
- 리소스 제공자로서 Wikieudcator(http://www.wikieducator.org)
- 리소스 제공자로서 UNESCO(http://oerwiki.iiep-unesco.org)

지적재산권의 보호는 교육, 연구, 학문의 분야에서도 서로 경쟁적인 관계를 유지하도록 하며 결과적으로 인류의 공적 자산으로 더 큰 기여를 할 수 있는 콘텐

츠를 독점하게 된다. 이는 특정 논문을 검색하기 위하여 논문이 발표된 학회에 등록하여 권한을 인정받아야만 열람되는 상황에서도 드러난다. 심지어는 국내에서는 레포트 자료를 독점하여 이를 공급하는 서비스가 생기는 것도 큰 문제이다. 검색 포털에서 전문용어를 검색하면 많은 경우 레포트 거래 업체로 연결되며 실질적으로 주제와 관련되어 있는 전문 지식과 정보를 얻기가 힘든 상황이다. 이에 비하여 외국의 경우에는 많은 자료가 공개되어 있고, 최근 들어서는 일부 학회의 발표 자료와 내용은 웹사이트에 공개되어 의견이 공유되고 지식 확산을 위하여 도움이 되도록 하고 있다.

오픈 콘텐츠는 다양한 분야에서 제공되고 있으며, 가장 기본적으로는 교육기관에서 사용하는 강좌를 개방하는 오픈 코스 웨어(OCW)가 있다. 미국의 유수한 대학들이 자신의 강좌를 인터넷에 공개하기 시작하였고, MIT를 비롯하여 많은 대학들이 오픈 코스 웨어 운동에 동참하고 있다. 이러한 서비스는 학교 단위로도 공개되지만 학교 연합체로서 제공되는 경우도 있다. 교과서를 개방하는 움직임도 오픈 텍스트북이라는 이름으로 진행되고 있다. 대부분의 분야에서 교과서가 공개되어 제공될 날이 멀지 않을 것으로 기대된다.

이러한 서비스들은 단순히 콘텐츠만을 제공하는 것이 아니라 서비스와 연결되어 콘텐츠가 제공되는 경우가 많다. 이러한 과정에서 교육기관은 자신의 지명도와 내부적인 콘텐츠의 완성도를 높일 수 있는 효과를 거둘 수 있다. 이외에도 학습과 관련된 다양한 콘텐츠를 제공하는 멜롯(Merlot), 동서양의 고전을 전자책으로 열람할 수 있도록 텍스트화하는 프로젝트 구텐베르크(Project Gutenberg), 인터넷 백과사전으로 유명한 위키피디아(Wikipedia) 등이 모두 오픈 콘텐츠로서 주목할 만한 대상이다.

4.2 오픈 텍스트북

오픈 텍스트북(Open textbook) 또한 OER 운동에서 큰 비중을 차지하고 있다. 오픈 텍스트북은 저자들에 의해 온라인상에서 공개된 라이선스로 제공되는 교재를 의미하며 이는 온라인상에서 사용자들이 읽거나 또는 다운로드받거나, 인쇄하여 책으로 출판하는 모든 것이 가능하다. 일반적인 저작권보다 사용자에게 많은 권한을 허용한 방식으로 볼 수 있는데, 현재 많은 교재가 오픈 텍스트북으로 출판되거나 준비 중에 있다.

오픈 텍스트북을 사용하는 학생들의 입장에서는 교재를 구입하는 비용을 절감할 수 있으며, 교재를 공유하고 재활용함으로써 더 높은 교육 효과와 결과를 얻을 수 있다. 많은 사람이 오픈 텍스트북을 사용하게 됨으로써 내용에 대한 평가를 빠르게 전달할 수 있고, 이를 통하여 지속적으로 교재의 내용을 개선하고 발전시킬 수 있다. 무엇보다도 오픈 텍스트북을 사용함으로써 교육자에게 더 많은 자유로움을 제공하고 상업적 영리 활동으로 제공되는 교재를 사용할 때 받는 제약성과 비효율적인 환경에서 벗어날 수 있다.

오픈 텍스트북을 수용하는 데 학생과 교수 모두 반대하는 현상이 발견될 수 있으며, 특수 분야에서는 양질의 교재를 확보하는 데 어려움을 겪을 수 있고, 인터넷의 상황에 따라서 특정 학생들에게는 접근하기 어려운 불이익이 발생할 수도 있으며, 현장에서 사용하기 위한 인쇄물을 얻거나 자료를 활용하는 방법이 기존 상용 교재 사용 시와 달라 제도적으로 정착되지 않은 문제점들이 발생할 수도 있으나 오픈 텍스트북의 교육에서의 혁신성과 편리성을 부인할 수는 없다.

OER 컨소시엄은 오픈 텍스트북을 찾기 위해서 제일 먼저 방문해야 할 곳이다. CCCOER(Community College Consortium for Open Educational Resources)은 커뮤니티 칼리지를 위한 OER을 개발하고 공유하는 커뮤니티이며 다양한 오픈 텍스트북을 찾을 수 있다. 커넥션스(Connexions)는 강좌, 교재, 보고서 등의 다양한 OER을 얻을 수 있다. 1996년에 라이스 대학교에서 시작한 커넥션스 서비스는 교육용 자료를 창조하고 공유하며 재활용을 장려한다. 비영리단체로서 기금과 자발적인 지원에 의존하여 운영된다.

OER 커먼스는 2007년에 서비스를 개시하였으며 120여 콘텐츠 파트너로부터 OER을 공급받아 공유하는 서비스를 제공한다. 윌리엄 & 플로라 휼렛(William & Flora Hewlett) 재단의 ISKME 기관이 전 세계적인 OER 사업 추진의 일환으로 이 서비스를 운영한다. 플랫 월드 놀리지(Flat World Knowledge)는 오픈 텍스트북을 사업적으로 활용하려는 목적으로 활동하는 회사이다. 텍스트북을 무료로 제공하면서 이에 관련된 여러 가지 소셜 활동과 학업 도움 서비스 등으로 새로운 비즈니스 모델을 만들 수 있다는 생각에서 사업을 진행하고 있다. 아직 확보된 콘텐츠의 종 수는 부족한 면이 있으나 사업적인 목적으로 접근하는 서비스인 만큼 주목해 볼 만한 서비스이다. 플로리다에서 시작된 더 오렌지 그로브(The Orange Grove)도 OER을 생산 및 공유, 재사용하는 목적의 서비스를 제공한다(〈표 5-7〉 참조).

〈표 5-7〉 오픈 텍스트북 자료 기관

- OER 컨소시엄(http://oerconsortium.org/)
- Connexions(http://cnx.org/content /col10522/latest)
- OER Commons(http://www.oercommons.org)
- Flat World Knowledge(http://www.flatworldknowledge.com/)
- The Orange Grove(http://www.theorangegrove.org/)
- Wiki Books(http://www.wikibooks.org/)

4.3 오픈 리포지토리

오픈 리포지토리(open repository) 서비스는 오픈 코스 웨어나 오픈 텍스트북과 같이 특화된 학습 리소스만을 제공하는 것이 아니라 다양한 교육 관련 리소스를 제공하는 것을 의미하며 서비스 사이트로는 멜롯(http://www.merlot.org)이 있다. 멜롯은 고등교육용 학습 리소스를 효과적으로 공유할 수 있는 장소를 제공하며, 학습에 활용할 수 있는 학습 객체를 상호 평가 방식을 통하여 평가하고, 이를 찾아서 재활용할 수 있도록 도와주는 기능을 갖추고 있다. 멜롯 서비스는 지속 가능한 커뮤니티 활동을 기반으로 활성화되어 있으며 온라인교육에서 주도적인 역할을 담당하며 꾸준하게 발전해 왔다.

멜롯 서비스도 학습 객체를 제공하는 단순한 서비스를 넘어서 『온라인 교수설계 간행물(*Jounral of Online Learning and Teaching*)』을 발간하고 있으며 커뮤니티 활성화를 위한 다양한 서비스를 제공하고 있다. 또한 학습 객체 찾기 이외에도 관련 전문가 찾기, 개인 소장 정보 꾸러미 보기, 시험지 공유, 초청 전문가 찾기와 같은 다양한 서비스를 제공하고 있다.

The Online VLE(learncoombedean.com: NWLG Resources)에서는 영국에서 추

진하는 국가적인 교육 자료를 공유하는 서비스가 제공되고 있다. 이는 전례 없이 120개 기관들이 수백만 파운드의 가치에 해당하는 공익적 자산을 공유하기로 협의한 것이다. 영국의 교육기관에서는 교사들이 이러한 디지털 교육 자료를 원활하게 쓸 수 있게 된 것이다.

1997년부터 수많은 자금이 정보통신기술 개발을 위하여 학교에 투자되었으나, 그 결과에 대한 활용도는 상당히 낮은 편이었다. 또한 개발된 결과물이 적절하게 활용되었는가에 대해서는 많은 의문이 제기되었다. 콘텐츠가 제대로 활용되기 위해서는 이 학습 플랫폼이 중요한 역할을 차지한다. 각각의 서로 다른 학습 플랫폼(LMS)에서 콘텐츠가 보이거나 작동하는 방식은 상당히 다를 수 있다. 이러한 문제점을 파악한 교육 관련 기관인 영국 교육정보원(BECTA: British Educational Communications and Technology Agency)에서는 학습 플랫폼에 영향을 받지 않고 콘텐츠의 이식성을 높일 수 있는 여러 가지 방안을 모색하여 SCORM을 기반으로 하여 콘텐츠를 표준화하였고, 이런 노력을 통하여 콘텐츠의 공유와 재활용률이 급속히 높아졌다.

한국교육방송(EBS: Educational Broadcasting System)에서 진행 중인 국가디지털자원은행(NDRB: National Digital Resource Bank) 사업은 한국교육학술정보원(KERIS: Korea Education and Research Information Service)의 사이버가정학습시스템과 상당히 유사한 형태를 갖추고 있다. 국내에서도 16개 시·도 교육청이 서로 다른 LMS상에서 운영될 수 있는 콘텐츠의 활용 방법으로 SCORM을 채택하여 사업을 진행한 바 있다. 사업의 취지에서는 국내의 SCORM 채택과 활용 사업이 훨씬 앞서 있다고 볼 수 있으나 실제적 콘텐츠의 보급률과 재활용률에 대해서는 비교 조사를 시행하여 서비스를 정비할 필요가 있다.

4.4 오픈서비스 현황

서비스가 제공되는 방식에서도 협력, 공유, 개방의 바람이 불고 있다. 서로 다른 서비스들이 통합·연계되어 사용되기 위한 다양한 기술과 표준이 나타나고 있다. 오픈서비스에서의 다양한 방식에 대해서 알아보도록 한다.

1) 오픈서비스 개념

최근의 인터넷 기술에서는 서비스중심 아키텍처(SOA: Service Oriented Architecture), 오픈API, 위젯, 매시업 등의 용어가 많이 언급된다. 전 세계적으로 인터넷의 활용은 오픈 플랫폼을 통한 서비스 기반으로 진화를 거듭해 왔다. 이러한 서비스도 제공되는 오픈 플랫폼 환경에서 유기적으로 연결되도록 여러 기술이 뒷받침해 주고 있다. 서비스가 가지고 있는 고유의 가치를 이종의 플랫폼 수요자에게 공급할 수 있는 것이 가능해진 것이다. 이러한 환경을 가능하게 하는 서비스의 종류는 다양하며 나라별로 사용되는 인기 있는 사이트들이 있으며 세계적으로 잘 알려지지 않은 경우도 많다.

기존의 사고방식으로는 자신의 고유 서비스 기능과 역량을 활용할 수 있도록 개방한다는 생각을 이해하고 어떠한 비즈니스 모델이 가능할까 의문스러울 것이다. 실제로 하우징맵스(Housingmaps)라는 서비스는 구글 맵이 제공하는 서비스와 부동산 정보를 결합하여 집을 구하고자 하는 수요자에게 매시업 서비스를 제공하여 인기가 높다. 매시업이라는 의미는 섞는다는 것으로 다양한 서비스를 혼합하여 새로운 서비스를 제공하는 것으로서, 결과적으로 사업 생산성을 높일 수 있고 새로운 파트너십 네트워크를 통한 협업이 가능한 것이다. 이와 같은 서비스는 구글 맵으로 시작하여 구글 검색을 비롯한 유튜브 동영상의 임베딩 제공 서비스, 아마존의 결제를 활용하는 서비스 등과 같이 다양한 형태로 확산되고 있다.

2) 오픈서비스 유형

[그림 5-3]에서는 웹 2.0의 개념을 수용하는 다양한 오픈서비스의 리스트를 보여 준다. 대부분의 서비스들은 오픈API를 제공하여 그러한 서비스를 연계하여 새로운 서비스를 얻거나 연결하는 것이 가능하다. 예를 들어, 자신의 동영상 강좌를 유튜브에 올리고, 학습 자료로 사용할 그림은 플리커에, 그리고 원하는 위키와 블로그를 오픈서비스로 얻어 자료를 올릴 수 있다. 이러한 서비스를 통합하는 방법으로는 igoogle 위젯을 활용하는 방법도 있다. 각각의 내용에서 제공하는 서비스를 위젯으로 만든 후에 이것을 igoogle에 집적하여 개인의 작업 포털로 사용하는

그림 5-3 오픈서비스의 종류와 현황

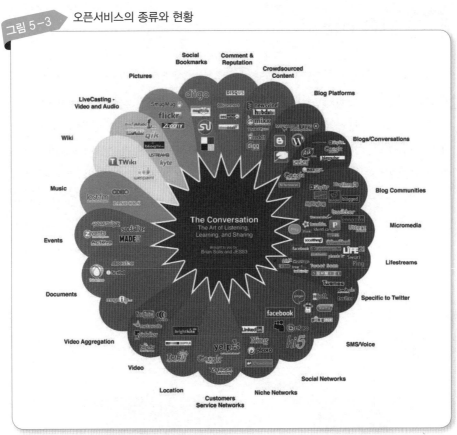

출처: http://www.flickr.com/photos/briansolis/2735401175/sizes/1/

것이 가능하다. 무들과 사카이와 같은 오픈소스 LMS 솔루션을 운영할 때 동영상 스트리밍 서비스를 유튜브로 활용하고 플리커에 이미지 자료를 저장하고 이를 연계하여 활용하는 것만으로도 높은 교육적 효과와 편리함을 얻을 수 있다.

이러한 오픈서비스는 정보통신 분야에서도 예측하기 힘든 변화를 불러일으키고 있다. 구글의 경우에는 교육기관에 지메일을 비롯한 구글 서비스를 무료로 호스팅 제공해 주고 있다. 여기서는 몇 기가바이트(Gbyte)에 이르는 학생 개인 이메일 서비스뿐만 아니라, Google Doc, Calendar 등의 서비스를 무료로 제공하고 있다. 앞으로는 구글이 지원하는 오픈API를 통하여 여러 가지 외부 서비스가 매시업되어 제공되거나 연계되어 오히려 구글 중심적으로 될 가능성이 높다. 대학교에서는 양질의 서비스를 무료로 얻게 되는 기회를 포기하기 힘들 것이다.

4.5 연합 인증

서로 다른 서비스에 접근할 때 웹기반에서는 시스템에 접근하기 위한 로그인 과정인 인증(authentification) 절차를 거치고 그 후에는 시스템 기능과 자원에 대한 접근 권한, 역할을 허락받는 인증 과정을 거친 후 세션을 연결하여 서비스 활용이 가능하다. 한 번의 로그인을 거쳐 서로 다른 서비스를 이용하기 위해서는 통합 로그인(SSO: Single Sign On) 기술이 필요하다. 해외에서 비즈니스 분야에서는 리버티(Liberty)가, 교육 분야에서는 십볼레스(Shibboleth)라는 연합 인증체제가 널리 활용되고 있다. 대학 간의 서비스를 공유하거나 일반 교육기관에서 서로 다른 서비스를 통합 사용하기 위해서 십볼레스의 사용이 필요하며 한국을 제외

그림 5-4 십볼레스 활용 현황

출처: Xiao Dong Wang, 2009.

한 여러 나라에서 이러한 연합 인증을 시범 추진하거나 널리 활용하고 있다.

[그림 5-4]에서 보는 바와 같이 해외 선진국에서는 연합 인증에 대한 구현이 활성화되었으나 우리나라는 연합 인증에 대해서 상당히 미약한 움직임을 보이고 있음을 알 수 있다. 영국에서 진행되는 십볼레스 진행 상황은 UK Access Management Federation(http://www.ukfederation.org.uk/)에서 확인할 수 있다. 각 나라별 현황을 보면 중국에서는 CARSI, 프랑스에서는 CRU, 독일에서는 DFN-AAI, 덴마크에서는 DK-AAI, 체코에서는 eduID, 네덜란드에서는 Entree Identityprovider, 노르웨이에서는 FEIDE, 핀란드에서는 HAKA, 미국에서는 InCommon, 벨기에에서는 K.U.Leuven, 호주에서는 MAMS, 스페인에서는 SIR, 스웨덴에서는 SWAMID, 스위스에서는 SWITCHaa, 덴마크에서는 WAYF라는 이름으로 프로젝트가 진행 중에 있다. 또 일본에서도 UPKI-FED라는 이름으로 연합 인증 도입을 검토하고 있는 상황이다. 최근에는 기업의 십볼레스 활용에 대한 관심도 높아져 영국의 세만티코(Semantico)사는 십볼레스를 채택하여 고등교육의 출판 서비스들 간의 연합 인증을 위한 발판을 마련하였다.

콘텐츠 제작과 관리

1 교수설계의 개념과 이해

1.1 개념

교수설계 방법론(instructional design methodology)이란 무엇인가? 교수설계란 학습자가 학습 후 기대하는 학습 효과를 성취하기 위하여 가장 효과적이고 효율적인 방식으로 학습 커리큘럼 및 콘텐츠를 디자인(설계)하는 것을 의미한다. 이러한 교수설계를 수행하기 위하여 다양한 방법이 취해질 수 있는데 이는 전달하고자 하는 콘텐츠의 유형, 학습 대상자의 배경, 콘텐츠전달에 사용되는 각종 미디어의 성격에 따라 결정된다.

교수설계 방법론을 구축하여 이러한 방법론에 따라 콘텐츠를 구축해 나가는 것은 〈표 6-1〉과 같은 특징을 가지고 있다.

〈표 6-1〉 콘텐츠 설계의 특징

체계적(systematic)	콘텐츠를 구축하기 위한 일련의 단계가 논리적이며 세심한 순서에 따라 진행된다.
체제적(systemic)	콘텐츠를 구축하기 위한 모든 단계는 서로 유기적으로 관련되어 각자의 단계에 영향을 미친다.
신뢰적(reliable)	모든 과정이 일련의 단계를 따라 진행되므로 교수설계자(과정개발 담당자), 장소, 콘텐츠의 특성, 시간 등 물리적인 조건의 변화에 최소한의 영향을 받아 학습콘텐츠의 품질이 항시 신뢰적이다.
순환적(iterative)	분석, 설계, 개발, 실행, 평가, 피드백의 과정이 학습콘텐츠 개발 기간 내에 수차례 반복될 수 있다.
경험적(empirical)	학습콘텐츠 개발 기간 중 단계별 데이터 수집이 이루어져 해당 데이터에 기초하여 의사결정을 내리게 된다.

출처: 이화여자대학교 교육공학과, 2006.

1.2 교수설계 모형의 분류

1) 교육철학적 특성에 따른 모형 분류

(1) 행동주의적 모형

행동주의적 모형은 관찰 가능한 목표 중시, 새로운 자극에 대한 반응, 요구에 대한 피드백 강화와 수정 및 반복 연습 등 일련의 과정을 통해 학습이 일어나도록 웹 환경을 구성하는 것이다. 행동주의적 모형은 행동주의적 학습 원리들을 적용하여 수업을 설계하는 방식으로 기존 교실학습의 전제들에 기반을 둔 것이 일반적이다. 한 예로 목표지향적 학습, 학습내용 조직화, 피드백의 제공과 학습동기의 유지 등 기존 교실수업에서 중시되어 온 전제들을 중심으로 이를 웹기반 학습환경 속에서 다시 설계하는 것이다.

학습은 내적·외적 동기의 산물이다. 행동주의적 모형에서는 외적 동기 전략을 보다 많이 사용하며, 다양한 외적 동기 유지 전략을 활용하여 학습자가 웹기반 학습을 성공적으로 마칠 수 있도록 관리하는 데 초점을 맞추게 된다.

(2) 구성주의적 모형

웹기반 가상수업이 강의실에서의 면대면 수업에 비해 더 나을 수 있는 중요한 요인은 온라인 환경이 제공하는 교수자와 학습자 간, 학습자들 간의 상호작용의 빈도와 질적 수준에 있다고 보고, 수업 참여자들이 다양한 학습 활동을 할 수 있도록 가상수업을 설계하는 방식이 구성주의적 모형이다.

행동주의적 입장보다는 학습자의 경험, 요구, 학습능력이 중시되고 지식구성의 과정을 중시하는 구성주의적 입장을 택하는 것이 웹기반 환경에 적합하기는 하나, 학습자 특성과 목표에 따라 행동주의적 모형과 구성주의적 모형을 조화시킨 형태로 웹기반 교육체제를 설계하는 것이 바람직하다.

2) 학습 활동에 따른 모형 분류

(1) 정보검색 모형

이 모형에서 학습자의 주요 활동은 학습정보 데이터베이스와 웹상의 여러 정보를 검색하면서 자율적으로 혹은 교수자의 제한된 안내하에 필요한 내용을 공부하는 것이다. 즉, 교재와 학습자 간의 상호작용이 중요시되는 모형으로, 정보는 교수자에 의하여 미리 설계된 학습내용이거나 다른 웹사이트의 정보들을 연결시켜 놓은 형태가 된다.

이 모형은 두 가지 형태로 운용될 수 있다. 하나는 교수자가 학습자의 학습과정을 정기적으로 관리해 주는 형태로 데이터베이스 내에서 학습자가 매회 공부해야 할 내용 분량과 영역을 지정해 주는 것이다. 이 형태는 학습자가 웹기반 학습 활동에 익숙하지 못하거나 학습능력이 떨어지는 경우에 유용하다.

다른 하나는 교수자가 모든 내용을 구성해서 제공한 후 학습자가 자신의 스케줄에 맞추어 스스로 학습을 관리해 가면서 공부하도록 하는 것이다. 이때 학습목표를 달성하여야 할 기간을 지정해 줄 수도 있고, 그렇지 않을 수도 있을 것이다. 이 방식은 규칙적으로 학습시간을 내기 어려운 학습자이면서 자기주도 학습능력을 갖추었을 경우 유용할 것이다.

(2) 지식구성 모형

이 모형은 학습자가 웹기반 교육환경에서 교수자와의 대화를 통해서 새로운 지식을 구성해 가고 보다 성취된 사람으로 발전해 가도록 하는 형태이다. 학습목표가 주어진 학습내용 습득이나 단순한 정보검색이 아닌, 전문지식의 구성, 정보의 적용과 발견, 문제해결 등일 경우 적합한 웹기반 교수학습 모형이다.

이의 구체적 형태로 두 가지가 있다. 온라인 도제(online apprentice) 형태는 웹상에서 스승과 동료를 만날 수 있는 방식으로 구성된 수업이다. 다른 하나는 특정 주제에 관하여 교수자와의 상호작용을 강조하는 수업으로, 학습자는 직접적인 전자메일 등을 통하여 교수자에게 특정 주제에 관한 메시지를 보내고 그에 대한 피드백을 받는 형태로 진행된다.

(3) 협력학습 모형

이 모형은 학습자와 다른 학습자 간의 상호작용을 강조한 형태이다. 한 그룹별로 온라인상에서 특정 과제를 부여받아 그 과제에서 각 학습자별로 역할을 정하여 과제를 수행해 가거나, 한 과제를 함께 풀어 가면서 하나의 해결방안을 찾아가거나, 소집단 토론활동을 통하여 다양한 시각과 정보를 공유하면서 학습하는 방식을 말한다. 이 모형은 소집단 토론 형태, 협동 과제 학습 형태, 온라인 역할극 형태, 온라인 시뮬레이션 형태 등으로 적용될 수 있다.

3) 교수자의 역할에 따른 모형 분류

(1) 강의 모형

이 모형에서 교수자의 주요 역할은 기존 교실수업에서와 같이 주로 새로운 내용을 가르치고, 확인하고, 동기를 부여하고, 평가하는 역할이다. 이 모형을 적용하여 효과적인 웹기반 교수학습체제를 설계하는 방식 중의 하나는 가네(Gagne, 1985)의 아홉 가지 교수 사태를 중심으로 가상수업을 설계하는 방식이다.

① 주의 집중, ② 수업목표 명시, ③ 선수 지식 확인, ④ 다양한 매체와 상징체제를 사용한 내용 제시, ⑤ 학습내용을 의미 있는 형태로 만드는 활동, ⑥ 학생들의 적용과 연습, ⑦ 적절한 피드백의 제공, ⑧ 평가, ⑨ 기억의 강화 및 다른 상황에의 전이 적용 활동이 그것이다.

(2) 촉진 모형

이 모형에서 강사의 역할은 새로운 내용을 직접 가르치는 일보다는 학습자가 학습과정에 적극적으로 참여하면서 학습효과를 높일 수 있도록 학습 활동을 지원하고, 동기를 부여하는 등 촉진 활동을 하는 형태이다. 이 모형에 따르면 강사는 네 가지 역할과 그에 따른 촉진 활동을 하게 된다. 교육적 역할(지적 촉진 활동, 질의응답, 피드백 제공, 토론 관리 등), 사회적 역할(온라인 조별 활동, 상호 소개 및 개인적 정보의 공유 환경 구성 등), 운영관리적 역할, 기술적 지원 역할 등이 그것이다.

(3) 관리 모형

이 모형은 학습자가 스스로 웹상에서 공부하는 자율학습환경 속에서 강사는 개별학습 과정을 관리해 주고, 조별 협동활동을 조직·관리하거나, 토론의 방향 제시 등을 하는 형태이다. 즉, 촉진 모형에서의 운영·관리적 역할을 주로 하게 되는 형태인 것이다. 이 모형을 적용하기 위한 웹기반 교육체제는 자율학습체제로 구성하여야 한다.

4) 구조적 융통성에 따른 모형 분류

(1) 폐쇄적 모형

이 모형은 웹기반 교육체제에의 자유로운 접근 가능성이 제도적·기능적으로 제한된 형태의 모형이다. 웹기반 수업을 들을 수 있는 기준이 높게 설정되어 있거나, 시공간적 제약이 있거나, 학습자가 가진 능력의 다양성이 인정되지 않으면서, 웹기반 수업 내에서도 웹과 하이퍼링크 기능과 시공간적 제약을 초월한 상호작용의 기능이 제한적으로 활용되고 있는 수업 형태를 가지는 모형이라 하겠다.

(2) 개방적 모형

이 모형은 체제에의 접근 용이성을 제도적·기능적으로 허용한 형태이다. 즉, 학습자가 시공간적 제약과 자격의 제한 등을 뛰어넘어 한 교육체제에 접근할 수 있도록 하면서 학습능력의 다양성을 제도적으로 허용한 형태이다. 웹의 하이퍼링크 기능과 자유로운 상호작용 기능을 충분히 활용하고 있는 형태가 바로 개방적 모형이라고 할 것이다.

1.3 교수설계 모형의 종류

학습이란 도대체 어떻게 일어나는가? 학습에 영향을 미치는 요인들에는 어떤 것들이 있는가? 학습한 내용이 현실적 과제 수행 성과로 이어지는 과정의 양상과 그 사이를 메워 주는 요인들은 무엇인가? 학습이론과 설계이론 간의 관계는 어떻게 설정되어야 하는가? 이러한 몇 가지 준거를 통해 현재 자주 사용되고 있는 교수설계 모형의 대표적인 사례를 들면 다음과 같다.

1) ADDIE 모형

이 모형은 교수설계 모형을 분석(Analysis), 설계(Design), 개발(Development), 실행(Implementation), 평가(Evaluation)의 5단계로 나누고 있다. 적용 수준의 정밀함보다는 상식 수준에서 누구나 쉽게 이해할 수 있는 휴리스틱이라고 이해할 수 있다. 특히 이 모형은 엄밀히 말하면 시스템적 설계 모형에 가깝고, 교수학습적 특성을 명시적으로 포함하는 교수설계 모형으로 보기는 어렵다. 이러한 사실은 시스템 소프트웨어 설계 등 교수와 무관한 설계학문 분야에서도 이 모형에 친숙하다는 점에서 쉽게 드러난다. ADDIE 모형은 교육장 위주의 교수자중심 수업의 근간이 되는 형태로 대부분의 교육과정에서 가장 광범위하게 사용되고 있으며, 〈표 6-2〉에서와 같이 단계를 정의할 수 있다.

〈표 6-2〉 ADDIE 교수설계 모형

항목	목적	구체적인 내용 분석
분석 (Analysis)	교육의 필요성, 교육할 내용, 업무 환경 등 교육을 위한 전반적인 분석	• 조직원의 업무 수준(지식, 경험, 기술) • 관련 업무에 부과되는 구체적인 과제들 • 과제 수행을 위한 환경(관련 교육·훈련, 하드웨어, 소프트웨어, 업무 분위기 등)
설계 (Design)	분석 단계에서 추출된 정보를 토대로 현재 수준에서 이상적인 목표점에 도달하기 위한 실천 전략 수립	• 분석 단계에서 추출된 내용을 중심으로 학습목표 설정 • 학습목표에 맞는 평가항목 결정 • 학습 초기 수준(행동) 결정 • 계열화된 학습내용 및 학습구조 결정
개발 (Development)	설계 단계에서 설정한 내용들을 학습을 위한 활동 중심으로 제작	• 학습 활동의 구체화 • 학습내용의 전달시스템 구체화 • 관련 학습내용의 기존 자료 검토 혹은 선정 • 학습 자료 개발 • 학습내용의 타당성 검토

실행 (Implementation)	앞 단계에서 실행된 내용들을 실제 교육과 훈련에 적용하여 운영	• 교육과정을 위한 행정적인 내용(대상 학습자, 교육·훈련 스케줄, 강사, 교육 시간, 예산 등) • 교육체계 속의 위치, 모듈의 결정 • 학점 부여, 승진 관련 등 인사 혹은 규정 관계 결정 • 실제 교육과정 운영
평가 (Evaluation)	개발된 교육과정을 통하여 학습자들이 학습목표를 성취했는지, 교육이 효과적으로 이루어졌는지 평가	• 형성평가라고 불리는 교육과정 전반에 걸친 수정이나 보완사항을 살펴보기 위한 내적 평가(internal evaluation) • 총괄평가라고 불리는 학습목표에 대한 학습자의 수행평가로서, 커크패트릭(Kirkpatrick, 1998)의 4단계 평가나 패리(Parry, 1997)의 ROI(Return On Investment) 평가에 해당하는 외적 평가(external evaluation)

2) 딕 & 케리(Dick & Carey) 모형

이 모형은 복잡한 교수설계 절차들을 작은 컴포넌트로 나누고 그 각각의 컴포넌트에 대한 설계 가이드를 매우 구체적인 수준에서 제시한다. 이는 미국 교육공학 대학원 과정에서 가장 많이 사용하는 대표적인 환원주의적 설계 모형이다. 이 모형은 특히 행동주의의 영향을 받아 학습목표의 명세, 그 목표를 달성하기 위한 학습 자원과 경험의 제시, 그리고 평가를 일사불란하게 실시할 것을 권고하고 있다. 가네의 ID Model은 이 모형의 모태가 된, 탄탄한 인지주의 이론의 기초를 가진 교수설계 모형이며, 메릴(M. D. Merrill)의 ID2도 근본적으로는 동일한 설계 패러다임의 산물이라고 볼 수 있다.

3) 미니멀리즘(minimalism)

이 모형 또는 이론은 본래 컴퓨터공학 전공자인 캐럴(J. M. Carroll)이 컴퓨터 사용자를 염두에 두고 개발한 교수설계 프레임워크이다. 이 모형은 첫째, 모든 학습과업은 유의미해야 하고, 둘째, 학습자들은 가급적 빠른 시간 내에 실제적인 프로젝트를 수행할 수 있는 기회를 제공받아야 하며, 셋째, 교사들은 학습자들로 하여금 자기주도적인 논증과 적극적 학습 활동을 점진적으로 확대해서 수행할 수 있도록 제시해야 하고, 넷째, 교육용 교재와 학습 활동은 교육적으로 유용한 오류와 그로부터의 자발적 회복을 조장하기 위해 제공되어야 한다는 설계 가이드를 제시한다. 이 모형은 섕크(R. C. Schank)의 GBS(Goal-Based Scenario)와 함께 대표적인 시나리오 기반 교수설계 모형이자, 구성주의의 패러다임을 설계 모형으로 구체화시킨 경우이다.

4) 래피드 프로토타이핑(rapid prototyping)

래피드 프로토타이핑 모형을 활용할 경우, 학습자와 내용전문가, 교수설계자가 동시에 동일한 장소에 모여 가(假)설계물(prototype)을 사이에 두고 상호작용하면서 설계를 진행한다. 이러한 동시공학(concurrent engineering)적 접근을 통해 설계 작업에서 발생하는 수정-보완의 사이클을 단축함으로써 설계 기간의 단축은 물론, 주요 설계 참여자들 간의 커뮤니케이션 오류를 줄이고 또 중요한 의사결정을 종합적 시각에서 할 수 있다는 장점을 갖는다. 이 모형은 딕 & 케리 모형의 환원주의적 속성과 미니멀리즘 모형의 구성주의적 속성을 동시에 갖고 있다.

5) 드리스콜(Driscoll) 모형

ADDIE 모형과 유사한 일반적인 체제설계 모형을 제시하지만, 특히 기술적인 인프라에 대한 이해를 강조하고 있다. 〈표 6-3〉에서와 같이 단계별 역할 내용을 정의할 수 있다.

〈표 6-3〉 드리스콜의 교수설계 모형

항목	내용
학습자 요구 분석 (Assessing learner needs)	• 인터넷 교육의 필요성, 학습목적, 학습자, 환경 분석, 인터넷 교육 개발팀 인력 구성
기술적 형태의 선정 (Selecting the most appropriate web-based training method)	• 학습유형의 결정(인지적, 정의적, 태도 영역) • 인터넷 교육의 형태 결정

설계 (Design lessons)	• 교수자 역할: 인터넷의 교수적 기능+촉진자 기능 • 학습자 역할: 학습관리, 연습 훈련, 학습 활동 참여, 커뮤니케이션 • 상호작용: 학습내용 및 활동에 맞는 상호작용 선정
기초 작업 제작 (Creating blueprints)	• 학습내용 구성: 교수학습 전략, 내비게이션, 학습 자원, 수업 관리 • 플로차트 개발: 내비게이션 맵보다 구체화된 내용 제시 • 스크립트 제작: 학습 구조의 분류, 적절한 매체 선택 • 스토리보드 제작: 전체 흐름의 시각화, 내용의 계열화
평가 (Evaluating programs)	• 내용 전문가 평가: 내용의 정확도 • 프로토타입: 하나의 샘플 단원에 대한 오류 검사 • 알파테스트: 소수의 학습자 집단을 통한 프로그램 평가 • 베타테스트: 실제 수업 환경에서의 프로그램 평가

6) 호턴(Horton) 모형

기업체를 대상으로 한 오랜 경험을 바탕으로 실제적이고도 학습 활동 중심의 설계 모형을 제시하고 있다. 〈표 6-4〉에서와 같이 단계별 역할 내용을 정의할 수 있다.

〈표 6-4〉 호턴의 교수설계 모형

항목	내용
타당성 분석 (Evaluate e-learning)	이러닝 교육이 최상의 선택인가를 검토해 보는 단계로, 교육과정 개발 비용, 학습자 개인 및 조직적 장단점을 검토
학습유형 결정 (Decide types of courses)	교육과정의 타입을 결정: 학습자중심 vs. 강사중심, 불특정 다수의 대량학습 vs. 소규모학습, 실시간 vs. 비실시간
학습구조 결정 (Build the framework)	학습 진행에 필요한 단계별 학습화면 구조 설계 작업(예를 들어, 과정 오리엔테이션, 학습 내비게이션, 학습 과제, 학습 자료 검색, 피드백, 커뮤니케이션, 평가 등)
계열성 조직 (Organize learning sequences)	학습 내용을 난이도, 범위, 1회 학습량 등을 고려해 계열화, 심화된 모듈로 나누고 그에 따라 학습 활동을 분류하는 작업
학습 활동 (Activate learning)	학습내용에 따라 학습 활동을 결정: 개인 vs. 집단 학습, 강의식 vs. 자기주도 학습, 반복 연습 vs. 탐구 학습 등

학습평가 (Test & exercise learning)	학습한 내용에 대한 다양한 평가
협동학습 권장 (Promote collaboration)	학습과정에 능동적인 참여를 유도하도록 학습자가 교수자 혹은 학습자 상호 간의 활발한 커뮤니케이션, 그룹 활동을 위한 다양한 방법 설계
학습 동기화 (Motivate learners)	학습자의 중도 탈락률을 낮추고, 학습 의욕을 높이도록 다양한 방법(보상, 흥미, 학습 동호회, 승진 규정)을 고안

7) N-ISD 모형

N-ISD(Netcoork-Istruction Systam Design) 모형은 네트워크를 중심으로 하는 교육과정 개발을 위하여 만들어진 모형으로 삼성에서 제작하는 인터넷 교육과정 설계의 기본 틀을 제공하고 있다([그림 6-1] 참조).

그림 6-1 N-ISD의 교수설계 모형

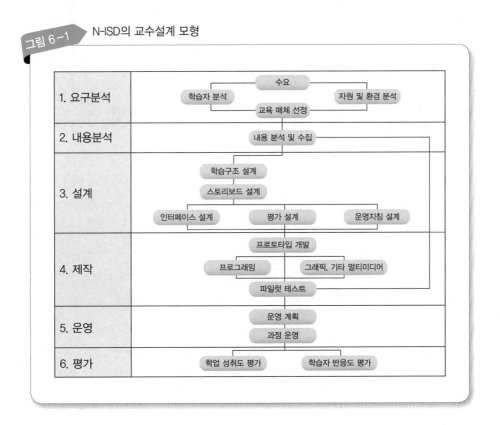

8) WBISD 모형

WBISD(Web Based ISD) 모형은 KT(한국통신)에서 사용하는 모형으로, 수시로 변화하는 기업 교육 조직과 조직원을 염두에 두고 각 설계 단계를 문서화하여 다음 단계로 연결시킬 수 있도록 하였다([그림 6-2] 참조).

그림 6-2 WBISD의 교수설계 모형

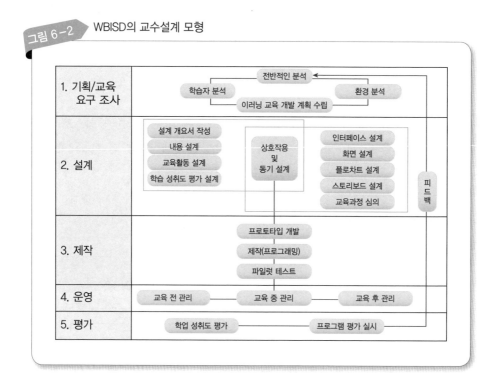

2 제작 모형의 개념과 이해

2.1 교수학습 모형 탐색

스마트 교수학습 모형 개발을 위해 이전의 모바일러닝, 유러닝, 이러닝 외에 최근 개발되고 있는 교수학습 모형을 통해 앞에서 논의된 스마트 교수학습 모형이 가져야 할 특징의 적용을 위한 함의를 살펴본다. 지금까지 다양한 디지털 매체 활용과 관련한 교수학습 모형들이 개발되어 왔다. 기본적으로 교육 현장에서 과목별로 활용되고 있는 교수학습방법은 디지털 매체인 모바일 기기, 태블릿 등과 결합하면서 교육적 효과를 불러올 수 있는 잠재성들이 확인되어 왔다. 그러나 교수학습 모형과 기기의 활용은 하나의 가치로 묶여서 전통적 방식의 교수학습 활동의 보조도구로서의 역할이 정해져 있었다.

2.2 모바일러닝에서의 교수학습 모형과 특징

모바일러닝(엠러닝)은 무선 인터넷 환경에서 단말기를 활용한 이동성을 띤 학습을 핵심으로 한다. 교사와 학습자가 시간과 공간적인 제약 없이 모바일 기기를 이용하여 다양한 교육 자원에 쉽게 접근하여 활용할 수 있다. 이때 학습자들은 자원 혹은 기기 등과 상호작용을 통해 자기주도적 학습을 할 수 있고, 교수자는 다양한 교수학습 활동을 시행해 볼 수 있다.

모바일러닝의 특징은 모바일 기기의 특성이나 콘텐츠의 특성, 교수학습 측면 등이 다양하게 포함되어 나타난다. 〈표 6-5〉는 모바일러닝의 핵심적 특징을 정리한 것이다(임정훈, 2010). 임정훈(2011)은 또한 모바일기반 스마트러닝이 갖추어야 할 핵심 속성으로 다음을 제안하고 있다.

첫째, 스마트 기능을 갖춘 첨단 모바일 기기의 활용이다. 스마트 기기를 이용

〈표 6-5〉 모바일러닝의 특징

특징	내용
학습 공간의 이동성	• 제한된 공간을 벗어나 학습 공간의 이동을 통한 학습 가능 • 학습장소와 경험의 기회 확대
학습 자원 접근의 유연성, 용이성	• 다양한 학습 자원에 신속하면서도 융통적 접근 가능 • 원하는 자료의 즉각적 획득으로 적시적 학습 가능
학습주체에 대한 개별맞춤형	• 학습자의 특성에 맞는 개별화된 학습 제공 • 학습자의 요구나 필요에 부합하는 맞춤형 학습 제공
학습내용의 간결성	• 학습내용의 체계화, 구조화, 감소화, 모듈화 • 간결하면서도 축약된 핵심내용 중심으로 학습 제공
학습대상과의 상호작용성	• 상호작용의 도구 및 방법의 변화 • 다양하면서도 즉각적 상호작용을 통한 협력학습 가능
학습 활동의 맥락성	• 실제 상황이나 맥락하에서의 학습 활동 수행 가능 • 이론적 학습 내용과 실제적 경험의 통합의 기회 제공

출처: 임정훈, 2010.

한 학습은 기존의 휴대 매체가 구현하지 못했던 다양한 기능을 사용할 수 있다. 둘째, 지능적·적응적 학습을 말한다. 즉, 기기 관점에서 고도화된 기능을 갖추고 학습을 지원하며, 적응적 관점은 학습자 개개인의 특성이나 요구 학습 속도 등 학습자의 특성에 맞는 학습이 이루어지는 것을 의미한다. 적절한 처방적 학습 결과를 통해 학습자로 하여금 분석적·종합적·문제해결적 사고력을 향상시킬 수 있도록 해야 한다. 셋째, 수준별·맞춤형 학습이다. 궁극적으로 모바일기반 스마트러닝은 학습자의 수준별 학습, 맞춤형 학습이라야 한다고 주장하고 있다. 개인차에 따른 학습의 개별화를 의미한다. 그동안 이러닝을 통해서 이루어지던 학습이 컴퓨터를 이용한 자기주도형 학습의 포맷이었으나 실제 학습자의 개개인의 특성에 맞춘 맞춤형 학습이라고 보기 어려웠다. 학습자 개개인이 스마트 기능을 갖춘 모바일 기기를 통해 자신의 특성 및 학습요구, 수준에 적합한 콘텐츠를 활용한 학습이 되도록 할 필요가 있다고 주장하고 있다. 넷째, 소셜 네트워크를 통한 협력학습으로 다양한 형태의 상호작용을 통해 학습이 이루어진다. 스마트기기를 활용한 보다 극대화된 유의미한 상호작용이 이루어질 수 있어야 한다고 주장하고 있다. 참여, 공유, 개방 협력을 표방하는 웹 2.0의 아이디어를 바탕으로 정보의 공유와 사회적 관계망이 형성되면서 스마트기기의 보급은 상호작용과 협력활동을 보다 확산시켰다고 주장하고 있다.

이런 특징을 바탕으로 임정훈(2011)은 모바일기반 스마트러닝을 '지능적·적응적 스마트 기능을 갖춘 첨단 정보통신기술 기반의 모바일 기기를 활용하여 학습자 개개인이 수준별·맞춤형 개별학습과 소셜 네트워크에 기반을 둔 협력학습을 통해 이론적·체계적인 형식학습과 실천적 맥락적인 비형식학습을 수행함으로써 학습성과를 최적화하기 위한 학습체계'라고 정의하고 있다.

2.3 유러닝의 교수학습 모형과 특징

우리나라에서 유러닝의 모습을 기술한 연구에서 서정희 외(2006)는 유러닝의 교수학습 모형을 연구하면서 유러닝 통합모형으로 체험학습, 프로젝트 학습, 탐구기반 학습 등을 제안하였다. 유러닝은 유비쿼터스 학습환경을 기반으로 학생들이 시간, 장소, 환경 등에 구애받지 않고 일상생활 속에서 언제, 어디서나 원하는 학습을 할 수 있는 교육 형태를 의미한다. 유러닝의 특성으로 서정희 외(2006)는 다음과 같이 말하고 있다. 첫째, 물리적인 한계로서의 교실을 벗어나 세상의 모든 곳을 학습의 장으로 활용할 수 있다. 둘째, 지능화된 학습 환경에서 학습자의 관심, 선호, 학습양식, 학습맥락에 따라 개별화, 맞춤화 학습이 가능하다. 셋째, 다양한 시공간에서 이루어진 학습들은 자동적으로 저장되고 관리되어 통합적이고 끊임이 없는 학습이 가능해진다. 넷째, 개인 단말기 간의 정보 교환이 빠르고 편리해짐에 따라 학습자들의 협력과 상호작용은 보다 증대된다. 다섯째, 내재화되고 지능화된 유비쿼터스 학습환경을 통하여 사람이 중심이 되고 실생활과 밀접히 관련되어 현실감이 증대되고 학습자의 참여와 상호작용이 활성화된다 (〈표 6-6〉 참조).

〈표 6-6〉 이러닝, 엠러닝, 유러닝의 특징 비교

구분	이러닝	엠러닝	유러닝
학습 공간 및 학습 형태	학습자가 안정된 물리적 공간에 위치하고 사이버 공간을 통해 하는 학습	물리적 공간에서 이동하면서 사이버공간을 통해 학습	물리적 공간에 내재되어 있는 사이버 공간을 의식하지 않으면서 일상적인 물리적 공간에서 하는 학습
	온라인에서 이루어지는 학습 활동과 오프라인에서 이루어지는 학습 활동이 분리되어 이루어짐	온라인에서 이루어지는 학습 활동과 오프라인에서 이루어지는 학습 활동이 여전히 분리되어 이루어짐	물리적 생활 공간에 존재하는 사물과 학습 활동 공간에 존재하는 사물들까지 센서칩·라벨 등을 포함하며, 지능화·네트워크화를 통해 정보화 영역이 확대되고 온라인·오프라인이 모두 통합된 학습 활동이 이루어짐
주된 기기	네트워크에 연결된 PC 단말기	PDA, 스마트폰, 태블릿, 랩탑(laptop) 등 물리적으로 움직이면서 사용 가능한 모바일 장치	네트워크에 연결된 입거나 들고 다니는 컴퓨터와 같은 다양한 차세대 휴대 기기
트래킹·자연 인터페이스 구현 정도	트래킹 지원·자연 인터페이스 거의 구현 안 됨	트래킹 지원·자연 인터페이스 수준 낮음	학습행동 트래킹을 통해 유연한 교육을 가능하게 하는 기술 지원, 언어나 시각 등의 자연 인터페이스를 매개
학습분절, 몰입	안정된 물리적 환경에 위치하면서 일어나는 학습이므로 학습의 분절 현상은 상대적으로 낮음	기술적인 한계 등으로 학습의 분절이 일어나는 문제의 잠재성이 매우 높음	유비쿼터스 기술의 구현으로(트래킹, 에이전트 기술) 분절의 가능성을 기본적으로 해결하며 지속적인 학습 몰입을 원활히 지원
주요 기술	인터넷, 유선망, 웹 기술 활용	무선 인터넷 활용	무선 인터넷, 증강현실, 웹 현실화 기술 활용
학습 수혜자	회원·등록생으로 가입되었을 때 학습 활동이 이루어짐	회원·등록생으로 가입되었을 때 학습 활동이 이루어짐	개인의 학습요구 발생 시, 학습자의 상황정보는 물론, 학습 서비스 정보까지 언제 어디서나 실시간, 연속적으로 인식, 추적, 의사소통하여 상황인식 학습 활동이 이루어짐
학습발생 시점	접속하고 있을 때 (일상생활과 학습 공간의 분리)	접속하고 있을 때 (일상생활과 학습 공간의 분리)	생활하고 있을 때(일상생활과 학습의 일체화)

출처: 서정희 외, 2006.

임걸(2011)은 스마트러닝 교수학습 모형을 기존의 대표적인 교수학습 설계 모델인 ADDIE(Analysis, Design, Development, Implementation, Evaluation) 모형을 근간으로 하여 스마트러닝으로 연결시킨 교수학습모형을 제안하였다([그림 6-3] 참조).

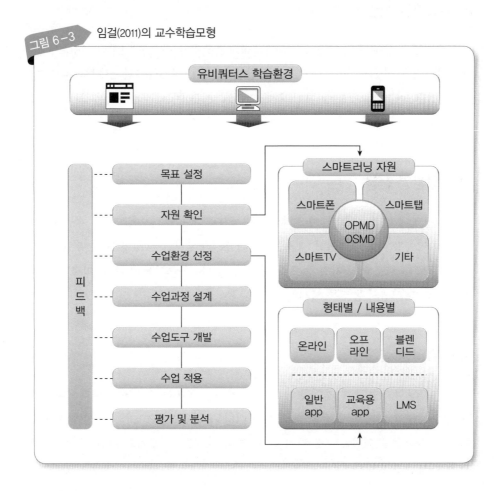

그림 6-3 임걸(2011)의 교수학습모형

1) 수업주제 및 학습목표 설정

수업주제 및 학습목표의 설정으로 수업의 효과성 및 효율성을 고려하여 스마트러닝 방식이 적합한지 판단해야 한다. 또한 스마트러닝이 구현될 수 있는 수업

주제 및 학습목표의 선정이 선행되어야 한다. 이를 기반으로 선정된 수업의 주제 및 학습목표는 다양한 학습 자원의 활용, 실제적·맥락적 경험 제공, 상호작용적 학습환경을 통해 스마트러닝이 제공하는 자원을 적절히 활용하여 수업과정을 진행할 수 있는 설계를 한다.

2) 수업자원 확인

학습환경을 통해 활용 가능한 스마트 테크놀로지의 수준을 정한다. 교수자 및 학습자환경을 비롯하여, 수업에서 활용될 수 있는 스마트 테크놀로지의 지원 정도를 고려해야 한다. 스마트기기의 이해도 및 접근성, 애플리케이션 획득 가능성, 웹과 병행되는 하이브리드 방식 활용, 기타 환경적 지원 등이 검토된다.

3) 수업환경 선정

수업형태에 따라 온라인, 오프라인, 또는 블렌디드 방식으로, 내용 제공 수준에 따라 교육용 애플리케이션 제공, 일반 애플리케이션의 교육적 활용, 또는 LMS와 같은 학습 보조체제 지원 등으로 나뉠 수 있다. 학습자들이 주로 의사소통해야 할 스마트러닝의 통로를 제시한다.

4) 수업과정 설계

학습 자원의 활용과 수업 환경의 적용 방안을 결정하는 수업과정 설계이다. 개별 교수학습의 형태를 결정할 때 스마트러닝 수업원리를 고려하여 설계하여야 한다. 학습활동을 위한 스마트기기 및 환경 활용 정도, 교수자의 학습 안내, 학습자 활동 등을 포함한다.

5) 수업도구 개발

수업모형을 통해 도출된 스마트러닝 활용 방안에 요구되는 하드웨어 또는 스마트웨어의 구현과 관련된 단계로 특정한 애플리케이션을 개발하거나 수업목적에 맞도록 시스템 또는 플랫폼을 고객의 요구에 맞도록 커스터마이징(customizing)한다.

6) 수업 적용

스마트러닝이 구현되는 과정으로서 설계된 전략이 수행되는 단계이다. 수업 시 발견되는 다양한 사건들에 대해 탄력적인 대응을 할 수 있는 유연성의 발휘가 요구된다.

7) 평가 및 분석

스마트러닝 체제에서는 교수자와 학습자 간의 의사소통이 평소에 개방된 체제이므로, 이를 활용한 지속적인 형성평가 및 피드백 활동이 수월하다.

앞에서 살펴본 것처럼 교육 환경과 학습자 등 교육 전반에 걸쳐 변혁이 이루어지고 있다. 이러한 변혁은 학교 교육의 변화를 이끌어 내고 있고 그리기 위해서는 새로운 교수학습과 도구를 활용할 수 있는 접근을 모형으로 만들어야 한다.

〈표 6-7〉 교육방식에 따른 학습의 기본 요소별 구현 가능 정도(△ : 가능, ○ : 활용)

구분	전통방식	이러닝	모바일러닝	유러닝	스마트러닝
지능형 맞춤 학습			△	△	○
협력활동	○	△	△	○	○
양방향		△	△	○	○
참여활동	△	△		△	○
공유활동		△		○	○
지능형 학습정보 관리				○	○
시공간 제약 극복		△	△	○	○
학습정보 생성				○	○
소셜 네트워크 활용		△		△	○
융복합 교육매체 활용					○
비선형학습		△	△	○	○

모바일, 유러닝, 최근 스마트 교수학습 모형 등 앞에서 살펴본 관련 교수학습 모형과 특징을 요약하고 스마트교육의 가치를 실현하기 위한 교수학습 모형 개발을 위한 시사점을 도출하면 〈표 6-7〉과 같다.

3 ▶ 스마트학습 콘텐츠 모형

3.1 스마트학습 콘텐츠 정의

스마트학습 콘텐츠는 광의로는 교육 목표를 달성하기 위해 유형, 개발 및 보급 기관과 상관없이 교육 목적으로 활용 가능한 모든 스마트 환경에서의 콘텐츠를 의미한다. 여기에서는 스마트학습 콘텐츠를 디지털교과서와 연계된 교과 내용, 학습 참고서, 문제집, 학습 사전, 공책 및 멀티미디어 요소 자료 등에 적용 가능한 모든 콘텐츠로 정의한다. 특히, 스마트학습 콘텐츠는 교과서를 중심으로 교과 내용을 지원하고 보완할 수 있는 모든 종류의 학습 자료나 학습 도구로서, 교과서와 유기적 연결 관계를 가지고 상황, 맥락, 주제에 따라 스마트학습 자료나 학습 도구를 지원하여 자기주도의 수준별 맞춤 통합학습을 지원한다([그림 6-4], [그림 6-5] 참조).

스마트학습 콘텐츠의 또 다른 특징은 교과서를 지원하기 위한 스마트학습 환경, 자료 및 도구의 구분 없이 융합되어 학습자중심의 통합학습을 지원하는 것이다. 예를 들어, 스마트 환경에서 학습 도구로 다양한 학습 자료를 저작할 수 있고, 동시에 공유와 협업이 이루어질 수 있다. 이러한 특징은 학습 자료와 학습 도구의 경계를 허물고 스마트 환경에서 융복합 학습 콘텐츠로 디지털교과서에서 사용될 수 있다.

그러나 스마트학습 콘텐츠는 스마트 환경에서 교사나 학생들에 의해 개방, 공유 및 협업이 자연스럽게 발생하기 때문에, 어떻게 콘텐츠를 유통하고 관리할 것인가에 대한 논의가 이루어져야 한다. 기본적으로는 디지털교과서의 표준과 플

그림 6-4 디지털교과서 개념도

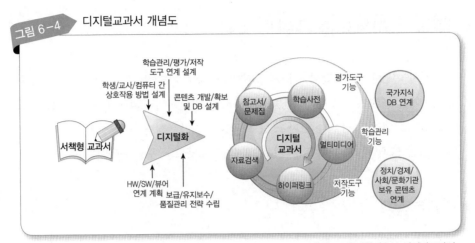

출처: 교육과학기술부 디지털교과서.

그림 6-5 디지털교과서 구성도

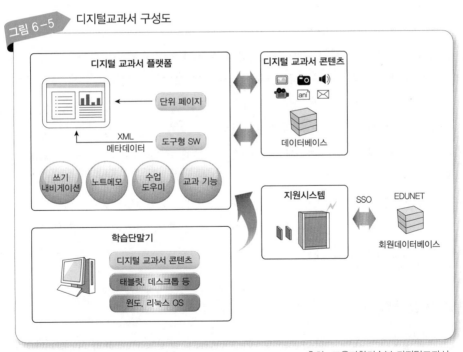

출처: 교육과학기술부 디지털교과서.

랫폼을 기반으로 논의가 되겠지만, 공유, 협업 및 재가공에 따른 콘텐츠의 저작권 또는 보안 문제를 법제도적으로 해결할 뿐 아니라 도덕적으로 윤리 의식을 강화하는 환경을 마련해야 한다.

3.2 스마트학습 콘텐츠 범위

앞에서 언급한 것과 같이, 디지털교과서에 적용 가능한 모든 스마트 콘텐츠를 스마트학습 콘텐츠라고 정의하였다. 따라서 디지털교과서의 모든 구성요소가 스마트학습 콘텐츠의 범위와 같다고 할 수 있다. 스마트학습 콘텐츠를 구성하고 있는 요소는 크게 학습 교과, 학습 자료 및 학습 도구로 구분할 수 있다.

1) 학습 교과

디지털교과서에서의 학습 교과는 기존 서책형 교과서가 제공하는 역할과 기능을 수행하여 기존 교과서와 같은 교육적 목표를 달성하기 위해 디지털화된 교과서 콘텐츠이다. 기본적으로 필기, 메모, 노트, 책갈피, 페이지 넘기기 등의 도구들을 통해 기존의 서책형 교과서의 기능을 수행하도록 구성되어 있다.

스마트학습 콘텐츠에서의 학습 교과는 디지털교과서의 학습 교과를 보완하고 확장할 수 있는 형태로 제공된다. 특히, 스마트학습 교과는 학습 교과의 상황, 맥락 및 목적에 따라 학습 교과 내 또는 다른 학습 교과와 연결성을 갖고, 필요에 따라 통합 교과 형태의 학습이 제공될 수 있다. 이때, 스마트 환경을 통해 학습자의 학습 이력, 학습 내용 또는 학습 도구들이 자유롭게 공유될 수 있기 때문에, 필기나 밑줄 긋기 등의 학습 도구를 통해 학습자들 간의 학습 내용을 공유할 수 있고, 이 내용이 네트워크를 통해 개방되고 재조합됨으로써 소셜러닝의 형태로 학습 교과가 확장될 수 있다.

2) 학습 자료

디지털교과서에서의 학습 자료는 학습 교과와 연계되어 보완할 수 있는 이미지, 사진, 동영상, 애니메이션, 3D 등의 멀티미디어 자료와, 자기주도 학습에 필요한 참고서나 문제집을 제공할 수 있는 참고자료 및 국어사전, 영어사전, 한문사전, 백과사전 등 각종 학습에 필요한 기능을 제공하는 학습사전 등이 있다.

스마트학습 콘텐츠에서의 학습 자료는 디지털교과서의 학습 교과와 연계되어 있는 웹 링크, 웹 자원, 웹사이트 등 모든 종류의 콘텐츠를 대상으로 학습 교과 또는 학습 자료 간의 연결성을 기반으로 확장된 형태의 스마트학습 자료로 제공된다. 특히, 기존의 디지털교과서에서의 학습 자료가 교수자나 전문가에 의해 일방적으로 생산되고 유통되는 구조였다면, 스마트학습 자료는 교수자나 전문가 뿐 아니라 학습자들도 참여하여 학습 자료를 생성하거나 다른 학습 자료들을 재조합하여 공유하는 형태의 개방형 구조가 될 수 있다. 스마트학습 자료는 학습 교과나 다른 학습 자료와의 연결성을 기반으로 일방적인 공급이 아닌, 다수에 의해 자유롭게 생성되고 공유되기 때문에 학습 자료의 활용 범위와 양적·질적 확대를 극대화시킬 수 있다.

3) 학습 도구

디지털교과서에서의 학습 도구는 학습자가 필요로 하는 내용을 동일 교과 다른 학년 또는 타 교과의 멀티미디어에서 용이하게 검색할 수 있는 자료 검색 기능, 자기주도적 학습에 필요한 다양한 부가적인 자원을 이용할 수 있는 하이퍼링크 기능, 전자메일·전자게시판·웹사이트 등을 통해 전문가나 외부 기관과 상호 교류할 수 있는 하이퍼링크 기능, 학습자가 원하는 내용을 제작·편집·출력할 수 있는 저작도구 기능 등이 있다.

스마트학습 콘텐츠에서의 학습 도구는 LMS, LCMS 또는 디지털교과서에서 제공되는 서버·클라이언트 식의 단방향 학습 도구뿐 아니라, 스마트 환경에서의 SNS, 클라우드 컴퓨팅, N-스크린 등 다대다 간의 소통과 동기화를 중심으로 양방향이 가능한 형태의 학습 도구를 지원한다. 특히, 스마트학습 도구는 무선 인터넷과 SNS를 중심으로 교수자 간, 학습자 간, 교수자와 학습자 간 또는 외부 기관과 상호소통하고 공유할 수 있다. 또한, 누구나 스마트학습 콘텐츠를 생성·수정·재조합하고 개방·공유·협업할 수 있도록 저작도구를 지원하기 때문에, 학습을 위한 보조 수단에서 스마트학습을 위한 융복합 도구로 그 기능과 역할이 확대될 수 있다.

이러닝서비스의
운영과 전략

1 이러닝서비스 운영의 개념

1.1 이러닝서비스 운영의 정의

성과 중심의 기업교육훈련을 위해 이러닝을 성공적으로 운영하기 위해서는 학습콘텐츠의 품질과 지원 기술 및 운영시스템의 기능, 과정 운영자 및 튜터의 지원활동 등이 중요한 요소로 고려된다(박종선 외, 2003).

대다수의 기업에서 이러닝콘텐츠를 설계, 개발하기까지는 많은 시간과 노력, 인력이 투입되는 것을 당연하게 생각하지만 운영 단계는 상대적으로 중요하게 생각하지 않는 경향이 있다. 그러나 이러닝 운영은 이러닝의 학습 성과를 극대화하기 위해서 학습콘텐츠의 품질과 함께 그 중요성이 강조되는 요소이다. 특히 대부분의 기업에서 하나의 교육 과정이 운영되기 시작하면 또 다른 업무가 시작되므로 그 업무를 진행하기 위해서는 설계나 개발만큼 많은 시간과 비용을 투자해야만 한다.

이러한 맥락에서 여러 학자들이 정의한 이러닝 운영에 대한 개념은 〈표 7-1〉과 같이 정리할 수 있다.

〈표 7-1〉 이러닝 운영의 개념

출처	운영의 개념
강명희 외(1999)	이러닝 운영은 운영에 대한 기획과 운영자 교육을 선행한 후, 교육을 진행하고 진행 중 학습과정을 모니터링하며 학습자의 교육에 대한 반응도와 성취도를 평가하고 이에 따른 결과로 프로그램을 수정·보완하는 과정을 의미한다.
윤여순(2000)	운영이란 이러닝의 산물을 효과적으로 활용할 수 있도록 지원하는 제반 활동을 의미한다.
유인출(2001), 슬로만(Sloman, 2002)	이러닝 운영은 이러닝 학습 활동이 전개되는 과정뿐만 아니라, 이를 체계적으로 기획하고 학습이 종료된 이후에 수행되는 사후 활동까지도 포함하는 개념으로서 일반적으로 운영 기획, 준비, 실시, 관리 및 유지를 위한 단계를 의미한다.

김덕중 · 김연주 (2002)	이러닝 운영은 업무에 대한 평가, 학습자 평가, 차이 분석, 학습 리소스 제작 및 구조화, 계획 수립, 전달 방식에 대한 기획 및 준비, 진행 과정 모니터, 평가 결과 분석 등의 주요 단계를 포함한다.
박종선 외(2003)	이러닝 운영은 교수학습 활동의 목적을 달성하기 위해서 이러닝을 활용하여 제반 활동을 수행하고 이를 지원하고 관리하는 활동을 의미한다.
권성연 · 나현미 · 임영택(2004)	이러닝 운영은 이러닝을 체계적이고 효율적으로 관리하고 보다 효과적인 학습이 일어날 수 있도록 본 학습이 시작되기 이전부터 과정 실시 중, 과정 종료 이후 시점까지 계획, 준비, 진행, 모니터링, 결과 분석, 관리와 관련된 제반 활동을 포함한다.
임정훈(2004)	이러닝 운영은 이러닝의 질적 수준 향상을 위하여 학습자들의 교수학습 활동과 관련된 교육적, 행정적, 기술적, 관리적인 제반 지원활동을 수행하는 것이다.
장명희 · 이병욱 · 유선주(2004)	이러닝 운영은 정규 및 비정규 교육기관에서 이루어지는 이러닝 과정을 총괄적으로 운영, 관리하는 일로서, 주로 강사가 학습목표에 맞도록 교육을 진행하는 것을 도우며, 학습자가 운영시스템에 적용하여 자율적 학습을 수행할 수 있도록 돕고 교육 전후의 학습지원활동을 수행하는 일이다.
박종선(2009)	이러닝 운영은 이러닝 학습 활동이 원활하게 수행되도록 학습참여자, 학습과정, 학습 자료, 학습결과, 학습지원시스템(LMS, LCMS 등)을 체계적으로 지원하고 관리하는 활동을 의미한다.

1.2 이러닝서비스 운영의 중요성

이러닝의 학습 효과를 보장하기 위해서 학습콘텐츠의 품질과 함께 이러닝 운영의 중요성은 아무리 강조해도 지나치지 않다(박종선, 2009). 똑같은 학습콘텐츠로 학습하더라도 어떻게 학습을 지원하고 운영하느냐에 따라 그 성과는 달라질 수 있기 때문이다. 기업 이러닝 교육의 실제적인 성과를 담보하기 위해서는 이러닝의 질 관리가 아주 중요한데, 이러닝 운영은 이러닝의 질 관리에 기여하는 아주 중요한 요소이기 때문이다. 이러닝 운영을 통해 학습자의 학습 실패를 막고, 보다 풍부하고 고차원적인 학습 활동이 이루어질 수 있도록 지원할 수 있다.

1.3 이러닝서비스 운영관리의 목표

서비스 운영관리의 목표는 경쟁을 이겨 나갈 수 있는 최고 품질의 서비스를 남보다 신속하게, 최소의 생산 원가로, 고객의 요구를 최대한 반영해 주는 것이다. 품질, 시간, 원가, 유연성의 네 가지 항목은 서비스 의사결정 목표를 평가하는 기준인데 각 항목의 특징은 다음과 같다.

1) 품질

고객으로서의 학습자와 모든 참여자에게 서비스의 내용을 고급화하고, 서비스 제공 프로세스를 설계, 운영, 통제하는 것을 말한다.

2) 시간

여기에는 두 가지 유형이 있는데, 첫째는 고객에게 서비스를 공급하는 데 소요되는 시간 단축을 말한다. 예를 들면, 프로세스의 단순화, 병목공정의 제거, 낭비의 제거 등이다. 둘째는 새로운 서비스를 개발하는 데 소요되는 시간 단축을 말한다. 예를 들면, 디자인, 개발, 구매, 마케팅, 기술 분야 등 여러 부문의 전문가들이 한 팀을 이루어 병렬식으로 서비스 개발에 참여함으로써 개발 시간을 단축하는 것이다.

3) 원가

서비스에 투입되는 설비투자비용과 운영에 필요한 물적·인적 자원의 비용관리이다. 예를 들면, 원가를 최소화하는 것이 목표인 경우, 고객이 선택할 수 있는 서비스의 종류를 제한하고, 자동화를 극대화하여, 서비스 지원시설의 회전율을 높여 시간당 서비스 창출 총량을 극대화해야 하는 것이다.

4) 유연성

유연성은 크게 두 가지로 나누어 볼 수 있다. 우선 이러닝서비스에서 유연성이라 함은 서비스의 다양성과 신축성 관리를 말한다. 이는 고객이 택할 수 있는 서비스의 종류가 다양함을 의미한다. 예를 들어, 교육운영의 일대일 맞춤 서비스와 전체 일괄 서비스가 동시적으로 제공될 수 있음을 의미한다. 또 다른 하나는 서비스 제공능력의 유연성 관리를 말한다. 이는 시간대에 따라 변할 수 있는 서비스 수요에 맞추어 수용 능력을 조정할 수 있는 정도를 의미하며, 학습자 및 모든 참여자에 대한 CTI(Computer Telephone Integration) 서비스 등이 그 예라 할 수 있다.

1.4 이러닝서비스 운영관리의 주요 활동

이러닝 운영을 하다 보면 단순·반복되는 업무부터 프로세스 및 시스템 등을 개선·보완해야 하는 업무가 자주 발생되곤 한다. 이러한 부분을 전문적인 용어로 해석해 본다면, 고객만족의 중점에서 모든 운영을 바라보는 초점화 활동, 발생된 문제에 대한 근본을 찾아 해결하는 단순화 활동, 전체 사항을 통찰하여 살펴볼 수 있는 통합화 활동을 통해 업무를 지속적으로 개선할 수 있으며, 이 부분도 이러닝 운영자의 중요한 역할이라고 볼 수 있다.

1) 초점화

모든 조직의 운영에서 고객의 만족에 중점을 두는 것으로, 고객에게 만족을 주지 못하고 고객에게 초점을 두지 않는 활동은 그 의도가 무엇이었든 모두 낭비라고 여긴다.

2) 단순화

주어진 문제나 증상에 대한 해결을 위해서 근본 이유부터 찾아내어 원인을 제거하는 것으로, 특히 새로운 시스템 개발 등을 하기 전에 반드시 생각해 보아야 불필요한 작업이나 공정이 제거되어 전체적인 서비스 프로세스가 개선된다.

3) 통합화

조직 내 의사결정 시, 한 부문의 의사결정이 반드시 다른 부문에도 영향을 미친다는 생각을 염두에 두고, 조직 전체의 목표에 부합되도록 통합적으로 사고하는 것이다.

4) 지속적 개선

조직과 조직 구성원의 배움을 통해, 혁신과 지속적 개선으로 품질, 가격, 스피드, 신축성 등의 경쟁력을 갖추기 위해 노력하는 것이다.

2 ▶ 프로세스 관리

2.1 이러닝 운영 프로세스 개념

이러닝 운영 프로세스는 이러닝을 통해 실제로 교수학습 활동이 이루어지는 과정과 이를 지원하고 관리하는 활동을 의미한다. 이러닝 운영 프로세스는 학습 콘텐츠와 함께 이러닝의 학습효과를 결정짓는 주요한 요인 중의 하나이다(박종선, 2009). 이러닝 운영 프로세스에 대한 정의는 다음과 같다. 첫째, 운영 프로세스란 운영에 대한 기획과 운영자 교육을 선행한 후 교육을 진행하고 진행 중 학습과정을 모니터링하며 학습자의 교육에 대한 반응도와 성취도를 평가하고 이에 따른 결과로 프로그램을 수정, 보완하는 과정을 의미한다(강명희 등, 1999).

둘째, 이러닝 운영 프로세스는 이러닝 학습환경에서 교수학습을 효율적이고 체계적으로 수행할 수 있도록 지원하고 관리하는 총체적인 활동을 의미하며 기획, 준비, 실시, 관리 및 유지의 과정으로 구성된다(박종선 등, 2003).

셋째, 이러닝 운영 프로세스란 각종 수강관리, 학습안내와 촉진, 학습자의 참여 독려, 학습자 모니터링, 체계적인 상호작용 지원, 학습결과 관리 등의 활동이 이루어지는 과정을 의미한다(정영란 등, 2004).

2.2 운영 프로세스 영역

이러닝 운영 프로세스는 수행직무의 절차와 특성에 따라 영역을 규정할 수 있다. 첫째, 이러닝 운영 프로세스는 수행직무의 절차를 중심으로 학습 전, 학습 중, 학습 후 영역으로 구분한다(박종선 외, 2003). 학습 전 영역은 이러닝 운영을 사전에 기획하고 준비하는 직무가 수행되며, 학습 중 영역은 실제로 이러닝을 통해 교수학습 활동을 수행하고 이를 지원하는 직무가 수행된다. 학습 후 영역은 이러닝 학습결과와 운영결과를 관리하고 유지하는 직무가 수행된다.

둘째, 이러닝 운영 프로세스는 수행직무의 특성을 기준으로 교수학습 지원활동, 행정관리 지원활동으로 구분한다(박종선 외, 2003). 교수학습 지원활동은 이러닝을 활용한 교수학습 활동이 수행되는 과정에서 교수자와 학습자가 최적의 교수학습 활동을 수행할 수 있도록 다양한 지원활동을 수행하는 것을 의미한다. 행정관리 지원활동은 이러닝을 운영하는 과정에서 수행되는 제반 행정적인 측면의 지원 및 관리활동을 의미하는 것으로 수강생 관리, 수료 기준 및 절차 안내, 교수 및 튜터 관리, 학습평가 지원 및 결과관리 등과 같은 활동이 포함된다.

셋째, 이러닝 운영 프로세스는 미시적 시각에서 교수학습과정 및 평가 프로세스를 의미하며, 거시적 시각에서 개발 프로세스를 포함하는 영역으로 구분할 수 있다(박종선 외, 2003). 즉, 미시적인 시각의 이러닝 운영 프로세스는 개발된 학습 콘텐츠를 사용하여 교수학습 활동을 수행하고 이를 지원하는 과정을 의미한다. 거시적 시각의 이러닝 운영 프로세스는 이러닝 운영에 대한 기획과 학습콘텐츠의 개발 등이 포함된 보다 광의의 이러닝 운영과정을 의미한다.

2.3 대학의 이러닝 운영 프로세스

대학에서의 이러닝 운영 프로세스는 학기 개시 전, 학기 중, 학기 종료 후의 3단계로 구성된다. 학기 개시 전 단계는 교과목 및 수업 기획과정, 학습콘텐츠 개발과정, 수강신청 및 등록 등의 과정으로 구성되며, 학기 중 단계는 교수학습 활동과 평가 및 성적 처리과정으로 구성된다. 학기 종료 후 단계는 교육성과를 분석하고 우수사례를 공유하는 과정으로 구성된다. 이와 같은 대학에서의 이러닝 운영 프로세스는 [그림 7-1]과 같이 표현할 수 있다.

그림 7-1 대학에서의 이러닝 운영 프로세스

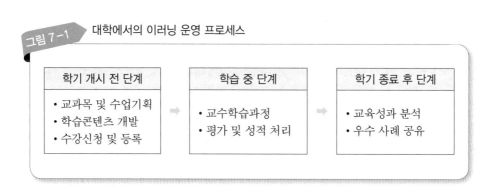

1) 학기 개시 전 단계

대학에서의 이러닝 운영을 위한 학기 개시 전 단계는 교과목과 수업을 기획하고, 학습콘텐츠를 개발하며, 수강을 신청하고 등록하는 과정으로 구성된다.

(1) 교과목 및 수업 기획 과정

교과목 및 수업 기획 과정은 대학의 이러닝 운영 프로세스 중 학기가 개시되기전 단계의 첫 번째 구성요소로 학습자, 교과내용, 학습 환경 등을 분석하여 교과목 기획서를 작성하고 이를 기반으로 각 교과의 교수학습 전략과 세부 강의계획을 수립하는 절차로 구성된다. 교과목 기획서를 작성하고 세부 강의계획을 수립하는 일은 교수자들이 담당하며, 그 과정에서 대학의 학습관리시스템(LMS:

Learning Management System)과 학사관리시스템에 저장된 학습자들에 관한 자료
(신상, 이수 과목, 성적, 선호도 등), 수업 관련 통계 자료(강의평가 결과 등), 교과목
내용에 대한 자료, 학습콘텐츠에 대한 자료 등을 참조하며, 필요시 교수학습 지
원센터나 콘텐츠 개발팀으로부터 지원을 받는다. 특히, 대학 교수자들의 교수학
습 이론이나 모형 등에 관한 전문성이 매우 다양하므로 수업을 기획하는 과정에
서 교수설계자들과 협의하거나 도움을 받을 수 있도록 지원체계를 갖추는 것은
매우 중요하다.

(2) 학습콘텐츠 개발 과정

학습콘텐츠 개발 과정은 대학의 이러닝 운영 프로세스 중 학기가 개시되기 전
단계의 두 번째 구성요소로 이러닝 학습 과정에서 활용될 학습콘텐츠를 설계하
고 개발하는 과정이다. 이러닝의 특성상 학기가 개시되기 이전에 교과목 기획서,
강의계획서에 명시된 학습 내용을 학습목표와 교수학습 전략을 고려하여 학습콘
텐츠로 개발해야 한다.

학습콘텐츠 개발 과정은 콘텐츠 개발 계획서를 작성하는 것에서부터 교수자가
원고를 집필하고, 교수설계자가 교수학습설계를 하고 이를 기반으로 매 주차 학
습을 위한 스토리보드를 작성하며, 동영상 강의가 필요한 경우 교수자의 동영상
강의를 녹화하고 편집하고, 웹 개발자들이 스토리보드를 기반으로 웹기반의 학
습 객체를 개발하고 프로그램화하는 순서로 전개된다.

개발된 학습콘텐츠는 교수자와 개발자들의 검토를 거쳐 수정 및 보완한 후에 대
학의 학습관리시스템에 탑재된다. 학습콘텐츠를 개발하는 과정에서 교수자, 교수
설계자, 동영상 녹화 및 편집자, 개발자들이 수행하는 과정과 결과물을 관리하기 위
해 학습콘텐츠개발관리시스템(LCDMS: Learning Contents Development Management
System)을 활용하여 체계적인 개발 과정과 산출물을 관리함으로써 개발 과정의 효
율성을 기하고 개발되는 산출물의 품질을 향상시키는 데 기여할 수 있다.

최근에는 대학에 따라 학습콘텐츠를 개발하는 과정과 산출물을 표준화하여
(예: SCORM, IMS Common Cartridge 등을 활용) 개발 과정의 효율성과 학습콘텐츠
의 품질을 높이고자 노력하고 있다. 이 과정에서 학습콘텐츠의 설계, 개발, 수정
및 보완, 저작자 관리, 공유 및 활용을 높이기 위한 메타데이터의 입력 및 관리 등

을 수행할 수 있는 학습콘텐츠관리시스템(LCMS: Learning Contents Management System)을 사용하기도 한다. 학습콘텐츠관리시스템을 사용하면 대학에서 개발되는 모든 학습 자원을 체계화하여 개발하고 관리할 수 있으므로 학습콘텐츠를 포함한 학습 자원에 대한 공유와 재사용성을 높이고 관리의 효율성을 증진시킬 수 있는 장점이 있다.

(3) 수강 신청 및 등록 과정

대학의 이러닝 운영 프로세스 중 학기 개시 전 단계의 수강 신청 및 등록 과정은 이러닝을 운영하기 위해 준비하는 활동으로 이루어지며, 과목 개설, 과목 정보 게시, 수강 신청 및 등록, 학습 인원 배정, 분반, 교수자 및 온라인 튜터 선정, 강의 운영 및 학습 방법을 안내하는 사전교육(orientation) 등과 같은 세부 활동이 수행된다.

수강 신청 및 등록 과정은 그 속성상 학습콘텐츠 등의 학습 자원 요소, 교수자, 온라인 튜터, 운영자 및 학습자 등의 인적 자원 요소, 행정관리 등의 운영 자원 요소로 구성되며, 각 요소들에 대한 사전 준비 활동의 수행 여부가 핵심적인 요소가 된다. 특히 준비하는 과정에서 운영자의 역할이 무엇보다 강조되는 과정이다.

2) 학기 중 단계

대학의 이러닝 운영 과정에서 학기 중 단계는 실제로 이러닝을 통해 교수학습 활동을 수행하고 학습 활동에 대한 평가와 성적 처리가 수행되는 과정이다.

(1) 교수학습 과정

교수학습 과정은 이러닝을 통해 교수학습 활동을 실제로 수행하는 단계를 의미한다. 교수학습을 위한 학습 정보 안내, 교수 활동, 학습 활동, 튜터링 활동, 학습자 반응 및 요구 수립 활동 등이 수행된다.

교수학습 과정에서 핵심적으로 수행되는 활동을 구체적으로 살펴보면, 학습 관리를 위한 활동(출석 관리, 학습 안내, 과제 관리, 토론 관리 및 학생 상담 등), 교수학습을 촉진하는 활동(상호작용, 동기유발, 학습 분위기 및 친밀감 조성, 수업 참여 촉진, Q&A 활동 촉진, 토론 활성화 등) 및 교수학습을 지원하는 활동(학습 커뮤니티 개설, 운영 및 참여 촉진, 학습 자료 제공, 학습 관련 세미나 및 특강 실시, 교수학습 전략 안내 등) 등이 있다. 교수학습 과정은 이러닝 운영 프로세스의 핵심 과정으로 교수 활동, 학습 활동, 튜터링 활동의 수행 수준에 따라 학습 효과성과 운영 프로세스의 효율성이 결정되기 때문에 운영에 참여하는 교수자와 온라인 튜터는 교수학습 활동을 촉진시킬 수 있는 전략의 활용에 관심을 가져야 한다.

(2) 평가 및 성적 처리 과정

평가 및 성적 처리 과정은 이러닝 교수학습 활동이 전개되는 과정에서 수행된 학습 활동에 대한 반응과 성과를 평가하여 학적부에 반영하는 과정이다. 대학에서의 평가는 다양한 평가 기준에 근거한 평가 활동이 수행된다. 일반적으로 중간고사와 기말고사라는 시험과 레포트, 토론, 퀴즈, 설문 등 학습자들의 학습 활동을 측정하고 평가하는 활동이 수행된다. 평가 활동은 형성평가와 총괄평가로 나누어 수행한다. 형성평가는 수업 활동 중에 수행되는 평가로 학습내용은 물론 학습 방법, 교수학습 자료, 학습콘텐츠, 교수자 등에 대한 적합성을 평가하는 것이다. 형성평가를 통해서 무엇인가 적합하지 못한 것이 있다면 언제든 수업을 진행하는 과정에서 보완해야 한다. 학습자들이 학습 내용에 대한 이해가 충분하지 못하다는 것이 중간고사나 퀴즈, 토론, 레포트 등을 통해 밝혀지면 이에 대한 피드백이 반드시 수행되어야 한다. 사용하는 학습콘텐츠가 문제된다면 그 부분을 수정하고 보완할 필요성이 있는 것이다. 총괄평가의 경우는 흔히 기말고사와 같은 형식으로 수행된다. 기말고사에서 평가된 학습자들의 내용 이해도 수준은 다음에 해당 과목을 오픈하기 위해 수업을 설계하는 과정에서 미흡하거나 너무 난해한 부분에 대한 내용에 반영하게 된다.

평가 활동에서 이러닝 수업에 대한 강의평가를 고려해야 한다. 일반적으로 강의평가는 기말에 1회 실시되는 경우가 많지만 대학에 따라서는 중간고사 이전과 기말고사 이전에 2회를 실시하는 경우도 있다. 중간고사 이전에 실시하는 강의평가는 이러닝 수업에 대한 보완 사항이 있다면 중간고사 이후 시점에서 반영하겠다는 의도로 수행된다. 기말고사 이전에 수행되는 강의평가는 해당 학기의 수업 활동에 대한 학습자의 전반적인 반응을 파악하고, 그 결과는 다음 학기의 수업 활동에 반영하기 위한 의도에서 수행된다. 강의평가의 참여도를 높이기 위해서 중간고사나 기말고사와 연계하여 수행하는 대학들이 많다. 이 경우에 시험에 참여하기 위해서는 강의평가를 먼저 수행해야 하기 때문에 당연히 강의평가에 참여하는 비율이 높아질 수밖에 없다.

평가 활동을 통해서 학습자들의 성적평가가 완료되면 성적을 처리하고 학적부에 반영하는 활동이 수행된다. 이러한 과정에서 평가된 성적에 대한 이의 신청 및 정정, 성적 확정 등이 이루어지고 산출된 결과 데이터는 학사행정시스템의 학적부에 반영된다.

3) 학기 종료 후 단계

학기 종료 후 단계는 이러닝 교수학습 활동이 수행된 이후에 학습 결과와 운영 결과에 대한 분석을 하고 수업에 대한 우수 사례를 공유하는 과정에서 구성된다.

(1) 결과 분석 과정

대학의 이러닝 운영에서 결과 분석 과정은 학습 활동에 대한 평가 결과, 운영 활동에 대한 평가 결과를 분석하는 활동을 수행한다. 이러닝을 운영하는 과정에서 평가 결과와 운영 결과를 관리하기 위한 운영자의 행정지원 역할이 강조되는 과정이다. 이 과정에서 성적평가 결과, 강의평가 결과, 행정지원 활동에 대한 분석, 교육 효과에 대한 분석, 학습자 데이터에 대한 분석과 조교 운영 활동에 대한 분석이 수행된다.

(2) 우수 사례 공유 과정

우수 사례 공유는 해당 학기에 운영된 교과목 중에서 우수한 사례를 발굴하여 대학의 전 교직원이 공유하는 활동을 수행하는 과정이다. 즉, 이러닝 수업 운영이 탁월한 교수자의 우수 사례, 설계 및 개발이 우수한 콘텐츠, 학습 활동이 우수한 학습 사례, 수업 운영을 탁월하게 지원한 운영자의 우수 사례를 발굴하여 공유하는 활동이 수행된다. 대학에 따라 다양한 우수 사례 영역을 결정하고 공유하는 활동을 통해서 이러닝 수업의 운영 전반에 대한 개선이 이루어질 수 있기 때문에 매우 중요한 의미를 갖고 있는 활동이다.

우수 사례를 효과적으로 공유하고 확산하기 위해서 대학 내에 온라인학습 공동체(CoL: Community of Learning)를 운영하는 것도 좋은 운영 방안이 될 수 있다.

3 ▶ 교강사 관리

3.1 이러닝서비스 운영 인력의 유형 및 역할

1) 이러닝서비스 운영 인력의 역할

이러닝서비스 운영 인력의 역할은 〈표 7-2〉와 같이 각 역할이 가지는 의미와 영역에 따라 교육적 역할과 사회적 역할, 운영 및 관리적 역할, 그리고 기술적 역할로 나누어 볼 수 있다.

〈표 7-2〉 이러닝서비스 운영 인력의 역할

역할	내용
교육적 역할	학습 내용과 관련된 역할로서 학습자가 학습 목표를 달성할 수 있도록 도와주는 지적 촉진 활동, 내용 관련 질문에 대한 응답, 과제에 대한 피드백 제공, 토론 시 핵심 개념과 원리 등에 초점을 맞출 수 있도록 하는 활동 등을 포함한다.
사회적 역할	온라인상에서 우호적 관계로 학습할 수 있도록 사회적 측면의 촉진 활동, 온라인 조별 활동의 활용, 상호 소개 및 개인적 정보의 공유 환경 구성 등을 포함한다.
운영 및 관리적 역할	학습 절차를 명료하게 제시하고 학습 관리를 지원하며 개별학습 활동, 조별 학습 활동을 조직하고 관리한다.
기술적 역할	학습자가 하드웨어나 소프트웨어에 적응하도록 지원하는 활동으로서, 초기의 기술적 지원 제공과 필요시 적절하고 즉각적인 기술적 도움을 제공한다.

2) 이러닝서비스 운영 인력의 유형별 역할

이러닝서비스를 운영하는 과정에는 교강사를 포함하여 다양한 역할을 갖는 운영 참여 인력이 필요하다. 이러닝서비스에서 필요로 하는 참여 인력은 교수자, 운영자, 튜터 및 시스템관리자로 나누어 볼 수 있다(박종선 외, 2003). 이러한 이러닝서비스 운영 참여 인력은 이러닝 운영 환경에 따라 각 운영 인력의 역할이 다

〈표 7-3〉 운영 인력의 유형 및 역할

인력 유형		세부 역할
교수자	강사	새로운 내용을 가르치고 확인하고 동기를 부여하고 평가하는 역할
	학습촉진자	학습 활동을 지원하고 동기를 부여하는 등의 촉진자 역할
	내용전문가	학습콘텐츠 개발을 위한 내용전문가로 원고를 집필하고 관련 자료를 제공하고 스토리보드의 내용 적합성을 검수하는 역할
운영자	과정관리자	교수학습 과정의 효과적이고 효율적인 진행을 위하여 진행 일정, 절차, 규정 등에 대한 활동을 포함하는 것으로 튜터·교수자를 보조하여 과정을 전체적으로 관리하는 역할
	기술지원자	시스템 사용에서 발생하는 기술적인 문제를 해결하고, 학습과정에 필요한 정보통신기술을 편리하게 활용할 수 있도록 지원하는 역할
튜터	교수학습 활동 조력자	교수학습 활동에서 교육 목표를 정확히 인식하여 교수자와 협력하여, 학습과정에 필요한 기술과 방법을 제시하여 학습자가 효과적으로 학습목표를 성취할 수 있도록 돕는 역할
	내용전문가	교수내용에 대한 전문적인 지식과 경험을 가지고, 끊임없이 학습하고, 학습 내용을 조직화하고 전달하며, 학습자들의 학습 내용에 대한 요구에 적절히 대응하는 역할
	상호작용 촉진자	교수학습 향상을 위해 교수자-학습자, 학습자-학습자 간 의사소통과 정보교류 등의 활발한 상호작용이 일어날 수 있도록 피드백과 가이드를 제공하고, 학습환경을 조절하고 개선하는 역할
	사회적 관계 조직자	학습자 간 정서적 친숙함을 구축할 수 있는 활동을 강조하여, 집단의 유대감을 형성하고 그 집단을 유지할 수 있도록 돕고, 집단 내의 다른 구성원들과 함께 협력할 수 있도록 도와주는 역할
시스템 관리자	시스템 운영자	관리자의 권한과 운영하는 과정의 특성에 따라서 특정 과정의 학습관리시스템(LMS)만을 관리 운영하는 시스템 운영자의 역할
	슈퍼운영자	모든 과정의 시스템 관리 운영을 담당하는 슈퍼운영자의 역할

양하게 정의될 수 있는 특징을 가지게 된다.

이러닝 운영 환경이 기업의 교육훈련을 목적으로 하는지, 대학이나 사이버대학 등에서의 교육을 목적으로 하는지, 정규 학교교육의 보조수업을 목적으로 하는지에 따라, 실제 운영 참여 인력은 다양한 역할을 가지게 된다. 또한 참여 인력 유형에 따라 각각 독립적인 전문가가 그 역할을 수행하는 경우도 있지만, 한 사람이 둘 이상의 역할을 중복으로 수행하는 경우도 가능한 융통성을 갖게 된다(〈표 7-3〉 참조).

3.2 교강사의 역할

교강사를 업무별로 구분하면 내용전문가, 교수설계자, 학습촉진자, 안내자/관리자, 기술전문가로 나눌 수 있고 각각의 역할은 다음과 같다.

1) 내용전문가

내용전문가는 이러닝 교수자의 역할 중 가장 핵심적인 역할로, 교수자의 내용 전문성을 기초로 교수적 활동을 수행하는 역할을 의미한다. 내용전문가는 학습 내용에 관해 설명하고, 학습자의 반응을 이끌어 내기 위해 질문하며, 학생들의 질문에 대한 답변과 학생들의 답변에 대한 피드백을 제공하는 등의 교수학습 과정을 통해 학습자의 참여를 유도하는 활동 등을 한다. 내용전문가로서의 교수자역할은 다음과 같은 네 가지로 나누어 볼 수 있다.

- 학습 과정에서 제공하는 학습 내용의 분석
- 학습자 수준별로 요구되는 자료의 제작
- 학습 과정과 관련된 사례 및 신규 자료 제공
- 평가문제 출제 및 채점, 첨삭 지도 제공 등

2) 교수설계자

　이러닝 교수자는 과정 개발 단계에서 투입되는 별도의 교수설계자와 함께 협업을 통해 공동의 프로젝트를 진행하는 경우도 있지만, 그렇지 않은 경우에는 교수자가 교수설계자로서의 역할도 함께 수행할 필요가 있다. 이는 교수자가 교수설계자로서의 역할을 이해하고 이에 적합한 역량을 갖출 수 있는 경우, 보다 질적으로 우수한 과정 개발이 가능하기 때문이라고 볼 수 있다.

　실제로 이러닝 과정 개발에서 최종적으로 개발될 결과물에 대한 인식이 명확하고, 이러닝에서 효과적인 교수학습방법이 무엇인지에 대해 충분한 아이디어를 가지고 있는 교강사가 이러닝에 참여하게 된다면 보다 효과적인 이러닝 과정의 개발 및 운영이 이루어질 가능성이 높아진다.

　교수설계자로서 교수자는 교수학습 및 수업전략을 설계하고, 학습목표 설정, 절차 및 방법 등을 안내하며 교수학습 활동을 지도하는 역할을 수행함으로써, 과정 개발이 이루어지는 전체 단계 속에서 그 역할이 이루어진다. 교수설계자로서의 교수자 역할은 다음과 같은 여섯 가지로 나누어 볼 수 있다.

- 교과목기획서 및 수업계획서 작성
- 학습목표 달성에 적합한 교수학습모형 선정
- 학습에 필요한 관련 도구 및 자료의 준비
- 학습 내용의 제시 전략 결정
- 교수학습 운영모델의 선정
- 세부적인 교수학습 전략의 선정 등

3) 학습촉진자

　교수자는 학습자들의 학습 활동이 활발하게 이루어질 수 있도록 친밀하고, 인간적이며, 사회적인 환경을 조성하는 등의 활동을 통해 학습자 그룹의 단결력을 도모하는 학습촉진자로서의 활동을 수행하여야 한다. 이러한 역할을 수행하기 위해서 교수자는 사이버 공간에서 발생하는 이러닝의 과정과 속성에 대해 깊이 이해하고, 사이버 공간에서 의사소통하는 능력과 학습자들의 상호작용을 촉진시키는 능력이 필요하다.

학습촉진자로서 교수자 역할의 핵심은 학습 활동을 수행하는 과정에서 사회적 상호작용을 기반으로 학습자들이 공동체 의식을 형성하고, 이를 기반으로 학습을 촉진할 수 있도록 지원하는 데 있다. 촉진자로서의 교수자 역할은 다음과 같이 다섯 가지로 나누어 볼 수 있다.

- 학습 분위기 조성: 교수학습 도입 과정에서 교수자들은 학습자들의 공동체 의식을 조성하고 학습자들과의 유대를 강화하는 등의 학습 분위기를 조성
- 학습동기 부여: 학습자에게 학습동기 부여가 될 수 있도록 학습자의 흥미와 관심을 이끄는 전략을 활용
- 상호작용의 촉진: 상호작용을 중심으로 한 과제 작성 지도, 질의응답 활동, 토론 등의 활동을 적극적으로 활용하여 교수자-학습자 간, 학습자-학습자 간 상호작용을 촉진
- 학습지원 도구의 적극적 활용: 사회적 상호작용의 활성화를 위해 이메일, 메신저, 전화 등의 다양한 도구를 활용하여 학습자와 소통하는 노력이 필요
- 즉각적인 피드백의 제공: 촉진자로서의 교수자는 학습자의 요청이나 도움에 즉시적인 피드백 제공

4) 안내자/관리자

교강사는 이러닝으로 운영되는 교수학습 과정에서 필요한 정보를 안내하고 학습을 관리하는 역할도 수행하여야 한다. 경우에 따라서는 교과 내용에 대한 전문적인 지식이 없이도 진행할 수 있는 과정 운영이나 행정과 관련된 역할이 포함되기도 한다. 안내자로서의 교수자 역할을 살펴보면 다음과 같다.

- 학습 활동에 대한 사전 교육 및 오리엔테이션 제공
- 교수학습의 전체 진행 일정 및 학습시간 안내
- 구체적인 학습 절차 및 방법에 대한 안내 등의 활동
- 수강 과목의 변경 및 취소를 위한 안내 활동
- 학습 활동에 참여하는 학습자의 신상 정보, 학습 이력에 대한 정보, 학습 성취도에 대한 정보 및 학습 선호도에 대한 정보를 확인하고 관리하는 등의 학

습자 정보관리 활동

- 개별학습 진도 등의 학습 활동을 모니터하고 학습자의 학습 진행 상태에 따라 학습에 적극적으로 참여하도록 독려
- 과정 운영 시 발생한 문제점 및 학습 자료, 요구분석 자료 정리
- 과정 종료 후 커뮤니티 개설 및 운용 등의 학습자 사후 관리

5) 기술전문가

교강사는 학습자가 이러닝을 수행하는 과정에서 발생하는 다양한 기술적인 문제, 즉 네트워크, 컴퓨터, 학습지원 프로그램, 학습콘텐츠, 학습관리시스템 등을 사용할 때 나타나는 문제점 등을 도와주고 해결해 주는 역할도 필요한데 이러한 역할을 기술전문가로서의 역할이라고 할 수 있다.

기술전문가로서의 교수자는 이러닝에 필요한 다양한 기술 관련 전문 지식을 갖출 필요가 있으며, 특히 다양한 학습지원 도구를 활용하는 데 어려움이 없어야 한다. 교수자가 기술전문가로서의 역할에 충분히 준비되면, 교수학습이 수행되는 과정에서 발생할 수 있는 문제점들을 사전에 방지하는 효과를 기대할 수 있다. 이러닝 운영 과정에서는 실제로 전문적인 기술지원 인력을 확보하여 시스템의 안정적 운영을 도모하여야 하며, 긴급하게 복구 및 대처를 통해 중단 없는 이러닝서비스가 가능하여야 한다. 물론 기본적으로 이러닝 과정 운영 시에는 교강사 외에 보다 전문적인 이러닝 기술 담당 전문 인력이 필요하며, 시스템 운영 및 관리에 책임을 다해야 한다. 기술전문가로서의 교수자 역할은 다음과 같다.

- 학습에 필요한 하드웨어 및 소프트웨어를 설치
- 학습운영관리시스템과 학습콘텐츠관리시스템의 기능을 숙지
- 학습과정에서 사용될 다양한 학습 도구의 기능을 숙지

4 운영 및 평가 관리

4.1 개요

이러닝서비스 운영이란 이러닝을 체계적이고 효율적으로 관리하고 보다 효과적인 학습이 일어날 수 있도록 학습 전, 학습 중, 학습 후의 모든 과정을 지원하는 학습 촉진 활동을 의미한다. 이러닝을 체계적이고 효율적으로 관리하기 위해서는 학습이 시작되기 이전부터 학습이 종료된 이후까지 학습자를 지원해야 하므로 이러닝서비스 운영은 학습 계획, 준비, 진행, 모니터링, 결과 분석, 관리와 관련된 제반 활동을 포함한다.

정성무 외(2008)에 따르면 이러닝을 운영하는 데 다음과 같은 다섯 가지 원칙을 준수하여야 한다고 제시하고 있다([그림 7-2] 참조). 이때의 이러닝 운영자는 교강사를 포함한 이러닝서비스 운영 인력 전반을 포함하는 것이라고 할 수 있으며 다섯 가지 기능을 구체적으로 살펴보면 다음과 같다.

첫째, 운영자는 콘텐츠의 전문적 지식을 기반으로 하며, 학습 공동체로서 활발한 상호작용이 일어날 수 있는 사회적인 분위기를 조성하는 운영을 해야 한다.

둘째, 운영자는 학습자들 곁에서 조언, 촉진, 중재하는 역할을 하고 학습자 주도의 이러닝을 유도하여야 한다.

셋째, 운영자는 학습자가 이러닝의 특성을 정확하게 인지하고 기술적인 학습 환경에 쉽게 적응할 수 있도록 도와주어야 한다.

넷째, 운영자는 학습 과정을 지속적으로 모니터링하여 학습자의 상황에 따라 신속하고 정확한 피드백을 제공하여 학습자에게 신뢰감을 주어야 한다.

다섯째, 운영자는 학습자의 동등한 학습 참여를 촉진하고 토론이나 기타 학습 과정을 적극적으로 중재하며, 적극적인 상호작용을 위해 학습 공동체 의식을 조성하는 전략을 활용하도록 해야 한다.

그림 7-2 기업 원격훈련에서의 이러닝 운영 절차 사례

강의 운영 전		강의 운영 중		강의 운영 후	
강의 운영 계획 수립	운영 전략 수립, 평가 계획 수립 등	학습 관리	강의 콘텐츠 관리, 과제, 평가, 토론 등 등록 및 안내, 강의 운영 일정 관리, 개별 학습자 진도 모니터링	강의 만족도 조사 및 결과 분석	학습자 및 교수자 만족도 조사, 만족도 조사 결과 분석
교수자 및 튜터 선정	강의별 교수자 및 튜터 선정, 강의 운영 방법 및 LMS 활용 교육 실시			성적 관리	학습자 성적 산출
		학습 지도	학습 동기유발 및 유지, 진도 및 학습 활동 독려(이메일, SMS, 메신저 등), 보충 학습 자료 제공, 학습자의 질의 응답 처리	데이터 백업	강의별 데이터 백업 및 보관
강의 개설 준비	강의 개설, 아이디 발급, 강의계획서 입력			다음 강의를 위한 준비	운영 결과를 종합하여 다음 강의 운영에 반영

출처: 정성무 외, 2008.

4.2 운영 영역별 교강사의 역할

1) 기업교육

기업의 교육훈련을 위한 교수자의 역할을 살펴보면, 이러닝콘텐츠의 개발 단계에서 특정 분야의 지식과 경험을 소유한 내용전문가로서 역할이 강조되는 경향이 있다. 이러닝에서는 학습콘텐츠의 개발 과정에서 교강사가 내용전문가로서의 원고를 집필하고, 개발된 콘텐츠의 내용을 검수하며, 필요시 동영상 강의를 촬영하는 등의 역할을 수행한다.

따라서 기업교육에서는 일반적으로 콘텐츠 개발 단계에서 내용전문가로서 참

여하는 경우 외에 과정 운영 단계에서 교강사가 직접 참여하여 그 역할을 수행하는 경우는 극히 드문 경우라고 할 수 있다. 따라서 자체 임직원에 대한 교육훈련 기관의 경우 교수요원이 별도로 존재하는 경우가 간혹 있으나, 주로 오프라인 교육훈련을 담당하는 경우가 많다.

이처럼 교강사가 서비스 운영 단계에서 그 역할을 수행하지 않는 환경은 콘텐츠 개발 시에 운영 환경에 대한 충분한 고려가 이루어지지 않을 위험이 있다. 또한 운영 단계에서의 교강사의 활동이 지나치게 축소되는 경향이 있다. 따라서 기업의 이러닝콘텐츠 개발 시에는 교수자와의 협의를 통해 보다 상세한 운영전략을 도출하도록 미리 준비하는 것이 필요하다.

기업교육에서의 이러닝은 일반적으로 과정운영 시에 교수자는 참여하지 않고 튜터 혹은 운영자를 활용하여 학습과정을 관리하게 되는데, 특히 학습내용과 관련된 질의에 대한 응답, 레포트 출제 및 채점, 평가문제 채점 등의 역할은 '튜터'를 통해 이루어지며, 수강신청, 학습안내, 퀴즈, 레포트, 시험 등의 각종 학습 활동 안내, 수료 처리 등의 안내자 및 관리자의 역할을 별도의 '과정운영자'를 두어 그 역할을 수행하도록 하는 경향이 많다.

한편, 기업교육의 이러닝서비스 운영 단계에서 교수자의 역할이 내용전문가 역할보다 안내자 및 관리자의 역할이 중심이 되는데, 이러한 이유로 실제로 과정 운영 시에 학습자는 전문적인 지식과 경험을 충족하였다는 느낌을 갖지 못하는 한계가 있다. 특히 전문적인 토론이나 질의응답 활동 등이 이루어지지 않을 가능성이 높다. 이러한 특성 때문에 기업교육에서의 이러닝의 효과성은 교수자의 이러한 역할 특성에 많은 영향을 받는 것으로 생각해 볼 수 있다.

학습자는 내용전문가로서가 아닌 튜터 역할이나 안내자 및 관리자 역할에 대해서는 적극적으로 상호작용하려는 의지를 보이지 않기 때문에, 과제 제출이나 토론 참여 등에 큰 열의를 보이지 않는 경향이 있다. 따라서 내용전문가의 부재가 느껴지지 않도록 체계적인 운영 전략 및 과제 등에 대한 전문적 피드백 전략이 요구된다(〈표 7-4〉 참조).

역할	영역	주요 활동
학습내용 및 평가 전문가 (교수적 역할)	학습내용(내용전문가)	• 지속적인 학습 내용 분석 • 학습자 수준별로 요구되는 학습 자료 제공
	학습방법(학습안내자)	• 평가문제 출제 및 채점 • 첨삭지도 제공 • 학습목표 제시 • 학습방법 안내
동기유발 및 상호작용 촉진자 (사회적 역할)	동기유발(동기제공자)	• 학습분위기 조성 • 학습자 학습동기 부여
	상호작용(학습촉진자)	• 상호작용 촉진 • 즉시적인 피드백 제공
	커뮤니티(학습운영자)	• 커뮤니티 개설 • 커뮤니티 주제 제시 • 커뮤니티 토론 진행 • 커뮤니티 운영
학습과정 안내자 (관리적 역할)	학습과정(학습관리자)	• 주요 수업 일정 안내 • 과제 안내 • 학습 방향 제시

출처: 이수정, 2009.

2) 고등교육

고등교육에서 이러닝을 운영하는 경우에 교수자의 역할은 내용전문가, 교수설계자, 촉진자, 안내자/관리자, 기술전문가의 모든 역할을 수행하는 것이 가장 일반적인 상황이라고 할 수 있다. 사이버대학의 경우는 교수자의 역할별로 보다 전문화된 별도의 전담인력을 두는 경우가 많아, 같은 고등교육기관이라도 교강사의 역할 모델이 다양화될 수 있다. 일반 대학의 경우 대학별 이러닝 운영 조직 및 규모에 따라 다양한 참여자의 역할 수행이 이루어진다.

고등교육에서 교수자는 교과목과 수업을 기획하고, 학습콘텐츠를 개발하는 과정에서 원고를 집필하며, 필요한 경우 동영상 강의 촬영 및 음성 녹음 등을 수행하고, 수업 운영을 통해 교수학습 활동을 진행하며, 수업진행을 위한 각종 안내 및 성적 처리 같은 학습관리 등의 역할을 담당하게 된다.

필요에 따라 수업 운영 과정에서 온라인 튜터나 운영자가 참여하기는 하나 이들 역할은 매우 부수적이며, 내용전문가로서의 역할이 가장 강조되는 형태로 운영된다고 볼 수 있다. 고등교육에서의 온라인 튜터는 교수자를 보조하여 질의응답, 리포트 처리, 시험성적 처리 등에서 일부의 보조적인 역할을 수행하고 주요 역할은 교수자가 전적으로 담당하기 때문에 학생들에게 그 존재가 직접적으로 노출되지 않는 경우도 있다. 운영자의 경우도 학사행정과 관련된 업무를 수행하는 데 초점을 맞추고 있기 때문에 아주 제한적인 참여만 이루어지는 경우가 일반적이라고 할 수 있다.

고등교육에서의 교수자는 컴퓨터, 네트워크 등에 대한 간단한 질의에 응답하는 기술적 역할도 수행하게 되는데, 특히 온라인 컨퍼런스 시스템이나 협력학습 도구 등을 자유롭게 활용할 수 있는 수준의 기술적 숙달이 필요하다. 이를 위해서는 사전에 기술적인 부분에 대한 충분한 교육과 함께 조직적인 지원체제가 마련되어 기술적인 문제가 발생하였을 때 신속하게 대처할 수 있는 환경을 마련하여야 한다. 이처럼 고등교육에서는 교수자가 이와 같은 다양한 역할을 원활하게 소화하고 수행할 수 있도록 교수자 지원체제를 갖추는 것이 무엇보다 중요하다고 할 수 있다. 이러닝 수업 기획 및 설계, 개발, 운영 및 관리의 각 단계별로 요구되는 교수자 지원체제는 다음과 같다.

첫째, 기획 및 설계 단계에서는 교수자가 교과목과 수업을 분석하고 설계하는 활동을 수행할 때 요구분석, 교수학습모형이나 방법에 대한 전문성을 가진 교수설계자의 지원이 필요하다.

둘째, 학습콘텐츠 개발 단계에서는 교수설계자, 웹디자이너, 멀티미디어 전문가, 프로그래머 등의 전문 개발팀의 지원이 필요하다.

셋째, 수업 운영 및 관리 단계에서는 이러닝 교수학습 활동을 운영하는 과정에서 온라인 튜터나 운영자의 도움이 요구된다.

효율적으로 교수자의 역할을 지원하기 위해서는 대학의 학습관리시스템(LMS), 학습콘텐츠관리시스템(LCMS), 학습콘텐츠개발관리시스템(LCDMS)과 학사행정시스템의 기능 지원이 원활하게 이루어질 필요가 있다.

3) K12

K12(초·중·고등학교까지의 12년 교육)에서 이러닝을 운영하는 경우에 교수자의 역할은 기업교육이나 고등교육 환경과는 또 다른 특성을 가진다고 할 수 있다. K12에서 이러닝 운영은 주로 각 시·도 교육청 단위에서 운영하는 사이버가정학습을 활용하여 수행되는데, 이러한 경우 이러닝 운영에 참여하는 인력은 시·도 교육청 단위의 기획 및 운영자, 학교 단위의 사이버교사로 구성된다.

사이버가정학습에서 사이버교사의 역할은 교실수업과는 다른 다양한 활동과 능력을 요구하는데, 학습자가 각자의 목표에 잘 도달할 수 있도록 도움을 제공하는 조력자, 개인적인 특성이나 수준을 고려하여 가장 적합한 학습내용과 적절한 매체를 안내해 주는 안내자, 학습자의 능동적인 학습참여를 유도하고 독려하는 촉진자의 역할 등 매우 복잡하고 다양한 활동들이 포함된다. 사이버가정학습 환경에서의 참여 인력의 역할은 다음과 같이 구분된다.

(1) 기획 및 운영자

시·도 교육청의 기획 및 운영자는 과정을 기획하고 온라인수업 운영 및 관리를 담당하며, 사이버교사를 지원하는 역할을 수행한다.

(2) 교수자

교수자는 학교 단위의 사이버가정학습체제의 운영에 참여하는 사이버교사로 주로 학습자의 학습 활동을 지원하고 안내하는 역할을 수행하며, 시·도 교육청 운영자의 지원을 받아 실제로 교수학습을 준비, 도입, 전개 및 정리하는 전체 과정을 주도한다.

한편, 사이버가정학습에서의 교사의 역할은 교수적 역할, 사회적 역할, 관리적 역할, 기술적 역할의 네 가지로 나누어지는데, 이에 대한 내용은 〈표 7-5〉와 같다.

〈표 7-5〉 사이버가정학습에서 교사의 역할

구분	준비 단계	시작 단계	진행 단계	마무리 단계
교수적 역할	1) 교수설계 활동 • 콘텐츠 설계 및 개발 • 콘텐츠 선정 및 수정 • 학습 자료 및 도구 준비 • 사이버학습 전략 수립	2) 학습전략 지원 • 강좌목표 제시 • 학습절차 제시 • 학습 방법 설명(토론 등) • 시간관리 지원 3) 학습 동기유발	4) 과제 및 토론 지도 • 내용 설명 • 과제 점검 및 지도 • 토론 참여 및 요약 • 사례 제시 • 참고문헌 및 자료 제시 5) 피드백 제공 • 피드백, 코멘트 제공 • 질문 및 답변 6) 학습동기 유지 • 모범사례 제시 • 경쟁, 목표의식 도입 • 동기부여를 위한 메시지 제시 • 학습 상담 제공	7) 정리 및 평가 • 학습 정리 • 평가 • 추후학습 안내
사회적 역할		1) 공동체 의식 조성 • 자기소개 기회 제공 • 면대면 미팅 기회 제공 • 채팅, 게시판을 통한 친교 활동 지원 2) 학부모와의 관계 형성 • 안내문 발송하기 • 전화 및 이메일 발송 • 학부모 지침서 배포하기	3) 상호작용 독려 • 긍정적 메시지 사용 • 사적인 메시지 제공 • 개인적 접촉의 기회 제공(전화, 이메일 등) • 학생들의 협동 격려 • 상호작용을 요구하는 과제 및 활동 제시	4) 학습동기 유지 • 학습 결과에 대한 긍정적 피드백 • 학습 과정에 대한 칭찬 • 자기주도적 학습 능력 격려
관리적 역할	1) 학습자 정보 관리 • 학습자 정보 확인 • 학습 그룹 선정 • 학습 수준 고려 2) 홍보 및 안내 3) 학습자 준비시키기 • 새로운 환경의 특성 설명 • 사이버학습의 장단점 • 학습자 참여의 중요성	4) 학습 안내하기 • 학습 과정, 학습 방법 설명하기 • 화면구성 설명하기	5) 학습과정 점검 • 접속 횟수, 시간 • 과제물 제출 횟수 및 시기 점검 • 토론 및 의견 개진 횟수 및 시기 점검 6) 학습참여 촉진 • 토론 및 학습 활동 참여 유도 • 행정적 피드백 제공	8) 성적 관리 • 성적 기록 • 수업의 효과성 평가 • 학생 · 학부모에게 학습 결과 통보

	•사이버학습을 위한 규범 및 규칙 •학습자의 역할, 교수자의 역할		•전화, 이메일 등을 통한 학생 참여 독려 •전화, 이메일 등을 통한 학부모와의 연락 7) 건전한 학습환경 유지 •윤리 규범에 어긋나는 행동 규제 •모욕적 표현, 저속한 표현 규제 •해롭거나 불법적인 정보 교환 규제 •학습자의 개인정보 보호	
기술적 역할	1) 시스템 준비 •학습에 필요한 하드웨어·소프트웨어 사양 점검 •사이버 환경의 특성 이해 •시스템 기능과 특성 숙달	2) 시스템 작동 점검 •작동 여부 점검 •필요한 소프트웨어 설치 및 사용방법 확인	3) 시스템 운영과 이용에 대한 질의응답	

출처: 최정임, 2005.

제 8 장

08

이러닝 품질관리

1 품질관리와 품질인증

1.1 품질인증 개요

1) 품질인증의 필요성

교육기관뿐만 아니라 민간기관에서 개발한 교육용 콘텐츠 중 양질의 학습 자료 선별과 품질이 관리된 특화된 정보를 사용자에게 제공해야 한다. 따라서 교육용 콘텐츠에 대한 무분별한 사용을 자제하고 양질의 콘텐츠를 유통하고 활용한다는 측면에서 국가 수준의 질 관리 조직에서는 교육용 콘텐츠에 대한 질 관리 지침을 생명 주기에 따라 세분화하여 제시할 필요가 있다. 또한 양질의 학습 자료를 선별하는 것도 중요하지만 기존 자료를 재가공하여 활용함으로써 콘텐츠의 생명 주기를 연장하는 시스템 개발도 필요하다.

2) 품질인증의 방향

이러닝콘텐츠 및 서비스의 품질인증을 생각할 때 이러닝을 양적으로 확대시키는 적절한 방법은 두 가지가 있다. 하나는 학습관리시스템(LMS: Learning Management System)이나 데이터 교환을 위한 상호운용성을 확보하고, 사용자에게 이러닝콘텐츠 및 서비스에의 신뢰와 기대감을 줄 수 있게 하는 것이다. 그러면 사용자가 이러닝서비스나 상품을 마음 놓고 구입할 수 있게 되고, 불이익이 발생하지 않게 되며, 나아가서는 교육 생산성이나 효율성이 증대되도록 품질인증을 실행하는 것이다.

다른 하나는 기본적으로 시장에 의한 평가에 맡기는 것이다. 품질의 좋고 나쁨은 사용자의 요구사항에 따라 다르고, 사용자의 수준에 따라 판단기준도 다르기 때문에 공통적인 품질인증 평가 항목을 요구하는 것은 어렵다.

3) 품질인증에 대한 대응

이렇듯 이러닝 비즈니스의 품질에 관한 내용을 콘텐츠 및 서비스에 초점을 두고 생각하여 보면 이러닝 품질에 대해서는 추상적 수준 정도에서 합의될 수는 있지만 현실적인 수준에서는 아직도 모색 단계이고, 어느 하나도 신뢰적 수준에 있는 모형이 확립되어 있지는 않다. 이러닝콘텐츠 및 서비스와 관계되는 품질인증의 국제 동향에 대해서는 ISO/IEC(International Standardization Organization/International Electric and Electronic Technical Commission) JTC1(Joint Technical Committee 1) SC36(Sub Committee 36)을 비롯하여 CEN/ISSS(Committee of European Normalization/Information Society Standardization System), ASTD 및 일본을 포함한 아시아의 나라들에서도 연구가 시작되었지만 아직 충분한 논의가 되지 않은 것이 실제 현상이어서 이러닝의 시장 형성과 지역적 경제 단체 간의 이해관계와 함께 이러닝에 관한 품질인증의 가치관과 기본구조를 충분히 반영하여 단계적으로 품질인증안이 만들어져야 할 것이다.

4) 이러닝 시장의 중요성

국내 이러닝 시장의 경쟁력을 높이기 위해 다양한 학습 방식 및 양질의 교육과정 개발의 필요성이 커지면서 이러닝의 품질인증에 대한 필요성이 늘어 가고 있는 추세이며, 교육 시장의 세계화로 인한 다양한 교류, 정보통신기술의 발달로 인한 다양한 교육 수요가 증가하고 있고, 국가 간 경계를 넘어 원격에서 교육을 제공하는 이러닝 교육기관들이 대학 과정이나 특정 전문 프로그램 등을 국경을 넘어 제공하고 있다. 따라서 전 세계적으로 각 대학마다 재정 확보와 교육 시장 선점 등의 이유로 타국에 대한 교육 시장을 확대하려는 가능성이 매우 커지고 있으며, 미국, 호주, 유럽 등의 국가에서는 이미 현실로 나타나고 있다.

이러닝 제품들이 이러닝 시장에서 상품으로서의 가치를 유지하기 위해서는 최소한의 표준안 마련이 필요함에 따라 품질인증제를 통하여 표준화 정착이 요구되고 있으며, 전 세계적으로 아직 시도되지 않은 다양한 플랫폼 환경을 지원하는 품질인증 기술의 제공이 가능해짐에 따라 세계가 공유하는 표준안을 개발하고 시장을 선점하여 세계 표준화를 주도할 수 있다.

또한 솔루션, 콘텐츠 및 서비스에 이르기까지의 폭넓은 범위의 품질인증 방안과 교육기획이나 교수설계를 반영한 학습자 위주의 다양한 이러닝서비스 형식도 고려하여 이러닝 품질인증이 마련되면 학습자에게는 보다 양질의 교육서비스를 제공할 수 있는 환경을 만들 수 있으며, 교육콘텐츠, 솔루션 및 서비스 제공자들에게는 최소한의 교육 자원 질 향상을 위한 기초자료를 마련할 수 있을 것이다.

5) 품질인증 표준화의 이슈

(1) 멀티플랫폼 환경지원 품질인증 표준화 모형

기존의 이러닝 기술이 단일 플랫폼별로 학습콘텐츠를 독립적으로 이용하는 데 비해, 서로 다른 통신망과 단말기 간 이동 시 학습의 일관성을 유지하게 하여 언제 어디에서도 학습이 가능하게 하는 학습에 대해서도 품질인증이 가능해짐에 따라 양질의 교육서비스를 제공할 수 있다. 이는 다른 기종 플랫폼 간 학습콘텐츠의 자유로운 이동이 가능하기 때문에 이러닝 분야의 새로운 비즈니스 모형의 창출에 기여할 수 있다. 더욱이 우리나라의 수준 높은 정보통신 인프라의 활용과 더불어 치열한 교육환경을 고려한 국제표준안에 대한 제안이 가능하다.

(2) 교육공학 기반의 품질인증 모형

표준화 연구를 통해 교수자와 학습자 간의 일방향적인 학습 방식과 달리 교육공학적 측면에서 교수자와 학습자, 학습자와 학습자 간에 다양한 협력학습을 가능하게 하여, 학습효율을 높일 수 있는 기술을 적용한 교육모형에도 적용이 가능한 품질인증 모형을 표준화할 수 있다. 이를 통해 학습콘텐츠의 상호운용성과 재활용, 협력학습 지원을 위한 표준 기술의 개발 및 이러닝솔루션 개발기술을 한 단계 선진화시킬 수 있다. 따라서 이러닝 표준화 기술을 선도함과 동시에 이러닝 솔루션 표준화를 주도할 수 있는 시도가 될 것이다.

(3) 개인 맞춤형학습 기반의 품질인증 모형

아직 보편화되지 않은 멀티플랫폼을 지원하고 학습효율을 극대화하는 학습모형 기술들을 포함하는 품질인증 표준화 모형을 개발하여야 한다. 이는 기존에 학습자의 특성이나 능력을 고려하지 않은 일방적인 지식 전달 위주의 방식도 포함하고, 학습자의 능력, 스타일, 목표, 선호 등을 반영한 맞춤형 교육을 제공할 수 있는 기술도 평가할 수 있는 모형을 포함할 수 있다.

1.2 품질인증의 개념과 정의

1) 품질관리 개념

품질은 크게 품질관리와 품질특성이라는 두 가지 관점에서 살펴볼 수 있다. 품질관리는 품질계획, 품질제어, 품질인증 및 품질개선의 4개 요소로 구성된다. 또한 품질특성은 제품 품질특성과 프로세스 품질특성의 두 가지로 구성된다. 제품 품질특성은 또다시 설계 품질과 적합 품질의 두 가지 요소로 구성되며, 적합 품질의 경우 소프트웨어 영역에서는 프로그램 품질로 파악할 수 있다.

품질특성은 대부분 가시적 상품에 관한 제품 품질특성의 관점이며, 프로세스 품질은 작업 프로세스 개념을 반영한 것으로 프로세스를 구성하는 설계 프로세스와 프로젝트 프로세스의 두 가지 품질특성 개념이 있다([그림 8-1] 참조).

2) 품질인증 개념

품질인증이라 함은 품질에 관련되는 활동 전반에 대하여 인증하는 절차를 말하며 ISO 8402에 의하면 '제품은 그 제품의 질적 요구수준에 대하여 항목 간 기댓값을 채움으로써 충분한 신뢰감을 제공하기 때문에 필요수준에 따라 품질시스템 내에서 요구사항이 실증되는 모든 계획적이고 체계적인 활동'으로 정의되고 있다.

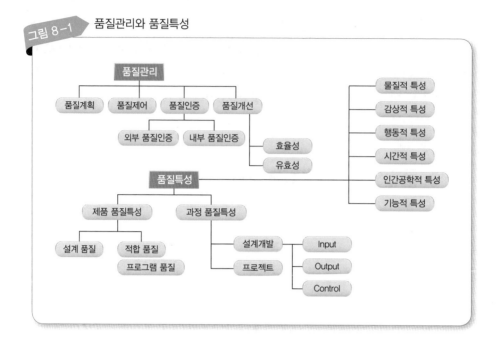

그림 8-1 품질관리와 품질특성

3) 품질인증 방법

품질인증 방법에는 내부 품질인증과 외부 품질인증이 있다. 내부 품질인증이란 관리자 및 경영자에게 신뢰감을 주기 위해 기업 내부적으로 시행하는 것이고, 외부 품질인증이란 고객 및 사용자에게 신뢰감을 주기 위해 시행하는 것이다. 즉, 고객이 바라는 것이 무엇인가를 파악해 이를 수용함으로써 고객이 마음 놓고 안전하게 제품을 구매하여 사용할 수 있게 하는 체계적인 활동이다.

어떤 방법이든 기본적인 것은 책임과 권한의 명확화에 있다. 무엇을 어느 책임 범위에서 어떠한 프로세스 및 기준에 따라 시행하여 그 결과가 어떻게 나타났는가를 제시하는 것이기 때문이다. 더욱이 요구사항이 명시된 항목을 특정한 기준을 통해 품질을 인정받는 활동의 결과 정보를 명확하게 제시한 것으로써 품질을 인증하는 것이다.

따라서 품질인증에는 상품에 대한 품질인증의 활동과 절차 또는 과정에 대한 품질인증의 측면이 있음을 인식하여야 한다. 대체로 상품에 관한 품질문제는 크기, 안전성, 불량률, 내구성 등 물리적 조건에 의한 품질평가가 이루어진다. 반면, 서비스 혹은 소프트웨어형의 용역 또는 상품에 대하여는 물리적 품질보다는 절차적 품질관리를 더 중요하게 여긴다. 대체로 이런 용역(서비스 상품)의 경우 불가시적 상품이 많기 때문이다. 환경, 공정, 소프트웨어의 제작 등이 이 유형에 포함된다고 할 수 있다.

[그림 8-1]은 품질관리의 계통과 품질인증과 품질관리 사이의 관계를 잘 보여 주고 있다.

2 이러닝 품질인증 범위

이러닝 품질인증을 위한 표준화 영역은 매우 범위가 넓다. 그러나 대부분의 경우 교육 자원을 이러닝콘텐츠로 만드는 작업과정에 교육정보기술과 교육공학이 포함되어야 하고, 이 콘텐츠를 교육하는 과정까지를 포함하고 있다. 이를 교육 자원의 생성과 교육과정이라는 흐름 및 표준화의 필요성으로 구분하여 보면 다음과 같이 그 범위를 구분하여 설명할 수 있다.

2.1 이러닝 구성요소

이러닝의 구성요소를 살펴보면 첫째는 학습내용 객체인 콘텐츠이고, 둘째는 학습과 교수를 이어 주는 솔루션, 그리고 관리자 같은 학습 활동과 관련된 사람들의 서비스와 그들이 활동하는 공동체(community)이다.

외형상으로 이러닝은 여기에 학습 관련 주체들을 연결하는 네트워크와 하드웨어 기반이 종래의 교실중심 교육(classroom instruction)에 추가된 것으로 보인다. 그러나 내용적으로 살펴보면 몇 가지 중요한 사실을 내포하고 있다.

2.2 품질인증 범위를 위한 학습체계 분석

1) 학습결과 인정 방법의 변화

우선 이러닝은 향후 더 이상 보완교육이 아니라 대체교육을 지향하고 있다는 것이 중요한 사실이다. 이는 이미 사이버 강좌 및 학점 인정, 학과의 설치, 대학의 설치 및 대학교와의 동등 자격 인정 등 국내외적으로 널리 확산되고 있는 현실을 보면 쉽게 이해할 수 있다.

2) 재사용성

다음은 학습내용인 콘텐츠의 재사용성(reusability)에 관한 문제로서 플랫폼 중립성(platform neutrality)을 지향하고 있는 점이다. 이는 서로 다른 기종 간의 학습 객체의 상호운용성(interoperability)과 이식성(portability), 유연성(flexibility)과 내구성(durability) 등 컴퓨터 환경 변화에 독립적으로 사용할 수 있어야 한다.

3) 학습 공동체

공동체를 통한 교육은 인위적 공간을 통해 학교, 교수자, 학습자, 관리자의 유기적 활동을 지원함으로써 학습자는 자기역량을 진단하여 맞춤형 콘텐츠의 교육과정을 선택할 수 있는 자율학습 관리가 가능해야 한다. 즉, 모든 학습절차나 방법이 가르치는 데 중점을 두는 것이 아니라 지식을 습득하는 데 중점을 두고 있다. 이런 목적을 달성하기 위해 적어도 학습관리시스템은 학습자의 모든 학습 관련 행위(learning behavior)를 추적(tracking)하여 이를 전문가 지원체제로 관리할 수 있게 함으로써 교실교육에서 얻은 교육성과나 학습효과보다 더 좋은 결과를 유도할 수 있게 한다.

4) 오프라인 제약 조건의 보완

전통적인 교육은 제도교육으로서 일률적인 규격에 의해 형식을 중시하는 훈련이며, 강의실 등 물리적 공간에 소집하여 교육하는 것이므로 이에 따른 많은 제약조건을 가진다. 기존의 사이버교육은 이런 단점을 보완하여 오프라인교육을 보다 더 보완해 주는 교육으로서 온라인교육을 활용하는 데 그 중점을 두고 있었다. 이른바 블렌디드러닝(blended learning)이라고 할 수 있었다. 이와 비교할 때 이러닝은 사이버 공간에서 이루어지는 교육환경 외에 학습 참여자의 공동체 생활이 오프라인 학교 생활보다 뒤떨어지지 않는 것은 물론 많은 온라인교육 활동을 통해 더 나은 학습 환경을 마련한다.

5) 접근 유연성

수업의 접근 유연성(flexibility)과 시간과 공간에 얽매이지 않아도 되는 접근 자유성(any time, any place)이 항상 보장된다. 동시에 교육에 사용되는 콘텐츠는 표준화하고 교육과정과 콘텐츠를 철저하게 분리함으로써 교육 자원에 대한 재사용성의 효과를 높여 물리적 공간에서 이루어지는 기존의 교육보다 훨씬 시간과 비용 면에서 경제적으로 수업 효과를 이루겠다는 것이 중요한 차이점이다.

3 ▶ 품질인증 대상

앞에서 학습 자원의 제작 흐름을 분석한 결과를 감안하면 교육이 이루어지는 과정을 구성요소와 함께 도식으로 보면 [그림 8-2]와 같다.

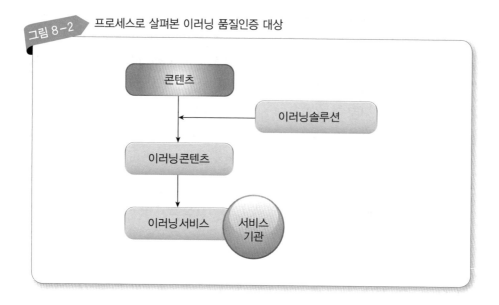

그림 8-2 프로세스로 살펴본 이러닝 품질인증 대상

3.1 이러닝솔루션

이러닝솔루션이라 함은 교육콘텐츠를 이러닝콘텐츠로 바꾸는 데 소요되는 컴퓨터 단위 프로그램으로부터 학습관리시스템(LMS: Learning Management System)이라 일컫는 종합적인 교육관리 프로그램에 이르기까지의 모든 관련 프로그램을 통칭하며 다음을 포함한다.

- 학습관리시스템
- 기관관리, 학습자관리, 교사관리, 코스관리 등의 개별 시스템
- 학습관리시스템의 프로그램 또는 도구

3.2 이러닝콘텐츠

교육콘텐츠로 이러닝콘텐츠를 생성한 모든 이러닝 과정 또는 과목으로서 교육의 흐름을 포함하고 있는 디지털콘텐츠와 이를 관리하는 시스템을 통칭하며 다음과 같은 내용을 포함한다.

- 학습콘텐츠관리시스템(LCMS: Learning Content Management System)이 포함된 이러닝콘텐츠
- 교육 흐름이 있는 교육자원 또는 교육콘텐츠
- 콘텐츠의 생성과 관련한 도구가 포함된 이러닝콘텐츠
- 교육 자원관리의 개별 프로그램 또는 도구가 포함된 이러닝콘텐츠

이러닝콘텐츠에 대하여 2005년 한국교육학술정보원의 보고서를 인용하여 조금 더 자세하게 설명하면, 일반적인 콘텐츠를 두 가지 개념으로 정의하고 있다. 첫째, 협의의 개념으로는 문자, 소리, 회상, 영상이라는 기존 정보 형태의 근간을 이루는 내용물 또는 멀티미디어 소프트웨어를 작성할 때 필요한 사진이나 동영상, 음성 등과 같은 소재를 의미한다.

둘째, 광의의 개념으로는 미디어를 통해 표출될 수 있으며 권리 관계를 주장할 수 있는 모든 종류의 원작을 말하며, 교육용 콘텐츠는 교육과 관련된 콘텐츠, 교육 목적으로 활용하는 콘텐츠, 교육 목표를 달성하기 위한 콘텐츠의 의미를 포함하여야 하고, 교육 및 교육지원에 활용할 목적으로 자료를 디지털 형태로 가공하여 오프라인, 온라인 및 모바일 환경에서 유통할 수 있도록 한 콘텐츠를 이러닝콘텐츠로 정의하고 있다.

3.3 이러닝서비스

이러닝콘텐츠를 적절한 기기와 네트워크를 통해 서비스를 하는 모든 과정을 통칭하며 다음과 같은 내용을 포함한다.
- 이러닝서비스 운영시스템
- 이러닝서비스 기관
- 이러닝의 운영 과정
- 이러닝의 관리 과정
- 학습자의 사후 관리 과정
- 시스템의 관리 능력 및 관리 과정

4 ▸ 품질인증 정책과 제도

4.1 국가별 이러닝 및 품질인증 정책

1) 유럽

유럽연합(EU: European Union) 등 선진국을 중심으로 이러닝을 활용한 교육 혁신 추구, 학교·지역 간 네트워크화, 소외 계층 지원, 교원의 정보통신기술(ICT: Information & Commication Technology) 활용능력 강화 등을 추진하고 있다. 유럽은 연합으로 추진하고 있는 이러닝으로서 인프라 구축과 브로드밴드를 활용한 교육서비스까지 포괄적인 범위와 방법을 포함하고 있다.

영국은 교육부(DFES)에서 'education and skill 2002~2007' 정책하에 이러닝을 통한 평생학습 기반 마련을 추진 중이며, 최고의 목표를 개인의 역량 강화에 두고 학습과정과 결과가 개인화하는 데 초점을 두고 있다. 아일랜드는 인터넷 접속 면에서 EU 중 하위 두 번째 국가임에도 불구하고 최근 첨단 정보화 인프라 구축에 박차를 가하고 있으며, 연구와 효과성 분석을 중심으로 하는 이러닝 전략을 세우고 있다.

2) 미국과 호주

미국은 국가 정책을 지원하기 위해 다양한 프로그램(Technology Innovation Challenge Grants, Assistive Technology State Grants)을 통해 단계적으로 지원하였으며, 주마다 경쟁적으로 지원하여 보조금을 수여받았다. 호주는 정보와 경제의 주도권 확보라는 비전을 갖고 이러닝을 추진하고 있다.

4.2 이러닝 품질평가 요구

1) 이러닝 질 저하 우려

이러닝은 인터넷의 보급과 활용이 늘어나 정보통신기술 인프라 구축이 완료됨에 따라 지난 10년간 국가 간 경계선을 넘는 교육활동과 서비스가 증가하고 있다. 급속도로 변화하고 있는 교육 현장과 패러다임은 기존의 교육체제를 벗어난 기관을 통한 교육서비스가 늘어나면서 이에 대한 피해와 문제점들이 지적되었다.

2) 국가 간의 이러닝 질 관리 문제

1990년 이후 교육의 품질제고는 세계 여러 나라의 주요 관심 대상이었다. 더욱이 국가 간 경계를 넘는 이러닝 학습에 대해서는 교육의 질 저하 우려와 함께, WTO/GATS(General Agreement on Trade in Service, 서비스 교역에 관한 일반 협정)는 교육 수요자의 학습권 보장이라는 목적하에 교육을 타 무역협정과 같이 취급할 것을 권고하고 교육서비스에 대한 질 관리를 국가 간 협정을 통해 추진해야 함을 천명하였다. WTO/GATS가 교육서비스에 대한 품질관리의 필요성을 시사하면서 2004년부터 OECD(Organization for Economic Cooperation and Development, 경제협력개발기구)와 UNESCO(United Nations Educational, Scientific and Cultural Organization)는 고등교육과 이러닝 품질관리 가이드라인을 공동으로 개발하게 되었다.

OECD는 2005년 11월, UNESCO는 12월에 가이드라인에 대한 권고안을 작성하여 참여국들에게 고등교육과 원격교육에 대한 품질관리의 중요성을 공포하였다. 이 가이드라인은 비강제적 권고안이지만 참여국들이 이를 적극 수용할 것으로 예상하였으며, 특히 수출을 추진하는 국가나 수입할 대상국에서 품질관리에 대한 정보를 요청할 경우 품질관리 마크 역할을 할 것으로 보였다. 그러나 세계 몇 개 국가 외에는 아직 체계적인 품질관리 체제를 확립하지 못한 국가들이 많으며, 여러 국가들은 서둘러 품질관리 가이드라인을 준비하고 있는 실정이다.

국가별로 고등교육과 원격교육에 대한 품질관리가 이루어지지 않은 것은 아니나 OECD/UNESCO 가이드라인은 국가기관도 교육을 제공하는 입장에서 체계적인 품질관리에 대한 전략을 세울 것을 요구하고 있다. 이러한 국가 차원의 노력은 자국민과 세계 다른 국가의 교육 수요자를 보호하려는 노력의 일환이며 세계 무역서비스 협정의 일환으로 교육서비스에 대한 질 관리가 국가적 책임임을 강조하고 있다.

3) 해외 국가의 이러닝 전략과 품질인증 동향

최근 이러닝은 국제화, 세계화의 원동력이 되고 있으며, UNESCO, OECD, 세계은행 등 국제사회에서 거듭 언급하는 이러닝은 ICT 인프라 구축 여부와 정도에 따라 다르게, 그러나 같은 맥락에서 정책에 반영되고 있다. 여러 나라의 이러닝 동향을 검토해 보면 다음과 같은 품질관리와 관련된 동향을 볼 수 있다.

(1) 국가 경쟁력과 인적자원개발을 위한 이러닝 정책

서양 국가, 특히 아일랜드, 영국과 호주 등에서 보듯이 이러닝을 위한 특정한 국가적 정책, 계획, 전략, 프로그램 등을 구비하는 나라들이 점점 증가하고 있다. EU도 연합의 특성과 문화를 최대한 고려한 이러닝 전략 i2010을 제시하였으며, 영국 역시 개별적으로 또는 공동의 이러닝 전략을 가시화하고 있다. 또한 대다수의 국가와 EU가 이러닝을 위한 가이드라인을 개발하고 있는 점을 비추어 볼 때, 이러닝이 전 세계 많은 부분에서 최우선 사항이 되어 있음을 알 수 있고, 이를 국가 경쟁력 강화와 인적자원개발을 위한 핵심전략으로 다루는 나라가 많음을 알 수 있다.

(2) 이러닝을 통한 접근성 확대 전략

국가적·국제적인 정책, 계획, 전략은 이러닝 기반구조 향상을 위한 필요성을 충족시키는 방향으로 제시되어 있는 경향이 많다. 이것은 국가와 지역별 차이가 현저하기는 하나 이러닝 정책에 인프라 구축, 네트워크 연결, 브로드밴드로 인터넷 연결, 대학과 도서관, 정부 간의 연결 등을 포함한다. 이러닝 양상은 대만, 호주, 아일랜드, 영국, EU의 국제적 정책에 언급되어 있다.

(3) 이러닝 품질인증 프레임워크 개발 및 활용 정책

이러닝과 고등교육의 품질인증은 많은 국가들의 국가적 정책, 계획, 전략, 프로그램들의 주요 항목 중의 하나이다. 호주는 기술적 상호운용 가능성과 지적재산권을 위한 국가적 공통기준을 개발 중이며, 뉴질랜드는 개방된 상호운용 가능성 규칙과 기준을, 아일랜드는 품질인증에 관한 교사, 학부모 등을 위한 일반적 권고서를 개발하였다.

영국은 업그레이드된 지적재산권 가이드라인과 온라인 자원을 위한 국가적 기준을 위한 프레임워크에 관하여 언급하고 있다. 또한 이러닝의 연구, 평가, 모니터링은 품질인증의 일부분으로 여겨질 수 있으며, 이는 대만, 호주, 아일랜드, 영국이 언급하고 있다.

(4) 이러닝의 질 향상을 통한 소수 계층 지원 정책

이러닝과 이러닝 품질인증을 통해 양질의 이러닝콘텐츠를 소수 계층을 위한 특수목적의 교육에 활용하는 정책에 이용하고 있다. 소수집단의 학생, 장애학생, 외진 곳의 학생, 학습장애를 가진 학생들도 도울 수 있도록 하는 정책이다.

이러닝을 위한 자원 센터는 대만, 호주, 아일랜드 등에서 소외계층과 불이익 집단을 위해 효율적으로 사용되고 있으며, 중국은 서부지역을 포함하는 이러닝 정책이 필요하다는 보고가 있었고, 뉴질랜드는 마오리 족을 위한 이러닝 프로그램을 개발하는 지원정책이 필요하다고 언급하고 있다.

아일랜드는 이러닝에 접속할 수 있는 자와 없는 자 간의 디지털 격차를 줄이는 이러닝 정책이 필요하다고 언급하고 있으며, 영국은 학습 활동에 적극적이지 않거나 소외된 학습자를 참여하게 만들 수 있도록 이러닝과 전자전달을 이용하고 있음을 밝혔다. EU의 이러닝 프로그램은 지역적·사회경제적 상황, 특별한 필요성 등 때문에 전통적인 교육기회를 가지기 어려웠던 학생들에게 기회를 제공하는 것을 적극 포함하고자 한다.

(5) 이러닝 개발과 전달에서의 국제적 협력 요구

대다수 국가들이 이러닝과 관련한 협력 작업을 언급하였다. 호주는 뉴질랜드 외에 다른 국가들과 교육과 훈련 분야에서 넓은 네트워크의 전략적 동맹을 위한 필수사항을 언급하였으며, 영국은 근처 4개 국가와의 연합, EU 등 공공과 사설기관의 이러닝을 위한 협력관계 전략을 구비하고 있다.

특히 EU의 많은 프로젝트들은 일명 '쌍둥이 프로젝트(twinning projects)'로 2개 이상의 기관, 국가, 협의체와 산업 등이 연결된 프로젝트를 적극 권장하고 있다. 영국은 고용자들과 교육 제공자 사이의 네트워크, 학교와 대학의 협력을 통해 교과과정의 더 폭넓은 선택, 학교와 대학 간 공유된 외부 네트워크를 통해 교사들이 정보와 우수 사례를 공유할 수 있도록 한 점 등을 언급하고 있다.

(6) 연합 형태의 가상캠퍼스 확대

많은 나라들이 연합 가상캠퍼스를 만들고 있으며 UNESCO의 가상학교 등도 그중 하나이다. EU 정책은 이에 대하여 매우 자세히 밝히고 있으며, 가상캠퍼스의 설립을 유명한 에라스무스 프로그램(Erasmus Program)과 연결하였다. 가상캠퍼스는 정부 혹은 국제기구가 참여하는 것도 있지만 대부분 교육기관의 특성과 필요에 따라 자체적으로 가상캠퍼스를 확대해 나가고 있다.

(7) 국가적 경계를 넘어선 정보의 공유와 배포

이러닝에 대한 자료는 특히 국제 네트워크와 정부 간의 긴밀한 정보 공유를 강조하고 있다. 특히 EU의 정책들은 모든 참여국이 공유해야 하는 어려움으로 인해 정보공유를 위한 시스템을 먼저 준비하고 진행하는 것으로, 정보공유를 특히 강조하고 있다. 이러닝 결과의 배포 노력이라는 점을 특별히 강조하고 있으며, 이는 국가적 경계를 넘어선 공부, 이벤트, 프로젝트, 연구결과 등 관련 정보도 포함한다.

결국 해외 이러닝 전략의 경향은 이러닝의 품질관리와 접근성 확보를 통해 국가인적자원개발의 도구로 도입하고 있다는 것이다.

4.3 품질인증 실행 5단계

1) 평가 준거의 개발

이러닝 품질관리 평가 기준은 기준에 대한 전문성, 신뢰성, 객관성, 공정성 등과 교육 현장의 사용편이성 등에 초점을 두어 개발된다. 이러닝 품질관리 평가 준거는 평가 기준의 영역을 구분하는데, 콘텐츠, 솔루션 및 운영/서비스 분야이다.

(1) 콘텐츠

콘텐츠는 그 접근 방법에 따라 다음과 같이 구분할 수 있다. 미시적 접근에서는 디지털화된 문자나 그림, 음성, 동영상을 의미하지만, 거시적 접근에서는 교육 및 교육지원에 활용할 목적으로 자료를 디지털 형태로 가공하여 오프라인, 온라인 및 모바일 환경에서 유통할 수 있도록 한 콘텐츠를 의미하기도 한다. 즉, 콘텐츠 품질관리는 작게는 동영상의 프레임 제한부터 물적 기반을 포함한 콘텐츠로 볼 수도 있다. 이러닝 품질관리를 위한 평가 준거 개발에서는 전통적 개념의 원격교육 지원을 위한 콘텐츠(CD-ROM 등)뿐만 아니라 인터넷을 기반으로 상호작용성이 중요시되며, 교수학습을 관리할 수 있는 물적 기반을 포함한 다양한 유형의 교육정보 및 자원을 포괄한다. 더불어 콘텐츠 개발을 위한 기획 단계에서 설계, 제작, 활용에 이르기까지의 전 과정을 포함한다.

(2) 솔루션

솔루션은 이러닝의 전 과정에 대하여 관리에 필요한 물리적 컴퓨팅 환경을 의미하며 물리적 환경이라고도 정의되고 있다. 단, 학습, 교육, 훈련을 위한 정보기술(ITLET: Information Technology for Learning, Education and Training) 환경에서는 하드웨어 장비의 규격이나 기준에 관한 품질을 제외한 소프트웨어 측면의 품질관리를 의미한다. 이러닝 품질관리를 위한 평가 준거 개발에서의 솔루션의 범위는 콘텐츠 개발을 위한 저작도구부터 이러닝의 종합적 지원이 가능한 학습관리 시스템을 망라하는 관련 컴퓨터 소프트웨어를 포함한다.

(3) 운영/서비스

운영/서비스는 이러닝을 서비스하는 기관 및 조직의 차원에서 이러닝서비스를 효과적이고 효율적으로 제공하기 위한 일련의 과정을 포괄하고 있다. 따라서 이러닝 품질관리에서 운영/서비스는 보다 나은 이러닝서비스를 제공하기 위한 절차나 방식은 물론 기관의 관리 실태를 비롯하여 조직이 가지는 비전 및 전략 등을 모두 포함한다.

2) 평가단 운영

이러닝 품질관리에서 무엇보다 중요한 것은 평가단 운영 및 관리라고 할 수 있다. 즉, 품질평가에 대한 신뢰성은 품질평가를 위한 평가 준거의 신뢰성과 평가단에 대한 신뢰성으로 구분할 수 있다. 평가 준거에 대한 신뢰성이 기준 자체가 가져야 하는 객관적이고 타당한 기준으로서의 가치를 의미하는 것이라면 평가단에 대한 신뢰성은 품질평가를 진행하는 평가단들의 객관적인 평가 그리고 평가자들 간 오차의 최소화라고 할 수 있다.

평가단이 평가를 진행할 때 오차를 최소화하는 것은 평가단 간 평가에 대한 눈높이를 동일하게 맞추는 것을 나타내는 것이다. 평가단 간에 평가문항을 동일하게 이해하고 이에 적합한 형태로 평가를 진행할 수 있도록 하는 것은 품질평가 전반에 대한 신뢰를 높이는 데도 기여한다.

2단계에서는 1단계까지의 활동을 통하여 확보된 자료를 토대로 단계별 평가 지침과 매트릭스(matrix) 형식의 평가 준거, 해설서, 그리고 평가표를 사용하여 평가단을 운영한다. 이는 평가 준거의 객관성과 공정성을 높이기 위함이다. 평가 준거 개발에는 국내 이러닝 전문가 의견 조사 자료와 해외 가이드라인 분석을 통해 추출된 자료가 사용된다.

한국교육학술정보원의 초·중등교육 이러닝 품질관리 가이드라인의 핵심영역 순서는 교수설계, 콘텐츠, 교수학습 전략, 학습성과 및 과정 평가, 학습지원 및 운영, 내부 질 관리 체제, 그리고 학습관리 및 물리적 환경 순으로 제시되었다.

일반적으로 평가 준거는 프로세스와 매트릭스 형식으로 개발하고, 평가를 위한 근거는 평가영역, 평가 준거, 평가요소, 평가지표, 평가문항의 다섯 가지 틀을 토대로 단계별로 구분한다. 평가 준거를 평가문항으로 제작하기 위한 과정에서는 평가요소와 평가지표를 사용하여 보다 객관화된 평가문항을 제작한다. 이상의 자료들을 토대로 도출된 평가 준거를 콘텐츠, 솔루션, 운영/서비스 등의 사업별로 개발한다.

3) 평가의 실행

이러닝 품질관리시스템을 개발하는 것은 이러닝 품질관리를 보다 체계적으로 진행하기 위한 노력의 일환이라고 할 수 있다. 따라서 이러닝 품질관리를 위한 시스템 개발은 품질관리를 어떻게 진행할 것인가에 대한 방법론과 더불어 방법론을 잘 실현하기 위한 시스템의 구현으로 구분할 수 있다.

품질관리 방법론이란 품질관리를 위한 필요조건, 절차, 기법 등 품질관리 사업을 일반화하기 위한 논리적인 체계를 말한다. 구체적이고 실현가능한 품질관리 체제를 구축하기 위해서는 품질관리의 주체, 목적, 범위와 대상, 방법과 준거를 명확히 할 필요가 있다. 또한 품질관리의 대상을 가능한 한 정량적으로 평가하고 분석하여 개선 및 관리가 가능하도록 해야 하며, 품질관리 체제의 활용 방안을 구체적으로 제시해야 한다.

이러한 품질관리방법론을 시스템으로 구현하여 시스템상에서 평가가 실행되어야 하는데 국내에서는 한국교육학술정보원, 정보통신산업진흥원 등에서 이러한 시스템을 갖추고 이러닝 분야의 품질인증 업무를 수행하고 있다.

4) 홍보 및 마케팅

지식정보사회에 적합한 교육적 패러다임으로 이러닝을 활용하기 위한 방안을 모색하면서 한국교육학술정보원에서는 이러닝 세계화 추진전략과 이러닝 종합 품질관리체제 구축·운영 계획의 수립으로 양적 확장을 거듭하고 있는 이러닝에 대한 품질관리체제의 근거를 마련하고 질적 보장 확립을 위한 다양한 노력을 경주하였다. 이런 노력의 일환으로 해외 품질관리 현황 분석 및 국내 품질관리 기관들의 평가 기준 등의 분석을 토대로 콘텐츠, 솔루션, 운영/서비스의 세 영역에 대한 평가 기준이 평가와 품질관리를 위한 가이드라인의 성격으로 개발된 것이다. 또한 정보통신산업진흥원도 기업 및 수출 콘텐츠 중심으로 이러닝콘텐츠 품질인증 기준을 만들었으며 모바일 환경에서 적용되어야 할 콘텐츠의 평가 기준에 대한 연구도 진행하였다.

이렇게 만들어진 기준들은 적합성 검토를 거쳐 각각 2006년과 2008년도부터 실제 각 사업별로 적용되어 품질관리는 물론 교육 내용과 교육 운영 전반의 품질을 향상시키는 데 기여하였다. 이와 함께 이미 만들어진 품질인증시스템은 이미 이러닝 산업계에 널리 홍보되어 거의 모든 이러닝콘텐츠는 두 기관 중 어느 곳에서든 품질인증을 받아야 할 정도로 시스템에 대한 홍보가 이루어져 있으며, 이 시스템으로부터 인증받은 콘텐츠에 대한 마케팅 차원의 홍보 전략은 신문에 게재하거나 우수기업으로의 추천 등으로 이어지고 있다.

아울러 국가 정보화수준 향상과 정보통신기술의 급속한 발달로 신기술을 활용한 다양한 유형의 이러닝콘텐츠(UCC, 디지털교과서 등)가 보급됨에 따라 이러닝 환경 변화에 적응할 수 있는 품질관리의 근거를 마련할 필요가 제기되었으며, 이러닝콘텐츠 패러다임의 변화에 따라 품질관리 도구의 상황 적응력을 높이고, 현장 친화력을 제고할 수 있는 형태로의 수정·보완의 필요성이 대두되고 있다.

5) 환류 및 개선

품질관리의 환류 및 개선을 위해서는 보다 다양한 방향에서 모색되어야 하는데 크게 다음과 같은 네 가지 측면의 품질관리 환류 및 개선 방안을 들 수 있다.

첫째, 민간 개발·운영 이러닝 품질관리이다. 민간 개발 및 운영 부문의 이러닝 품질관리의 목적은 국가 이러닝 품질개선을 위하여 우수한 민간 개발 이러닝을 발굴하고 지원하기 위한 것이다. 또한 우수한 품질의 이러닝을 확보·보급하여 이러닝 사업의 활성화를 촉진하며, 민간개발 이러닝의 원활한 유통 경로의 제공을 통해 이러닝 산업의 활성화를 유도하는 것 역시 민간 개발 및 운영 부문의 이러닝 품질관리의 목적에 포함된다. 이를 통해 궁극적으로는 세계적인 수준의 이러닝 품질향상을 유도하는 것이다.

둘째, 교육부 인가·지정기관의 품질관리이다. 여기서 말하는 교육부 인가·지정기관은 사이버대학과 원격대학 등을 의미한다. 사이버대학이나 원격대학과 같은 교육부 인가·지정기관에 대한 이러닝 품질관리에서는 공적 자금의 사용에 대학 책무성을 입증하기 위해 품질관리를 강조하는 것이 하나의 특성이다. 그러면서도 원격대학 운영상의 문제점을 사전에 진단하고 보완·컨설팅 등을 통해 경쟁력 있는 원격대학의 육성을 유도하기 위함이다. 교육부 인가·지정기관에 대한 평가결과를 공개하여 교육의 질적 개선을 유도하고 학습자의 교육선택권을 강화할 수 있다. 또한 원격대학의 부실운영을 사전에 예방함으로써 건전하고 투명한 원격대학 풍토를 조성할 수 있으며, 품질개선을 통해 원격대학의 위상을 전하고 이에 대한 사회적 인식을 고양할 수 있다.

셋째, 시·도 교육청 교육정보화 지원 품질관리이다. 시·도 교육청 교육정보화 지원과 관련된 이러닝 품질관리의 목적은 미래교육을 선도하는 우수한 품질의 이러닝 확보 및 보급을 유도하기 위함이다. 또한 공교육에서의 이러닝 효과성을 제고하여 보다 향상된 이러닝 체제로 발전하기 위한 것이다.

넷째, 사업별 품질관리이다. 사업별 품질관리는 이러닝과 관련된 다양한 사업에 특화된 형태로 품질관리를 시행할 필요에 의해 나타난 것이다. 사업별 품질관리에서 사이버가정학습은 콘텐츠 부분에 국한된 것이지만, 원격교육연수원은 콘텐츠뿐만 아니라 서비스 품질관리 등을 동시에 고려해야 한다. 이와 같이 해당하는 교육정보화 사업에 따라 다른 품질관리 기준들이 고려되어야 하며, 영역별로도 다양한 품질관리를 고려해야 할 사업들이 있다.

제 9 장

09

이포트폴리오와
학업 생산성

1 이포트폴리오

1.1 이포트폴리오 개요

이포트폴리오(e-portpolio)는 학습포트폴리오를 전자화(digitalization)한 것이라 할 수 있다. 기본적으로 학습포트폴리오는 교수자나 학습자가 학습의 준비로부터 수행한 학습 결과를 기록하는 데서 출발하였으나, 이미 모든 학습과정이 전자화된 이러닝에서는 많은 자료를 자동적으로 수집할 수 있게 되어 이포트폴리오를 관리하는 데 비교적 일관성 있고 정확하게 자료수집이 가능하다는 장점이 있다.

따라서 이포트폴리오를 설명하는 것은 그 내용으로 보면 학습포트폴리오를 설명하는 것과 다를 바 없으므로 여기에서는 학습포트폴리오를 살펴보도록 한다. 기본적으로 학습포트폴리오는 학습자가 학습을 통해 인생설계를 하는 준비 단계에서 시작된다. 이것이 의미하는 바는 적어도 학습포트폴리오의 출발은 한 과정의 학습목표가 아닌 인생에서의 학습목표를 설정하는 데에서 출발한다는 것이다.

그러므로 학습포트폴리오는 학습의 목표와 학습과정의 선택과 수료 등을 포함한 과정 설계를 포함하며, 한 과정을 학습하면서 발생하는 모든 학습 자료도 포함한다. 이러한 많은 학습 자료를 활용 목적에 맞도록 관리하는 것이 학습포트폴리오이다. 따라서 학습포트폴리오는 그 사용 목적에 따라 학습자, 교수자, 교육기관 등 학습과 관련된 독립된 개체(entity)를 위한 다양한 포트폴리오가 존재할 수 있으며, 발달, 평가, 전시 포트폴리오와 같이 사용 목적에 따른 다양한 포트폴리오도 존재할 수 있다.

본 항에서는 학습포트폴리오의 다양한 정의가 이포트폴리오의 정의와 유사한 점이 많아 이를 먼저 소개하며 〈표 9-1〉과 같이 정리하고 있다.

직업교육 및 훈련분야에서의 포트폴리오는 학습자중심, 결과중심의 평가 목적으로 사용되어 과거의 학습경험에 대한 인증, 직업역량에 대한 자격증, 전문인의

<표 9-1> 학습포트폴리오의 정의

연구자	학습포트폴리오의 정의
조한무(1998)	장시간에 걸쳐 학생들의 발달과정을 지속적·종합적으로 평가할 수 있도록 자료를 모아 놓은 모음집. 이 모음집에는 학생의 목표, 반성적 진술, 교사와 학생의 의견이 포함되어야 함
최미나·노혜란·김명숙(2005)	학습의 향상을 위해 학습 관련 자료들에 대한 조직적인 수집과 비판적 반성을 도와주는 체계
김옥선·김춘동(2008)	학습자가 자신들의 작품을 조직화한 방식으로 수집하는 다차원적으로 서류화된 모음
박성희·배상학(2008)	학습자가 자신의 학습 성과 중에서 가장 큰 강점을 선택하여 발전과정을 한눈에 볼 수 있도록 성과물을 선택하여 정리해 놓은 것

출처: 강인애·유승현·강연경, 2011, 재인용.

지속적인 자기계발을 위한 객관적 자료수집에 활용되기도 한다. 최근에 와서는 학습자들의 학습을 보다 광범위하게 평가하고 학생들의 지속적인 경력개발과 사회진출을 돕기 위하여 전공별, 단과대학별 혹은 대학 전체 차원에서 전자화를 기초로 한 이포트폴리오시스템을 구축하는 것이 유럽, 미국, 호주 등의 대학에서 확산되고 있으며, 이에 대한 사회적 요구나 호응도 매우 높아지고 있다.

1.2 이포트폴리오 구성요소

이포트폴리오의 구성요소에는 학습자의 기본적인 인적 사항 및 관심 분야와 경력 및 자격 요건을 입증할 수 있는 요소들이 포함된다. 대학에서는 특정 기능의 취득을 필요로 하는 전공에서의 중요한 졸업 요건으로 명시되고 있으며, 최근 취업과 관련하여 포트폴리오 방식의 이력서를 요구하는 기업들이 늘어남에 따라 취업을 위한 유용한 도구로 인식되고 있다.

일반적으로 이포트폴리오에 들어가는 내용은 경력 및 학업 계획서, 성적증명서 및 주요 학습결과물, 각종 활동보고서(인턴십, 커뮤니티, 자원봉사, 연수활동보고서), 자격증(언어, 기타 자격증), 학습진단 및 상담일지, 기타(출판, 발표, 시연, 제안

〈표 9-2〉 학습포트폴리오의 구성요소

구성요소	세부 항목
학습에 대한 성찰	학습에 대한 철학적 성찰, 학습의 의미, 학습의 가치, 학습 절차, 학습 방식
학습의 성과	성적, 강의계획서, 이력서, 수상, 시상, 인턴십, 튜터링
학습의 결과물	연구보고서, 에세이, 현장체험보고서, 창조적 전시·공연, 데이터·스프레드시트 분석, 강의 리스트서브 목록, 실험실 보고서
학습의 평가	교수 피드백, 강의 성적, 졸업 시험, 실험·자료 평가, 연구프로젝트 결과보고서, 실습보고서
학습 관련성	실무적용, 리더십 경험, 개인적 및 전문적 영역을 위한 학습의 관련성, 윤리적·도덕적 성장, 단체활동, 취미활동, 자원봉사, 학습의 정의적 가치
학습목표	향상을 위한 계획, 연결, 학습 적용, 피드백에 응답, 출세 야망
부록	선택한 문서

출처: Zubizarreta, 2009.

서) 등이다. 교직을 이수하는 학생의 경우, 이포트폴리오에는 교직이수 계획서, 성적증명서, 주요 학습결과물(이수 과목별 주요 성과물, 학습내용의 정리물 등), 교육 실습 성찰보고서, 각종 활동보고서(인턴십, 커뮤니티, 봉사활동 등), 자격증(언어, 기타 자격증 등), 각종 진단보고서(적성검사, 직업흥미도 검사, MBTI 검사, 다면적 인성 검사 등), 기타 활동자료(적성 교육활동), 관련 정보 모음(교직이수 관련, 교원 임용고시 관련 등) 등이 포함된다. 수비사레타(Zubizarreta, 2009)는 학습포트폴리오에 반영되어야 할 주요 요소를 〈표 9-2〉와 같이 제시하였다.

트뢰어와 젠슨(Treuer & Jenson, 2003)은 미네소타 대학의 이포트폴리오를 통해 개인정보(성명, 연락처, 개인 성향 진단, 자기소개서), 교육(학력사항, 학업성적, 성적평가 결과, 학습 스타일 진단, 연구보고서), 경력(경력계획, 직업성향 진단, 이력서), 기술(컴퓨터, 어학, 리더십), 전문적 실습(학술대회 발표, 현장 과제 수행, 봉사), 인증(수상 내역 및 자격증)을 학습포트폴리오 구성요소로 제시하였다. 소만섭은 학습포트폴리오에 필요한 구성요소를 〈표 9-3〉과 같이 제시하고 있다.

〈표 9-3〉 학습포트폴리오의 구성요소별 주요 내용

구성요소	주요 내용
자신의 학업관	• 평소 자신의 학업관, 학업에 대한 소신 • 자신의 전공, 학업 방법에 대한 노하우
수업 교과목 및 환경	• 해당 학기 교과목 및 학업 중 이 수업의 비중 • 전공분야의 담당 교과목 비중 및 교육 방향 • 교수의 특성 및 교수 유형 • 수강생들의 특성 및 학습 유형 등
학업 목표 및 방법, 전략	• 명세적이며 구체적인 학업 목표 • 학업 목표 달성을 위한 학습 방법 및 전략
수업 관련 자료	• 수업계획서, 수업 자료 목록, 과제 주제 및 목록 • 주요 수업 활동 기록(예: 수업 시간 중 토론 주제 목록)
학업 개선을 위한 노력	• 학업 개선을 위한 워크숍, 학습세미나 등 참석 기록 • 학업에 활용한 학업 개선 방법 • 학업내용 및 방법 개선의 구체적인 예
학업 결과물	• 과제물(예: 리포트, 발표자료 등) • 평가 문제 및 답안지
학업 목표에 대한 성찰	• 전체적인 학업목표, 구현방법 및 결과, 수업평가를 종합 분석한 내용 • 다른 교과목과의 관련성에 대한 평가 • 전공 분야 및 다른 교과목 학습과 관련된 단기·장기 학업의 효과성 검토
학업에 대한 성과	• 학업의 효율성 및 개선에 대해 인정받은 사항(예: 성적표 및 교수의 피드백 등)
부록	• 수업 참고자료(예: 주요 담당 교과별 수업계획서, 유인물 과제, 지침서 등)

출처: 소만섭, 2011.

1.3 이포트폴리오의 종류 및 특징

이포트폴리오의 종류는 사용 목적에 따라 〈표 9-4〉와 같이 분류할 수 있다.

이포트폴리오는 전통적인 포트폴리오와 차이점을 갖고 있다. 국제표준화기구의 표준문건인 ISO/IEC 20013(TR)에서 이포트폴리오는 학습, 교육, 훈련을 위한 정보기술(ITLET: Information Technology for Learning, Education, and Training)에서

〈표 9-4〉 이포트폴리오의 종류

종류	내용
발달 이포트폴리오	• 일정 기간 동안 학습자의 학습 기술이 향상되어 가거나 발달되어 가는 것을 보여 줌 • 진행 중인 작업에 대하여 자기평가 및 피드백의 요소를 포함함 • 주로 학생과 교수 간의 커뮤니케이션 목적으로 이용됨
평가 이포트폴리오	• 특정 분야에 대한 학습자의 역량과 기술을 보여 줌 • 주로 학기말 혹은 프로그램 종료 시 학생의 수행평가 목적으로 제작됨 • 미리 제시된 기준에 따라 학생의 학습결과를 평가하게 됨
전시 이포트폴리오	• 학습자의 능력과 지식을 보여 주는 모범적인 실적물들을 한곳에 모음 • 프로그램 종료 시 학습의 결과를 잘 나타내 보여 줌 • 구직 시 회사나 기관 제출용으로 활용될 수 있음
혼합 이포트폴리오	• 위의 세 가지 종류를 혼합한 것임 • 대부분의 포트폴리오는 이 범주에 속함 • 다양한 목적을 위하여 제작됨

자동적 또는 수동적 방법과 다양한 목적을 위해 사용할 수집된 데이터나 전자적 정보로 정의하고 있다. 이포트폴리오의 목적은 다음과 같다.

- 개인적인 전자적 산물들의 저장
- 성찰 학습을 위한 개인적 저널리즘
- 학습, 경험, 성과의 증빙 자료를 함께 모은 것
- 미래나 현재의 고용주를 위하여 포트폴리오 내용물의 선택된 관점의 제시

이포트폴리오는 전자화된 자료이고 네트워크를 기반으로 한다는 특징 때문에 접근, 운반, 수정 등이 용이하여 전통적 포트폴리오보다 융통성이 있다. 또한 네트워크에서는 자료의 공유가 용이하다는 특징이 있으므로 전문 인력을 채용하고자 하는 수요자들에게 손쉽게 기회를 제공하기도 한다. 이와 같은 네트워크의 물리적인 특징을 반영한 것 이외에도 이포트폴리오는 수행에 바탕을 둔 평가 방식에 종종 활용되므로 학습자의 문제 해결 능력이나 비판적 사고 능력을 보여 줄 수 있다는 점에서 교육적 가치가 있다. 또한, 이포트폴리오의 제작 과정에 참여하여 전문성을 길러 가는 자체가 학습자에게는 자기만족을 부여하기도 한다. 그

러나 이포트폴리오는 정보통신기술에 종속되기 때문에 기술의 활용에 익숙하지 않은 학습자에게는 장애가 많고, 전통적 방식의 포트폴리오에 비해 학습자에게 더 많은 시간과 노력을 요구한다는 단점이 있다. 이포트폴리오가 가져야 할 조건으로는 다음과 같은 것을 들 수 있다.

- 교수자와 학습자의 접근 가능성
- 다양한 자료를 학습자가 원활하게 사용할 수 있는 가능성
- 학습자들이 자료를 보강하고 대체할 수 있는 가능성
- 온라인으로 언제든지 접근할 수 있는 가능성
- 온라인으로 언제든지 학습자들의 포트폴리오를 교수가 평가할 수 있는 가능성
- 온라인으로 평가자의 피드백을 학습자들에게 제공할 수 있는 가능성
- 교수의 평가를 자동적으로 기록할 수 있는 가능성

이포트폴리오의 필요성을 효과성과 효율성 측면에서 보면, 취업에 성공할 수 있는 차별화되고 체계적인 제시를 할 수 있으며, 공간의 제약을 뛰어넘어 자신의 강점과 성취물들을 다양한 방식으로 전달할 수 있고, 학습자가 스스로 포트폴리오를 관리하면서 다양한 영역의 자료들을 다루고, 자신과의 진술한 만남이 이루어져 자기성찰과 타인에 대한 설득력을 확보해 가는 이점이 있다고 제시하고 있다.

위와 같이 이포트폴리오는 학생들의 자기주도적 학습 및 경쟁력 개발을 위해 유용하다. 이포트폴리오를 이용하여 자기주도적 경쟁력이 부족한 학생들이 스스로 학업 및 개인역량 관리를 실천하면서 자신에 대한 성찰 강화를 통해 진로 및 학업 목표를 뚜렷하게 할 수 있다고 본다. 즉, 이포트폴리오는 학생 스스로의 경쟁력 개발과 취업 후 경력 개발을 위한 해법이 될 수 있다.

2 ▶ 학습 만족도와 학업 성취도

2.1 학습자 및 학습시스템에 대한 학습 만족도 평가

1) 필요성

웹기반 학습에 대한 관심이 증가하면서 웹 환경에서 학습한 결과에 대한 학습 평가도 중요한 문제가 되고 있다. 학습의 목적은 학습자가 의도된 학습목표에 도달하는 것으로, 전통적인 면대면 학습에서는 교사가 학습자의 수업 목표 도달 상황을 수시로 확인할 수 있었다.

그러나 웹기반 학습 환경에서는 학습자의 학습 진행 상황뿐만 아니라 목표 달성 여부를 교사가 평가할 수 없어 웹기반 학습에서의 평가는 더욱 중요한 역할을 갖는다. 서비스를 제공하고 있는 웹기반 학습 사이트들의 경우, 교수학습 과정과 내용에 대한 서비스뿐만 아니라 학습평가와 평가결과 관리 및 평가문항 구축 기능도 구현해야 한다.

2) 평가의 영역

학습의 대상과 목적이 비뀌었다면 평가의 대상도 전환할 필요가 있다. 학습자의 구성적 과정을 중요시하는 만큼 평가의 대상도 학습자가 학습해 나가는 과정 자체가 되어야 하며, 학습자가 얼마나 하는가의 문제보다 무엇을 할 수 있게 되었는가가 중요한 관심사가 되어야 한다. 학습 성취도 평가는 일반적으로 학습자가 웹기반 교육을 통해 학습해 나가는 과정과 그 결과에 대한 평가를 의미한다.

최근 들어 학습자가 얼마나 많이 알고 있느냐보다는 무엇을 할 줄 아느냐를 더 중요한 학습 목표로 간주하게 되면서 웹기반 교육에서도 학습자가 무엇을 할 수 있느냐의 정도를 어떻게 측정할 것인가가 중요한 평가영역이 된다.

3) 평가의 방향

학습 개념, 평가 개념 그리고 정보기술의 발달은 학습자가 결과를 해석하는 기준을 크게 변화시켰다. 학습결과에 대한 평가는 크게 세 가지 방향에서 생각해 볼 수 있다.

첫째, 양적 평가가 아닌 질적 평가로 전환해야 한다. 학습자의 학습 결과를 바탕으로 개인의 강·약점 등을 파악하여 교수학습 과정을 개선하기 위한 목적으로 사용하는 것을 '질적 평가'라고 할 수 있다.

둘째, 단순히 결과를 평가하는 것이 아니라 결과가 나오기까지의 과정에 대한 평가를 포함해야 한다. 어떤 교수학습 결과로 무엇을 할 수 있게 되었는가 여부가 매우 중요하기는 하지만 그 결과가 나오기까지 학습자가 어떠한 경로를 거쳐 왔고, 어떠한 일을 했는가에 대한 확인이 필요하다. 웹기반에서는 개개인의 학습 수행 과정을 지원하고 그 과정에 대한 평가를 가능하게 하는 충분한 시스템을 제공해야만 한다.

셋째, 산출평가가 아닌 수행평가로 전환해야 한다. 수행평가란 학습자 스스로가 자신이 습득한 지식이나 기능을 나타낼 수 있도록 답을 작성하거나, 산출물을 만들거나, 행동으로 보여 주도록 요구하는 평가 방식이라고 할 수 있다.

4) 평가 준거, 주체 및 방법의 변화

웹기반 교육의 특성에 맞는 수업과 평가가 이루어지려면 학습한 결과를 평가하는 준거 측면과 평가 방법 자체 측면에서 전통적 수업과는 달라져야 한다(〈표 9-5〉 참조).

학습 결과 평가는 학습을 통해 최종적으로 얻어진 지식 정도를 수업이 끝난 후 일제히 검사하는 것이 아니라 학습 과정 동안 학습자의 상호작용 하나하나에 담겨진 의미를 분석하고 학습자가 진정으로 어떤 일을 할 수 있게 되었는가에 대한 해석을 내리는 작업이다. 즉, 학습자가 자신의 주관과 독창적인 아이디어를 가지고 문제를 해결해 나가는가, 상호 관련 있는 아이디어를 조합으로 의미 있게 제시하는가, 그리고 학습 자료와 도구들을 적절히 사용하는가 등이 평가의 준거가

〈표 9-5〉 전통적 수업과 웹기반 수업에서의 평가 방식 비교

전통적 수업에서의 평가 방법	웹기반 수업에서의 평가 방법
출석률	• 대화방·토론방 참여 빈도와 의견 제시 횟수 • 학습한 모듈 수 • 해당 모듈에서 머문 시간
시험	
－선택형	• 컴퓨터를 이용한 학력검사 혹은 개별 적응 학력검사
－서술형, 논술형	• 학습자 응답과 데이터베이스 응답과의 비교
수행평가	• 모의실험형
－실험실습	• 원격 조정 실험학습
－실기시험	• 결과물 제작하기
－포트폴리오	• 웹포트폴리오, 이포트폴리오

되어야 한다.

- 학습의 능동적 참여: 토론실·대화방의 참여, 게시물과 메시지의 양
- 상호작용 학습: 동료와의 상호작용 정도
- 다양한 관점: 교사나 다른 학습자로부터 다양한 관점 형성
- 메타포: 면대면에서 온라인으로의 공간적 메타포 형성(가상 토론실, 카페)

학습 결과를 평가하는 것은 학습 과정 동안 학습자의 상호작용 속에 담겨진 의미를 분석하고 학습자가 진정으로 어떤 일을 할 수 있게 되었는가에 대한 해석을 내리는 작업이라고 할 수 있다. 평가 주체의 관점에서 볼 때 웹기반 교육에서는 교사뿐만 아니라 동료 학습자 상호 평가 그리고 자가 평가의 방법을 적절히 사용할 수 있다.

2.2 수행평가 절차와 방법

1) 수행평가의 절차

학습에 대한 수행평가의 절차를 살펴보면 첫째, 진단평가, 수행평가 및 총괄평가 중 평가를 하고자 하는 것을 명확히 해야 한다. 즉, 시행하고자 하는 평가가 진단평가인지, 수행평가인지, 총괄평가인지를 명확히 한다는 의미이다. 둘째, 평가하고자 하는 교육 목표를 명확히 해야 한다. 이는 성취 기준을 명확히 제시하여야 한다는 의미이다. 셋째, 성취 기준을 실제로 얼마나 성취했는지 그 수준을 파악하기 위한 기준을 명확히 한다. 즉, 평가 기준이 명확해야 한다는 것이다. 넷째는 적절한 평가 방식을 결정하고, 평가 도구를 개발하며, 실제로 평가를 실시한다고 제시하고 있다. 마지막으로는 미리 개발된 채점 기준표에 따라 채점하고 그 결과를 보고하도록 되어 있다.

2) 수행평가 방안

수행평가에서는 타당성, 객관성, 신뢰성을 확보해야 하고 학교 또는 교사의 임의 평가를 방지하기 위해서 보다 면밀한 기준안과 정선된 문항 제작 과정을 거친 평가 도구가 있어야 한다. 수행평가를 실시할 때, 주의 깊게 계획하고 적절히 사용하기 위해서는 평가 결과가 교사, 학생, 학부모, 그 밖의 다른 사람들에게 신뢰성을 입증할 수행 평가 기준안이 필요하다.

2.3 수행평가의 기준안 요소

수행평가 기준안을 작성할 때 고려되는 요소는 크게 평가 영역(dimensions), 평가 준거(scoring criteria), 평가 기준(sample criteria)으로 나누어 볼 수 있다.

1) 평가 영역 설정

평가하고자 하는 내용을 요소별로 성취 목표에 비추어 몇 가지 평가 영역으로 나누는 과정을 말한다. 평가 영역 설정에서 주의해야 할 사항은 평가하고자 하는 학습 성취에 대한 내용요소가 빠짐없이 포함되어야 한다는 것이다.

2) 평가 준거 기술

평가 영역이 설정된 후 학생의 성취 수준을 구분할 수 있도록 해 주는 구체적인 기술이다. 성취 수준은 몇 단계로 구분하여 진술할 수도 있고 성취 유무만을 가리기도 한다. 평가 준거는 다음과 같은 특성을 갖는다.

첫째, 학생들의 성취 결과를 수행 수준(achievement level)으로 분류할 수 있도록 학생의 성취 결과를 판단할 기준이 되는 각 수준의 특징을 설명한다. 둘째, 각 성취 수준을 알려 주는 수치 기준(counting system)을 제시할 수 있어야 한다. 셋째, 다양한 학습 성취를 열거하되 최우수성이나 우수 성취 등과 같은 묘사로 수행평가를 한다.

3) 평가 기준

수행평가 기준안 작성 시 기준은 학생들이 성취해야 할 가장 우수한 모형이라고 할 수 있다. 평가 목표에 상관없이 기준은 다음 네 가지 공통 요소를 가지고 있다.

첫째, 학생의 성취도를 판단할 기준이 되는 한 가지 또는 그 이상의 특성이나 특징, 둘째, 각 특성과 특질의 의미를 명확하게 하는 정의나 예제, 셋째, 각 특성과 특질을 판단할 수치 선정시스템(counting system), 넷째, 각 수준의 모형과 예제의 수행 수준에 대한 평가 준거가 바로 그것이다.

2.4 이러닝에서의 성과 관리

1) 학습자 요인

학습자의 개인적인 특성, 능력, 그리고 과거 경험이 학습 성과에 영향을 미친다는 것은 널리 알려진 사실이다. 하라심(Harasim, 1986)은 학습자가 가지고 있는 컴퓨터 관련 능력이 컴퓨터 매체 통신을 활용하는 빈도와 형태에 영향을 미친다는 것을 확인하였으며, 컴퓨터 통신을 이용하여 이러닝을 실시하기 전에 컴퓨터 사용법과 기능들에 관하여 사전 교육을 받는 것이 학습 성과에 주요한 영향을 미친다고 지적하였다.

2) 강사 요인

콜리스(Collis, 1995)는 학습 효과를 결정짓는 것은 기술이 아니라 기술의 교수적 실행(instructional implementation)이라고 결론지었다. 딜론과 구나와데나(Dillon & Gunawardena, 1995)는 이러닝시스템에 대한 강사의 태도가 시스템 평가에 포함되어야 한다고 제안했다. 웹스터와 해클리(Webster & Hackley, 1997)는 강사의 태도가 학습자의 이러닝에 대한 태도에 영향을 미치고 강사의 강의 스타일이 학습자의 몰입, 참여도, 그리고 이러닝에 대한 태도에 강한 영향을 미침을 발견하였다.

3) 설계 요인

설계 요인은 이러닝시스템을 이용하여 학습을 진행하는 것과 관련된 요인을 말한다. 설계 요인에는 콘텐츠의 조직, 콘텐츠 전개의 흥미성, 자료가 학습에 도움을 주는 정도, 시스템의 화면 구성 등이 해당된다. 그러나 학습자가 원하는 장소에서 원하는 부분을 교육받을 수 있게 설계된 것이 무엇보다도 중요하다고 본다. 이를 학습자 통제 용이성(learner control)이라고 한다. 피콜리, 아마드, 그리고 이베스(Piccoli, Ahmad, & Ives, 2001)는 통제 용이성을 주요한 설계 요인으로 꼽은 바 있다.

4) 학습자, 교수자, 설계 요인

피콜리 외(2001)는 가상교육 환경(VLE: Virtual Learning Environment)의 효율성에 영향을 미치는 선행 연구를 개념적으로 제시하였다. 또한 효과성(effectiveness)을 종속변수로, 인간 측면과 설계 측면을 독립변수로 정의하였다. 효과성에는 성과, 자기효능(self-efficacy), 만족감 등이 포함된다.

인간 측면에서는 학생과 교수자 요인을 생각할 수 있다. 설계 측면에서는 전달된 지식의 객관성 정도를 나타내는 학습 모형(learning model), 기술 측면, 통제 용이성, 그리고 콘텐츠 등이 속한다. 한마디로 피콜리 외(2001)의 모형에 학습자, 교수자, 설계 측면이 모두 포함된다고 말할 수 있다.

5) 조직 요인

감시와 조직 성과에 관하여는 대리인 이론(agency theory)을 예로 들 수 있다. 대리인 이론에 따르면 주인과 대리인 관계에서 대리인은 주인보다 자신의 효용을 취하기 위해 이기적인 행동을 취한다. 대리인 이론을 이러닝이라는 상황에 적용하면 주인은 이러닝 제공자인 경영자가 되고, 대리인은 이러닝에 참여하는 사원이다. 대리인의 이러닝 몰입 정도에 대한 주인과 대리인의 정보는 같지 않다. 달리 표현하면 비대칭적이다. 이러닝에 참여하는 학습자의 모습을 경영자가 확인할 수 없는 경우가 대부분일 것이기 때문이다. 따라서 이러닝을 도입하면 사내교육에 대한 감시가 소홀해지고, 이로 인해 사원들은 이러닝에 최선을 다하지 않게 되어 대리인 비용이 발생할 수 있다.

온라인교육과 오프라인교육을 비교하면 이를 좀 더 쉽게 확인할 수 있다. 오프라인 사내교육은 학교 강의처럼 한곳에서 이루어진다. 물론 오프라인 사내교육에서 대리인 비용이 발생하지 않는다고 말할 수는 없다. 그러나 오프라인 사내교육은 학습자들의 학습 시간과 학습 공간을 통제한다. 학습자들이 한곳에 물리적으로 모여 있기 때문에 기업 차원에서 학습 태도를 감시하기가 쉬운 것이다.

온라인 사내교육의 경우, 기업은 학습자들의 학습 시간과 공간을 통제할 수 없다. 학습자들의 물리적 실체와도 만날 수 없으므로 감시하기도 용이하지 않다.

사내교육을 받는 학습자들을 감시하기 위해 시스템으로의 로그인과 로그아웃 시각을 점검하고 자리 비움 기능을 시스템에 추가해 보았으나 이것이 실효성을 거두고 있는지는 의문이다. 따라서 대리인 이론에 따르면 감시가 온라인 사내교육에 영향을 미치는지 아닌지는 불분명하다.

일반적으로 정보기술을 도입하면 감시 비용이 줄어들고 따라서 대리인 비용도 줄 것이라는 의견과, 정보 가용성과 정보처리 능력이 향상되어 감시가 수월해질 것이라는 의견이 있다. 요컨대 정보기술을 도입하면 감시하기가 쉽다는 것이다.

03

제 3 부

창의 이러닝

제 10 장

교육 환경 변화와
창의 이러닝 설계

10

1 관계주의와 소셜러닝

1.1 관계주의의 도래

1) 개념

관계주의(connectivism)란 모든 지식은 네트워크 위에 있으며 학습은 네트워크에 펼쳐진 지식 중에서 학습자의 결정으로 습득한 것이라고 보는 이론이다. 즉, 학습은 어떤 것을 선택할지에 대한 의사결정 과정으로 이루어진다고 본다. 게오르게 지멘스(George Siemens)의 관계주의 이론은 2004년도에 발표되었는데, 테크놀로지를 주요 학습요인으로 하며 학습자중심이면서도 네트워크로 이루어진 사회에 필요한 집단 중심의 접근방법이다. 학습 이론이 디지털 시대로 이동하여 변형 및 적용되고 있음을 보여 주는 하나의 예이며, 이후 유럽 사회를 중심으로 관계주의 학회를 만들어 내는 데 기여한다.

2) 관계주의의 등장

학습자의 경험과 학습자가 세상과 상호작용한 결과로써 학습이 이루어진다는 것은 행동주의, 인지주의 및 구성주의의 공통적인 속성이다(Driscoll, 2000). 덧붙여 다른 학습자들의 경험을 통해 자신의 학습모형을 구성함으로써 학습자에게 사회성의 가치를 제공하는 사회적 구성주의 접근방법이 사회적 학습방법이다(Jonassen et al., 2003). 이러한 사회적 학습방법은 행동주의로 시작하여, 인지주의와 구성주의를 거쳐 사회적 구성주의로 진행되고 있으며, 다음 단계는 이러닝 2.0이 포함된 관계주의이다(Downes, 2005).

지멘스(2005)는 사회적 구성주의 접근방법을 넘어서 개인과 사회적 학습 과정을 설명하기 위해 관계주의라는 새로운 이론을 만든 것이라고 말한다. 결국 지식은 그 자체로 존재하기 때문에 개인들은 지식이 존재하고 있는 장소인 네트워크의 노드(node)들을 연계함으로써 지식을 체득할 수 있게 된다고 보는 것이다.

3) 관계주의의 핵심 원리

관계주의 관점에서 학습은 끊임없이 네트워크를 구축하는 과정이다. 즉, 네트워크 위의 노드들에 있는 많은 지식 가운데 학습자의 것으로 선택하는 의사결정 과정이다. 따라서 학습 과정의 출발점은 내용이 아닌 연관성(connection)에 있다고 보는 것이다.

더 많은 것을 알고자 하는 능력은 현재 학습자가 가지고 있는 지식보다 중요해지고, 그 능력은 누가 어디에 정확하고 참(眞)인 지식을 노드로 가지고 있는가를 알아내고 의사결정할 수 있는가에 달렸다. 따라서 지식은 개인의 내부는 물론 네트워크로 연결된 그룹의 내부에 잠재되어 있다고 할 수 있다(Siemens, 2005).

4) 관계주의 학습의 특징

지멘스는 학습과 지식을 다음과 같은 관점으로 바라보았다. 학습과 지식은 다양한 사람의 의견을 토대로 만들어진다. 이런 원리에서 학습은 지속적인 연결을 확대하고 유지하는 것이 필요하다. 이때 학습하는 분야의 기본 개념, 원리, 관련성, 의사결정 등을 할 수 있는 능력이 학습자에게 기본적으로 필요하다. 관계주의는 다음과 같은 특성을 보여 준다.

첫째, 학습은 평생 동안 이어지는 과정으로 학습과 업무와 관련된 활동은 별개가 아닌 것으로 본다. 둘째, 테크놀로지는 우리의 두뇌를 변화시킨다. 즉, 우리가 사용하는 도구들로 인해 새로운 형태의 학습 습관과 사고방식이 필요해진다. 셋째, 개인과 조직은 모두 학습을 필요로 하는 존재들이다. 개인의 학습과 조직의 학습이 함께 일어날 수 있도록 연결하여 다루어져야 한다. 넷째, 방법에 대한 지식(know-how)과 대상에 대한 지식(know-what)은 필요한 지식을 찾아내는 지식(know-where)으로 보완하여 보다 강화된 지식의 탐색이 이루어질 수 있도록 해야 한다. 다섯째, 학습자들이 자발적으로 참여하고 활동하는 학습 공동체가 있다면 이것은 중요한 학습 경험의 바탕이 된다.

즉, 네트워크를 통해 사람들과 의견을 교환하고 심화된 지식에 대한 정보를 습득하면서 관련된 과제를 완성해 나가는 등 다양한 활동을 통해 공동체에서의 학습을 경험하는 것은 중요하다. 스마트교육의 이념과 구체적인 활동을 성공적으로 이루어질 수 있도록 하기 위한 새로운 접근의 교수학습 모형이 나와야 한다. 소셜러닝(social learning)과 소셜 네트워킹 활동을 통해 자신뿐만이 아니라 타인의 지식 형성을 지원할 수 있는 집단 지성(collective intelligence)의 형태로 새로운 형태의 지식 형성을 지원할 수 있어야 한다.

5) 관계주의와 웹 2.0

이러닝 2.0이 웹 2.0의 기반에 있다고 보는 견해와 웹 2.0과 관계주의가 결합하여 이러닝 2.0이 성립되었다고 보는 견해도 있다. 이를 학습 2.0 패러다임이 성립되었다고 의견을 밝힌 예도 있다(Downes, 2005). 이는 학습자중심의 학습설계가 가능하여 학습자 스스로 자신의 지식을 구성하고, 실행 공동체로부터 사회 연결망을 구축하여 자신의 지식을 공유하며, 교수와 학생들은 사회적 네트워크 내에서 동료라는 관계를 형성함으로써 전통적인 학습프로그램에서 개방학습 환경으로 변화한다고 보는 것이다.

1.2 집단학습과 소셜러닝

1) 협력학습과 집단학습

협력학습은 두 사람 이상이 그룹이 되어 학습에 참여하고, 이 그룹 멤버가 협력하여 하나의 공통적인 목표에 도달하는 것을 목적으로 하는 교육방식이다. 따라서 협력학습은 힘을 모아서 학습목표를 이루어 내는 학습방법이기 때문에 협력의 형태가 일방향(one way) 조력이나 상호 조력하는 형태로 나타나기도 하고, 성과의 보상과 책임에 따른 구분으로 협력학습과 협동학습의 형태로 나타나기도 한다. 집단학습은 이러한 협력학습이나 협동학습과는 조금 다른 면이 있다.

집단학습을 언어적 표현으로 개별학습과 구분한다면 경우에 따라서는 같은 형태를 보일 수도 있으나, 기본적으로는 사회적 학습이라는 기본적인 개념이 우선하는 것을 집단학습이라 할 수 있다.

2) 소셜 미디어의 출현과 소셜러닝

지식과 정보를 공유하는 새로운 통로로 소셜 미디어가 출현하였다. 스마트폰,

그림 10-1 소셜 미디어 지형도

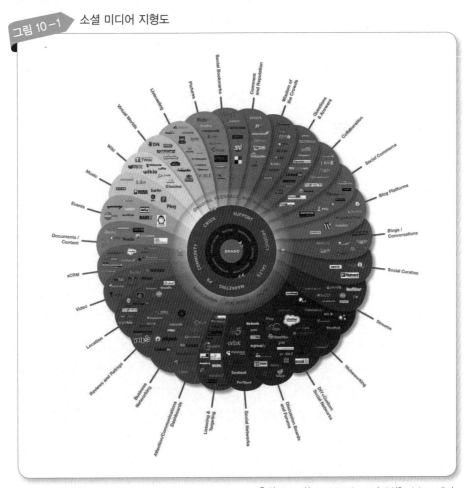

출처: http://en.wikipedia.org/wiki/Social_media/

모바일 인터넷 등 기술적 진보와 확산이 폭발적으로 일어나면서 이를 활용한 다양한 소셜 미디어 서비스가 [그림 10-1]과 같이 전개되고 있다.

소셜 미디어는 기존의 미디어에서 다루지 않았던 사용자중심의 지식과 정보를 공유하는 새로운 채널로 주목받으면서 뉴스, 신문 등 기존 미디어에서 간과했던 사용자의 의견, 관점 등을 자유롭게 공유하는 사용자중심의 매체로 급부상하였다. 이러한 소셜 미디어는 다양한 분야에 활용되며 사람들의 생활양식과 사회와 문화에 변화를 초래하면서 소셜 커머스, 소셜 게임, 소셜 마케팅 등 소셜 미디어가 결합된 신개념의 비즈니스를 등장하게 하였다.

학습의 영역에도 소셜 미디어를 통해 학습 효과를 거두는 소셜러닝(social learning) 또는 사회적 학습의 개념이 등장하였다. 즉, 소셜 미디어와 학습의 만남을 소셜러닝이라 한다면, 소셜러닝은 소셜 미디어를 활용하여 사용자 간 상호작용을 통해 발생하는 학습 형태로 정의할 수 있다.

3) 소셜러닝의 영역

네트워크로 연결된 군중 간의 지식과 정보 공유, 의견 교환 등을 통해 개인의 인지와 행동의 변화, 즉 학습이 발생한다는 것이 소셜러닝의 기본 원리이다. 예를 들어, 세계적 저명인사 및 유수 대학의 강의를 인터넷에 무료로 공개하는 테드(TED: Technology, Entertainment, Design), 아이튠즈 유(iTunes U) 등은 온라인을 통해 지식을 공유·확산하는 소셜러닝의 초기 모형이다.

소셜러닝은 미래 지식정보사회의 새로운 학습 모형으로 급부상하고 있으며, 소셜러닝은 기존의 학습과 달리 개인의 능동성(能動性)과 타인과의 관계 형성을 강조하여 진화하고 있다. 소셜(social)이라는 단어가 정보통신기술(ICT)과 결합하면서, 단순히 '사회적'이라는 사전적 의미를 넘어 참여, 개방, 공유, 협업 등을 포괄하는 개념으로 진화한 것이다. 그런 면에서 소셜러닝은 블로그, SNS 등 소셜 미디어를 학습 플랫폼으로 활용하여, 소셜의 효과가 학습으로 연결될 수 있는 설계를 가능하게 하였다.

1.3 소셜러닝의 확장과 시사점

소셜러닝은 미래 지식정보사회로의 도약을 위한 사회적 욕구(needs)를 충족시키는 신개념 학습 모형으로 주목받게 될 것이다. 미래 사회에는 복잡성의 증가, 기술의 발전, 가치의 전환 등이 일어나면서 새로운 사회문화적이며 교육적 요구가 발생할 경우 이러한 환경에 능동적으로 적응이 가능한 학습 모형으로 자리 잡을 것이다. 이는 소셜러닝이 맥락 중심의 지식 강화, 네트워크를 통한 연결의 확장, 협업의 사회적 확산 등의 특징을 지닌 학습 모형이기 때문이다.

소셜러닝을 잘 설명할 수 있는 세 가지 키워드는 맥락(context), 연결(connectivity), 그리고 협업(collaboration)이다. 일반적으로 공식적인 커리큘럼 중심 학습(교수자 주도의 구조화된 지식)은 모든 학습자가 하나의 동일한 결론에 도달하는 것이 목표이다. 이러한 학습 모형은 이미 해법이 알려진 문제에 관해 검증된 정답만을 제시할 수 있으며, 개개인에 맞춤화된 지식 제공에는 한계가 있다. 그러나 다양한 문제 상황에 유연하게 대처하는 창의적 문제해결 능력을 키우기 위해서는 학습자 주도의 맥락 중심 학습에 주목해야 한다. 학습자가 경험을 바탕으로 스스로 의미를 구성하고 발전시켜 나감으로써 지식을 다양한 문제 상황에 맞춰 변화를 주고 적용이 가능하도록 한다는 것이다([그림 10-2], [그림 10-3] 참조).

그림 10-2 | 미래의 주요 변화와 사회적 요구

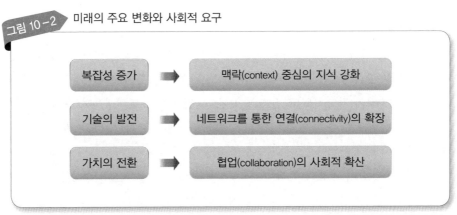

출처: 한국정보화진흥원, 2012.

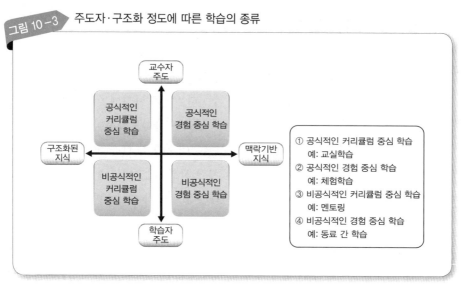

그림 10-3 주도자·구조화 정도에 따른 학습의 종류

출처: 한국정보화진흥원, 2012.

1) 소셜러닝에서 맥락의 이슈

맥락은 지식에 의미와 가치를 부여하는 배경이 되며, 사물을 전체적으로 파악하고 구성요소 간의 상호 관련성을 분석하여 최적의 문제해결을 추구하는 사고능력의 핵심 개념이다. 맥락의 사전적 정의는 사물 따위가 서로 이어져 있는 관계나 연관이라 되어 있으나, 문학, 심리학, 건축학 등 다양한 분야에서 문맥, 정황 등의 의미로 사용하고 있다.

교육학의 구성주의(constructivism) 이론에 따르면, 맥락에 기반을 두어 학습할 경우 지식의 함축적 의미를 파악할 수 있으며, 이를 상황에 따라 적절히 구조화 및 적용하는 것이 가능하다고 전하고 있다. 그러므로 소셜러닝은 학습자의 경험과 인식을 바탕으로 한 종합적 사고, 즉 맥락을 기반으로 학습함으로써 창의적이고 유연한 사고의 발현을 돕는 학습 모형이라 할 것이다.

학습자는 자신의 필요와 목적에 따라 학습을 설계하고 주도할 수 있으며, 지식에 의미와 가치를 스스로 부여하고 변형하여 적용함으로써 자신의 것으로 체화할 수 있으며, 미래에는 상황인식 컴퓨팅(context-aware computing), 시맨틱 웹(semantic web) 등 문맥과 의미를 파악하는 기술이 중점적으로 발전하는 등 맥락적 사고의 중요성이 날로 증대될 것이므로 맥락이라는 키워드는 소셜러닝의 주요 이슈인 것이다.

2) 소셜러닝에서 연결의 이슈

소셜러닝에서 네트워크를 통한 연결의 확장은 정보통신기술의 발전에 따라 언제 어디서나 자유로운 인터넷 접속이 가능한 네트워크 사회가 도래했기 때문에 주요한 이슈가 되고 있다. 이미 스마트폰, 스마트패드 등 스마트 기기의 확산과 무선 인터넷의 발달은 모바일 디지털 라이프를 현실화하여 금융, 쇼핑, 의료, 여가 등 사회의 주요 활동이 네트워크상에서 전개될 것으로 전망하고 있다([그림 10-4] 참조).

네트워크는 객체 간의 연결, 즉 관계를 무한히 확장시키며 사회를 움직이는 새로운 힘(power)으로 작용하고 있고, 네트워크의 핵심은 연결이며, 네트워크를 통해 인간과 인간, 인간과 정보, 정보와 정보의 연결 등 객체 간의 연결 범위가 확대되는 효과가 발생하고 있다. 특히 트위터, 페이스북 등 다양한 소셜 미디어가 급

그림 10-4 스마트라이프 플랫폼-스마트폰

출처: 한국정보화진흥원, 2012.

〈표 10-1〉 네트워크가 지닌 사회적 영향력

사례	결과
2011년 2월 이집트에 민주화 사태가 발생하자 정부가 나라 내 모든 인터넷 접속을 차단	트위터를 통해 이집트 내의 현지 소식이 전 세계로 실시간 생중계되며 결국 18일 만에 무바라크 대통령 하야
버락 오바마는 미 대선 출마 시 블로그, 페이스북, 트위터 등 다양한 소셜 미디어를 활용하여 선거운동을 전개	미국 최초의 흑인 대통령으로 당선되었으며, '네트워크 대통령'으로도 불림

속히 확산되면서 네트워크는 신속한 전파와 막강한 파급 효과로 사회적 영향력을 행사하고 있다(〈표 10-1〉 참조).

소셜러닝은 학습에 네트워크의 힘을 도입하여 학습 성과를 달성하려는 새로운 시도로 여겨지고 있으며, 소셜 미디어는 다양한 콘텐츠의 활용, 실시간 상호작용 등 네트워크의 힘을 접목시킨 학습 플랫폼 역할을 할 것이다. 참여, 개방, 대화, 커뮤니티 등 소셜 미디어의 여러 유형은 교수자와 학습자의 경계 소멸, 학습콘텐츠에 대한 자유로운 접근과 사용 등과 같은 주요 역할을 수행한다. 따라서 소셜러닝의 강점으로 연결이라는 키워드는 지속적으로 이슈화할 것이다(〈표 10-2〉 참조).

〈표 10-2〉 소셜미디어의 특성으로 살펴본 소셜러닝의 특성

소셜미디어의 특성	소셜러닝의 특성
참여(participation)	교수자와 학습자의 경계 소멸
개방(openness)	학습콘텐츠에 대한 자유로운 접근과 사용
대화(conversation)	참여자 간의 활발한 상호작용
커뮤니티(community)	공통의 학습 욕구를 지닌 참여자 간의 커뮤니티 구성
연결(connectedness)	참여자 수 및 참여자가 소유한 지식·정보의 무한한 확장

3) 소셜러닝에서 협업의 이슈

지식정보사회의 진전과 함께 온라인을 통한 협업에서 최근 몇 년 간 계속 진행된 사회적 화두(話頭)는 참여, 개방, 공유의 웹 2.0 정신, 개방형 혁신을 위한 개방

된 혁신(open innovation) 등 협업의 개념에 관해 명칭을 달리하면서 꾸준히 등장하고 있다. 협업은 다수의 능력을 활용하여 성과의 양적·질적 성장을 추구하는 것으로, 성과의 공유를 제로 섬(zero-sum)[1]이 아닌 플러스 섬(plus-sum)[2]의 개념으로 이해하는 것이다.

정보통신기술은 온라인상의 협업이 가능한 기술적 환경을 제공함으로써 협업의 가치를 전 사회적으로 확산하였고, 정보기술이 만들어 낸 개방과 협업의 기회가 사회 전체의 가치를 제고하는 도구가 될 수 있음을 소셜 미디어가 보여 주고 있다.

위키피디아(Wikipedia) 기반의 문서 작성, 다중 커뮤니케이션 지원 등 다양한 협업 도구의 등장으로 온라인을 통한 협업의 실천과 활용은 더욱 편리하고 손쉬워졌다. 위키피디아, 갤럭시 주(Galaxy Zoo) 등 개인이 지닌 지식이 모여 하나의 의미 있는 지식으로 완성되는 사례가 등장하면서 협업에 기초하여 새로운 지식을 창출하는 성공적인 경험을 통해 학습에서 협업의 의미가 재발견되었다. 이는 학습을 타인과의 경쟁이 아닌 타인과의 협력이라는 관점에서 바라보는 계기로 작용되었다고 볼 수 있다. 소셜러닝은 온라인을 통해 이루어지는 지적 협업의 성과, 즉 집단 지성에 공감하는 지식 프로슈머(knowledge prosumer)의 확산과 맞물려 지속적으로 발전할 것이다(〈표 10-3〉 참조).

〈표 10-3〉 협업을 통한 신지식 창출 사례

위키피디아	사용자 누구나 자유롭게 내용을 수정, 편집할 수 있는 인터넷 백과사전
갤럭시 주	약 27만 명의 아마추어들이 온라인으로 참여한 천문학 공동연구 프로젝트

---

1) 두 사람이 경쟁을 할 때 한 사람이 이득을 얻으면, 다른 한 사람은 필연적으로 손실을 본다는 개념.
2) 경쟁하는 개인이나 조직 모두에게 플러스가 되는, 즉 모두에게 이익이 된다는 개념.

4) 소셜러닝의 확산을 위한 시사점

미래 지식정보사회를 선도하기 위한 학습 패러다임의 대전환으로 소셜러닝을 선두에 내세운다면 사고의 전환이 필요하다. 이는 지식 기반 창의 강국으로의 도약과 미래 사회의 국가 경쟁력 확보를 위해 학습 패러다임의 대대적 변화가 필요한 시점이라 할 수 있다. 따라서 획일적이고 폐쇄적인 학습 모형으로는 글로벌 경쟁력을 지닌 미래형 인재 육성에 한계가 있으므로 개방과 협력을 통한 열린 학습 모형으로의 전환은 성공적인 미래 준비를 위한 초석이 될 수 있을 것이다.

그러므로 소셜러닝은 창의적 사고의 확산과 지식의 신(新)가치 창출을 이루는 미래 지식정보사회의 신개념 학습 모형으로서 맥락적 지식의 강조, 네트워크의 확장, 협업의 확산 등 사회의 주요한 요구에 부응하며 지속적으로 발전하고 확산되어야 할 것이다([그림 10-5] 참조).

이러한 사고의 변화를 위해 소셜러닝에 대한 사회적 공감대를 형성해야 할 것이다. 소셜러닝의 핵심은 소셜(social)인데 이 소셜의 가치를 극대화하기 위해서는 다음과 같은 노력이 필요하다.

첫째, 소셜러닝에 대한 사회적 공감대를 형성해야 한다. 소셜러닝의 정의 및 개념에 대한 올바른 이해로 미래 지향적 학습 모형으로서의 정체성을 확립할 필

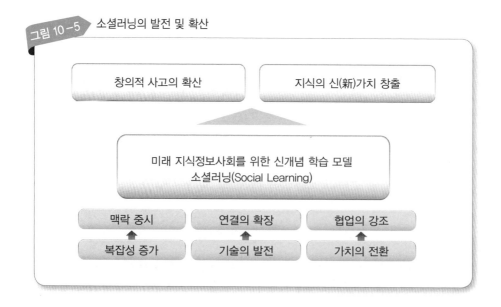

그림 10-5 소셜러닝의 발전 및 확산

요가 있다. 단순히 학습에 소셜 미디어를 도입하는 형태로 이해하는 것은, 학습 패러다임의 전환이 아닌 새로운 디바이스나 기술 환경에 국한된 지엽적인 발전으로 그칠 수 있으므로 소셜러닝은 정보통신기술을 활용한 더불어 발전하는 지혜와 능력을 추구하려는 창조적 시도로 이해하는 것이 바람직하다.

둘째, 우수한 소셜러닝 모형의 발굴과 적용이 필요하다. 소셜러닝의 궁극적 목적은 소셜 미디어의 도입이 아닌 학습 성과의 향상이며 소셜러닝의 가장 큰 미덕은 오래전부터 인류가 실천해 온 사회적 학습(social learning)이 네트워크라는 거대한 관계 연결망 속에서 구현되도록 한 것이므로 네트워크로 연결된 익명의 인간과 인간의 협력을 바탕으로 지식이 생성·축적·공유·활용·학습되는 선순환 구조를 이루려는 학습 모형을 가져야 한다([그림 10-6] 참조).

셋째, 소셜러닝 추진을 위한 체계적인 기반을 마련해야 한다. 최첨단 정보통신기술, 참여·개방·공유·협력의 가치 등 기존의 학습에는 적용되지 않았던 개념들을 새롭게 접목시켜야 하기 때문에 지금까지 존재하지 않았던 문제점이 등장할 가능성이 있다. 학습에 소셜 미디어만 단순 추가하는 것이 아니며, 소셜 미디어의 오락적 요소에만 익숙해지면 소셜러닝의 성공적 확산에 걸림돌이 될 것이다. 또한 학습콘텐츠의 사용과 관련한 지적재산권 분쟁, 개인정보의 유출과 프라이버시 침해 등 복합적인 문제도 발생할 수 있을 것이므로 소셜러닝의 안정적 정

그림 10-6 지식의 선순환 구조

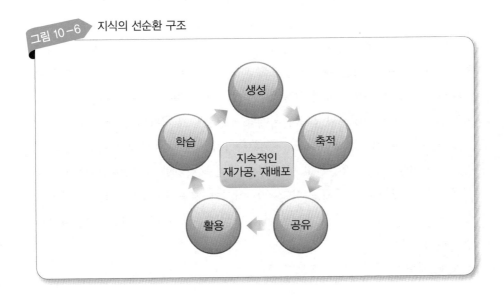

착과 확산을 위해서는 개념 도입과 함께 성공적 추진을 위한 체계적 기반의 마련을 고민하는 선제적 준비가 필요하다. 이는 소셜러닝의 성공적 설계와 추진을 위한 가이드라인 제시, 협업학습의 개인별 성과를 평가하기 위한 명확한 기준 수립, 학습의 효과성 검증 방안 마련 등 지속적인 발전과 확산을 위한 다각적 노력이 필요할 것이다.

1.4 집단 지성

1) 집단 지성의 정의

집단 지성의 개념은 학자마다, 또는 접근하는 방식에 따라 각각 달리 정의되고 있다. 〈표 10-4〉는 학자 또는 기관에서 정의한 집단 지성에 대한 정의이다.

2) 집단 지성의 특징

집단 지성은 다양한 개념과 유형에도 불구하고 몇 가지 공통된 속성을 갖고 있다(Gruber, 2007). 첫째, 사용자들이 만들어 내는 콘텐츠들로 구성된다. 즉, 사회적 도구를 활용하는 과정에서 참여자가 제공하는 정보들의 집합으로 이루어진다.

둘째, 인간과 정보통신 단말기 간의 상승 작용이다. 인간과 기계가 결합되어 한쪽만으로 얻을 수 없는 유용한 정보를 제공하는 능력이 발생한다. 여러 유형의 단말기와 보조기기 등을 통해 보통 전문가들에게서 제공받아 저장하는 정보에 비해 범위와 다양성, 정보량이 매우 풍부하게 유통되고 저장될 수 있다.

셋째, 규모에 따라 성과(productivity)도 증가하는 모습을 가지고 있다. 더 많은 사람이 참여할수록 더 유용하고 더 풍부한 판단과 다양한 콘텐츠에 대한 시각이 존재한다. 정보량이 증가해도 안정적인 처리가 가능하고, 지속적으로 기여자(contribution member)들이 동기를 부여받을 수 있어 규모에 따른 성과는 현저하게 나타나게 된다.

넷째, 발현적 지식으로 다가오게 된다. 사람들에 의해 직접 입력된 답변이나

학자 또는 기관	정의
레비 (Levy, 1997)	어디에나 분포하고, 지속적으로 가치가 부여되며, 실시간으로 조정되어 역량의 실제적 동원에 이르는 지성
레드비터 (Leadbeater, 2008)	웹이 창조한 집단적 사고방식과 집단적 놀이방식, 집단적 작업방식, 그리고 집단적 혁신방식
알라그 (Alag, 2009)	다수의 사람들에 의해 제공되는 정보를 통합 처리하여 그 집단 공통의 유용한 일에 사용하는 능력
한승희 (2009)	다수의 개체들이 서로 협력 혹은 경쟁을 통해 얻게 되는 지적 능력에 의한 결과로 얻어진 집단적 능력
삼성경제연구소 (2009)	다수가 참여하여 상호 간에 협력하거나 경쟁하는 과정을 통해 얻게 되는 집단의 지적 능력
삼성경제연구소 (2010)	기업 내·외부의 다양한 집단과의 교류와 협력으로 현안 해결의 지혜를 끌어내는 것

출처: 삼성경제연구소(SERI), 2010, 재인용.

지식보다 더 많은 답변과 지식 발견이 추론과 계산에 의해 가능한 시스템이다. 이러한 문제는 빅 데이터의 처리가 가능한 다양한 도구들이 제공되면서 더욱 실현이 용이해진 특징이라 할 수 있다.

3) 집단 지성의 유형

집단 지성은 협업의 유형과 정보통신기술의 활용 방식, 작동 원리에 따라 다양한 분류가 가능하다. 사례중심의 유형 분류로는 더턴(Dutton, 2008)이 고에너지 물리학, 바이오 의학, 정보통신기술, 콘텐츠 등 다양한 분야의 사례 연구를 바탕으로 집단 지성을 크게 세 가지로 구분한 사례가 있다.

첫째, 협업 1.0으로, 분산된 네트워크 내에 정보를 생산하여 협업할 수 있는 형태를 가진 네트워크를 활용한 집단 지성이다. 둘째, 협업 2.0으로 웹에서 소셜 네트워킹 기술을 이용해 집단 간의 의사소통을 원활히 함으로써 사람들이 집단에 정보를 제공하는 방식을 변화시키는 네트워크를 의미한다. 셋째, 협업 3.0으로 공동의 목표를 위한 네트워크 협업으로 기여자들의 중요도나 결합, 역할 등을 재조정하는 네트워크로 집단 지성을 이루는 것이다.

집단 지성은 참여자들이 협업에 근거한 협업형(collaborative)과 독립적으로 분산된 정보를 통합 처리해 새로운 지식을 만들어 내는 통합형(integrative)으로 구분하기도 한다(윤완철·이문용, 2010). 협업형 집단 지성은 위키피디아, 지식 iN의 사례 등과 같이 다수의 참여자들이 협업에 의해 콘텐츠를 생산하는 것을 의미하고, 통합형 집단 지성은 구글의 페이지랭크(PageRank)처럼 고도의 기술력과 알고리즘을 통해 새로운 지식을 창출하는 경우를 말한다.

4) 집단 지성의 성공 요소

집단 지성의 성공 요소는 생동감, 사회적 시스템화, 그리고 진행하고 있는 조직 또는 모임의 문제해결을 위한 적절성 등이다. 어떤 조직의 집단 지성을 위한 성공 요소는 당연히 조직의 경쟁력을 좌우하는 집단 지성이다. 역동적으로 지식을 보유하고 정보를 포착·조직하며 보완된 정보를 업데이트해 줄 수 있는 시스템이 중요하다. 이는 생생한 콘텐츠의 업데이트와 집단적 인식의 활용이 가능하기 때문이다.

집단 지성을 통한 지식 공유를 위한 세 가지 요소를 살펴보면 다음과 같다. 첫째는 생동감이다. 커뮤니티가 활성화되려면 유용한 콘텐츠의 지속적 공급이 절대적으로 필요하며, 누군가는 헌신해야 하는 경우가 발생하기 마련이다. 인텔피디아(인텔의 위키피디아)의 경우 초기에 핵심 그룹이 선도적 위치에서 헌신적으로 커뮤니티에 공헌한 사례가 있다.

둘째는 사회화이다. 커뮤니티에 참여하는 구성원들이 서로의 의견과 정보를 공유할 수 있도록 어떻게 이끌어 갈 수 있는가의 문제이다. 일반적으로 커뮤니티를 운영하면 적극적인 참여자(active participants)와 수동적인 참여자(passive participants)가 있기 마련이다. 또한 잘하는 사람과 초보적 수준인 사람도 있을 것이다. 모든 사람에게 예외자(outlier)라는 인식이 들지 않도록 운영하는 것이 필요하다. 전문가뿐만 아니라 초보자의 의견에도 귀를 기울여야 하며, 이러한 학습조직이 활발한 커뮤니티를 구성하게 한다.

셋째는 조직 또는 커뮤니티의 미션에 대한 적절성이다. 커뮤니티를 통해 집단 지성을 이루려는 경우, 사회화를 잘하기 위해 운영자와 헌신자는 종종 어려움을 당하게 마련이다. 초보 수준의 참여자보다는 적극 참여자 또는 불청객의 왜곡(skew)되거나 우회(detour)하는 잘못된 방향 때문에 본래 커뮤니티가 가지고 있는 목표나 미션이 이상해지면 다른 참여자들에게 실망스러운 모습으로 비쳐질 수 있다. 따라서 이에 대한 적절한 유도가 필요할 것이다.

1.5 소셜러닝의 사례

1) 테드

미국의 비영리 재단이 개최하는 지식 컨퍼런스인 테드(TED)는 'Ideas worth spreading(널리 퍼져야 할 아이디어)'을 모토로 각 분야의 저명인사 및 괄목할 만한 업적을 이룬 사람을 강연자로 초청하여 수준 높은 강의를 제공하며, 이를 동영상의 형태로 인터넷에 무료로 공개한다. 또한 자원봉사자들을 통한 번역 서비스를 제공하여 가치 있는 지식을 전 세계가 공유하도록 서비스를 제공하고 있다.

2) 아이튠즈 유

아이튠즈 유(iTunes U)는 Apple사의 다운로드 채널인 아이튠즈에서 제공하는 학습콘텐츠이다. 하버드 대학, MIT, 옥스퍼드 대학 등 해외 유수의 대학들이 제공하는 강의를 동영상 형태로 무료 다운로드할 수 있으며, 해당 강의의 슬라이드도 제공하고 있다. 다운로드된 강의는 컴퓨터를 비롯하여, 아이폰, 아이패드 등 다양한 기기에 담아 재활용이 가능하다.

3) 칸 아카데미[3]

칸 아카데미(Khan Academy)는 MIT 출신의 금융인 살만 칸(Salman Khan)이 수학 강의 동영상을 유튜브(YouTube)에 올린 데서 출발한 비영리 무료 교육 사이트이다. 조카를 가르치기 위해 만든 동영상을 무료로 공개한 결과 누구나 수학을 쉽게 이해할 수 있도록 돕는 강의 교재로 활용되었다. 15분 내외의 짧은 강의, 칠판에 판서하는 모습의 비디오 녹화 등으로 적은 비용을 들여 높은 교육 효과를 거두었다. 현재는 생물, 화학, 물리, 경제, 역사 등 다양한 분야의 2,100여 건에 이르는 강의 콘텐츠를 제공하고 있다.

칸 아카데미는 지식의 무료 공유를 통해 사회를 혁신적으로 바꿀 수 있는 아이디어로 주목받았다. 2010년 9월 구글의 '프로젝트 10의 100제곱' 공모전에서 세상을 바꿀 다섯 가지 아이디어 중 하나로 선정되었고, 마이크로소프트(MS) 창업자인 빌 게이츠는 자신의 블로그를 통해 칸 아카데미를 추천한 바 있으며, 빌 & 멜린다 재단을 통해 연 7억 달러를 후원하고 있다([그림 10-7] 참조).

그림 10-7 칸 아카데미

---

3) 이하의 '칸 아카데미', '선 러닝 익스체인지', '인텔리피디아', '라이브 모카'에 관한 내용은 『IT & Future Strategy 4: 미래 사회의 新학습모델, 소셜 러닝의 부상』(한국정보화진흥원, 2011. 6. 30.)의 10~13쪽 내용을 편집하여 수록하였음.

4) 선 러닝 익스체인지

선 러닝 익스체인지(Sun Learning eXchange)는 선 마이크로시스템사(Sun Micro systems, Inc)에서 직원 개인이 경험에 의해 습득한 지식을 비디오로 제작하고, 서로 공유할 수 있도록 하여 획기적인 학습 효과를 거둔 학습 플랫폼이다. 직무 관련 학습의 약 90%가 직원 간에(peer-to-peer), 비공식적(informal)으로 이루어진다는 데 착안하여, 직원들이 각자 경험을 통해 획득한 암묵지(tacit knowledge)를 공유할 수 있도록 지원한 것이다. 비디오 콘텐츠 제작을 위한 도구(tool) 지원 및 태깅(tagging)을 통한 카테고리 구분, 다양한 모바일 기기에서의 재생 등 편리하고 손쉬운 활용에 초점을 두었다([그림 10-8] 참조).

그림 10-8 SLX(Sun Learning eXchange)

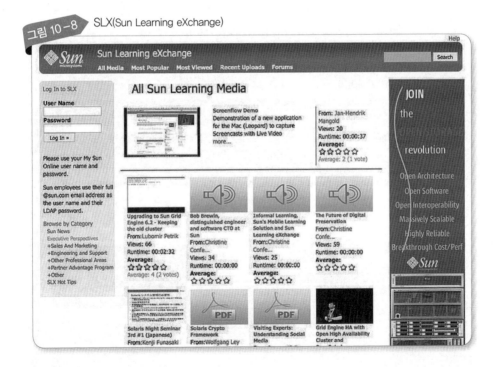

5) 인텔리피디아

인텔리피디아(Intellipedia)는 미국의 국가안보국(NSA), 중앙정보국(CIA), 연방

수사국(FBI) 등 주요 정보기관들이 참여하는 온라인정보공유시스템이다. 각 기관이 수집하고 생산하는 첩보 기밀, 군사 계획 등 보안 관련 정보를 공유함으로써 기관 간 유기적 협력을 강화하기 위하여 구축하였다.

국가 기밀의 보안과 활용도 증대라는 두 마리 토끼를 잡기 위해 인증된 접근자에게만 사용을 허락하는 폐쇄적 위키(closed wiki)시스템으로 운영하며, 인증된 정보요원이 정보를 등록하면 이를 동료들이 읽고 수정할 수 있으며, 정부와 계약을 맺은 구글이 서버 및 검색 소프트웨어를 지원하여 정보 풀(pool)로서의 기능을 강화하였다.

인텔리피디아를 통한 정보의 공유와 협업을 바탕으로 다수의 우수한 업무 성과를 얻었다. 2006년 뉴욕에서 발생한 비행기 충돌 사고 시, 사건 발생 2시간 동안 80여 회에 걸쳐 정보를 공유하며 9·11 테러와의 연관성을 조사하여 1개월 이상의 조사 시간을 절약하였으며, 이라크 테러범들의 폭탄 제조 정보와 관련해서

그림 10-9 인텔리피디아

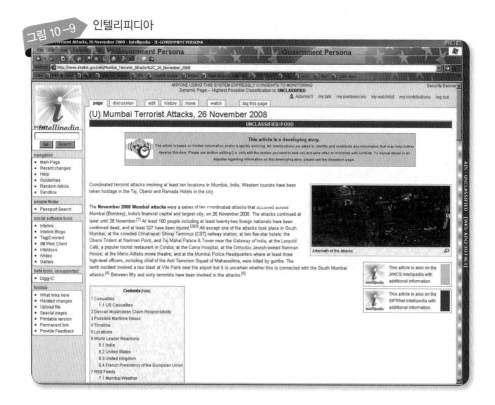

는 별도의 미팅이나 통제 지휘 없이 이틀 만에 자율적으로 정보를 수집할 수 있었다([그림 10-9] 참조).

6) 라이브 모카

라이브 모카(Live Mocha)는 외국어를 배우기 원하는 사용자들끼리 1:1로 매칭, 서로 언어를 가르쳐 주고 배울 수 있도록 지원해 주는 학습 교환 사이트이다. 사용자가 모국어 등 자신이 능숙하게 구사하는 언어와 본인이 배우기를 원하는 언어를 입력하면, 이 정보에 부합하는 상대를 연결, 서로 친구를 맺어 학습을 진행할 수 있도록 구성하고 있다. 서로가 지닌 언어 능력과 학습 요구에 따라 누구나 교수자인 동시에 학습자로 활동할 수 있다([그림 10-10] 참조).

2007년 서비스 시작 이후, 현재 195개국 약 1,000만 명의 이용자가 38종의 언어를 학습 중이며 온라인상의 대화 등 실제적 활용(연습)과 동일한 목적 의식을 가진 학습자들끼리의 지속적인 동기 부여가 학습 효과를 강화하였다. 마이클 슈츨러(Michael Schutzler) 라이브 모카 대표는 서비스의 핵심이 협업과 공유에 있음

그림 10-10 라이브 모카

을 밝히며, 라이브 모카는 이를 지원하기 위한 환경과 플랫폼을 제공하는 역할임을 강조하고 있다. 미국 시사주간지 〈타임(TIME)〉은 '2010 베스트 웹사이트 50'의 교육 분야에 라이브 모카를 선정하기도 했다(2010. 8. 25).

1.6 플립드러닝

1) 플립드러닝의 의미

플립드러닝(flipped learning)이란 이러닝을 포함한 멀티미디어와 같은 구체적인 학습 자료를 선 수행한 후에, 결과를 정규 면대면수업에 활용한 방식에서 출발하였다. 이를 거꾸로 교실(flipped classroom) 또는 역학습(inverse learning)이라는 표현으로 사용하기도 한다.

이러닝으로 선수학습 또는 예습을 하게 한 뒤, 본수업에서는 선행학습한 내용을 가지고 학생의 수업 이해 정도를 파악하여, 그 근거를 기본으로 다양한 구성주의 학습을 통해 학습하게 하는 학습 모형이다. 출발 시점에서는 주로 개념의 이해에 적용하며 물리나 수학 등의 과목에서 수업 방식으로 채택하여 이루어졌으나, 후에 많은 적용 결과, 특히 토론학습에 커다란 성과가 있는 것으로 평가되고 있으며, 우리나라의 교육에 중요한 시사점을 주고 있다.

일반적으로 주입식교육에 능한 우리나라의 현실로서는 의사소통 기술(human skill 또는 communication skill)로 불리는 토론의 유형(debate, discussion, persuasion, negotiation)별 수업이 필요한 고등학교나 대학교의 정규학교 수업에 매우 유용한 수업 모형이라 할 수 있다.

2) 플립드러닝의 대두

플립드러닝은 미국의 중·고등학교를 중심으로 일어나는 교수학습 혁신을 위한 방법으로 대두되었다. 이것의 출발점에는 에릭 마주르(Eric Mazur) 교수의 동료교수법(Peer Instruction)이 있다. 그는 하버드 의과대학생들을 대상으로 물리수업을 하던 중 교수 자신의 강의평가와 학생들의 시험 성적이 좋았음에도 불구하고 개념 검사에서 학생들이 개념을 잘 알지 못한다는 것을 발견하고 이를 개선하고자 동료교수법을 만들었다. 동료교수법은 처음 가르치는 사람도 바로 적용이 가능한 구체적인 절차가 있게 하는 것이다. 이 절차는 누구나 쉽게 적용 가능해야 하는데, 먼저 수업 안에서 수행될 학습 자료를 학습자가 이해할 수 있도록 미리 만들고, 다음 선행학습을 하게 한 후, 학습자의 이해 정도를 파악하고, 이를 기반으로 피드백을 줄 수 있는 과학적인 수업 방법이다.

이는 수업 전에 학습자가 미리 학습을 하고 문제를 푸는 것과 결합하여 대학교육의 교수학습에서 혁신적인 아이디어를 낸 것이다. 학습자는 교실에 들어오기 전에 미리 학습하고, 문제를 해결한다. 교수자는 학습자의 학습결과 자료를 기반으로 심도 있는 수업을 가능하게 하는 것이다. 이러한 모형에서 아이디어를 얻어 고등학교와 대학교의 학교교육 현실에 맞게 바꾼 것이 플립드러닝이다.

대학교육 및 학교교육, 교수학습 현장에 끼친 영향력으로 평가한다면 에릭 마주르 교수가 교육학자보다 더 큰 기여를 하였다고 볼 수 있다. 이미 동료교수법을 따서 대학교육 과정을 운영하는 교수들이나 기관이 세계 곳곳에 많다.

3) 플립드러닝과 참여자의 역할 변화

플립드러닝의 큰 특징으로 교사와 학생의 역할이 변화되는 것을 들 수 있다. 기존에 일반적으로 수행되는 수업에서 교사는 판서를 하고, 강의를 하고, 정리하며 문제를 잘 풀이해 주는 사람이었다. 특히, 한국의 수능시험을 앞둔 고등학교에서는 더욱 그러하다. 교실에서 학생들은 교사의 설명을 듣고 응답하고 필기하고 문제를 풀었다. 그러나 플립드러닝에서 교사의 역할은 가르치는 사람에서 안내하는 사람으로, 학생의 역할은 듣는 사람에서 참여하는 사람으로 바뀌게 된다. 이와 같이 교사와 학생의 역할이 바뀐다고 하여 거꾸로 교실 혹은 역학습이라고 부른다.

4) 참여자 역할 변화의 필요성

전통적인 수업에서 교사의 역할은 주어진 시간 안에 효과적인 정보전달을 위해 5분간 동기 유발, 20분간 내용 설명, 10분간 심화, 5분간 정리, 5분간 다음 차시 예고와 같은 교수학습 구성 지도안을 작성한다. 이러한 강의식 수업에서 "가장 많이 배우는 사람은 교사이다."라는 말이 있다. 교사가 학생들에게 설명하면서 자신도 모르던 논리적인 연결고리의 부재를 인식하게 되고 학습자의 질문을 통해 더 심도 있는 이해를 하게 된다. 강의를 준비하면서 학습하는 과정도 포함이 된 것이다. 즉 강의식 수업은 전달하는 자에게 좋은 기제이지, 전달받는 자에게 좋은 기제가 될 수 없다.

교실 안에서 이루어지는 교수학습을 넓게 보면 교실 안에서의 커뮤니케이션이라 볼 수 있을 것이다. 이때 오랫동안 학습자가 듣는 역할에 순응하고 훈련해 왔다면 성인이 되어 질문하는 데 수동적인 학습자가 되어 있을 것이다. 이러한 수동적인 커뮤니케이션의 학습은 복종을 해야 하는 위계 구조에 더 잘 적응하게 할 수 있는 기제로 작용할 수 있을 것이다. 그러나 창조, 창의와 같은 새로운 아이디어와 실천이 중요한 사회에서는 개인이나 조직의 입장에 그리 도움이 되지 않는다.

따라서 이러한 학습 방법은 훗날 많은 시험(trial)을 거쳐 이제는 토론수업에 효과가 큰 수업으로 자리매김하고 있고, 우리나라의 정규학교 학습 환경을 고려할 때 중요한 학습모형이라 할 수 있다.

5) 플립드러닝의 수행 절차

동료교수법에서 의미하고 있는 플립드러닝의 수행 절차는 첫째는 구체적인 절차, 둘째는 수업 안에서의 학습 자료와 선행학습 후의 학습결과 자료, 셋째는 수업에서의 결과 자료를 기반으로 한 피드백이다. 이때 피드백은 다양한 구성주의 방식의 수업 형태로 이어진다.

이와 같이 기존의 수많은 학습 방식과 가장 큰 차이는 학습자에 대한 선행 수행 결과 자료를 수업 안에서 획득하고 이를 기반으로 피드백을 주는 것이다. 또한 학습자의 성과를 단순히 시험 성적이 아니라 학습 전의 성적과 학습 후의 성적의 변화를 기반으로 분석하는 것이다.

플립드러닝을 수행하기 위해서 교수자는 무엇을 준비해야 할까? 기존에는 교실 안에서 무엇을 가르쳐야 할지 내용을 고민했다면 이제는 교실수업 전과 후로 나누어 가르칠 내용을 구성할 수 있다. 모든 교수자가 마찬가지겠지만 여기에서 가장 중요한 것은 학습자의 수준, 배경 지식일 것이다. 교수학습 내용을 미리 학습해 올 것과 교실에서 학습자들이 심화 있게 학습할 내용으로 구성하고 이를 학습자가 접근하기 쉽게 재구성하는 것이다. 이에 대한 단계별 구성 내용을 살펴보자.

첫째, 수업 전 콘텐츠이다. 미리 학습할 콘텐츠는 분량이나 수준을 고려하여 교수자가 구성해야 하는데, 저학년으로 갈수록 그림이나 동영상 같은 시각적인 자료가, 고학년으로 갈수록 밀도 있는 학습이 이루어지는 교재가 좋을 것이다. 그러나 어떤 학년이든 직관적인 이해가 가능한 교재가 함께 제공되고, 학습을 하였는지 확인하는 개념 문제를 같이 첨부할수록 좋다. 평가가 첨부되어야 하는 이유는 학습자의 동기 유발과 실질적인 데이터 기반의 수업을 가능하게 하기 때문이다.

둘째, 수업에서의 콘텐츠이다. 수업 시간에 해야 할 일을 정하는 것이다. 우선 고려해야 할 것은 학습자가 어느 정도 이해하였는지, 익숙한지, 숙달된 정도 등이다. 그러나 이때 해야 할 것은 학습자들의 이해를 돕고 더 높은 차원의 배움을 가능하게 하는 것이다.

예를 들어, 기존의 강의식 수업에서는 듣고, 받아쓰고, 문제풀이를 통해 개념을 학습하였다면 플립드러닝에서는 읽어 온 지문 및 학습 내용을 바탕으로 어떤 방법으로 접근할 수 있는지, 서로 다른 관점은 무엇인지, 무엇이 더 적합한 해결책인지, 왜 이러한 일이 벌어졌으며 해결책은 무엇인지와 같은 고차원적 사고 기반의 수업을 할 수 있다.

만약 수학, 물리학, 경제학 등 난이도가 있는 교과목에서 개념 학습에 좀 더 치중을 해야 한다면 교육자는 개념 문제를 제시하고 학습자가 응답하고, 서로 다른 생각을 하는 학습자 간에 토론하고, 다시 응답하는 동료교수법을 적용할 수 있다.

셋째, 수행한 내용을 반영할 보고서를 만드는 작업이다. 교수자가 기존의 관행을 버리고 새로운 것을 시도하는 것은 스스로의 발전에도 도움이 되지만 학교에서만 학습이 가능한 아이들에게 가장 큰 도움이 된다. 동료교수법이나 플립드러 닝과 같은 수업의 참여는 학습 능력이 떨어질수록 그리고 가정 배경이 좋지 않을 수록 학습자의 변화가 크다는 연구 결과들이 많다.

따라서 교수자는 스스로 회고록을 작성하는 것이 도움이 된다. 처음 시도할 때, 다양한 시행착오를 겪게 되는데 회고록을 쓰다 보면 개선책이 보이기 때문이 다. 아울러 같은 시도를 하는 교사들끼리 커뮤니티를 만들고 활동하면 같은 과목 교사들끼리 학습콘텐츠를 배분하여 제작할 수 있다. 또한 경험을 나누면서 보다 나은 방법을 효율적으로 찾을 수 있으며 서로에게 격려가 된다.

2 정보기술 변화에 따른 창의 이러닝 설계

2.1 처리 기술과 창의 이러닝 설계

1) 학습 분석

웹시스템과 웹서비스가 사회문화적으로 생활에 깊게 자리하면서 여기로부터 나오는 수많은 데이터가 시시각각 쌓이고 있다. 이러한 데이터들은 또 다른 사업 으로 이루어질 수 있으므로 이 사회는 웹으로부터 발생하는 빅 데이터에 큰 관심 을 기울이게 되었다. 온라인학습 활동이 포함된 이러닝의 분야도 예외는 아니어 서 학습 활동을 하는 동안 발생하는 많은 데이터, 즉 학습 활동과 관련한 빅 데이 터에 관심이 집중될 수밖에 없으며, 이것을 학습 분석(learning analytics)이라 부 른다.

이미 이와 맥락을 같이하는 이러닝에서의 분야가 없지는 않았다. 이포트폴리 오(e-portfolio)라고 하는, 학습 이력, 학습자 이력, 교강사 및 튜터의 이력 등 이러 닝에 참여하는 참여자들과 이들의 활동에 관한 자료를 모아 전자적으로 저장하 고 이를 활용하는 부문이 있었다.

이와는 조금 다르게 학습자가 어떤 조직에 들어와서 그 조직으로부터 학습 활동을 하는 전 과정을 분석하는 것을 학습 분석이라고 볼 수 있다. 이 학습 분석의 영역은 목적에 따라 크게 두 가지로 나눌 수 있다. 하나는 학습자가 어떤 목적과 어떤 경로로 학습 조직에 들어와서 어떤 학습 활동을 하였으며, 그 결과로 어떤 상응한 목적을 이루었거나 어떤 상태에 있는가를 분석하는 학습자의 학업 생활에 대한 분석이다. 다른 한 가지는 학습자가 특정 학습 과정에서 학습하면서 겪는 전 과정에 대한 분석으로 학습자의 학습 활동을 분석하는 것이다.

전자의 분석은 빅 데이터 분석을 통해 학습조직에 필요한 학습자들의 행동들을 파악하는 것이므로 결국 학습 조직을 위해 필요한 학습 분석이고, 후자는 학습 결과를 바탕으로 학습자에게 더 나은 다음 또는 미래의 학습을 위해 제공하는 분석으로 학습자 지원을 위한 학습 분석이다.

(1) 학습 조직을 위한 학습 분석

학습자 분석이라 하지 않고 학습 분석이라고 하는 가장 큰 이유 중의 하나는 학습 조직을 위한 학습 분석이 있기 때문이다. 일반적으로 학습 조직은 조직의 생리상 조직의 영속성, 안전성, 건전성 및 사회 기여 등에 지대한 관심이 있다. 정규교육을 포함한 이러닝학습을 보면 과정별로 학습자의 규모가 매우 다르게 존재할 수밖에 없다. 이러한 경우 학습 조직의 입장에서는 과정의 개설에 따른 학습 조직의 흥망성쇠를 생각하지 않을 수 없다. 따라서 학습자의 학습 조직 내에서의 긴 여정 동안 활동에 관한 빅 데이터를 분석해 그들의 사업 취지에 활용하는 것이다.

오늘날 우리나라의 경우, 대학교에 입학할 학령 인구가 급속히 감소하면서 대학마다 입학 자원 확보에 비상이 걸려 있다. 또한 신입생으로 입학하였더라도 다른 학교로의 편입으로 학교를 중도에 그만두는 경우도 많이 발생한다. 이러한 상황에서 이 분야의 빅 데이터 분석인 학습 분석은 학습 조직에 매우 중요한 정보를 제공해 줄 수 있다. 또한 사이버대학이나 온라인으로 기업교육을 하거나 평생교육을 진행하는 경우 정규 대학보다 탈락률이나 중도 포기 비율이 클 수 있으므로 이는 학습 조직으로서는 간과할 문제가 아니다.

따라서 학습자가 어떤 학습 조직에 들어올 때, 등록을 포기하거나 중도 포기할 때, 또는 학습을 연기할 때의 관련 자료를 분석할 수 있도록 다음과 같은 변인에 대한 조사가 필요할 것이다.

우선 학습 조직에 등록할 때 얻을 수 있는 변인들을 살펴보면 다음과 같다.

- 학습자의 인구통계학적인 변인: 나이, 성별, 지역, 직업 등
- 학습자가 학습 조직으로 오게 된 배경: 알게 된 경위, 목적 등
- 학습에 참여할 의지: 학습 의지, 학습에 투자할 시간, 학습 환경 등
- 사전 지식의 정도: 사전 유사 내용의 학습 정도 등

그리고 학습의 연기, 중도 포기, 휴학 등의 경우 얻을 수 있는 변인들을 살펴보면 다음과 같다.

- 중도에 그만두는 사유: 비용, 시간, 동급생과의 관계 등
- 매 학기 또는 과목별 수강 이력, 성적 등
- 학습조직 내 공동체 활동의 정도

이러한 변인들을 토대로 점점 쌓여 가는 빅 데이터를 이용해 학습 분석을 한다면, 어떤 시점에서 어떤 학습자에게 학습의 용기와 동기 부여를 해 줄 수 있는가에 대한 분석 정보가 생성될 것이다. 이미 이러한 노력이 우리나라 사이버대학들에서는 학습자 중도 탈락 방지를 위해 수행되고 있다.

(2) 학습자 지원을 위한 학습 분석

본래의 학습 분석을 의미한다고 할 수 있다. 학습자가 학습 활동을 하면서 다른 사람과 어떻게 다르게 활동하는가, 어떤 상태로 어떤 활동을 하는 학습자가 학업 성취도와 학업 만족도가 높은가, 어떤 학습 행동 뒤에 무슨 결과를 얻는가 등의 데이터를 가지고 학습 분석을 하여 학습자에게 가장 득이 될 정보를 제공해 줄 수 있는 학습 분석이다. 이를 통해 학습자가 생애주기를 통하여 학습 목표를 이루는 가장 기본적인 커다란 설계로부터 한 개의 교과 과정의 목표를 달성하기 위한 학습 분석까지 다양하게 발생할 수 있으며, 이 영역은 다음과 같다.

- 생애주기를 통한 인생 설계의 학습 목표를 지원해 줄 학습 분석
- 한 개의 학습 조직에서의 학습 목표(예를 들면, 대학교의 학과)를 지원해 줄 학

습 분석

- 한 과정의 학습 목표(예를 들면, 교양 과정, MBA, 전공 과정)를 지원해 줄 학습 분석
- 한 교과목의 학습 목표(예를 들면, 현재 수강하고 있는 교과목)를 지원해 줄 학습 분석
- 학습 조직에서 학습 활동을 돕는 커뮤니티 활동을 잘 하도록 지원해 줄 학습 분석

이외에도 많은 유형의 학습자를 지원하기 위한 학습 분석이 가능할 것이다.

2) 학습자중심 학습

창의적인 이러닝시스템을 개발하기 위해서 학습자중심의 학습은 크게 네 가지 면에서 정리할 수 있다. 첫째는 학습자를 개별화하여 마치 가정교사처럼 학습자를 대응해 줄 수 있는 개별화 학습을 설계해야 한다. 둘째는 학습자가 학습에서 지식을 전달만 받는 것이 아니고 학습에 직접 참여하는 참여형 학습을 설계하고 구현하는 것이다. 셋째는 학습자가 학습하기 위해 온라인학습시스템에 접속한 경우, 학습자 스스로 학습할 수 있도록 학습시스템이 보장되어야 하는 것이다. 마지막으로는 학습시스템 이외의 활동으로부터 벌어지는 학습 활동에 대하여 학습시스템에서 활동한 것처럼 지원할 수 있는 학습지원시스템이 설계되어야 한다.

(1) 개별화 학습

개별화 학습과 개별학습은 주의해서 파악해야 한다. 개별학습은 집단학습과 대비되는 표현이며, 개별화 학습에서 개별화는 각 개인의 학습 능력, 학습 양식, 학습 의욕 및 속도 등의 개인차에 대한 적응적 접근을 의미한다. 개별화 수업은 다양한 접근법이 있지만 주로 켈러 계획(Keller plan)이라고 불리는 방법을 말하는데 개별화 수업 방법은 행동주의 심리학자인 켈러(F. S. Keller)와 셔먼(J. G. Sherman)이 함께 개발하였다.

이때 학생들은 안내된 학습 지침서를 가지고 자신의 능력에 맞는 속도와 방법

으로 학습한다. 개별화 수업은 첫째, 기본적으로 학습자마다 개별화된 학습 속도로 학습을 진행하는 것이다. 둘째, 하나의 단원을 완전히 학습한 후에 다음으로 넘어간다. 셋째, 학습자를 자극하고 동기를 유발하도록 짧은 스토리가 담긴 강의를 시행한다.

개별화 수업에 따른 장점으로 평소 중위권이나 하위권이던 학생들이 유의미하게 성적 향상을 보였으며 학습 내용을 오래 기억하고 있는 것으로 나타났다는 연구 결과들도 종종 찾아볼 수 있다.

(2) 자기주도적 학습

자기주도적 학습(self directed learning)은 학습자가 완전하게 혼자서도 학습에 임해 학습목적에 맞도록 학습할 수 있는 것을 의미한다. 따라서 웹기반의 이러닝 시스템에서 자기주도적 학습이 되어야 한다는 것은 학습자가 홀로 사이트에 접속하여 학습할 경우, 주위의 교수자나 동료가 없는 상태에서 학습을 하더라도 충분히 학습할 수 있는 환경을 갖추어야 하는 것을 의미한다. 따라서 학습 체제, 학습 방법, 학습에의 참여자 및 그들의 역할 분담 및 학습 내용이 충분하게 학습자를 지원할 수 있도록 구성되어 있어야 함을 의미한다.

이를 위해서는 웹상의 협력 도구, 다양한 에이전트 기술, 사이버 랩 등을 활용하여 홀로 학습하여도 면대면 교실에서 벌어지는 모든 상황들이 학습자에게 필요한 경우 웹에서 대체될 수 있도록 제공되어야 한다.

(3) 참여형 학습

학습자중심의 학습에서 중요한 것은 학습자가 강의나 지식을 전달만 받는 전달교육으로부터 얼마나 학습에 직접적으로 참여할 수 있게 할 것인가의 문제이다. 이런 문제를 해결하기 위해서 주로 사용하던 방식은 협력학습이나 협동학습과 같이 구성주의 방법론을 활용한 교수설계였다. 이러한 방법의 사용도 가능하고, 학습자의 학습 부담이 많기는 하지만 플립드러닝처럼 이러닝으로 먼저 학습자가 문제해결까지 수행해 본 후에, 면대면교육에서 심화학습을 하는 블렌디드러닝 교수모형을 설계할 수도 있을 것이다.

이는 상호작용적 학습 활동을 강화하는 것과도 맥락을 같이한다. 따라서 교수자들은 학습자가 풍부하고 실제적이고 복합적인 상호작용적인 경험을 할 수 있도록 계획하고 준비하여야 한다. 학습자들에게는 개별적으로 유의미한 도전을 할 수 있도록 기회가 주어져야 한다. 또한 학습자들이 문제 상황에서 통찰력을 얻기 위해 문제를 바라보는 다양한 접근법을 제공할 수 있어야 한다. 이런 다양한 접근을 통해서 주어진 문제를 분석하고 처리해 나가게 된다.

(4) 학습방법의 변화에 대한 학습 지원

인터넷을 통한 정보검색이 활발해짐에 따라 학습자들은 더 필요한 정보를 검색을 통해 확인하고 심화해 나간다. 블로그나 위키피디아와 같은 웹 2.0 도구의 등장으로 오늘날의 젊은 세대는 한 번도 본 적이 없는 네트워크상의 친구나 낯선 이들에게서 이전에 부모와 교사가 하던 피드백을 쉽게 받을 수 있다. 이러한 활동에서는 전문가와 아마추어의 경계가 모호해지는 결과를 가져오기도 한다. 즉, 이전에 이루어지던 학습 지원의 경계가 무너진 것으로 볼 수 있다.

최근에는 학습의 개념이 개인 지원 중심의 접근에서 사회문화적 접근(social and cultural approach)으로 변화하고 있다. 학습자들은 공동체에 참여하여 실세계의 타인들과 연결하여 지식을 공유하고 새로운 가상의 세계를 만들어 경험을 확대해 나간다. 대표적인 학습 이론은 상황 인지(situated cognition) 학습으로, 학습 공동체의 참여를 통해 학습의 과정을 학습자들이 경험하게 한다. 상황 인지에 바탕을 둔 상황 학습은 학습자에게 구체적이고 실제적인 맥락 속에서 학습이 일어나는 것을 의미한다. 학습자들은 이때 자연스럽게 학습이라는 과정 안에 스며들게 된다. 이러한 학습 지원이 가능하도록 설계되고 구현되어야 할 것이다.

3) 맞춤형 학습

맞춤형 학습으로의 전환기에 있는 오늘날의 학습자들은 학교 교실에서 어떻게 교수학습 활동을 할 것인가라는 물음이 필요하다. 학습자들은 테크놀로지를 활용하여 독립적으로 학습하고, 과제를 수행하기 위해 동료들과 협력하며, 필요한 자료를 보완하기 위해 인터넷을 찾고, 효과적으로 보여 주기 위해 필요한 기술을 이용해 가공한다. 또한 최종적으로 완성된 자신들의 결과를 친구들 혹은 교수자와 공유한다. 이때 교수자들은 학습자중심의 활동, 현상에 대한 물음에서 시작하여 조사하는 탐구학습, 문제해결 혹은 공동의 과제를 위해 협력 활동 등을 준비하고, 학습자들에게 맞게 활동을 설계하여 제시할 필요가 있다.

이렇게 학습을 진행함으로써 학습자에게 맞춤형 서비스를 제공할 수 있게 된다. 맞춤형 학습서비스는 두 가지 유형으로 나눌 수 있다. 첫째는 동일한 수업에서 수준별로 다른 학습자에게 학습내용을 전달하는 수준별 학습이고, 다른 하나는 학습자 개인이 가지고 있는 선호도 정보에 따라 학습 내용이 전달되는 선호도 적응형 학습이다.

(1) 수준별 학습

수준별 학습은 동일한 학습 집단 내에서 학업 성취도에 차이가 있을 수밖에 없는 현실을 면대면교육이 아닌 이러닝을 통한 학습에서 어떻게 용이하게 수행할 것인가의 문제이다. 일반적으로 이러닝시스템은 학습 자원의 전달 과정이 단순 시퀀싱(simple sequencing) 방식으로 콘텐츠가 패키징(contents packing)되기 때문에 동적 시퀀싱(dynamic sequencing)을 도입하기 위해서는 다양한 교수설계 방법과 개발방법론이 제공되어야 한다.

한국교육학술정보원의 경우, 처음에는 학교 성적이 뒤진 학생들이 가정에서 보충학습을 할 수 있도록 사이버학습(시작 당시에는 사이버가정학습이라 하였으나 현재는 사이버학습으로 부르고 있음)을 개발하였으나, 학습을 잘 하는 학생들도 이 서비스를 받을 수 있어야 한다는 정책적 결정으로 학습자 본인 또는 참여 교사들의 판단에 따라 심화학습을 할 수 있도록 시스템을 변경해야 했다. 이렇듯 수준별로 학습자에게 전달되는 콘텐츠가 다양하게 존재하여 학습자의 수준에 맞는 학습 내용이 전달될 수 있도록 학습이 설계되어야 할 것이다.

(2) 선호도 적응형 학습

일반적으로 선호도는 학습자가 원하는 학습 자원을 어떻게 전달할 것인가의 문제이다. 이는 동일한 학습 집단에서 취향별로 학습의 순서, 선호하는 미디어, 선호하는 색깔이나 크기 등과 같은 선호도의 문제도 있다. 가령 웹사이트의 스킨(skin)을 여러 가지로 구성하고 학습자가 기호에 맞는 스킨을 선택하여 학습할 수 있게 하는 것도 가능하다. 그러나 근본적인 선호도의 문제는 웹접근성의 문제와 밀접하게 연결되어 있다. 저시력, 색약, 색맹 등과 같은 학습자가 가지고 있는 특성을 학습 운영자가 파악하여 학습자에 맞는 콘텐츠를 제공한다거나 처음부터 모든 학습자를 고려한 학습 자원을 설계하여야 할 것이다.

2.2 저장 기술의 창의 이러닝 적용

1) OER

(1) OER 개념

OER(Open Educational Resource)이란 2000년대 초반에 UNESCO에서 개방교육 자원의 개념으로, 선진국에서 보유하고 있는 대학 교육용 콘텐츠를 개발도상국이나 후진국이 공유하여 사용할 수 있는 교육 자원으로 정의한 것이다. 이후 OER은 교수자, 학생, 독학자들이 교육, 학습, 연구에 활용할 수 있도록 공개적으로 제공되는 무료 디지털 자료를 의미하게 되었다. 여기에는 학습콘텐츠뿐만 아니라 콘텐츠 개발 및 사용, 보급에 필요한 소프트웨어, 그리고 저작권 공개와 같은 관련 조치들이 포함되어 있다.

OER에 대한 정확한 통계를 추산하기는 어렵다. 왜냐하면 OER의 개념이 OCW(Open Course Ware)의 개념으로 그리고 지금은 무크(MOOC: Massive Open Online Course)의 개념과 혼재하여 서비스 형태로 제공되기 때문이다. 그러나 2007년 1월 기준으로 볼 때에도, 전 세계 300개 이상의 대학으로부터 3,000종 이상의 OCR 교과 과정이 제공되고 있었다.

대부분의 OER 생산자와 OER 프로젝트는 영어를 사용하는 선진국에 있으며 국내외적으로 잘 알려진 교육기관에서 추진하는 경우가 많다. 비록 지금은 영어가 주로 사용되지만 점차 비영어권 OER 프로젝트가 증가하면서 자료의 번역 또는 자동 번역 등 글로벌화를 위한 작업이 가속화되고 있는 실정이다.

(2) OER 출현의 배경

기술적·경제적 이유로는 저장 기술이 발달하고 저장 장치 소비 비용이 감소함에 따라 저렴한 비용으로 서비스가 가능하고, 사용자 친화적인 첨단 정보통신 기술 인프라 및 소프트웨어와 하드웨어가 등장하면서 콘텐츠의 생산과 유통이 쉬워지는 한편 공유를 통해 생산 비용이 더욱 낮아지고 있는 점을 들 수 있다.

법적으로는 콘텐츠의 무료 공유 및 사용에 걸림돌이 되는 저작권 해결 방안이 고안되고 있으며, 사회적으로 자료 공유에 대한 의지가 높아지고 있는 것이 사실이다. 각 나라의 정부 차원에서는 OER 운동이 교육 혜택이 미치지 못하는 집단에 고등교육의 기회를 제공하고, 개인 및 정부의 평생교육 프로그램을 홍보하는 효율적인 수단이 되고 있으며, 비공식 및 공식 교육 간 격차를 해소하는 방안으로 모색되고 있다.

교육기관의 입장에서는 지식의 공유라는 교육기관 본연의 전통 및 목적에 충실하고, 공립 기관의 경우 콘텐츠의 질을 향상시키는 동시에 비용을 절감하고, OER 프로젝트 자체가 홍보 효과가 있어 우수한 신입생 유치에 도움이 되며, 새로운 교육 자료 개발 및 내부적인 혁신을 자극해 경쟁력 향상에 기여하고 있다.

(3) 저작권 문제해결 방안

누구나 어느 사이트를 통해서든 콘텐츠를 올릴 수 있는 기회가 생긴 것이므로 온라인에서 공유되는 학습 자원인 콘텐츠에 대한 지적재산권의 문제가 항상 제기되어 왔다. 이러한 문제에 대하여 전 세계적으로 인터넷 공간에서 저작권의 보호를 받는 자료를 저작권 침해 위험 없이 공유하고 사용할 수 있도록 공개 사용권(open licence)을 적용하는 범위가 확대되고 있다. 미국의 비영리 법인인 크리에이티브 커먼스(Creative Commons)가 시작한 '크리에이티브 커먼스 라이센스(CCL: Creative Commons Licence)'가 그 대표적인 사례로 꼽히고 있다. 이 연구사례는 UNESCO에서 이어 받아 CCL의 법적인 범위와 법률적 이해 등에 대해 연구 중이다.

(4) OER 프로젝트의 영속성

자료 저장소(repository)를 구축하는 방식에는 OER 참가자가 사용자나 생산자로 활동하면서 자료를 공유하고 교환하는 사용자-생산자(user-producer) 모형과, 공동의 자료를 협력 생산하도록 장려하는 협력 생산(co-production) 모형이 있다. OER 프로젝트가 지속적으로 영속성(sustainability)을 가지고 존재하기 위해서는 학습콘텐츠가 새로이 저장되어야 하고 사용자 역시 꾸준히 존재하여야 한다.

그러나 OER 프로젝트에는 적지 않은 자본이 투입되어야만 하기 때문에 이를 운영하는 사이트는 비용이 부담일 수밖에 없다. 이를 해결하기 위한 방안으로는 콘텐츠 공개로 사용 비용을 상쇄하고 비용 절감의 혜택을 누리는 교환(replace-ment) 모형, 재단이나 기부의 형태로 외부에서 자금을 조달하는 기부(endow-ment) 모형, 자료 공급자들이 일부 사용자 집단에 부가 서비스를 제공하고 이용료를 부과하는 분할(segmentation) 모형, 무료 자료를 제공하고 향후 일부를 유료 고객으로 전환하는 전환(conversion) 모형, 모금이나 회원 회비에 기반하는 회원(membership) 모형 등이 제시되고 있다.

(5) 정책적 함의

저작권 법규 및 표준 동의 등을 의미하는 상호운용성(interoperability) 이슈와 OER 운동에 대한 충분한 지식 전파(knowledge base) 이슈는 국제적인 차원에서 다뤄져야 할 문제이며, 이는 미국과 유럽에서는 현저한 개념 차이를 보이고 있다.

다만 우리나라의 국가적인 차원에서는 OER의 확대가 공식 및 비공식 교육의 경계선이 허물어지고 있음을 의미한다는 사실을 인지해야 하며, OER을 활용한 평생교육 프로그램 구축 및 교육 자료와 보급 채널 다각화에 힘써야 한다. 아울러 OER 활성화를 위한 저작권 완화를 검토해야 하지만 상용 저작권과의 형평성 문제에 신중을 기해야 한다. 결국 민관 파트너십을 통해 양측의 노하우와 자료를 상호 공유해야 하며, 가능한 공개 표준(open standard)과 오픈소스 소프트웨어가 적용될 수 있도록 유도한다면, 향후 OER은 대다수의 고등교육기관에 영향을 미칠 것으로 예견되므로 각 교육기관들은 OER 운동이 가져올 위기와 기회에 대응할 수 있는 준비를 갖춰야 한다.

2) OCW

(1) 출현 배경

OCW는 대학이 여러 형태의 이러닝콘텐츠로 만들어진 학습 과정을 온라인으로 제공하는 데서 유래되었다. 출발은 학교의 질 높은 강의를 소개하는 것으로부터 시작하여 학교를 홍보할 목적으로 진행되었으나, 이것이 몇몇 대학이 공동 운영하는 무크(MOOC)의 형태로 전환되면서 목표와 의미가 조금씩 변화하고 있다.

제일 먼저 시작한 MIT의 OCW는 MIT의 모든 학부와 대학원의 강좌를 인터넷에 공개한다는 목적으로 전 세계를 대상으로 특별한 서비스를 제공한 것이 아니고 학습 자원만 공개한 경우이다. 이것은 현재의 무크서비스와는 조금 다른 개념의 서비스였다. 본래 이 서비스의 목적은 자료를 공개하는 것이지 관련 학습 내용과 학습서비스에 대한 책임을 지는 것은 아니었다. 또한 학위와 자격증을 제공하지 않으며 등록 절차가 따로 없고 개인 차원에서 자료를 활용하는 목적으로 제공되었다.

사이트의 다양한 검색 기능을 활용하여 학과별, 주제별 열람으로 원하는 강좌를 찾을 수 있고 내용을 확인할 수도 있다. 대부분의 강좌가 PDF 파일뿐만 아니라 동영상 강좌도 제공하고 있다. 관련 자료와 강의를 공개하는 것으로 MIT는 이를 통하여 학교의 지명도를 높이고, 공익적 목적에 기여하며, 기관의 존재 가치를 부각시키는 선전 효과를 거둔 것으로 평가하고 있다. MIT의 강의 내용을 현지화(localization)하여 사용하려는 움직임들이 진행되고 있으며, 이로부터 비롯되는 다양한 파생 사업이 성장할 수도 있다.

다른 예로는 예일 대학의 경우를 들 수 있다. 이 대학도 유사한 방식으로 강좌를 공개하기 시작하였으며 유명 교수들의 강좌를 위주로 공개하였다. 유사한 과정과 내용을 배우고자 하는 사람들에게 교육 자료로 제공하려고 한다는 교육기관 자체의 순수한 가치를 강조하며 서비스를 홍보하였다. 궁극적으로 인류 사회에 대한 예일 대학의 기여를 강조하고 있으며 비디오, 오디오, 텍스트 등과 같은 다양한 형태의 자료들이 자유롭게 제공되고 있다. 물론 일반적인 OCW 운동과 같이 등록과 학점 인정과는 전혀 관계없이 교육 자료만 공개한 것이다.

(2) 발전 형태

고등교육기관이 단독으로 OCW 서비스를 제공하는 경우가 많이 발생한 이후, 미국의 여러 대학교가 연합하여 서비스를 제공하는 형태로 발전하여 YouTubeEDU, 하버드·예일·프린스턴 대학이 참여한 universities.com, 저명인사들의 동영상 강의를 제공하는 academicearth.org와 en.wikiversity.org, 이미 200여 개 이상의 미국 대학과 70여 개의 선도 기업, 45개의 정부기관 및 50여 개의 국제적 파트너 기구의 컨소시엄으로 구성된 internet2.edu, 선 마이크로시스템사가 운영하는 curriki.org 등이 연합되어 대학 학습 자원을 공개한 경우이다. 이것이 이후 무크라는 서비스로 재편이 되고 있는 것이다.

이상의 내용을 살펴보면 오픈 콘텐츠 제공기관들은 자료를 공개하며 이러한 활동을 통하여 기관으로서의 공익적 역할을 각인시키며 자신의 브랜드를 고급화시키는 효과를 볼 수 있으며, 대학에서는 강의 내실화 등과 같은 부수적 효과도 볼 수 있다. 또한 이러한 공익적 차원에서의 서비스를 대중에 제공함으로써 훗날 무크서비스를 제공하면서부터는 정보통신과 관련된 기업들로부터 기금을 얻을 수 있는 기회로 연결이 가능하게 됨으로써 재정적인 안정으로 여러 사업에서의 우위를 확보할 수 있는 기반으로 활용하기도 한다.

3) 무크

(1) 무크의 개요

무크(MOOC)는 인터넷을 기반으로 무료로 제공되는 대형 공개 온라인 코스로 출발했다. 그러나 지금은 완전 무료가 아닌 수업 방식이 나타나고 있다. 본디 OER 프로젝트로부터 OCW 사업에 이르기까지는 대학별로 공개학습 자원을 웹으로 서비스하거나, 정부 또는 관련 단체가 이들을 모아 서비스하는 형태로 운영되어 왔다.

그러나 이러한 OER 개념이 무크에 이르면서 지명도 있는 여러 대학이 연합 형태로 참여하고 이 사이트를 운영하는 기관은 특정한 대학이 아닌 기업, 기관 또는 정부로부터 지원받는 기관이 운영하는 형태로 발전하였다. 그리고 처음에는 모두 무료로 운영하였으나, 수업의 이수증(certificate) 발급, 향후 동일 대학 동일 과정에 입학했을 경우의 혜택 등을 내세우면서 유료로 운영되는 과정도 늘어나고 있다.

이에 대해서는 UNESCO 중심의 유럽 국가들과 미국의 주요 유명 대학들 간의 노선은 현저히 다르게 나타나고 있다. 본래 OER의 취지에 맞게 향후 무크가 발전해야 한다는 유럽 국가들과 철저하게 영리가 내재된 사업 위주의 사고를 가진 미국과는 확연하게 다른 것이다.

(2) 무크의 창립

무크의 등장은 최근 미국 유명 대학들 사이에 관련 움직임이 활성화되고 있는 추세로부터 기인하였다. 일례로 하버드 대학과 MIT가 만든 에드엑스(edx), 스탠퍼드 대학의 교수들이 실리콘밸리 벤처 기업들로부터 투자를 받아 설립한 온라인교육 사이트인 코세라(Coursera), 스탠퍼드 대학 교수가 만든 유다시티(UdaCity) 등이 대표적인 무크 사이트라고 할 수 있다.

이러한 무크서비스는 물리적인 강의실에서 진행한 수업을 동영상으로 촬영하여 재생하는 수준에서 벗어나 온라인교육에 최적화된 강의 콘텐츠를 제공하며 실질적으로 온라인교육을 수행한다. 무크란 Massive Open Online Course의 약자의 의미에서도 알 수 있듯이 대규모 참여자들이 웹에 접속하여 이러닝학습을 할 수 있도록 과정을 제공하는 것을 의미한다.

대학 과정들과 유사하나 학점을 부여하지 않는 것이 다르다. 무크의 두 가지 특징은 개방적 접근(open access)과 대규모(large scale) 참여라는 것이다. 무크는 MIT OCW처럼 누구나 고품질의 콘텐츠를 청강할 수 있는 것 외에, 대규모로 수강에 참여하고 서로 의견을 교류하며 다른 사람들과 공유하기 때문에 파급효과가 크고, 유사한 과정에 대한 표준 레벨을 정할 수 있다는 장점이 있다.

2011년 가을 스탠퍼드 대학에서는 3개 과정을 개설하였는데 각 과정별로 10만 명이 등록하였다. 이러한 성과를 배경 삼아 대프니 콜러(Daphne Koller)와 앤드루 응(Andrew Ng)은 코세라를 런칭하였으며, 이러한 입소문을 통해 펜실베이니아·프린스턴·스탠퍼드·미시건 대학과 협력관계를 맺었다. 이 3개 무크 사이트 외에 10대 무크를 소개하면 다음과 같다.

- Udemy Free Courses: 10만 명 이상 수강생 등록, 전 세계 전문 강사 강의 제공
- iTunes U Free Courses: 애플사가 운영하는 무료 강좌
- Stanford Free Courses: 190개 국가에서 16만 명의 등록생, 2만 3000여 명의 이수자 배출
- UC Berkely Free Courses: 생물학에서부터 인간 감성에 이르는 다양한 과정 제공
- MIT OCW: 콘텐츠 공유의 시초
- Duke Free Courses: iTunesU에 다양한 과정 제공
- Harvard Free Courses: 지원서 필요 없이 하버드 대학의 고품질 강의 제공
- UCLA Free Courses: 220개의 온라인 작문 프로그램 등 제공
- Yale Free Courses: 예일 대학의 강의를 Open Yale에서 제공
- Carnegie Mellon Free Courses: No instructors, no credits, no charge를 자랑

(3) 무크의 파급효과

무크는 이미 미국 내에 많은 영향을 미치고 있기 때문에 국내에도 앞으로 적지 않은 영향을 미칠 것으로 예상된다. 국내에는 KOCW(Korea Open Courseware)가 운영 중에 있지만 아직 활용성은 그리 높지 않다. 우리나라가 가지고 있는 특이한 문화 때문이라고도 볼 수 있지만 어떤 자격도 주어지지 않는 과정을 학습하고자 하는 열망이 미흡하기 때문일 수도 있을 것이다. 그렇지만 세상은 이미 마음만 먹으면 얼마든지 학습하고 공유할 수 있도록 되어 있고, 이 흐름을 잡지 못한다면 시대에 뒤처질 것이다.

국내에서도 한국무크(K-MOOC)를 만들기 위해 정부, 일반 대학교, 원격대학교 그리고 국가평생교육진흥원 등이 고민하고 있다. 일본은 이미 일본방송통신대학(JNOU: Japan National Open University)이 중심이 되어 일본무크(J-MOOC)를 만든 바 있으며, 유럽은 UNESCO를 중심으로 오픈에듀(OpenEdu)를 만들어 오세아니아, 아시아, 아프리카 및 남미 국가들의 참여를 독려하고 있다. 이렇게 세계화되어 가면서 콘텐츠를 올리는 국가의 언어를 그대로 올릴 수 있는 시스템으로 진화하고 있다.

2.3 EDRB

방송국이 생산한 동영상을 작은 단위로 쪼개어 학습 자원화한 것이 이클립 (e-clip)이고, 이클립 서비스가 유럽의 방송국을 중심으로 전개되던 것이 미국, 호주, 일본에서까지 폭넓게 진행되어 왔다고 이미 제1장에서 설명한 바 있다. 여기에 우리나라의 EBS(한국교육방송)는 EBS가 생산한 질 높은 교육용 동영상 콘텐츠를 다양한 교수학습 환경에서 활용할 수 있도록 1~5분 내외로 클립화하고, 향후에는 KBS, MBC 및 다른 방송국들의 동영상도 클립화하여 이들을 한 저장소에 모은후, 다양한 서비스가 가능하도록 EDRB(Education Digital Resource Bank) 구축사업을 진행하고 있다. 현재는 EBS의 내용만 서비스로 제공하고 있다([그림 10-11], [그림 10-12] 참조).

EDRB는 교수학습을 위한 디지털학습 형태로 EBS가 생산한 질 높은 콘텐츠를 기반으로 기업 또는 개인이 보유한 검증된 콘텐츠가 공공 DB와 연계되어 유통될

그림 10-11 EDRB 서비스 모형

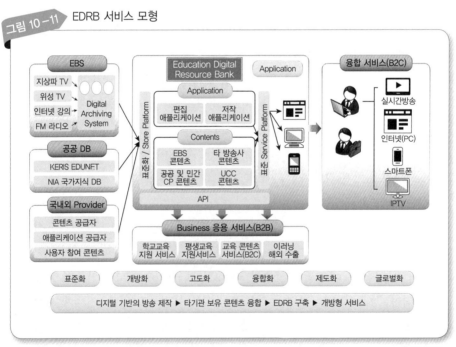

출처: EBS.

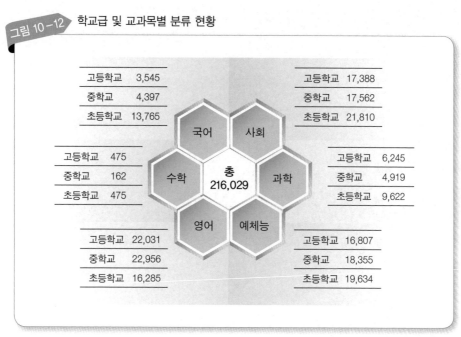

그림 10-12 학교급 및 교과목별 분류 현황

국어		사회	
고등학교	3,545	고등학교	17,388
중학교	4,397	중학교	17,562
초등학교	13,765	초등학교	21,810

수학		과학	
고등학교	475	고등학교	6,245
중학교	162	중학교	4,919
초등학교	475	초등학교	9,622

총 216,029

영어		예체능	
고등학교	22,031	고등학교	16,807
중학교	22,956	중학교	18,355
초등학교	16,285	초등학교	19,634

출처: EBS.

수 있고, 끊김 없는 서비스를 적시적(just in time)으로 OSMD(One Source Multi Device) 형태로 제공되는 새로운 방송과 통신이 융합된 서비스이다. EDRB 서비스의 주요 특징은 다음과 같다.

- EBS 콘텐츠를 학교 교과목의 교육 과정에 맞게 클립화하여 제공
- 수업 시간에 활용을 최적화하기 위해 평균 5분 내외 다양한 클립 제공
- PC, 스마트폰, QR 코드, 간편 주소 등 다양한 교수학습 활용 방법 제공
- 키워드 검색, 교과목 검색 가능
- 1Mbps의 HD 고화질 영상 서비스
- 연관 콘텐츠 제공 기능을 통해 유사 영상 활용
- 클립 영상과 관련 있는 에듀넷, 국가 지식 포털의 자료를 동시에 제공
- MPEG4 H.264 포맷으로 제공하여 다양한 스마트미디어에서 활용 가능

제 11 장

11

창의 이러닝을 위한 기술의 적용

1 미래 학습시스템

1.1 사이버 랩

1) 사이버 랩의 개념

사이버 랩(cyber lab)은 단어가 설명하는 그대로 가상의 실험실이다. 여기서 일컫는 가상이란 존재하지 않는 것이 아니라, 응용 소프트웨어가 장착된 컴퓨터와 네트워크, 그리고 이를 활용할 단말기로서의 도구(instrument)들이 결합되어 시험(test)이나 실험(experiment) 또는 모의실험(simulation)이 가능하도록 만들어진 시스템이라 할 수 있다. 따라서 사이버 랩은 유형별로 다음과 같이 다양하게 나타날 수 있다.

첫째는 수학, 물리, 화학 등과 같은 과목에서의 실험을 직접 실행할 수 있는 것과 같이 실제의 실험실에서 할 수 있는 것을 가상으로 체험해 볼 수 있게 함으로써 완전하게 물리적 공간을 대체한 사이버 랩이다.

둘째는 사이버 랩에는 운영체제만을 두고 이 운영체제와 실제 실험실을 연결해 실험실의 로봇과 같은 에이전트를 움직여 사람 대신 실험을 하게 하는 방식이다.

셋째는 수학에서 많이 사용되는 방법인데, 계산기 기구(calculator)를 컴퓨터의 입출력 포트에 연결하여 수학의 개념과 문제풀이 및 수학 기호의 손쉬운 활용 등에 사용하거나, 통계패키지 등의 통계 분석 도구가 자동 연결되어 문제를 해결할 수 있도록 하는 방법으로 전문 도구(instrument)를 연결해 응용하는 사이버 랩이다.

마지막으로는 원격에서 협업을 하면서 공동으로 학습할 수 있는 협업형 사이버 랩이다.

2) 물리적 공간을 대체한 사이버 랩

실제로 실험이 진행될 내용에 대하여, 미리 웹에서 다양한 형태의 조작을 통하여 가상으로 실험을 할 수 있도록 만들어진 시스템 또는 소프트웨어를 사이버 랩이라 한다. 즉, 물리적인 공간을 대체하여 컴퓨터 내에서 이루어지도록 구현된 시스템을 말한다. 따라서 이러한 시스템을 구현하기 위해서는 관련 분야의 총체적인 지식이 데이터베이스화되어 있어야 하며, 학습자 또는 실험자가 하려는 시도에 대한 경우의 수에 대하여 지식 노드로 구성되어야만 한다.

주로 물리, 화학, 지구과학 등에서 법칙이나 규칙에 의해 제시할 수 있는 실험 등에 많이 쓰인다. 경우에 따라서는 슈퍼컴퓨터를 활용한 업무형 사이버 랩도 개발되기도 한다. 자동차, 선박, 항공기, 미사일 등처럼 부품의 숫자가 많거나, 부품 또는 부분품의 역할에 따라서 소모품의 주기가 다른 산업 기술에서 용도나 사용자의 요구에 따른 경우의 수를 많이 고려해야 하는 경우에 처리 능력이 뛰어난 대용량 처리가 가능한 슈퍼컴퓨터를 활용한 사이버 랩이 필요하다.

지구과학의 경우, 미국 루이지애나 주립대학 컴퓨터학과 카르키(B. B. Karki) 교수의 노력으로 전 세계 연구자들은 온라인을 통해 사이버 랩을 실험할 수 있게 된다고 발표하였다. 이는 미국의 과학재단으로부터 280만 달러의 연구비를 지원받아 지구와 행성 연구를 위한 가상 실험실을 만드는 프로젝트이다. 이 프로젝트에는 미네소타 대학, 캘리포니아 대학, 뉴욕 주립대학과 이탈리아와 영국의 연구진이 참여하고 있다. 국제적인 프로젝트이기 때문에 연구진의 자료 공유, 컴퓨터 시뮬레이션과 영상화 기술을 이용한 가상 실험이 웹을 통해 실시될 것이다. 또한 이 가상 실험실은 지구과학자들에게만 국한되지 않으며 물리나 화학 분야의 실험에도 활용될 수 있을 것이라고 말하고 있다.

우리나라의 경우에도 한국방송통신대학교에 물리, 수학 교실에서 필요한 사이버 랩이 개발되어 수업에 활용되고 있다. 초·중·고 과학 실험과 통신 전공자를 위한 신호 처리 및 정보통신의 원리를 실험해 볼 수 있는 자바를 이용한 시뮬레이션 자료를 제공하는 사이트도 개발되어 활용 중이다. 이 사이트에서는 중·고생을 위한 실험 100여 가지, 초등학생을 위한 실험 80여 가지를 비롯해 생활 과학 실험, 체험 과학 실험 등 수준 있는 가상 실험을 보여 주고 있다. 특히, 중·고생을 위한 실험실은 물리, 화학, 지구과학으로 주제가 세분화되어 있어 자녀들의 교과 단원과 비교해 볼 때 관련성이 매우 높기 때문에 유용한 사이트라 할 수 있다. 단순히 실험 과정을 지켜보는 데 그치지 않고, 실험 때 사용되는 수치나 상황들을 조절할 수 있고, 그 변화 과정이 실험 결과로 이어져 화면에 나타나게 되어 있다(http://www.scienceall.co.kr 참조).

3) 에이전트를 이용한 사이버 랩

이것은 산업 현장과 사이버 랩을 연결하여 실습을 가능하게 하는 가상의 실험실이다. 기존에 위험하거나 더러운 작업 환경에서 산업용 로봇들이 수행하던 작업과 유사한 형태라고 할 수 있는데, 이는 여러 가지 형태로 구현될 수 있다.

첫째는 실제 산업 현장에서 사람이 작업하는 대신에 자동화기기를 두거나 로봇으로 하여금 사람 대신 작업을 수행하게 하는 것이다. 이 경우는 학교에서 학습자들이 작업 공간의 조건을 파악한 후 공장에 작업 지시를 하는 사이버 랩이다.

둘째는 실제와 동일한 체험을 하는 사이버 랩이다. 가장 많이 사용되는 경우는 항공기 조종사를 교육할 때 응용하는 항공기 시뮬레이터이다. 그 외에도 다양한 고가의 기기로 운전 기술이 필요한 전투기나 전차 등에서 활용되고 있으며, 최근에는 이러한 시스템의 고장 처리나 유지보수를 하는 업무도 같은 사이버 랩을 이용하여 전문가 교육을 실시하고 있다.

해외 사례 중 유명한 것은 대만의 국립과학공예박물관의 사이버 랩이다. 북관과 남관으로 나눠진 박물관은 수자원, 물리와 기술, 생명과학, 식품 공업, 건강생활, 컴퓨터, 어린이 과학센터 등 생활과 관련된 응용과학 전시물을 보여 주고 있는데, 그중 하나가 관람객이 직접 참여하는 사이버 랩으로 된 체험 실습실이다. 이 사이버 랩에서는 진도 1에서부터 7까지의 지진을 실제로 느끼고 체험해 볼 수 있다.

4) 전문 도구를 연결하는 사이버 랩

수학 교실에서 주로 사용하는 가상의 실험실로서, 컴퓨터의 자판으로 하기 어려운 작업, 예를 들어 다양한 수학 기호 등의 입출력이나 이미 정형화되어 있는 과학용 또는 통계학적인 수식의 계산 등과, 함수에 대한 개념적 이해, 유클리드의 도형 및 다각형의 이해 등 수치나 수식을 형상화하고 2차원 이상의 그림으로 보여 줄 수 있도록 그에 맞게 제작된 도구(instrument 또는 calculator)를 USB 포트 등을 이용하여 컴퓨터에 부착하여 구성하는 사이버 랩이다. 이미 미국, 캐나다, 호주, 뉴질랜드 등에서는 수학수업에 이러한 도구들로 수업을 진행해 학습자들의 원리 개념 이해에 큰 성과를 거두고 있다.

5) 협업형 사이버 랩

전국의 병원과 의과대학 의사들이 사이버상에서 원격 진료와 협업 연구를 수행할 수 있는 길이 열렸다는 소식을 들은 바 있을 것이다. 한국과학기술정보연구원(KISTI)은 전국 11개 대학, 4개 병원에 사이버 랩 인프라 구축을 완료했다. 이 사이버 랩은 미래창조과학부 사이버융합연구의 교육고도화사업의 하나로 국가 R&D 연구망(KREONET)과 고화질 멀티디스플레이를 이용해 사용자들이 원거리에서도 시간과 공간의 구애 없이 협업 연구를 할 수 있도록 해 주는 시스템이다.

구체적으로 협업형 사이버 랩 구축 기관들은 NTD(46인치 LED 모니터 16개)를 하나의 화면으로 사용할 수 있는 기술, 코덱 기술, 멀티 콘텐츠 공유 및 대용량 데이터 전송 기술 등을 기반으로 사이버 랩 간 기가급 네트워크를 연동할 수 있다. 특히, 사이버 랩을 이용하면 첨단다빈치로봇수술시스템을 실시간으로 연결해 수술 집도 상황을 공유할 수도 있다. 의과학 사이버 랩이 활성화되면 정보통신기술을 접목한 다른 분야의 협업형 사이버 랩 활용 분야도 개척될 것으로 예상하고 있다.

1.2 증강현실

1) 응용 목적과 배경

증강현실은 실제 세계와 가상 세계를 이음새 없이(seamless) 실시간으로 혼합하여 사용자에게 제공함으로써 사용자에게 보다 향상된 현실감과 몰입감을 제공하는 기술(Azuma, 1997), 또는 실사와 컴퓨터 그래픽을 합성하는 방식으로 현실에 없는 부분을 가상적으로 창조하여 현실에 추가하는 것을 말한다(한정은, 2002). 현실 세계에 가상의 세계가 추가되는 것이므로 이를 '증가'한다는 개념으로 보았고, 교육적으로는 일반적인 가상현실 상황보다는 좀 더 생생한 현실감을 더해 주며, 이로 인해 학습자들이 흥미를 가질 수 있는 여지를 줌으로써 교육 현장에서 다양하게 이용될 수 있는 가능성이 있다.

증강현실은 현실과 가상현실의 중간에 위치하는 기술로, 가상현실과 같은 가상성에 바탕을 두고 있다. 가상현실이 가상의 공간 속에 사용자를 몰입하게 하는 기술이라면, 증강현실은 사용자의 실제 상황에 가상의 요소를 더해 줌으로써 실제감을 향상시키는 기술이라고 할 수 있다. 즉, 가상현실이 컴퓨터가 만든 가상의 환경으로 실제 환경을 완전히 대체하는 것이라면, 증강현실은 사용자가 가지고 있는 기존의 실제 환경 정보를 유지한다는 점에서 차이점을 지닌다. [그림 11-1]은 실제 세계와 가상 세계의 연속성상에서의 증강현실의 위치를 나타낸다.

증강현실은 3차원의 디지털 체험 기술을 이용한 입체 영상 제공을 통해 경험 중심 학습 환경의 구성을 지원하여 학습 내용을 더욱 풍부하고 실감나게 만들어 주는 역할을 한다. 디지털 체험의 핵심 요소는 학습자의 감각기관을 사용하는 다양한 방식의 인터페이스와 이런 인터페이스를 통해 증강되는 상호작용성이라 할 수 있다. 이를 위해서는 학습자가 여러 가지 센서나 인식기술을 사용하여 그가 처한 환경에서 일어나는 일을 감지하고, 이를 기반으로 내부 모형을 만들어 시뮬레이션하여 마지막으로 학습자가 일관된 형태의 감각기관을 통해 디스플레이하

그림 11-1 현실 세계와 가상 세계의 연속성

혼합현실
(Mixed Reality)

| 현실 세계 | 증강현실 | 증강가상 | 가상현실 |
| (Real Environment) | (Augmented Reality) | (Augmented Virtuality) | (Virtual Reality) |

출처: Milgram & keshino, 1994.

여야 한다.

증강현실 기술은 이러한 디지털 체험을 가능하게 하는 최적의 기술로 사용자의 위치와 주변 환경의 정보를 추적하여 이에 적절한 영상 정보를 제공, 학습자에게 디스플레이하는 세 가지 요소 기술로 구성된다.

2) 응용 분야

1991년 마크 와이저(Mark Weiser)가 '유비쿼터스 컴퓨팅(Ubiquitous computing)'에 대한 비전을 담은 논문을 발표하면서 "세계는 컴퓨팅 기능을 감춰 보이지 않게 만드는 새로운 패러다임으로 급격히 방향을 전환하고 있다. 컴퓨터가 유비쿼터스화되고 보이지 않게 되기 위해서는 물리적 환경과 디지털 정보 간의 결합이 필수적이며 인터페이스 방식에서도 기존의 GUI(Graphic User Interface) 모형을 넘어선 손에 잡히는 구체적인 조작 방식의 지원이 필수적이다(Ishii & Ullmer, 1997)."라고 설명하였다. 증강현실은 이러한 유비쿼터스 환경에서의 구체적 사물 간의 인터페이스를 지원하는 3차원 매체로 사람과 정보 간의 상호작용을 가능하게 해 줄 수 있다.

(1) 다양한 감각을 지원하는 학습 정보 제시

증강현실은 3차원 입체 영상을 통해 현실감 있는 정보를 감각적으로 제공해 준다. 다시 말해 증강현실은 다감각에 의존한 표현 방식을 통해 학습자의 지각력을 높임으로써 학습 정보에 대한 감각적 몰두(sensory immersion)를 가져온다. 가상현실에서의 감각적 몰두가 현실 세계를 벗어난 새로운 가상 세계에 대한 몰두라면, 증강현실에서의 감각적 몰두는 실제 학습자가 처해 있는 현실 세계의 맥락 속에서 추가적인 가상의 객체에 대한 감각적 몰두를 느끼게 한다는 점에서 차별성을 지닌다. 이러한 가상의 객체를 활용하는 특성으로 인해 현실에서 불가능한 체험을 다양한 감각기관을 활용해 현실화해 줄 수 있다.

(2) 현실 세계와 가상 세계 간의 결합

증강현실은 이음새 없는 인터페이스(seamless interface)를 통한 현실 세계와 가상 세계의 결합을 가능하게 해 준다. 증강현실 기술은 현실과 가상 세계 간의 자연스러운 전환을 가져올 수 있다. 전통적인 인터페이스 환경에서는 학습자가 현실과 가상의 세계를 쉽게 이동할 수 없는 반면, 증강현실 인터페이스는 설계자의 의도에 따라 현실과 가상의 세계를 자유롭게 이동할 수 있다.

(3) 학습자의 직접적인 조작 활동 구현

증강현실을 구현하기 위해서는 일반적으로 '마커(marker)'를 사용한다. 마커는 영상 인식을 위해 사용되는 인식용 흑백 문양으로, 각 마커의 모양에 따라 제공되는 정보가 달라진다. 학습자는 마커를 이용한 조작 활동을 통해 학습할 수 있다. 또한 조작 활동을 통해 보다 적극적인 사용자의 상호작용을 이끌어 내어 학습 현상에 대한 이해의 폭을 넓히고 깊이를 더해 준다([그림 11-2] 참조).

그림 11-2 마커의 예

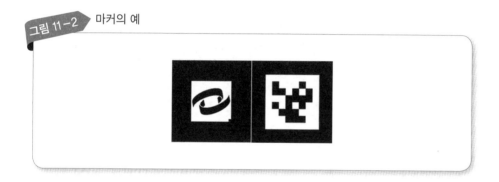

3) 응용 방법

증강현실 기술의 발달은 유비쿼터스 컴퓨팅 환경 발전과 그 방향을 같이한다. 즉, 장치나 콘텐츠에 사람의 활동이 맞춰지는 것이 아니라, 사람의 활동에 모든 선진 기술과 콘텐츠가 맞춰지는, 사람이 중심이 되는 환경 구축에 가치를 두고 있다. 이것은 교육적 측면에서도 학습자의 직접적인 조작 활동을 통해 학습 참여도를 높이고, 3차원 방식의 정보와 상황을 제공하여 실제와 가까운 경험을 제공함으로써 학습에 대한 동기 및 몰입감을 높이는 노력과 맥락을 같이한다. 증강현실을 교육에 활용하였을 때 갖는 교육적 장점은 다음과 같다.

(1) 감각적 몰두 및 현존감 강화를 통한 직관적·체험적 학습 지원

증강현실은 3차원 방식의 다감각적인 정보를 제공하기 때문에 학습에 대한 몰입을 가져온다. 이것은 오감을 활용해 만지고, 잡고, 느낄 수 있는 체험적인 학습을 가능하게 하여 학습에 대한 동기를 유발하고, 학습 몰입을 수반한다. 특히 3차원 입체 영상을 통한 학습 정보의 제공은 직관적인 이해뿐만 아니라 다양한 시각으로 학습을 가능하게 하고, 현존감을 높이기 때문에 학습 내용을 보다 심층적으로 이해하고 분석하며 적용할 수 있다.

(2) 현실 세계와 가상 세계의 결합을 통한 실제적·구성주의적 학습 지원

증강현실은 현실과 가상의 학습 정보를 자연스럽게 결합해 줌으로써 학습 효과 증진에 기여할 수 있다. 즉, 현실의 학습 환경에 가상의 학습 요소를 첨가해 줌으로써 학습자 스스로 새로운 학습 환경을 구성하는데, 이 환경은 현실 세계의 학습 맥락을 포함하고 있어 학습이 실제적일 뿐만 아니라, 가상현실이 더해져 조금 더 사실적이면서 복잡성·다양성을 지니고 있으며, 새로운 지식을 구성할 수 있어 구성주의적 학습과도 그 맥락을 같이한다. 이렇게 제시된 학습 환경은 학습

그림 11-3 현실 세계와 가상 세계의 결합을 통합한 증강현실 콘텐츠의 예

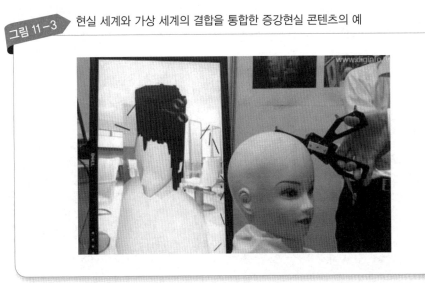

출처: http://www.techfever.net/2010/06/air-hair-augmented-reality-for-those-who-want-to-learn-haircutting/

자들의 인지적 활동을 자극할 뿐만 아니라 어렵고 복잡한 학습 내용을 쉽게 접근할 수 있게 하여 학습에 생산성을 가져온다. [그림 11-3]은 현실 세계와 가상 세계의 결합을 통합한 증강현실 콘텐츠의 예를 보여 준다.

(3) 실물형 조작 방식에 의한 의도적이고 능동적인 학습 지원

증강현실은 현실 세계에서 구현하기 어려운 입체적인 학습 환경을 조성하여 학습자들이 학습 내용을 실물을 통해 조작함으로써 다양한 각도에서 학습 내용을 이해하게 한다. 이러한 활동을 지속적으로 하면서 학습자들은 스스로 주도적으로 지식을 조직하고 구성하게 된다. 또한 지식을 구성하는 과정에서 학습자들끼리 적극적 상호작용을 유도함으로써 능동적인 학습을 가능하게 한다.

1.3 가상현실

1) 응용 목적과 배경

컴퓨터나 최신의 기술로 구현해 내는 고품질의 3D 그래픽 기술은 다양한 것을 가능하게 해 주었다. 그중 최근에 가장 주목받는 것이 가상현실 세계의 구축이다. 가상현실이란 실제 환경과 유사하게 만들어진 가상공간, 즉 컴퓨터나 그 외 휴대폰, TV 등의 멀티미디어 그래픽을 지원하는 기기에서 구현되는 가상의 공간에서 마치 현실 세계에서 느끼고 경험하는 것과 같은 것을 느끼고 경험할 수 있는 상황을 말한다(한정은, 2002).

가상현실에 눈을 돌리기 시작한 초기에 윈(Winn, 1993)은 이를 '컴퓨터가 창조한 세계(computer created world)'라고 지칭하면서 이러한 가상의 세계에서 사람들이 실제 그곳에 존재하는 것처럼 느낀다고 보고하고 있으며 심지어는 이를 다른 형태의 현실로 보기도 했다. 비슷하게 브릭켄(Bricken, 1990) 역시 이러한 형태의 가상현실을 '컴퓨터가 생산한 환경(computer generated environments)'이라고 지칭하고 현실에서 갖는 제약들을 극복할 수 있는 특징을 지적하였다. 또한 가상현실을 컴퓨터가 만들어 낸 공간에서의 인간 존재에 대한 생각이라고 표현하며,

그 특징을 가상적으로 실제 세상에서 매우 상호작용적인 컴퓨터기반 멀티미디어 환경을 경험하는 것이라고 했다.

2) 응용 분야

최근 많은 연구자들이 가상현실을 통해 시간적·공간적 제한을 극복할 수 있다는 측면에서 과거와 전혀 다른 새로운 학습 환경으로서의 가능성을 발견하고 이를 교육적으로 활용하고자 하는 노력이 있어 왔다. 즉, 학습 보조 도구의 역할을 넘어서 학습 환경 그 자체로서의 가상 세계의 잠재력이 최근의 몇십 년간 증명되고 있는 것이다.

(1) 가상현실에서의 경험적 학습

브릭켄(1990)은 컴퓨터가 만든 가상 환경에서 실제 물체를 다루듯이 가상의 물체들을 보고, 듣고, 만질 수 있으며, 가상의 물체를 생성하고, 변경하고, 조작할 수 있다는 점들이 교수자와 학습자에게 독특한 경험이 될 수 있음을 주장하였다. 또한 체험학습, 집단학습, 현장 체험 활동, 시뮬레이션 등에 유용하게 사용될 수 있음을 덧붙여 설명하고 있다.

브릭켄에 의하면 이러한 가상현실 학습 환경은 경험적인 특성을 갖는데, 그 이유는 교사나 학생 모두가 가상현실 내의 자신의 경험에 물리적으로 그리고 의식적으로 몰두하게 되고, 여러 가지 감각을 복합적으로 사용하여 컴퓨터가 만든 현실을 경험하고 지각하기 때문이라고 한다. 덧붙이자면 가상 세계에서의 이러한 독특한 경험이 학습자들의 흥미와 동기를 유발할 수 있다.

디키(Dickey, 2005) 역시 가상현실에서의 경험적 학습에 대해 연구하였는데, 역할 세계(active world)를 활용하여 구축한 가상현실에서 역할극을 했을 경우, 학생들에게 경험학습의 기회를 다양하게 제공한다고 보고하고 있으며, 동시에 상황학습(situated learning)도 용이하다고 주장하고 있다.

(2) 가상현실에서의 상호작용

이러한 가상 세계는 각 개인의 학습능력, 스타일이나 성취 수준에 따라 알맞은 상호작용을 제공해 줄 수 있는 정보를 보유할 수 있으며, 가능한 범위 내에서 상상한 것은 무엇이든 만들어 낼 수도 있다. 슈빈호르스트(Schwienhorst, 1998)의 연구에서 가상현실은 학습자들이 협동하여 문제해결에 집중하기에 좋은 환경으로 평가되었다. 이 연구에서는 가상현실 학습 환경으로 텐덤 언어학습(tandem language learning, http://www.tandemcity.com)이 사용되었는데, 이 환경 내에서 이루어지는 상호작용은 단지 언어학습자들 간의 의사 교류뿐만 아니라 원어민과의 교류도 포함된다.

가상현실에서의 활동은 비고츠키(L. S. Vygotsky)의 근접발달영역(zone of proximal development)의 개념을 구현하는 상호작용적 환경으로 간주되고 있다. 즉, 개인학습의 문제해결을 위해서 주변의 다른 학습자 혹은 상위 학습자들로부터의 도움, 안내, 스캐폴딩(scaffolding)이 매우 용이한 것으로 보고되고 있다. 이런 특별한 관계 성립이 텐덤시티와 같은 가상현실 환경에서 매우 효과적으로 이루어질 수 있다는 것이다. 텐덤 언어학습의 경우는 가상학습 환경의 역할은 여러 학습자들의 상호작용을 증진시키고 다양한 문화와 언어 환경의 학습자들 간의 매개가 되고 있다는 것을 잘 보여 주고 있다.

(3) 가상현실에서의 학습자 참여

3D 기반 가상 교육환경의 가장 큰 특징은 학습자에게 감각적으로 몰입할 수 있는 경험을 하게 해 준다는 것이다. 이러한 고도의 몰입 상태는 가상현실이 제공하는 실제적 상황(authentic contexts)과 경험적 학습(experiential learning)으로 인하여 가능한데 그것은 학습자의 적극적인 참여를 돕는다. 가상 세계가 제공하는 화려한 시각 영상 역시 학습자의 몰입과 참여도에 영향을 주며, 가상학습 환경이 제공하는 여러 가지 학습 전략들(예를 들어, 역할극, 게임, 시뮬레이션, hands-on materials 등) 또한 학습자의 적극적인 참여를 유도하는 데 기여한다.

이와 더불어 가상공간에서의 학습은 다른 학습자들과의 의사소통을 통한 협력학습을 용이하게 하는데, 이러한 협력학습은 학습자로 하여금 자신과 타인의 학습 활동에 기여할 수 있는 기회를 제공한다. 세컨드라이프(second life)와 같은 가상현실에서의 학습은 아바타(avata)를 이용하는 경우가 많은데, 이러한 아바타는 가상 세계에서 참여자 간 정보를 교환하고 의사소통을 하게 하는 일종의 도구이다. 이 아바타의 활용은 세컨드라이프와 같은 가상공간에서 학습자들이 얼마나 몰입감과 참여도를 느끼는지에 중요한 역할을 하게 된다. 즉, 가상공간에서의 아바타의 존재(identity)와 연결(networking) 정도는 참여자의 학습 활동에 대한 태도와 깊은 연관이 있다.

3) 응용 방법

앞에서 열거한 몇 가지 점들에서 가상현실의 교육적 활용 가치를 찾아볼 수 있을 것이다. 초기에 가상현실은 역사 교육 콘텐츠에 많이 활용되었는데, 그중 가장 많이 사용되는 것 중 하나가 가상 박물관(virtual museum)으로, 파리의 루브르 박물관과 같은 교육적으로 활용가치가 있는 실제 박물관을 가상 세계에 구축하여 학습하도록 하는 것이다.

그 밖에도 과학에서의 가상 실험이나 장애아를 위한 교육, 언어학습에도 많이 활용되고 있다. 최근 이러한 가상현실을 학습 환경으로 구축하여 활용한 경우가 많은데 그중 가장 주목을 받고 있는 것이 세컨드라이프이다.

그림 11-4　가상현실의 교육적 활용 사례들

출처: http://archiveweb.epfl.ch/vrlab.epfl.ch/

(1) 세컨드라이프의 교육적 활용

최근 3차원 가상 환경을 학습이나 교육에 활용하고자 하는 시도는 빈번히 있어 왔다. 특히, 역할극을 할 때 이러한 가상 환경이 매우 유용하다는 연구 결과들이 많이 보고되고 있다(Dickey, 2003, 2005). 이러한 가상의 역할극 환경을 위해 역할 세계나 세컨드라이프와 같이 이미 구축된 가상 세계가 많이 활용되고 있다.

디키 역시 가상현실을 통한 학습이 경험적이며 상황적 학습에 용이하다고 설명하고 있으며, 학습자에게 협력학습 환경을 제공할 수 있다고 한다. 최근에 교육적인 가능성이 탐색되거나 학습에 많이 활용되고 있는 3D 가상 환경은 세컨드라이프이다. 세컨드라이프는 온라인 가상 세계로, 사용자들로 하여금 자기 자신을 아바타로 표현할 수 있게 하고, 아바타로 표현된 다른 사람들과 상호작용 및 문자 기반의 의사소통을 가능하게 한다. 또한 사용자들이 사물이나 자기만의 가상공간을 구축할 수 있는 자격을 부여하며, 오락, 사업 또는 교육목적으로 이를 사용할 수 있도록 지원한다. 이러한 세컨드라이프가 학습에 새로운 가능성을 제공할 수 있다는 연구 결과가 있다.

오이시(Oishi, 2007)는 세컨드라이프가 인터넷상에서 사회성을 기를 수 있는 좋은 기회를 제공한다고 지적하였고, 세컨드라이프 환경이 학생들이 자기 지식을 구축하는 것을 도와주고 다른 사람들과 지식과 관계를 맺는 것을 도우므로 면대면학습 환경에서보다 이러한 환경 내에서 학생들이 조금 더 몰입하여 활동할 수 있음을 설명하고 있다. 차르네키와 굴렛(Czarnecki & Gullett, 2007) 또한 세컨드라이프의 교육적 활용 가능성을 보고하고 있는데, 10대 청소년들의 친구 사귐을 통한 사회성 함양을 지적했다.

가오, 노, 그리고 쾰러(Gao, Noh, & Keohler, 2009)는 실험연구를 통해 면대면 교실수업에서의 역할극과 세컨드라이프상에서의 역할극 간의 차이점을 비교함으로써 여러 가지 흥미로운 결과들을 보고하고 있는데 그 내용은 다음과 같다.

첫째, 실험에 참여한 학생들은 두 환경 모두에서 역할극 활동이 유익하다고 생각하나 두 환경에서의 활동이 같다고 인식하지는 않고 있다. 즉, 면대면 역할극과 비교해서 세컨드라이프에서의 역할극이 좀 더 흥미로우며 형식에 얽매이지 않는 자유로운 면이 있다고 보고하고 있다.

둘째, 학생들은 세컨드라이프에서의 학습 활동에 더 관심이 높았으며, 이러한 이유로 면대면학습에서의 활동보다 더 많은 시간을 사용하는 경향이 있었다. 이것은 세컨드라이프에서는 문자를 통해 대화를 주고받기 때문이라고 여길 수도 있으나, 참가 학생 인터뷰를 통해서 문자를 통한 의사소통 때문에 시간이 길어졌다기보다는 학생들의 높은 관심으로 역할 놀이 시간이 길어짐을 알 수 있었다.

셋째, 상기 연구에서는 두 가지 다른 환경에서의 대화 형태를 분석하여 여러 가지 차이점을 발견하였다. 즉, 세컨드라이프 환경에서 학생들은 더 많은 횟수의 대화를 주고받았다. 다시 말해 어느 한 명에게 대화권이 집중된 것이 아니라 참여하는 모든 학생들이 골고루 대화의 주도권을 가졌다. 인터뷰 결과는 참여 학생들이 세컨드라이프상에서의 대화를 더 편안하게 느꼈음을 말해 주는데, 그들은 세컨드라이프에서 대화의 속도를 조절할 수 있었고, 생각할 시간도 벌 수 있었다고 말했다. 그리고 면대면 의사소통에서 주는 압박감, 즉 즉각적으로 답변해야 한다는 느낌은 받지 못했다고 보고하고 있다. 그리고 이 연구에서 학생들은 세컨드라이프에서의 대화 패턴을 조금 더 '상호작용적'이라고 대답했다.

넷째, 학습 주제에 대한 이해도 측면에서 참가 학생들은 두 환경에 대해 통계

그림 11-5 ▸ 학습환경으로 활용되고 있는 세컨드라이프

출처: http://luderacy.com/old-blog/final-thoughts-on-second-life/

적으로 유의미한 이해도 차이를 보이지는 않았다. 그러나 인터뷰를 통해서는 학생들이 해당 주제를 학습하는 데 세컨드라이프 환경이 더 편하고 참여 기회가 많음을 알 수 있었다. 그 이유는 면대면 환경은 제한적이고 형식적인 속성을 갖는 반면, 세컨드라이프 환경은 자율적이고 비형식적인 속성 때문에 수줍음이 많은 학생들의 학습 참여를 도운 것으로 나타났다.

국내에서는 현재 세컨드라이프와 관련된 연구가 많지 않으나 영어 교육에 활용해 보려는 경우를 발견할 수 있다. 예를 들면, 세컨드라이프상에 가상의 상황들을 설정해 두고 이를 연습하는 형태인데, 공항에서의 상황과 그에 맞는 대화법을 현실과 거의 흡사한 가상현실에서 미리 충분히 연습한다거나 하는 사례가 그것이다.

(2) 증강현실의 교육적 활용

증강현실 혹은 증강형 가상현실(augmented virtual reality)은 실사와 컴퓨터 그래픽을 합성하는 방식으로 현실에 없는 부분을 가상적으로 창조하여 현실에 추가하는 것을 말한다. 현실 세계에 가상의 세계가 추가되는 것이므로 이를 증가하는 개념으로 보았고, 교육적으로는 일반 가상현실 상황보다는 좀 더 생생한 현실감을 더해 주며 이로 인해 학습자들이 흥미를 가질 수 있는 여지를 줌으로써 교육 현장에서 다양하게 이용될 수 있는 가능성이 있다.

(3) 각 학문영역에서의 학습을 돕는 가상현실

가상현실에서의 학습은 역할극이나 시뮬레이션을 학습 전략으로 사용하기에 적합하므로 의학교육 부문에서 사용 가능성이 높다. 가상현실 학습 환경에서 구현하는 문제해결 학습 또한 의학 분야의 교육방법에 적당하다. 관광 분야에서도 가상현실이 사용되고 있다. 관광학에서는 직접 가 보지 않은 장소를 가상으로 경험하게 하여 학습자가 장소의 특징이나 자연 경관 등의 정보를 쉽게 제공받을 수 있게 한다.

가상현실 학습 환경이 가장 적합한 분야는 언어학습 분야이다. 특히, 단순한 언어 습득을 넘어서 가상공간이 제공하는 문화적인 요소들은 그 나라의 언어를 습득하는 데 결정적인 작용을 한다. 또한 실제보다 훨씬 많은 원어민과의 접촉 기회를 제공함으로써 언어학습의 새로운 패러다임을 제시하고 있다. 이 밖에도 과학이나 공학, 그리고 비즈니스 분야에서도 가상학습 공간의 영향력이 증대되고 있는 추세이다.

(4) 가상현실의 교육적 활용의 시사점

이러한 여러 가지 특징을 지닌 가상현실 환경을 교육적으로 활용하기 위해서는 넘어야 할 장애들이 있다. 그중 하나는 학교나 교육기관에서 가상 세계를 구축하는 비용 문제와 가상현실의 기술적인 부분들을 어떻게 교육 현장에 자연스럽게 접목시키느냐의 문제이다.

가상현실의 교육적 활용에 대한 실제적인 잠재성들은 계속 탐색되고 있는 중이다. 향후 연구들은 이러한 가상 환경의 교육적 의미를 계속 발견해 나가야 할 것이다. 특히, 상호작용의 형태라든지 이러한 환경에서의 학습 활동들이 얼마나 어떻게 학생들의 학습에 영향을 미치고 있는지 등에서 많은 연구가 진행되어야 할 것이다.

앞서 살펴본 연구들에서 가상현실 환경의 여러 가지 잠재력과 교육적 가능성을 찾을 수 있었지만 이에 대한 몇 가지의 이슈도 존재한다. 먼저 가상환경에서의 학생들의 성취, 이해나 문제해결 등에 더 많은 관심을 기울여야 한다. 또 다른 하나는 가상환경의 여러 가지 속성들을 구체적으로 반영한 실험 연구가 필요하다는 것이다. 즉, 동시적일 경우냐 비동시적일 경우냐, 텍스트 기반이냐 음성 기반이냐 등 다양한 경우에 해당하는 연구 결과들이 도출되어야 할 것이다.

결론적으로 가상현실을 비롯하여 첨단의 기술들이 만들어 내는 요소들은 더 이상 과거의 단순한 학습 보조 도구가 아니다. 이들은 이제 교수자와 학생 및 학습 환경 등을 연결하는 매개체이자 더 나아가서는 학습 환경 그 자체가 되는 것이다. 따라서 향후 교육 연구나 교육적 활용에서 이러한 기술기반 환경의 개념을 올바르게 이해하는 데 그 출발점이 있을 것이다.

1.4 인지기반 기술

1) 응용 목적과 배경

이러닝 산업은 지식기반 창조 사회의 대표적 부가가치 창출 산업이 될 인간 수행 능력 증진 산업의 핵심적 산업 분야로, 이러닝서비스 제공자 중심의 기술 개발 시각에서 서비스의 수혜자인 학습자의 구체적 학습 활동 지원으로 핵심 기술이 전환되는 패러다임을 고려하여 다학제적 융합 관점에 기반을 둔 차세대 이러닝 기술 체계 확립이 필요해졌다.

본 항에서는 인지기반 기술에 대한 이러닝에서의 응용 분야로서 학습자 특성 파악 기술, 지능형 학습 지원 기술, 학습자중심 적응형 학습 지원 기술, 학습평가 기술, 이러닝 시맨틱 기술, 지능형 이러닝서비스 기반 기술, 지능형 이러닝서비스 기술 등 일곱 가지 관점에서 이러닝에서의 인지기반 기술 적용에 대해 알아보고자 한다.

2) 응용 분야

(1) 학습자 특성 파악 기술

학습자의 특성을 파악하는 기술은 학습자의 어떤 속성을 반영할 것인가에 대한 기술 요소를 설정하는 문제이다.

첫째는 학습 성향 및 선호도 영역으로, 학습자의 발표, 참여, 학습에서의 역할 등에 대한 기술 요소인데, 감각적인 태도 등이 포함된 정보를 처리할 수 있는 모형화 영역이다. 둘째는 인지 성향 영역으로, 선호하는 사고 유형별 학습자에 대한 모형화이다. 셋째는 메타 인지 성향 영역으로, 학습자가 선호하는 사고의 유형에 따라 학습이 진행되는 과정에서 학습자가 계획, 감시 및 성찰들을 하면서 자연스럽게 인지되는 기술 요소로서 이들에 대한 모형화가 필요하다. 넷째는 사회성 측면으로, 학습자가 개인주의적인지 집단주의적인지, 남성적인지 여성적인지, 불확실한 환경에서의 회피와 도전 중 어떤 성향을 가지고 있는지 등에 대한 기술 요소의 모형화이다.

(2) 지능형 학습 지원 기술

학습 지원에 필요한 교수학습 전략 기술에서 교수학습 이론의 이용 정도, 교수자의 학습자에 대한 맞춤화 정도, 적응성 정도, 다중 전략 구성 수준 등이 이 분야에 필요한 기술 요소들이라 할 수 있다.

교수학습 이론의 이용 정도만 살펴본다면 교수 및 학습 전략을 개발하기 위해서 어느 정도의 교육학습 이론을 이용하여야 하는가를 의미한다. 우선 주된 교육전략의 라이브러리를 위해서 현재의 교육적인 학습 이론들로부터 지식기반의 주요 교수 전략들과 온톨로지(ontology) 등이 필요할 것이며, 다음은 학습자 상태변화기반 마이크로 전략이다. 이를 세분하여 보면, 교수전략들은 학습이론들과 교수학습 설계 이론들은 학습의 상태 변화로 표현될 수 있다는 일반적인 개념에 근거하여 교수 전략들을 통합하고, 각 교수 전략들은 중간 학습 목표를 달성할 수 있는 마이크로 전략들로 분해될 수 있다고 가정하면, 교수자들은 다른 학습이론들에 이러한 마이크로 전략들을 자유롭게 조합할 수 있을 것이다.

(3) 학습자중심 적응형 학습 지원 기술

적응형 학습을 지원하는 기술을 평가하기 위한 기술 요소로는 적응형 요소와 상호작용 방식의 문제를 고려해야 한다.

우선 적응형 요소라 함은 학습과 관련된 일련의 것을 어느 요소에 대하여 적응적으로 변화시킬지를 구분한 것이며, 여기에는 다음의 세 가지가 설계에 고려되어야 한다. 첫째, 사용자 선호에 의한 미디어 형식으로서, 학습콘텐츠의 변화들은 학습자의 선호도들을 반영할 수 있도록 설계되고 제작되어야 한다. 둘째, 사용자 성향으로 나이, 언어 등의 문화와 장애 정도에 따른 학습자의 고유한 성격들이 고려되어야 한다. 셋째, 지식의 표현 방법이다. 이는 교육 영역 안에서 세부적인 내용의 다양한 수준, 전문가와 비전문가의 차이, 질적 또는 양적 전달에 따른 배려와 같은 다중 패러다임 또는 지식 표현을 제공하며 이것은 교수법의 적절한 수준 선택에 융통성을 줄 수 있도록 설계되어야 한다.

다음으로, 학습자중심 적응형 학습 지원 기술 중 상호작용 방식으로서, 학습과 관련된 일련의 것을 어떠한 방식을 통해서 적응할 것인가에 대하여 다음의 세 가지를 고려해야 한다.

첫째, 학습자 주도인 경우를 설계해야 한다. 학습자는 평가, 피드백, 도움말 등의 직접적인 요구를 포함하는 모든 행동들을 하나의 학습 단위에서 직접 수행할 수 있어야 한다. 둘째, 시스템 주도인 경우도 이해하여야 한다. 지능적 교육시스템이 즉각적인 피드백 등을 통하여 학습기간 동안 사용자에게 지시할 수도 있도록 설계해야 한다. 셋째, 시스템과 학습자가 혼합하여 주도할 수 있는 경우도 고려하여 설계되어야 한다. 지능적 학습시스템에서는 학습자의 학습 상황을 따르지만 간섭 없이 언제 학습자가 주도할 수 있는지와 언제 학습자에게 제동을 걸지를 지능적으로 결정할 수 있도록 설계되어야 한다.

(4) 학습평가 기술

학습평가 기술의 범위와 방향을 측정할 수 있는 기술 요소로 평가 대상에 대한 평가 가능 학습 범위와 평가 기술 수준의 영역을 고려하여 설계하여야 한다.

첫째는 학습자의 어느 부분까지를 평가의 대상으로 할 것인가에 대한 범위의 문제이고, 둘째는 평가 기술 수준으로서 학습자를 평가하기 위하여 어떤 방식을 사용할 것인가에 대한 기술 수준의 문제이다. 이는 선진화된 평가 기술들은 다양한 답변 형태들이 있는 제약 없는(open ended) 상황들을 지원해야 하기 때문에 자연어 기반(natural language based)의 설계를 고려해야 하며, 평가 방법들은 많은 과목들에 걸쳐 있는 평가 목표들로의 결과로서 특성화하기 때문에 지능적 학습시스템의 콘텐츠 설계자들은 학습 영역에서 다른 평가 목표들을 조합할 수 있어야 한다.

(5) 학습 시맨틱 기술

학습에서의 시맨틱 기술을 응용하기 위해서는 학습 데이터의 마이닝 기술, 지식 추론 기술, 그리고 상황인식 기술 등을 고려할 수 있다.

첫째는 학습 데이터 마이닝 기술로서, 이는 지능형 이러닝 환경 제공을 위한 다양한 분석 방법을 활용하여 학습자 및 환경으로부터 수집된 데이터에서 의미 있는 정보를 추출하기 위한 기반 기술로 사용된다. 여기에 필요한 기술 요소로는 데이터 및 분석 방법의 수용성, 학습자와 환경에 대한 예측 능력, 성공과 실패로 나타나는 예측 신뢰도를 고려할 수 있다.

둘째는 온톨로지 기반 지능형 지식 추론 기술로서, 기술 요소로는 지식 공유를 고려해야 한다. 지식 공유는 소그룹에서 광범위한 그룹까지 단계적으로 확대해 나가는 시스템을 고려해야 한다. 이는 구축된 온톨로지를 통하여 지식을 공유하는 범위를 의미한다.

온톨로지 초기 개발 단계는 로컬 그룹이라 하는데, 개발자 및 그들과 가까운 협력자들만이 사용하는 단계이다. 다음 단계는 소그룹이라고 하여 초기 사용 단계를 말하며, 특별히 관심 있는 그룹과 같은 관계가 있는 커뮤니티가 공유하는 단계이다. 커뮤니티에서의 조화, 공유 및 협력 단계가 되면 온톨로지가 채택 단계에 이르고 학술, 사업, 산업과 같은 구조적 제한들을 넘어서서 많은 그룹들에 사용되는 것을 의미한다. 광범위한 커뮤니티 단계에서는 온톨로지가 숙성 단계에 이르는 것을 의미하는데, 국가의 범주를 넘는 모든 그룹을 포함하므로 구조적 제한들을 넘어서서 사회 커뮤니티에서 표준으로 받아들여지고, 많은 컴퓨터 응용 프로그램과 서비스들은 직접적으로 온톨로지를 이용하거나 이것과 호환 가능하도록 되는 단계여서, 궁극적으로는 이러한 환경까지 고려한 설계가 이루어져야 한다.

셋째는 상황인식 기술로서 여기에 포함되어야 하는 기술 요소로 상황 종류와 지능형 교육 기능 등이 고려되어야 한다. 상황 종류는 인식의 대상이 될 상황이 어떠한 것인가의 문제이며, 지능형 교육 기능은 인식된 상황을 교육에 어떻게 활용할 것인가에 대한 문제이다.

(6) 지능형 이러닝서비스 기반 기술

지능형 이러닝시스템을 구현하기 위해서는 콘텐츠 적응화 및 제공 기술, 학습관리시스템 기술, HCI(Human Computer Interaction) 기술 및 아키텍처 또는 프레임워크 기술을 고려해야 한다.

첫째는 콘텐츠 적응화 및 제공 기술로서, 지능형 이러닝시스템을 위한 콘텐츠는 제공 기술 및 콘텐츠 자체가 지능적인 구조를 가질 수 있도록 연구되어야 한다. 이 분야의 기술 요소로는 압축, 재생, 전송 기술과 지능적인 콘텐츠 관리 기술이 고려되어야 한다.

둘째는 학습관리시스템 기술로서, 기술요소는 콘텐츠의 형태와 서비스상의 문제점 등이 고려되어야 한다. 여기에서 콘텐츠의 형태라 함은 학습자의 학습 상태를 관리할 때 관리 대상의 형태가 어떠한 것인가의 문제로서 학습관리시스템 내에서 학습 과정 중의 토픽 또는 섹션과 같은 학습 상황에서 학습 객체(콘텐츠 중심)인지, 학습 상황(사용자 중심)인지, 아니면 학습 활동(과정 중심)인지에 대한 판단이 즉각적으로 인지되도록 학습자의 선호도에 의하여 활동들이 지원되도록 고려해야 한다. 또한 서비스 문제라 함은 학습관리시스템 기술을 개발하며 함께 고려해야 할 주요 문제가 무엇인지를 상황에 맞게 고려해야 하는 것으로 사용자 이슈, 사회적 이슈로서 사용자들이 책임감, 도움, 존경, 부끄러움과 같은 커뮤니티 상호작용을 통하여 다른 종류의 사회적 상태를 나타낼 수 있어야 하고, 고유적 이슈로서 가상 온라인상에서 실제적인 가치가 있는 속성들을 개발해야 하는데, 이러한 속성에 접근 가능하게 하는 디지털 소유권과 인증 서비스들의 관리를 고려해야 할 것인가에 대한 문제이다.

셋째는 HCI 기술로서, 인간과 기계적 상황과의 상호접속에 관한 문제이다. 기술 요소로는 상호작용 형식과 상호작용 정도를 고려할 수 있다.

우선 상호작용 형식이라 함은 시스템과 사용자 간의 상호작용이 어떠한 방식으로 이루어지는가를 의미하며, 휴대성이나 이동성, 2D나 3D의 문제와 같이 인간과 컴퓨터 인터페이스는 주로 손에 쥘 수 있는 초소형 장비와 작동에 의존하므로 무선과 다른 기술을 이용한 움직임이 많은 장비들로서 기존의 2D 입력 모드와 새로운 3D 모드들을 제공하는 것을 고려해 볼 만하다.

넷째는 아키텍처 또는 프레임워크 기술로서, 어떻게 구성하고 어떤 기술을 사용할 것인가에 대한 문제이다. 차세대 이러닝시스템을 구축하기 위한 아키텍처 및 프레임워크의 구성과 구성에 사용되는 기술을 의미하는데 이것은 첫째, 모듈 및 라이브러리에 관한 문제, 둘째, 서비스 중심의 아키텍처를 고려해야 하는 문제, 셋째, 학습 포털의 문제이다. 학습 포털의 문제는 웹서비스들이 더욱 많은 지식들을 통합함에 따라서 이것들이 지능화되고 의미적으로 고급화된 응용프로그램이 되어야 하므로 학습 포털은 학습설계와 커리큘럼 구성을 위하여 학습 콘텐츠 저장소들과 지능적 서비스들을 통합하는 형태로 설계하여야 한다.

(7) 지능형 이러닝서비스 기술

이러닝서비스를 지능형으로 제공하기 위해서는 지능형 협력학습 기술, 개인화 학습 커뮤니티 기술, 자기주도적 학습 기술 등이 필요할 것으로 보인다.

첫째, 지능형 협력학습 기술은 협력학습 환경에 관한 문제로서, 어떤 방식으로 협력학습이 이루어지게 할 것인가에 대한 것이다. 둘째, 개인화 학습 커뮤니티 기술은 학습자 자율 맞춤화 수준과 사용자 활동의 다양성을 고려해야 한다. 셋째, 사용자 활동의 다양성으로서 학습자가 이러닝시스템을 통해서 커뮤니티 내에서 어떠한 상호작용을 할 수 있는가에 대한 문제이다. 넷째, 자기주도적 학습 기술을 지원하는 요소 기술이 필요하며 이는 일상 활동과 통합 수준에서 정의될 수 있을 것이다. 일상 활동과 통합 수준이라 함은 자기주도적 학습에서 학습자 개인의 활동 중 어느 수준까지 자기주도적 학습이 가능할 수 있도록 할 것인가에 대한 문제이다. 평생학습 차원으로 개인, 학교와 회사 시간을 포함한 사람의 일생을 통한 학습 기회들이 계속적으로 진행할 수 있는 환경도 고려해야 한다.

2 스마트 콘텐츠와 상호작용의 적용

2.1 전자책과 전자교과서

1) 용어의 정의

전자와 책이 결합한 전자책(electronic book)에는 여러 가지 개념이 혼재되어 있다. 이는 정부의 정책과 밀접한 관계를 가지고 있으며 어떤 정책적 명칭으로 프로젝트를 수행하는가에 따라 용어가 다르게 정의될 수 있다. 전자책, 이북, 전자교과서, 디지털교과서 등이 그 예이다. 따라서 본 항에서는 그동안 국내외적으로 논의되던 개념을 정리하고자 한다.

우선 전자책은 단어 그대로 electronic book이고, 이는 이북(e-book)이라는 명칭으로도 사용한다. 기존의 책을 전자화한 전자책인 것이다. 처음 이북이라는 이름으로 기존의 책을 대신하여 출간될 때만 하더라도 전자책을 볼 수 있는 기기 중심의 뷰어들마다 자신들의 전자책만 읽을 수 있는 독립된 단말기 형태로 보급되었다. 따라서 이에 대한 국내외 및 출판업계의 표준화가 급한 이슈로 부각되어 이미 표준에 대하여 정리가 된 편이다.

다음은 전자교과서와 디지털교과서이다. 두 가지 모두 출발은 교과서를 전자화하는 것이었다. 그러나 디지털교과서의 경우, 기존의 교과서는 물론이며 참고서, 글자 형태를 벗어난 이미지, 정지 화상, 동영상뿐만 아니라 인터넷 사이트의 연결까지를 포함한 폭넓은 기술과 내용을 포함한 교과서를 의도한 반면, 전자교과서는 현존하는 교과서를 전자적으로 변환하는 것을 의도하였다.

우리나라의 경우, 값싸고 분배가 유리한 전자교과서를 먼저 제작하였으나 학생이나 학부모로부터 환영받지 못한 상태로 지지부진한 모습을 보였다. 또한 이러한 전자교과서나 디지털교과서의 제작자도 기존의 출판 사업자 위주로 지정되어 출발하여 크게 발전하지는 못하였다.

반면 일본, 유럽 및 중국은 다소 늦게 출발하였지만 그 개념을 디지털교과서에 중점을 두어 정책적으로 추진하면서 먼저 시작한 우리보다 활발한 활동을 보이고 있다. 특히, 중국의 경우에는 2020년 전면 시행할 목적으로 이스쿨백(e-school bag) 프로젝트를 수행하여 이미 상하이 지역을 중심으로 시범 실시하고 있다. 이것은 K12 학생들을 대상으로 어떤 사업자든 디지털교과서를 제작하여 이를 정부가 마련한 클라우딩 서비스에 올려놓으면, 필요한 과목의 필요한 부분에서 전체 과목까지 사용자가 필요한 만큼 필요한 가격에 내려받을 수 있는 시스템이다.

따라서 이러한 디지털교과서에 필요한 표준 규격을 공개하고 이 표준 규격에 맞게 콘텐츠를 제작함으로써 어떤 사용자 단말기라도 표준 뷰어를 설치하여 학습이 가능하도록 한다는 것이며, K12 학생들이 교과서나 참고서 등을 넣고 무겁게 등교하던 것을 가방 없이 학교에 갈 수 있도록 한다는 것이다.

2) 배경과 확산

2015년까지 개발이 완료되는 우리나라의 디지털교과서 보급에 관한 소식은 전 세계적인 관심과 더불어 디지털교과서로 대표되는 첨단 미래형 교육의 모습에 대해 사람들의 상상력을 자극하였다. 이러한 노력들은 현재 전 세계로 진행되고 있는 디지털교과서로의 변환으로 교과서 및 대학교재 시장이 디지털 방식의 교재로 급속하게 전환하는 현상을 가져왔다. 스마트교육 실현의 핵심요소 중 하나인 디지털교과서는 기존 서책형 교과서의 단순한 디지털 변환이 아니라, 학습자들이 필요한 정보를 찾기 위해 정보를 검색하고, 위치를 찾기 위한 검색기능 등의 부가 기능, 영상 혹은 애니메이션, 가상현실을 활용한 학습 자료의 제시 및 학습 공간으로의 활용 등 각종 멀티미디어와 최근 기술이 추가되어 학습을 지원하는 기능을 갖추는 형태로 발전하고 있다.

디지털교과서는 학습자들에게 필요한 참고서, 문제집, 참고용 도서, 실시간 혹은 비실시간 평가 도구, 학습이력을 기록하고 관리하기 위한 시스템, 동료와 실시간 토론 기능, 필요한 학습 자료를 학습자가 디지털교과서를 활용해서 제작할 수 있는 복합매체로 변해 가고 있다. 이러한 디지털교과서의 진화는 그동안 교수학습 활동에서 단편적·효과적으로 알려진 교육적 시도를 실제적으로 학습자들이 이용 가능하게 하였다.

2.2 디지털교과서의 특징과 제작

1) 디지털교과서의 특징

향후 K12 교육 콘텐츠는 디지털교과서를 통해 제공되기 때문에, 디지털교과서의 장점을 부각하고 단점을 보완하는 특징을 가져야 한다. 즉, 디지털교과서를 통해 학습자들이 다양한 의견을 서로 공유하고 협력할 수 있도록 지원해야 한다. 이를 위해 디지털교과서는 참여성, 공유성, 협력성 및 접근성 등의 특징을 갖는다.

(1) 참여성

디지털교과서는 시간과 장소에 구애받지 않고 다양한 장소에서 학습할 수 있다. 이를 위해 디지털교과서는 스마트 기술들을 활용하여 콘텐츠에 대한 접근이 언제, 어디서, 누구에게나 가능하도록 고려되어야 한다. 특히, 기존의 다양한 콘텐츠가 서로 다른 플랫폼에 의존되어 서로 호환되지 않는 문제를 해결하고 어느 플랫폼에서나 자유롭게 쓰일 수 있도록 클라우드 컴퓨팅을 통해 해결할 수 있어야 한다. 클라우드 컴퓨팅의 핵심은 네트워크를 통해 언제, 어디서나 자신이 활용했던 데이터와 소프트웨어를 활용할 수 있다는 것이다. 이는 디지털교과서가 학습자의 요청에 의해 언제나 네트워크를 통해 자신이 학습하던 학습 교과와 학습 도구들을 활용할 수 있음을 시사한다. 그러므로 디지털교과서가 학습자의 자유로운 참여를 촉진하기 위해서는 학습 정보가 클라우드상에 저장되고 동기화되어, 네트워킹이 가능한 다양한 스마트기기를 통해 언제든지 열람, 수정 및 저장하여 콘텐츠를 이용할 수 있어야 한다.

(2) 공유성

디지털교과서를 통해 학습자는 교수자 또는 동료 학습자와 학습 과정과 결과를 공유하여, 자신의 지식을 더욱 구체화시키고 발전시켜 나갈 수 있다. 또한 교수자는 다양한 교수학습 콘텐츠를 자발적으로 등록하고, 다른 교수자가 제작한 콘텐츠를 탐색할 수 있는 공간을 제공함으로써, 학습콘텐츠 제작과 수업 준비 부담을 줄여 주고 다양한 학습콘텐츠를 사용할 수 있다. 다수에 의해 생성된 콘텐츠는 해당 콘텐츠를 필요로 하는 다수에게 공개되고 공유되었을 때 더욱 발전되고 다양한 형태로 가공될 수 있다. 스마트학습 콘텐츠 역시 이러한 학습자 간 정보 공유, 교수자 간 정보 공유, 교수자와 학습자 간의 정보 공유의 장이 될 수 있다.

(3) 협력성

기존의 교육 콘텐츠와 전자 교과서는 학습자의 개별학습에 초점이 맞추어져 있으며, 학습자 간 협력을 중점적으로 지원하지 못하고 있다. 스마트교육에서는 학습자들 사이의 협력학습을 통해 새로운 정보와 지식을 생산해 나갈 수 있다. 그러므로 새로운 디지털교과서를 통해 제공되는 교육 콘텐츠는 다양한 학습자들이 동시적이고 비동시적으로 협력학습이 가능한 학습 환경을 지원해야 한다.

디지털교과서의 콘텐츠 공유성과 협력성은 스마트 환경에서 집단 지성을 발휘할 수 있도록 제작되어야 하는 특징을 가지고 있다. 다수의 참여에 의해 생성된 지식이 전문가 집단의 지식과 견주어 충분한 신뢰성을 확보할 수 있으므로, 디지털교과서의 교육 콘텐츠는 이러한 집단지성 형성의 장으로, 학습자들이 협력학습 활동과 정보 공유를 통해 다양한 지식을 생성하는 것을 지원할 수 있다.

(4) 접근성

스마트 환경의 특징은 다양한 스마트기기와 무선 인터넷을 통해 인터넷을 제공하는 데 있다. 스마트교육 콘텐츠 역시 특정 태블릿 PC나 스타일러스 등과 같은 하드웨어나 도구의 지원 없이도 인터넷 환경에서 누구나 원하는 내용을 손쉽게 접근하여 학습할 수 있어야 한다. 따라서 새로운 디지털교과서와 이를 통해 제공되는 교육 콘텐츠는 스마트 환경을 활용하여 동료 학습자 혹은 교수자와 보다 간편하게 상호작용하면서 학습을 지원한다는 특징을 가진다. 이런 관점에서 디지털교과서는 현재의 소프트웨어 설치 방식이 아닌 언제 어디서나 네트워크가 지원될 경우 접속 가능한 스마트기기와 클라우드 컴퓨팅을 통해 동기화된 맞춤학습이 가능해야 하고, 학습자의 시간과 공간을 초월한 필요에 따라 인터넷을 통해 자유롭게 접근할 수 있어야 한다.

2) 디지털교과서의 제작 방향

이러닝에서 콘텐츠와 학습자가 상호작용할 수 있다는 것은 학습 내용과 상호작용, 참여형 학습, 협동학습, 구성주의적 교수학습 활동들을 통해 중요한 학습활동으로 계속 주지되어 왔다. 따라서 스마트 콘텐츠로서 디지털교과서는 일반적인 교육용 콘텐츠는 물론 학습을 위한 보조자료, 학습 도구 등이 융합되고 통합된 형태로 공유와 협업의 스마트교육 가치의 실현을 가능하게 해 주는 콘텐츠이다.

스마트 콘텐츠의 등장은 교수학습 활동에서 새로운 접근법을 요구하게 되었다. 공유와 협업이 되는 융복합적인 스마트 콘텐츠가 교실 환경에서 어떻게 활용되어야 교육적 효과가 높아질 것인가라는 문제 제기와 더불어 신기술의 적용, 적절한 기기 선정과 활용기능을 결정하는 문제가 발생한다. 그러므로 디지털교과서의 학습콘텐츠는 기본적으로 다음의 요건들을 만족해야 할 것이다.

첫째, 스마트교육에 대한 이해를 바탕으로 개발 및 개선된 콘텐츠여야 한다. 둘째, 학습자들이 필요할 때 언제든지 정보를 찾고 답을 얻을 수 있도록 정보탐색이 가능하게 해 주는 도구여야 한다. 셋째, 학습자들이 필요한 학습콘텐츠를 데이터베이스 같은 곳에서 추출해 낼 수 있도록 해야 한다. 넷째, 협력활동에서 원활하고 효과적인 전개를 위하여 학습자들이 스마트기기를 활용하여 학습콘텐츠에 접근할 수 있어야 한다. 다섯째, 개인 혹은 협력 활동 후에 내용을 정리하고 발표할 수 있어야 한다. 여섯째, 기존에 개발된 에듀넷, 사이버가정학습 등을 적극 이용해야 할 뿐만 아니라 이클립(e-clip) 등 이미 개발되어 있는 콘텐츠 중에 품질인증이 된 좋은 콘텐츠 등을 융합하여 사용할 필요가 있다.

2.3 전자책의 기술과 표준

1) 전자책 기술과 표준의 개념

전자책 콘텐츠 표준으로 국제전자출판포럼(IDPF: International Digital Publication Forum)에서 제정한 이펍 3.0(ePUB 3.0, elecronic publication v3.0)은 한국교육학술정보원을 통해 국가표준(KS)으로 2012년 12월 제정된 바 있다. 그리고 이펍 3.0은 향후 디지털교과서 콘텐츠 포맷으로 활용하여, 멀티미디어 지원, 국제 언어 표현을 위한 유니코드 지원, 시스템 및 외부 폰트 처리표 구성, 수식·음표·화학식 표현, 사운드·동영상·애니메이션 삽입, 사용자 입력 기능 등을 개선하여 디지털교과서 개발에 활용될 예정이다. 또 콘텐츠를 렌더링하는 전자책 뷰어는 단순한 콘텐츠 전달과 출력의 기능을 넘어서, 이용자의 독서 이용 형태를 수집하여 분석하거나, 사용자의 북마크, 메모 등을 여러 단말 환경에서도 동일하게 볼 수 있도록 사용자 편의성을 제공하고 있다.

2) 이펍 표준의 개념

이펍은 다양한 디바이스(스마트폰, 전용 단말기, 태블릿 등) 특성에 맞도록 최적화된 콘텐츠를 제공할 수 있도록 자동 공간조정(reflow)과 환경에 따라 지원 매체를 대체하는 대체포맷 지정(fallback) 메커니즘과 XML에 기반한 콘텐츠 패키징을 위한 개방형 표준으로 사실상의 표준(de facto standard)이다. 최근 국내외에서 이펍 표준을 활용한 콘텐츠를 제작하여 전자책으로 서비스하는 것은 보편화되었고, 주로 유통 업체별 별도의 스마트폰 전자책 뷰어 애플리케이션과 전자책 전용 단말기에서 서비스로 이용 가능하다. 특히 이펍 콘텐츠 특성에서 다양한 디바이스 환경의 화면 크기와 폰트 설정에 따라 콘텐츠 내용을 재배치(reflow)하는 장점은 폰트 종류, 폰트 크기, 색상 등을 사용자의 특성에 맞게 조절 가능하여 특히 저시력자, 노인 등의 사용자에게 적합하여 사용자 접근성에서 유연성을 제공한다.

3) 이펍의 구성

이펍은 하나의 압축 파일로 된 개방 저장 포맷(OCF: Open Container Format) 내에 XML 형태의 출판 메타 정보인 개방 패키지 포맷(OPF: Open Packaging Format), XHTML과 이미지, 순차적 스타일 시트(CSS: Cascading Style Sheet) 등의 콘텐츠 문서들로 구성되어 있다. 출판 메타 정보는 더블린 코어(Dublin core) 기반의 메타 항목(제목, 출판사, 출간일, 식별자 등)으로 구성되어 있다. 식별자는 콘텐츠 제작 시점 시스템에서 생성한 유일한 사용자 식별자(UUID: Unique User Identifier) 방식과 공공기관을 통해 발급받는 방식으로 나누어진다. 공공기관을 통해 발급받는 경우는 ISBN(국립도서관), ECN(한국전자출판협회), 또는 국내 콘텐츠 표준 식별 체계(UCI: Universal Contents Identifier) 등이 있다. 그러나 국내에서는 대부분 콘텐츠 제작 후 기관 식별자를 발급 신청하고 있어 이펍 파일 내 식별자는 UUID를 사용하고, 전자책 뷰어에서 사용하는 식별자는 주로 저작권관리(DRM: Digital Right Management)시스템을 통해서 콘텐츠 다운로드 시 제공받는다.

4) 전자책 뷰어의 구현 기술 환경

이펍의 전자책 뷰어들은 스마트폰에 탑재된 모바일 애플리케이션과 전용 단말기(E-ink, Android 기반)의 뷰어로 구분할 수 있다. 모바일 애플리케이션으로 제작된 전자책 뷰어는 웹브라우저의 렌더링 엔진 또는 자체 렌더링 엔진을 기반으로 HTML5와 CSS, 자바스크립트(JavaScript)를 지원하고 있어 웹 기술을 활용하여 부가적인 기능의 개발이 가능하다. 전용 단말기 기반의 뷰어는 자체 개발된 렌더링 엔진을 기반으로 제작됨으로써 각 플랫폼 간의 구현 방식에 차이가 있지만 대부분의 전자책 뷰어는 WebKit 기반에서 구현되었다. 대부분의 이펍 전자책 뷰어들은 자바스크립트를 활용하여 북마크, 메모, 하이라이트 등의 기능을 제공하고 있다. 특히 IDPF의 리디움(REDIUM)은 콘텐츠 상호 호환성과 개방적인 기술 공유를 위해서 개발한 오픈소스 프로젝트로 각 플랫폼별 소프트웨어 개발 키트(SDK: Software Development Kit)를 제공하고 있다.

5) 사용자 주석 표준

전자책에서의 사용자 주석(user annotation)은 주로 북마크, 하이라이트, 메모 등의 기능을 말한다. 사용자 주석은 전자책 뷰어 내의 편리한 독서 환경을 제공하기 위해 시스템이 자동으로 생성하는 정보와 사용자의 필요에 의해 생성되는 유형, 그리고 콘텐츠에 내장된 유형으로 나눌 수 있다.

시스템적으로 생성되는 경우는 주로 책을 다시 읽을 경우 원래 위치로 이동하거나, 사용자의 독서 활동 정보를 수집하기 위헤 페이지 이동 시마다 자동적으로 생성된다. 그리고 사용자에 의해 생성되는 주석은 특정 페이지 위치를 설정하는 북마크, 특정 문장에 대한 사용자 메모, 특정 영역에 대한 하이라이트 등의 기능으로 구분할 수 있다. 이들의 기능은 공통적으로 XHTML로 개발된 콘텐츠의 내부 특정 위치 정보를 추출하여 생성되는 것으로 XML 기술을 기반으로 구현된다. 콘텐츠에 내장된 유형은 콘텐츠 제작 시점에 생성된 주석을 콘텐츠 파일 내부에 파일로 저장하고 전자책 뷰어가 이 정보를 로딩하여 별도의 메모나 하이라이트를 구현하는 방식으로 최근 IDPF에서 개발 중인 이펍 주석을 활용한 방식이다.

6) 전자책 뷰어로서 개방 주석의 적용

전자책 뷰어(leading system)의 표준에 대한 관심은 각기 다른 기기에 종속된 뷰어들 때문이다. 따라서 전자책에서 표현되는 콘텐츠의 북마크, 메모, 하이라이트될 위치를 표현하고, 인식하기 위해 IDPF에서 제시하고, 한국 정보통신기술협회(TTA: Telecommunications Technology Association)가 단체 표준으로 채택한 이펍 표준을 살펴보면, 이펍 콘텐츠에서 메모, 북마크, 하이라이트의 정보를 구현하기 위해 W3C(www Consortium)의 개방 주석(open annotation)을 응용한 이펍 개방 주석을 활용하는 것이 보편적이다. 이는 오픈소스 전자책 뷰어 프로젝트인 리디움를 활용하여 전자책 뷰어상에서 여러 가지의 콘텐츠 형식을 표현할 수 있으므로 이를 응용하면 기술 및 표준의 경향을 따라가는 바람직한 방향일 것이다.

2.4 상호작용

1) 상호작용의 개념

상호작용이란 통신시스템이 한 사람 이상의 최종 이용자들로 하여금 한 사람 이상의 다른 사용자들 혹은 통신 수단들과 통신할 수 있도록 해 주는 것으로 정의할 수 있는데, 이 상호작용은 비디오 회의와 같은 실시간 방식, 전자우편과 같은 저장 후 수신 방식, 그리고 브로드캐스팅 방식과는 반대로 정보의 검색 및 획득이 최종 이용자의 필요에 의해 콘텐츠, 시간의 선택과 통신의 절차가 정해지는 방식으로 구분할 수 있다.

2) 상호작용의 정의 및 유형

상호작용성(interactivity)이란 광의의 의미로는 학습자 개인과 주어진 학습체제 간에 나타나는 다양한 교류의 역동성을 실제로 구현하는, 주변의 모든 개념을 포함하는 것이다. 반면, 협의의 의미로는 학습자가 주어진 학습체제와의 다양한 교류를 통하여 필요한 정보와 지식을 획득하기 위해 양방향으로 역동적이며 자기 주도적으로 의사소통하는 능력을 의미한다.

　이러닝콘텐츠에서 상호작용성은 네트워크로 묶인 컴퓨터를 통한 교수자와 학습자 혹은 학습자 간의 양방향 의사소통에 대한 탐색을 의미하며, 웹기반의 수업에서는 전자우편, 게시판, 자료실, 토론방 등 웹이 제공할 수 있는 네트워크 환경의 기술적 기능 요소에 근거한다. 즉, 이러닝콘텐츠에서 상호작용은 컴퓨터를 매개로 가상공간에서 이루어지는 활동이기 때문에 면대면수업과는 상이한 고유의 특성이 있고(남창우, 2001), 학습자 상호작용의 질적 수준에 따라서 기존의 컴퓨터 매체 교육보다 학습 성과에 긍정적인 영향을 끼칠 수 있다(나일주, 1999). 또한 웹기반에서 이루어지는 글에 의한 상호작용은 대화의 효과 및 효율성의 측면에서 긍정적인 효과를 미치며, 학습동기와 비판적 사고 및 문제해결 능력의 향상에도 영향을 미친다(Harasim, 1996). 특히 웹기반 학습 활동 참가자들 사이의 상호작용은 학습자 만족도와 학업 성취에 대한 인지도를 향상시키고, 온라인 상호작용에의 참여시간을 높이는 데 기여할 수 있다고 알려져 있다.

　이러닝콘텐츠에서 상호작용은 어떠한 기준을 적용하느냐에 따라 학자마다 매우 다른 분류 양식을 보인다. 이 가운데 대인 간 상호작용에 관련된 유형 분류는 학습자 상호작용에 참여하는 인원수에 따른 유형, 상호작용이 일어나는 상황과 시간에 따른 유형, 상호작용 주체를 기준으로 분류한 유형, 그리고 학습자 간 의사소통 내용에 따른 유형 등으로 구분할 수 있다.

　이를 하나씩 살펴보면 무어와 키어슬리(Moore & Kearsley, 2012)는 원격교육에서 이루어지는 대표적인 상호작용 유형을 상호작용의 대상을 중심으로 분류하며, 학습자와 학습내용 간, 학습자와 교수자 간, 학습자와 학습자 간 상호작용의 세 가지 유형으로 분류하였다. 또한, 베이츠(Bates, 1995)는 원격교육에서 이루어지는 상호작용의 유형을 학습자와 학습 내용 간 발생하는 상호작용이 중심이 되는 개인적·독립적 상호작용 활동, 그리고 학습 내용에 대하여 둘 또는 그 이상의 학습자 간의 상호작용이 중심이 되는 사회적 상호작용 활동으로 구분하고 있다. 그러면서 그는 사회적 상호작용을 다시 학습자와 교수자 간 상호작용, 학습자와 튜터 간 상호작용, 학습자와 학습자 간 상호작용 등 세 가지 유형으로 분류하였다. 마지막으로 폴슨(Paulsen, 1995)은 상호작용 참여자 수에 따라, 개별학습, 일

〈표 11-1〉 대인별 상호작용의 유형

분류자	분류 기준	상호작용의 유형
베이츠 (Bates, 1995)	상호작용이 일어나는 상황	• 개인적 상호작용 • 사회적 상호작용 : 학습자-교수자 　　　　　　　　　학습자-튜터 　　　　　　　　　학습자-학습자
	상호작용이 일어나는 시간대	• 동시적 상호작용 • 비동시적 상호작용
무어 · 키어슬리 (Moore & Kearsley, 2012)	상호작용의 참여 주체	• 학습자-학습내용 • 학습자-교수자 • 학습자-학습자
폴슨 (Paulsen, 1995)	상호작용 참여자 수	• 개별학습 • 일대일 • 일대다 • 다대다

출처: 한국교육개발원, 2007, 재인용.

대일, 일대다, 다대다 유형으로 상호작용을 구분하였다. 대인별 상호작용의 유형을 참여 주체와 그 인원에 따라 분류해 보면 〈표 11-1〉과 같다.

3) 기능별 상호작용의 유형

이러닝 환경에서 가장 강력한 장점으로 인정되는 참여 주체 간 상호작용은 바로 학습자 간의 상호작용이다. 학습자와 학습자 간의 상호작용은 유사한 학습 경험을 나누는 동료들끼리 인지적 상호작용을 활성화함으로써 학습을 촉진하는 데 유용하며 사회적 상호작용을 유발하여 학습자들이 온라인 환경에서 실재감을 느낄 수 있게 한다. 학습자와 학습자 간의 상호작용은 학습과제 해결을 위한 상호 간의 의사소통에서부터 시작하여 비공식적인 형태의 상호작용에 이르기까지 다양하게 나타날 수 있다.

이러한 학습자 간 상호작용은 어떤 기능을 하느냐에 따라 교수적 상호작용(instructional interaction)과 사회적 상호작용(social interaction)으로 구분하기도 한다(Gilbert & Moore, 1998). 즉, 원격교육에서 구체적인 학습 목표의 달성과 관련된 내용적 상호작용은 교수적 상호작용이고, 구체적인 학습 목표 달성과 상관이 적은 비공식적인 형태의 상호작용은 사회적 상호작용으로 분류할 수 있다. 그 밖에도 교수자와 학생 간의 학문적 상호작용, 학습자와 학습자 간의 협력적 상호작용, 학습자와 교수자 간, 학습자와 학습자 간의 사회적 상호작용으로 상호작용을 분류할 수 있다.

올리버, 오마리, 그리고 헤링턴(Oliver, Omari, & Herrington, 1998)은 학습자들이 주고받는 메시지의 내용에 따라 사회적, 절차적, 인지적, 설명적 네 가지 형태로 분류하였는데, 사회적 상호작용은 학습자 모두가 성공적으로 문제를 해결하거나 과제를 수행하기 위해 동료 학습자 간의 친밀감을 형성하거나 사교적인 대화가 오가는 것을 의미한다. 또한, 절차적 상호작용은 학습하는 데 필요한 소프트웨어 사용 방법이나 기술적인 문제, 학습하는 순서 등 학습하는 과정에 부수적으로 발생되는 것을 해결하기 위해 대화가 오가는 것을 의미하며, 인지적 상호작용은 과제와 관련된 내용을 평가나 분석을 통해 재구성해 보는 비판적 사고와 어떤 상황에 접했을 때 추론해 보는 반추적 사고를 학습자끼리 나누는 것을 의미한다. 마지막으로 설명적 상호작용은 내용에 대한 이해가 잘 되지 않거나 필요한 자료가 부족할 때 대화를 하는 것을 의미한다.

이와 같은 기능별 상호작용의 유형을 정리하면 〈표 11-2〉와 같다.

〈표 11-2〉 기능별 상호작용의 유형

연구자	분류 기준	상호작용의 유형
길버트 · 무어 (Gilbert & Moore, 1998)	상호작용의 대상 및 기능	• 교수적 상호작용 • 사회적 상호작용
정인성 (2000)	상호작용의 기능	• 교수자와 학생 간의 학문적 상호작용 • 학습자–학습자 간의 협력적 상호작용 • 학습자–교수자의 사회적 상호작용 • 학습자–학습자 간의 사회적 상호작용
올리버 · 오마리 · 헤링 턴(Oliver Omari, & Herrington, 1998)	메시지의 내용	• 사회적 상호작용 • 절차적 상호작용 • 인지적 상호작용 • 설명적 상호작용

4) 상호작용 도구의 유형

이러닝 학습관리시스템(LMS: Learning Managment System)에서는 상호작용을 지원하기 위해 전자우편, 메신저, 게시판, 자료실, 토론방 등의 기능을 지원하며, 이는 학습자 간 상호작용에도 활용되고 있다. 또한, 이러닝에서 학습자 간 상호작용은 동시적 및 비동시적으로 이루어질 수 있는데, 동시적 상호작용 도구로는 화이트보드, 채팅, 실시간 소규모 토론방, 응용 프로그램의 공유, 동시 웹브라우징 등이 있으며, 비동시적 상호작용 도구로는 공지사항, Q&A, 자료실, 이메일 및 쪽지, 토론방 등이 있는데 구체적으로 살펴보면 다음과 같다.

(1) 동시적 상호작용 도구

가) 화이트보드

학습의 진행자는 화이트보드를 통해 학습 참여자의 코멘트를 기록하고, 중요한 사항을 강조하고, 연습활동을 적기 위해 활용한다. 단순한 오프라인의 플립차트로 생각할 수 있지만, 화이트보드 활용은 보다 상호작용적이고 협동적인 기능을 한다.

나) 채팅

텍스트 기반의 채팅은 학습의 참여자가 텍스트 메시지를 통해서 대화할 수 있는 것으로 몇 가지 기능이 모든 실시간 수업에 포함되어 있다. 예를 들면, 전체 참여자가 포함되는 공개 채팅이나, 참여자가 대화를 방해하지 않고 특정 사람과 메시지를 주고받을 수 있는 기능, 그 강의 시간이나 연습 시간에 학습자들이 채팅하는 기능 등이 있다.

다) 실시간 소규모 토론방

실시간 소규모 토론방은 전통적인 면대면 교실수업에서 소규모 활동을 생각하면 된다. 이러한 활동은 소규모 그룹이 효과적으로 그들 자신의 문제를 논의하고, 부여된 프로젝트를 수행하는 데 유용하다. 일단 이곳에 모인 학습 참여자들에게는 다양한 도구(화이트보드, 웹 브라우징)들을 사용함으로써 다양한 연습과제를 수행할 수 있도록 한다.

라) 응용 프로그램의 공유

실시간 학습 프로그램을 준비할 때 조직에서 가장 많이 하는 질문이 응용 프로그램의 공유이다. 학습 진행자 소프트웨어 프로그램(spreadsheet, word processing, custom application 등)을 공유할 수 있도록 하여 참여자가 그 프로그램을 가지고 있지 않더라도 학습 내용을 볼 수 있도록 해야 한다.

마) 동시 웹브라우징

참여자들이 동일한 웹 콘텐츠를 보아야 할 필요가 있을 때 활용된다. 이를 통해 학습 진행자와 참여자가 인터넷 사이트나 회사의 동일 인트라넷을 띄워 놓고 수업을 진행하도록 할 수 있다.

바) 기타 도구들

동시적 학습에서 이용 가능한 기타 도구들에는 음성회의, 실시간 비디오, 여론조사와 피드백, 토론방 등이 있다.

(2) 비동시적 상호작용 도구

가) 공지사항

공지사항은 수업 운영 시간표를 제시하고 과제 제출 방법을 소개한다. 또한 교수자가 학습자에게 공지해야 할 사항을 제공한다. 공지사항은 교수자 외에는 게시 및 수정과 삭제가 불가능하도록 한다.

나) Q&A

Q&A는 학습자들이 수업하는 과정에서 어려운 내용이나 시스템 운영상의 문제점, 개인적으로 궁금한 것 등을 학습자들이 적접 올릴 수 있는 공간이다. 그러면 교수자나 학습자들이 질문내용에 대하여 답변함으로써 학교의 수업 중 질문과 같은 효과를 갖는다. 컴퓨터를 통한 익명성 때문에 학교에서는 발표력이 부족한 학생들도 활발하게 활동할 수 있는 공간이기도 하다.

다) 자료실

학습자들이 찾고자 하는 학습 자료를 쉽게 찾을 수 있도록 한다. 교수자가 직접 작성한 교안이나 교재의 내용을 등록하여 전체적인 교육 내용에서 부족한 부분을 재학습하는 것이 가능하다.

라) 이메일 및 쪽지

학습자들 중에는 자신의 질문을 남에게 보이는 것을 꺼리는 경우가 있다. 이런 경우 이메일과 쪽지는 유용하게 사용되며, 이를 통해 어느 정보의 보안성이 지켜질 수 있다.

마) 토론방

토론방은 컴퓨터 컨퍼런싱의 기능을 활용함으로써, 어떤 특정 주제에 관한 자신의 의견을 밝히고, 남들의 의견에 대한 비판 혹은 동의하는 의견을 계속적으로 올려놓을 수 있다. 토론방은 교수자가 내준 토론과제에 대한 자신의 구성된 지식을 마무리하여 의견을 밝히는 공간으로서 비순차적 방법을 선택한다. 이는 시간에 상관없이 아무 때나 들어와 의견을 제시할 수 있으며, 다른 학습자들은 먼저 선행학습자의 소견을 읽은 후 자신의 견해와 다른 점이나 선행학습자의 소견에 대한 문제점을 제시하여 계속적으로 자식에 대한 검토와 함께 지식의 재구성이 이루어지도록 하는 것이다.

앞에서 설명한 상호작용 도구(tool)의 유형을 정리하면 〈표 11-3〉과 같다.

〈표 11-3〉 상호작용 도구별 유형

동시적 상호작용 도구	비동시적 상호작용 도구
화이트보드, 채팅, 실시간 소규모 토론방, 응용 프로그램의 공유, 동시 웹 브라우징 등	공지사항, Q&A, 자료실, 이메일, 쪽지, 토론방 등

2.5 상호작용의 적용

1) 이러닝 특징으로의 상호작용

상호작용을 이러닝에 적용한 특징은 다음과 같다. 첫째, 학습자를 자극하여 보다 효과적인 학습이 이루어지도록 수많은 기술을 이용할 수 있다. 둘째, 인터넷상의 게시판, 토론방, 메신저 등을 이용한 양방향 학습 진행을 통해 학습자와 교수자 간의 양방향 의사소통이 가능하다. 셋째, 다양한 교육 콘텐츠를 통해 교수자와 학습자, 학습자와 다른 학습자 간에 양방향 의사소통이 가능하고, 참여자 간에 상호평가가 가능하기 때문에 우수한 상호작용이 가능하다. 넷째, 일정한 상호작용이 지속되면 특정 지식을 공유하는 사람들끼리 새로운 학습공동체를 형성할 수 있다.

2) 적용이 편리한 온라인 상호작용 유형

교수학습 상황에 따른 의사소통의 유형은 사회적·절차적·설명적·인지적 의사소통으로 나눌 수 있다. 사회적 의사소통은 학습내용과 직접적인 관련이 없는 사교적인 내용을 나누는 것으로 주로 학습 참여 단계에서 이루어진다. 절차적 의사소통은 학습과제와 웹 브라우저 등의 사용과 같은 학습 순서와 방법에 관한 내용을 나누는 것이며 학습 단계 중 친숙화 단계에서 이루어진다. 설명적 의사소통은 과제와 관련된 지식과 정보를 나누는 것으로 정보제공 및 습득의 학습 단계에, 인지적 의사소통은 비판적 또는 성찰적 입장에서 학습내용을 분석해 보거나 재구성해 보는 것으로 지식 구성 단계에서 이루어진다.

온라인 상호작용은 또한 질적 수준에 따라 제1수준, 제2수준, 제3수준으로 나눌 수 있다. 제1수준(self-action)은 스스로의 힘으로 움직이거나, 외부 자극에 대한 단순한 반응을 나타내는 상호작용 수준이다. 제2수준(interaction)은 외부의 다른 대상과의 인과적인 작용–반작용을 일으키는 상호작용이다. 참여하는 모든 주체에게 적극적인 정보 교환이 이루어지는 것을 말한다. 제3수준(transaction)은 상호작용에 참여하는 모든 주체가 적극적인 교환에 참여할 뿐만 아니라, 일련의 활동이 끝나고 나면 모두가 새로운 경험으로 도달하는 국면을 말한다.

3) 클래스팅의 사례

(1) 클래스팅의 특징

클래스팅(classting)은 교육적 특성을 지닌 SNS(Social Network Service)로 일선 교사가 개발한 국내 최초의 교육용 SNS이다. PC 및 스마트기기에 모두 활용이 가능하며, 간단한 절차만 거치면 무료로 교실 안의 교사, 학생, 학부모 간의 스마트한 네트워크를 만들어 준다. 같은 학급, 교사, 학부모 간의 즉각적인 의사소통이 가능하여 실시간으로 대화 및 상담을 할 수 있으며, 학급, 동아리, 강좌 등 여러 목적의 클래스 단위로 생성이 가능하다. 클래스팅의 대표적인 특징을 네 가지로 구분하면 다음과 같다.

첫째, 접근의 편의성이다. 클래스팅은 누구나 사용이 가능하며 스마트폰에 애플리케이션을 설치하여 편리하게 사용할 수 있으며, 스마트폰이 없어도 PC에서 손쉽게 소통이 가능하다.

둘째, 상호작용 및 의사소통의 편리성이다. 클래스팅에는 알림장 기능이 있어 학급의 소식을 학생 및 학부모에게 빠르게 전달할 수 있다. 더욱이 일대일 비밀상담방은 교사와 학생의 일대일 상담이 가능하여 학급이나 수업의 어려운 문제나 학생들이 말하기 어려운 내용에 대한 피드백을 주고받을 수 있어 학교 현장에서 유용하게 활용될 수 있다. 이는 평소 면대면 학습장에서 대화를 어려워하는 학생이 온라인상에서 자신의 의견을 활발하게 제시할 수 있다는 특징을 가진다.

셋째, 사용 안전성이다. 클래스팅은 페이스북(Facebook)의 인터페이스와 비슷하여 폐쇄형으로 학급을 운영하고 관리할 수 있다. 관리자의 초대 및 승인 절차에 따라 클래스의 멤버로 활동할 수 있어 익명 가입에 따른 사생활 침해에 대한 부작용을 방지할 수 있다.

넷째, 사용의 다양성이다. 주요 인터페이스들로는 프로필, 멘트, 사진, 동영상, 게시판, 알림장, 비밀상담, 댓글, 멘토링 등으로 구성원끼리는 실시간 대화를 즐길 수 있고, 모둠학습, 토의학습 등 자료를 함께 공유할 수 있으며, 푸시(push) 알림이나 무료 메시지를 통해 전달 사항을 바로 알릴 수 있다.

(2) 클래스팅의 기능

클래스팅은 교육 현장에 어울리는 다양한 기능이 탑재되어 있어 학교 현장에서 유용하게 활용될 수 있다. 클래스팅의 기능 및 내용은 〈표 11-4〉와 같다.

클래스팅은 학생과 학부모, 교사가 편하게 소통할 수 있어 학생 관리를 수월하게 하고, 실시간으로 정보를 교류할 수 있는 기능이 있어 학교 현장에서 유용하게 사용될 수 있는 실행도 높은 SNS로 적합하다 볼 수 있다.

〈표 11-4〉 클래스팅의 기능 및 내용

기능	내용
알림장	언제 어디서나 전달하는 알림장, 최근 위젯 기능 추가(스마트폰이 없을 경우, 무료문자 가능)
소식 받아 보기	나의 멘토링이 남긴 멘트, 나의 클래스에 남겨진 멘트 등 나와 관련된 모든 클래스팅 활동을 한눈에 확인
초대하기	이메일, 문자, 카카오톡 등을 통해 바로 클래스로 초대 가능
클래스 방	사진, 글, 영상, 하이퍼링크 등 현재 상황에 대한 모든 공유 가능(다른 친구, 클래스에 멘트 남기기)
나만의 공간	나만의 공간으로 프로필을 등록하고 홈에 멘트와 사진으로 자기 홍보
클래스 사진첩	저장된 모든 사진 및 동영상 업로드 가능, 하이퍼링크 기능 포함
멘토링 맺기	멘토링 추천, 검색을 통한 멘토 찾기
빛내기 버튼	투표하기 기능, 응원 버튼의 효과
비밀상담방	1:1 비밀 상담 가능, 글 등록 시 푸시 알람 전달(푸시 기능)
알림 설정하기	중요사항 선택하여 알림
온라인 설문조사	필요에 따라 설문조사 가능
학부모 참여방	상황에 따라 가정과의 협조체제 구축
클래스팅	다른 클래스를 방문하고 함께 교류 맺기(다른 지역, 학교, 동호회 간 교류 가능)

출처: 클래스팅연구모임, 2012.

(3) 클래스팅의 교육적 활용

클래스팅을 교육적으로 활용할 수 있는 방안으로 학습 정보의 제공, 설문 조사, 학습 자료 탑재, 학습 결과물 탑재, 요점 정리의 공유, 생활 공유를 통한 친밀감 강화, 비밀 상담방을 통한 일대일 상담 및 생활 지도, 토의 및 토론 학습 등을 제시할 수 있다. 클래스팅을 활용하는 것은 학생과 교사의 인간관계를 형성하는 또 다른 방법이며, 성공적인 활용을 위해서는 교사의 노력이 무엇보다 중요하다. 학급 홈페이지 같은 웹 의사소통 도구가 있음에도 활용이 잘 되지 않는 가장 큰 이유는 접근성이 떨어지는 데 있다. 컴퓨터를 사용해야 하는 경우 컴퓨터가 있는 곳으로 가야 하며, 로그인 절차를 거쳐야 하기 때문에 접근성과 활용성이 떨어진다. 그러나 클래스팅은 다양한 스마트기기에서 활용이 가능하고, 알림 기능이 있어 어디서나 상호작용을 할 수 있기 때문에 학급 및 수업을 운영하는 데 큰 도움을 주는 의사소통의 도구가 될 수 있다.

따라서 운영 목적에 맞게 클래스팅을 선택하고 활용하여 학생들과 진정성 있는 대화를 나누고, 일상생활을 이야기하며 학습 지도를 하는 등 다양한 활동을 시도한다면 학급 및 학생 관리를 더 편하게 할 수 있을 뿐 아니라 학생과 학생, 교사와 학생과의 관계 개선에도 기여할 수 있을 것이다.

(4) 클래스팅 활용에 대한 평가

클래스팅을 활용한 연구가 매우 미흡한 상황에서, 최근 클래스팅을 SNS 활동 도구로 활용한 연구가 진행되었다. '통일교육'과 관련한 연구에 따르면, 클래스팅 담벼락에 통일 교육과 관련한 동기 유발, 학습 내용, 성찰 활동을 순차적으로 제시하여 댓글의 형태로 성찰 일지를 작성하게 한다. 연구 결과 클래스팅을 활용한 성찰 활동이 통일에 대한 인식과 필요성의 변화, 클래스팅 활용 교육에 대한 만족도에 유의한 영향이 미치는 것으로 나타났다(최형미 · 이동국, 2012). 이러한 교육 만족도에 대한 긍정적인 결과는 SNS를 활용한 공동체 학습 활동이 학습 목표를 달성할 수 있다는 선행 연구 결과와도 일치하는 것으로 나타났다(김은영 · 김정현 · 최예솔, 2011).

그러나 이 연구에 따르면 '클래스팅'이라는 폐쇄형 SNS를 활용한 연구가 '트위터'나 '페이스북' 같은 상용 애플리케이션과 동일한 효과가 있을지에 대한 연구의 필요성을 제기하고 있으며, 그럼에도 불구하고 최근 학교 현장에서 대두되고 있는 스마트교육과 SNS 환경을 학교 현장에서 활용함으로써 교육에 미치는 효과와 방법을 모색했다는 점에서 연구의 의의를 찾을 수 있다.

애플리케이션 저작도구를 이용한 학교 학습용 애플리케이션 개발 및 학습시스템 연구에서는 학교 현장의 애플리케이션 사용 사례로 클래스팅을 학교 현장에서 큰 호응을 얻고 있는 애플리케이션으로 소개하고 있다. 또한, 많은 전문가들이 SNS를 교육적으로 중요하게 생각하는 것에 비하여 실제 교육적으로 실행하는 것에 대한 인식은 비교적 낮은 것으로 나타났다. 이는 트위터나 페이스북 같은 SNS들이 교육 목적이 아닌 인맥 관계 형성을 주목적으로 하는 상용 제품이라는 점에서 원인을 찾고, 수업의 특성 및 전략에 따라 수업의 효과성을 제고시키는 데 최적의 도움을 줄 수 있는 SNS를 선택 활용하는 것이 중요함을 밝히고 있다. 따라서 SNS가 개발되어 정규교육에서 교육적 활용을 목적으로 하고 있는 경우 보다 교육적으로 심화될 수 있도록 사용성 테스트는 물론, 교육 현장에서 이를 활용한 결과들이 실질적인 교수학습 전략에 포함될 수 있도록 할 필요가 있다.

3 '배려하는 디자인'과 웹접근성의 적용

3.1 배려하는 디자인의 이해

1) 개념

'배려하는 디자인(inclusive design)'은 서로 다른 능력과 기준을 갖고 있음을 이해하면서 디자인하는 것이며, 디자인하는 나 또한 서로 다른 능력을 가진 사람임을 인지하는 것이다. 만일 기존의 디자인이 너무 작고 많은 주머니가 달린 옷 같거나 작은 방으로 칸칸이 나눠진 집 같다면 아주 소수의 사람만이 사용할 수 있는 디자인일 것이다. 이러한 디자인의 생각을 바꿔 보자는 개념이다.

즉, 배려하는 디자인이란 성별, 연령, 국적, 문화적 배경, 장애의 유무에 상관 없이 누구나 손쉽게 쓸 수 있는 제품 및 사용 환경을 만드는 디자인이다. 따라서 모든 사람을 위한 디자인(design for all), 범용 디자인이라고도 부르며, 배려하는 디자인이 된 도구, 시설, 설비 등은 장애가 있는 사람뿐 아니라 보통 사람들에게도 유용한 것이다. 특별한 적응 혹은 전문적인 디자인의 필요 없이 최대한 많은 사람들이 접근할 수 있고 사용 가능하게 해 주는 주된 제품과 서비스에 대한 디자인으로 영국표준협회(BSI: British Standards Institute)의 표준에서 정의하고 있다.

2) 배경

배려하는 디자인의 정신(ethos)은 사용자중심(user centered)으로, 대중적 인식(population aware)하에서, 업무 집중(business focused)형으로 개발되어야 한다는 것이다. 이는 어떤 제품이든 쓸모 있고 생존(viable)의 의미가 있어야 하고, 기능적(functional)이어야 하며, 사용에 적합(usable)하여 바람직한(desirable) 제품이어야 성공적인 제품(successful product)이 된다는 것이다.

신제품 개발 프로젝트의 주요 초점은 시간과 예산의 문제였다. 일반적으로 좋은 디자인이 나쁜 디자인보다 시간과 비용이 많이 소요된다는 인식이 있지만, 나쁜 디자인의 실제 비용은 나중에 나타나 불만족 소비자로부터 되돌아오는 근거가 되기도 하고, 제품의 생명주기에서 나중에 나타나게 되는 것이며, 자칫 소비자 좌절같이 브랜드 이미지의 치유할 수 없는 손상 가능성이 있다.

부분적인 상업적으로 성공한 제품은 이런 관점과 충돌할 수 있지만, 배려하는 디자인 접근은 많은 사용자 만족과 상업적 성공을 가능하게 하고 제품 개발에서 위험 요소를 줄이는 더 나은 제품 결과의 가능성을 가지게 된다.

3) 개발 사례

배려하는 디자인으로 성공한 예들 중에서 좋은 손잡이 사례를 보면 [그림 11-6], [그림 11-7]과 같다.

그림 11-6 배려하는 디자인의 예(1)

그림 11-7 배려하는 디자인의 예(2)

4) 배려하는 디자인의 실행 모형

배려하는 디자인을 실천에 옮길 때, 과정별 모형으로 이용되는 것이 폭포수 모형이며 [그림 11-8]과 같다.

실행의 시작(starting point)은 요구사항이 인식(perceived need)되는 필요성 단계이다. 감각적으로 인지된 요구사항은 필히 탐구·조사되어야 하고 많은 방법으로 정제하여, 실제 요구사항을 결정하여야 한다. 이 단계에서의 작업은 발견(discover)

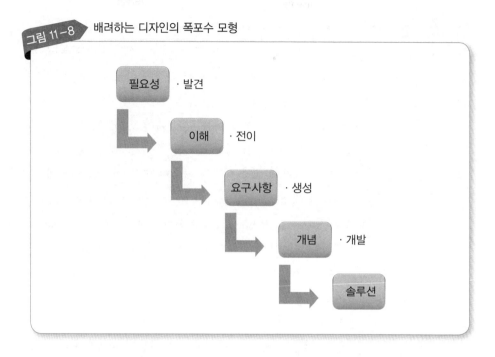

배려하는 디자인의 폭포수 모형

그림 11-8

필요성 · 발견

이해 · 전이

요구사항 · 생성

개념 · 개발

솔루션

작업으로서 사용자, 상품, 사업 간의 상호작용 문제의 정의 작업 단계로서 사업 환경의 인식과 정보의 출처와 원천을 파악하는 것이다. 이러한 결과로 디자인 프로세스의 첫 번째 결과(first output)와 동시에 두 번째 단계가 도출되는데 실제 요구(real needs)를 이해하는 단계이다.

다음 작업은 해석(translate)을 통해 전이하는 단계로 첫째, 전체적인 관점에서 누구를 위해, 무엇을, 왜, 언제, 어디에서 앞 단계에서 이해한 실제 요구를 해결할 것인가의 문제로서 비구조화 형태의 조건으로 해석이 가능하다. 둘째, 기능 분석 작업으로서, 먼저 하향식(top down) 방식으로 전반적인 기능에 대한 기술들을 해석하고, 점차 상세 기능(sub function)들로 쪼개어 내려가는(break down) 작업을 한 후에 셋째, 구조화 작업으로서 비구조화 조건을 구조화 조건으로 전환하면 조건 명세표(requirement specification)가 산출된다. 조건 명세표는 디자인 의도의 완전한 표현이어야 하며, 폭포수 모형의 두 번째 산출물(second output)이며, 세 번째 단계인 요구사항이 정의되는 단계이다.

다음 작업은 평가와 개선을 통한 생성이다. 폭포수 모형의 기본은 평가와 개선이다. 이 단계뿐만 아니라 각 단계별로 평가와 개선 작업은 수행되기 마련이다.

이 단계에서의 작업은 근본적인 조건을 디자인팀에게 제공하는 적절한 명세서인 가에 대한 평가와 개선이 이루어진다. 따라서 창조(create)의 작업 활동이 이루어 진다. 우선, 창조 과정을 활성화하고, 창조 활동을 촉진해야 하는데 그룹 작업이 좋은 방법이다. 둘째, 창조 작업은 아이디어를 구조화하는 작업 활동이다. 지각 의 향상이 필요하며 무엇이 조건을 충족하는지를 얻어 내야 한다. 셋째, 창조 작 업은 여과하기와 순위를 매기는 작업이다. 많은 개념을 줄이는 여과 작업, 묶여야 할 속성들이 가장 바람직한 것인가에 대한 여과와 순위화이다. 이 작업이 이루어 지면 세 번째 산출물인 동시에 네 번째 단계인 개념(concepts)이 나오게 된다.

다음의 작업은 개발 과정(development process)으로 빠른 프로토타입(rapid prototype)을 손쉽게 재구성이 가능한 형태로 만들어야 한다. 이 단계에서도 지속 적인 평가와 개선은 기본이며, 개발 과정은 배려하는 디자인의 중요한 과정이 되 어, 최종 산출물(final output)인 솔루션(solutions)이 도출된다.

이와 같은 배려하는 디자인 과정(inclusive design process)의 모형은 나선형 모 형으로 설명이 가능한데 그 이유는 매 단계에서 평가와 개선이 지속되어야 하기 때문이다. [그림 11-9]는 폭포수 모형을 나선형 모형으로 바꾼 도식이다.

그림 11-9 배려하는 디자인의 나선형 모형

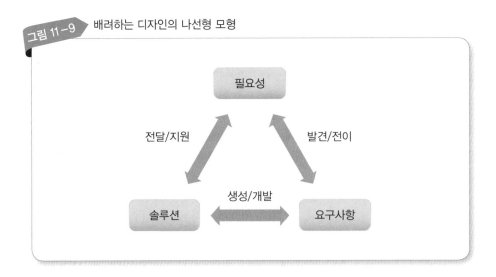

5) 이러닝에서 배려하는 디자인의 활용

이러한 움직임과 관련하여 미국, 캐나다, 호주를 중심으로 GPII(Global Public Inclusive Infrastructure) 프로젝트가 진행되고 있다. 인터넷과 연결된 서비스를 원하는 경우, 누구나 자신의 선호도 정보를 GPII 시스템에 입력시켜 놓으면, 이 시스템과 연결된 모든 서비스, 즉 도서관에서의 자료 검색, 열차나 항공권의 구입, 공중전화의 사용, ATM 단말기에서의 금융서비스 등을 이용할 경우, 본인의 선호도 정보가 GPII의 클라우드 서비스에 연결되어 본인에게 맞는 콘텐츠가 제공되도록 하는 프로젝트를 수행하고 있다. 학습에서의 선호도 적응형 맞춤서비스도 이러한 정도의 맞춤서비스를 염두에 두어야 할 것이다.

3.2 참여자중심의 디자인

참여자중심의 디자인은 디자인에 관련된 많은 사람이 참여하여 모든 사람을 이롭게 할 수 있도록 디자인하는 개념을 일컫는다. 따라서 수요자인 사용자와 공급자인 디자이너 사이에서 발생할 수 있는 협력과 의사소통뿐만 아니라 잠재 고객과 미래의 고객 그리고 이들을 바라보는 느낌을 가질 수 있는 모든 사람과 환경을 포함하고 있다.

그러므로 참여자 중심의 디자인은 배려하는 디자인(inclusive design), 보편적 디자인(universal design), 사용자중심 디자인(user centered design), 참여 디자인(participatory design), 협력 디자인(cooperative design) 및 맥락 디자인(contextual design)을 포함하고 있다.

1) 보편적 디자인

보편적 디자인은 산업화 과정에서 디자인의 차별화에 대한 비판과 반성으로 등장했다. 기계적 사고에서 인간적 사고로 변화한 것이다. 다양한 사용자의 요구를 만족시킴으로써 디자인을 통한 사회 평등을 실현하고자 시작되었으나, 점차

〈표 11-5〉 보편적 디자인의 정의

연구자	정의
메이스·하디·플레이스(Mace, Hardie, & Place, 1990)	장애의 유무에 상관없이 누구나 손쉽게 쓸 수 있는 제품 및 생활 환경을 만드는 모든 사람을 위한 디자인
타나카 나오토 (2008)	가능한 한 나이와 신체 크기나 능력, 장애 수준에 관계없이 고령자나 장애인, 임산부, 어린아이와 같은 모든 사람이 이용 가능한 유용한 제품, 건물, 공간을 디자인
미키 히로유키·호소노 나오쯔네 (2007)	장애, 연령, 성별, 언어 등에 관계없이 많은 사람들이 쉽게 이용할 수 있도록 제품이나 환경을 계획, 개발, 디자인하려는 생각
박용환 외 (2008)	무장애 디자인과 같이 장애인만을 대상으로 하는 것이 아니라, 모든 사람을 대상으로 하여 이들 모두에게 유익하도록 디자인하자는 의미 내포

보편적 이용이라는 개념으로 진화하면서 인간을 위한다는 의미를 내포하게 되었다. 결국 어린이, 성인, 노인 및 장애인 등의 구별 없이 모든 사람을 위한 디자인이며 동시에 모든 사람을 이롭게 하는 디자인이 보편적 디자인으로 이에 대한 정의를 살펴보면 〈표 11-5〉와 같다.

2) 사용자중심 디자인

사용자중심 디자인은 사용자가 원하고 필요로 하는 것에 대해 사용자의 한계 능력과 상황에 맞추어 디자인 프로세스를 통해 사용자를 중심으로 사고하여 만들어 내는 인터페이스, 서비스, 제품 디자인의 철학적 접근방법이자 디자인 사상이다. 디자인 각 단계에서 인간을 중심으로 하는 집중적인 관심과 연구가 이루어지며, 최종적 단계의 결과물인 디자인은 인간 사용자의 편의와 복지의 실현에 초점을 맞춘다. 따라서 사용자가 적응하게 하거나 학습하도록 유도하기보다는 사용자 인터페이스의 최적화를 통해 디자인 이상을 현실화하는 노력이 필요하다.

사용자중심 디자인의 주요 요소는 가시성(visibility), 접근성(accessibility), 가독성(legibility), 언어적 이해(language) 등이다. 개발 단계를 보면 최소화된 사용자의 기능성, 사용자 제한점, 사용자 선호, 사용자의 습관, 사용자 비선호성, 사용자

정보 등에 대하여 묻고, 첫 디자인에 대하여 사용자로부터 피드백을 받아 점검한 다음에 디자인의 마지막 단계를 준비하기 위하여 지속적인 사용자 검사를 요청하며, 재검사(retest)와 승인 검사(validation test)를 사용자 대상으로 함으로써 디자인에 내한 마지막 점검의 단계를 거치게 된다.

3) 참여 디자인

참여 디자인은 사용자들을 디자인 프로세스에 능동적으로 참가시킨다는 개념에서 출발하였다. 디자인하려는 제품이 사용자의 요구와 실제 편의성을 충족시켜야 하는 일종의 디자인 접근방법이다. 사용자는 단순한 사용자 테스트의 실험 대상자가 아니며, 시스템의 여러 측면에서 요구하거나 조언을 해 줄 수 있다는 뜻을 내포하고 있다.

스웨덴, 덴마크, 노르웨이가 개념화·체계화·실제화시킨 방법이어서 북유럽 학자들은 일명 스칸디나비안 디자인이라 부르기도 한다. 1970년대 초반 노르웨이에서 컴퓨터시스템을 제철산업 현장에 소개하고 개발하는 일에 컴퓨터 전문가들이 노동자들과 함께 협력한 것이 시초이며, 1970년대 말 스웨덴에서 노동조합의 지원을 받아 시범 프로젝트를 수행하면서 노동자들은 물론, 컴퓨터 과학자, 사회학자, 경제학자, 엔지니어들이 함께 협력하면서 시스템을 개발하였다.

참여 디자인은 다양한 프로토타입(prototype) 제작 방법을 수용한 디자인 방식으로 잘 알려져 있으며, 그중 종이 목업(Mock up, 실물 크기 모형 작업) 제작은 참여 디자인의 상징(trade mark)이 될 만큼 유명하다. 그 이유는 사용자들이 원하는 바를 시스템 제작 초기부터 잘 반영하는 것이 필요했고, 이를 위해서는 빨리 쉽게 만들 수 있는 프로토타입 제작이 요구되었으며, 이때 종이 목업, 스케치 등이 사용된 것이다.

어떤 혁신적인 무언가를 만들어 낸다기보다는 점진적으로 다양한 도구를 개발하면서 적절한 시스템을 발견해 나가는 과정을 중요시하는 것이 도구적 관점이고, 학제 간의 협력은 시스템 개발의 폭넓은 접근방법을 이끌게 할 수 있도록 통합적 이해를 요구한다. 또한 사용자가 직접 영향력을 행사할 수 있는 점에서 민주적 협력 뒤에는 늘 갈등의 요인이 있음도 기억할 필요가 있다.

4) 보편적 디자인과 웹

보편적 디자인과 웹은 어떤 관계에 있는지 살펴보자. 웹은 이미 만들어지는 순간부터 보편적 디자인이 저변에 있다. 웹은 누구나 접근이 가능하고 지식 공유의 바다이기 때문이다. 누구나라는 것은 어떤 배경 지식이 없더라도 어떤 도구를 사용하더라도 제한 없이 접근이 가능하다는 뜻이다. 우리나라에서 생각하는 웹은 보편성과는 다소 거리가 있으며, 보기 위한 웹디자인이라 할 수 있다. 실제적으로 웹디자인은 웹의 보편성을 위한 웹 표준과 접근성이 더 중요하다는 것이다.

웹접근성 개념은 디자인 측면에서는 하나의 속성으로 보며 보편적 디자인은 방법론이자 철학인 것이다. 보편적 디자인을 위해 요구되는 개념 중의 하나가 웹접근성이고, 웹접근성의 주요 대상은 장애가 있는 사용자가 아닌 모든 사용자이며, 웹접근성의 목적은 웹을 모든 사람이 사용할 수 있게 만드는 것이다.

보편적 디자인의 대상은 모든 사람이고, 웹접근성은 모든 사람이 웹 콘텐츠에 접근할 수 있도록 만드는 것이므로 얼마나 쉽고 편하게 이용할 것인가는 또 다른 차원의 문제로서 이러한 문제 해결을 위해 필요한 것이 사용성(usability)이다.

5) 보편적 디자인과 배려하는 디자인의 비교

보편적 디자인과 배려하는 디자인은 성별, 연령, 국적, 문화적 배경, 장애의 유무에 상관없이, 즉 모든 사회 구성원에게 친화적인 디자인이라는 점과, 정상인뿐만 아니라 고령자나 장애인까지 모두 사용할 수 있는 제품과 환경을 제공하고, 증가하는 고령자와 장애인 같은 사회적 약자에 대한 배려와 관심 확대, 문화의 다양성에 대한 인정 등과 같은 가치 변화 트렌드에 부합한다는 점, 그리고 사회적 약자와 강자가 공존할 수 있는 생활 환경을 구성한다는 점에서 목표가 동일하다고 본다.

그러나 미국을 중심으로 쓰이는 보편적 디자인과 유럽을 중심으로 사용되는 배려하는 디자인은 비슷하면서도 사소하지만 약간의 차이가 있다. 보편적 디자인 개념의 태동과도 관계가 있고, 그 실현에도 영향을 주고 있는데, 이는 보편적 디자인은 정상인 위주의 제품과 환경을 차이가 있는 사람들도 같이 사용할 수 있도록 하자는 개념에서 출발하여 가능한 한 모든 사람이 사용할 수 있는 보편적인 제품과 환경을 만들자는 것이다. 반면에 배려하는 디자인은 주 고객 대상이 되는 사용자가 아닌 다른 특성을 가진 사람들도 사용자에 포함될 수 있는 디자인이다.

따라서 보편적 디자인은 장애인, 노인, 사회 소외계층을 대상으로 해 디자인이 조금은 뒤떨어지고 투박하며 미적인 면보다는 기능적이고 안전 장비나 장치를 말하며 일반적이지 않은 디자인 느낌이 강하다. 반면 배려하는 디자인은 단순하지만 다양성을 가지고 누구나 사용할 수 있고 미적으로나 실용성에서 전혀 뒤떨어지지 않은 좋은(good) 디자인 느낌이 강하다고 볼 수 있다.

3.3 웹접근성의 이해

1) 개념

국제표준화기구(ISO: International Standardization Organization)에서는 웹접근성에 관해 "다양한 능력, 숙련, 요구, 취향을 가진 개인들이 정보에 접근할 수 있도록 하는 글로벌 요구사항(ISO 13497, 1997)"이라고 말하고 있다. 대표적인 기관인 W3C(World Wide Web Consortium) WAI(Web Accessibility Initiative)는 웹접근성에 대해 '장애를 가진 사람도 웹을 이용할 수 있도록 보장하는 것으로, 장애를 가진 사람들이 웹 콘텐츠를 인지하고, 운영하고, 이해하고 기술에 상관없이 이용할 수 있도록 견고한 콘텐츠를 만드는 것'이라 정의하고 있다.

즉, 웹접근성이란 모든 사용자가 웹페이지의 콘텐츠를 쉽게 인식하고 마이크로소프트의 윈도 기반이 아닌 매킨토시, 리눅스 운영체제 사용자와 인터넷 익스플로러 외의 크롬, 파이어폭스, 오페라, 사파리 등의 크로스 브라우저 사용자들도 동등하게 인터넷 정보에 접근하여 서비스를 편리하게 이용할 수 있도록 만드는 것을 말한다.

가끔 웹 표준과 웹접근성의 구분이 명확하지 않은 경우가 있다. 웹접근성이 궁극적으로 목표하는 것은 웹의 기본 사상인 '누구나 손쉽게 사용할 수 있는' 웹페이지를 만드는 것이다. 다시 말해서, 모든 사람이 기술적 제약이나 장애에 상관없이 사용할 수 있는 웹 사용성을 확보하자는 것이다. 이를 위해 웹접근성을 보장하고자 하는 것이고, 그러기 위해서 가장 기본이 되는 것이 웹 표준 준수다.

웹 표준은 다양한 접속 환경 속에서 인터넷 사용자가 정보에 소외되지 않고 동등하게 이용할 수 있도록 하기 위해 국제표준 방식에 따라 웹을 개발하는 것을 말한다. 실질적으로는 국제 웹 표준 기구인 W3C가 제안하는 표준 방식에 따라서 개발하는 것이고, 실무적으로는 표준 문법을 기반으로 하는 웹 제작을 의미한다.

엄밀하게 웹 표준과 웹접근성이 동일한 개념이라고 이야기할 수는 없지만, 적어도 웹접근성을 보장하기 위해서는 반드시 웹 표준을 준수해야 한다는 것은 확실해 보인다. 다시 말해 웹 브라우저와 기기, OS, 플랫폼 등의 영향이 없어야 한다는 말이다. 최근 웹 환경은 기존 PC 환경에서 스마트폰 중심 모바일 환경으로 빠르게 전환하고 있으며, 다양한 플랫폼과 화면 크기 등의 각각 다른 환경에서 적절한 수준의 웹접근성을 보장하기 위한 일차적 방법은 웹 표준을 준수하는 것이다.

2) 웹접근성의 정의

웹접근성은 말 그대로 '웹에 접근할 수 있는 능력'을 말한다. 그런데 여기에는 '콘텐츠'라는 말이 생략되어 있다. 현재 국가에서 표준으로 정하는 웹접근성 지

〈표 11-6〉 웹접근성의 정의

기관	정의
한국정보화진흥원	어떠한 사용자(장애인, 노인 등), 어떠한 기술 환경에서도 사용자가 전문적인 능력 없이 웹사이트에서 제공하는 모든 정보에 접근할 수 있게 보장하는 것
W3C WAI	장애가 있는 사람도 웹을 이용할 수 있게 보장하는 것으로, 장애가 있는 사람이 웹 콘텐츠를 인지하고, 운영하고, 이해하고, 기술에 상관없이 이용할 수 있게 견고하게 웹 콘텐츠를 만드는 것
위키피디아	표준 브라우저뿐만 아니라 다양한 사용자 에이전트(User Agent)를 사용하는 사람이 웹페이지에 접근하기 쉽게 만든 것으로, 장애인도 웹을 사용할 수 있게 보장하는 것
한국정보통신기술협회	웹접근성은 신체장애나 저속통신, 무선통신 등 어떠한 환경에서도 웹사이트에서 제공하는 모든 정보에 접근해 이용할 수 있어야 한다는 개념

침은 정확하게 '웹 콘텐츠 접근성'을 의미하기 때문에 웹접근성의 대상은 '웹 콘텐츠'가 되는 것이다. 따라서 웹접근성은 '웹 콘텐츠에 접근할 수 있는 능력'을 말한다(〈표 11-6〉 참조).

3) 배경

장애인차별금지법은 1990년대 이후 여러 국가에서 제정되어 시행되어 왔다. 우리가 장애인차별금지법을 다루는 이유는 '웹접근성' 때문이다. 그러나 장애인차별금지법의 영역은 웹접근성을 포함하는 정보 접근과 정보통신 영역뿐만 아니라 고용, 교육, 재화와 용역, 토지와 건물, 금융상품과 서비스, 시설물 교육, 이동과 교통수단 등 모든 생활 영역을 다루고 있다.

선진국들은 우리나라보다 앞서서 장애인차별을 금지하는 법률을 제정하여 시행해 왔다. 우리나라에서는 2007년 4월에 장애인차별금지 및 권리구제 등에 관한 법률(약칭 '장애인차별금지법')이 제정되었고, 2008년부터 시행되었는데, 그 주요 내용은 다음과 같다.

- 모든 생활 영역에서 장애를 이유로 차별을 금지하고, 장애를 이유로 처벌받은 사람의 권익을 효과적으로 구제하기 위해 제정
- 정당한 편의의 내용, 행위자에 대한 단계적 범위, 불이행 시 처벌조항, 권리구제절차 등이 구체적으로 명시
- 모든 공공기관은 2009년 4월 11일부터, 모든 법인은 2013년 4월 11일부터 의무 적용, 단계적으로 2015년까지 모든 웹사이트가 웹접근성을 준수해야 함

3.4 웹접근성의 지침

1994년 10월에 설립된 W3C에서는 웹과 관련한 기술과 표준, 정책 등을 제정하는데, 구조 영역(architecture domain), 상호작용 영역(interaction domain), 기술 및 사회 영역(technology and society domain), 웹접근성 영역(web accessibility domain), 품질인증(quality assurance) 및 특허 정책(patent policy)의 6개 분야로 구

성되어 있다.

또한 1997년에는 장애인의 웹접근성을 제고하기 위하여 W3C 아래 WAI를 출범하였다. 여기에서는 교육과 홍보, 웹 저작도구, 평가와 수정 도구, 프로토콜과 포맷, 사용자 에이전트, 웹 콘텐츠의 6개 작업 그룹을 구성하였다. 이 중, 웹 콘텐츠 접근성 지침(WCAG: Web Contents Accessibility Guideline), 저작도구 접근성 지침(ATAG: Authoring Tool Accessibility Guideline)은 2000년에, 사용자 에이전트 접근성 지침(UAAG: User Agents Accessibility Guideline)은 2002년에 제정되어 각국에 활용을 권고 중에 있으며, 웹 콘텐츠 접근성은 2008년 이후 계속 새로운 버전이 제정 중에 있다.

1) 웹 콘텐츠 접근성 지침

웹접근성 지침 중 가장 많이 적용되고 있는 것이 웹 콘텐츠 접근성 지침(WCAG)이다. 이 지침은 네 가지의 원칙과 그 하부의 지침들과 검사 항목으로 구성되어 있다. 구체적으로 살펴보면 다음과 같다.

첫 번째 원칙은 인식의 용이성(perceivable)이다. 인식의 용이성 원칙은 기본적으로 모든 콘텐츠에 대해 사용자가 인식할 수 있어야 함을 의미한다. 인식의 용이성 원칙은 대체 텍스트, 멀티미디어 대체 수단, 그리고 명료성에 관한 3개의 지침과 이와 관련된 6개의 검사항목으로 이루어져 있다.

두 번째 원칙은 운용의 용이성(operable)이다. 운용의 용이성 원칙은 사용자 인터페이스 구성요소가 조작 가능하고 내비게이션 할 수 있어야 함을 의미한다. 운용의 용이성 원칙은 키보드 접근성, 충분한 시간제공, 광과민성 발작 예방, 그리고 쉬운 내비게이션 등 4개의 지침과 총 8개의 검사항목으로 구성되어 있다.

세 번째 원칙은 이해의 용이성(understandable)이다. 이해의 용이성 원칙은 사용자가 제시되는 모든 콘텐츠를 이해할 수 있어야 함을 의미한다. 이해의 용이성 원칙은 가독성, 예측 가능성, 콘텐츠의 논리성, 입력 도움 등과 같은 4개의 지침과 이와 관련된 6개의 검사항목으로 구성되어 있다.

네 번째 원칙은 견고성(robust)이다. 이는 최신성이라고도 표현하는데, 새로운 웹 환경이나 기술의 변화에 안정적으로 대응할 수 있는 콘텐츠인가를 보는 것이

〈표 11-7〉 웹 콘텐츠 접근성 지침과 검사 항목

항목	원칙	지침	검사 항목
111	인식의 용이성	1. 대체 텍스트	1) 의미 있는 이미지에 대체 텍스트 제공
112			2) 의미 없는 이미지에 무의미 대체 텍스트 금지
113			3) 배경 이미지에 대체 텍스트 제공
114			4) 서버 측 이미지맵에 대체 텍스트 제공
121		2. 멀티미디어 대체 수단	1) 멀티미디어 콘텐츠의 자막 등 제공
122			2) 시각장애인을 위한 화면낭독 프로그램 가능
131		3. 명료성	1) 색상에 무관한 콘텐츠 제공
132			2) 명확한 지시 사항 제공
133			3) 텍스트 콘텐츠의 명도 대비
134			4) 배경음 사용 금지
211	운용의 용이성	1. 키보드 접근성	1) 모든 기능의 키보드 사용 보장
212			2) 키보드에 의한 초점 이동
221		2. 충분한 시간 제공	1) 응답 시간 조절 및 시간 제어
222			2) 자동 변경 콘텐츠의 움직임 제어
231		3. 광 과민성 발작 예방	1) 깜빡임과 번쩍임 콘텐츠 사용 제한
232			2) 깜빡임 콘텐츠 회피 수단 제공
241		4. 쉬운 내비게이션	1) 반복 영역 건너뛰기 제공
242			2) 프레임 사용 배제 및 타이틀 제공
243			3) 적절한 링크 텍스트
244			4) 새창 사용 시 알림 제공
311	이해의 용이성	1. 가독성	1) 기본 언어의 표시
312			2) 해당 페이지별 타이틀 제공
321		2. 예측 가능성	1) 사용자 요구에 따른 실행
331		3. 콘텐츠의 논리성	1) 논리적 순서에 따른 콘텐츠 구성
332			2) 데이터 테이블(표)의 완전성
333			3) 데이터 테이블(표)의 셀 구분 제공
341		4. 입력 도움	1) 온라인 서식의 레이블 제공
342			2) 입력 오류 정정 방법의 제공
411	견고성	1. 문법 준수	1) 마크업 언어의 호환성 보장
412			2) 마크업 언어 요소의 오류 방지
421		2. 웹 애플리케이션 접근성	1) 웹 애플리케이션의 접근성 제공

다. 마크업 언어의 문법 준수나 새로운 응용 환경에서의 접근성 유지 등과 같은 2개의 지침과 3개의 검사 항목으로 구성되어 있다. 〈표 11-7〉은 웹 콘텐츠 접근성 평가 항목을 보여 주고 있다.

2) 저작도구 접근성 지침

저작도구 접근성 지침(ATAG)은 2000년 2월에 제정되었으며 7개 지침에 총 28개 검사 항목으로 구성되어 있다. 이는 웹 저작도구 개발자가 접근성을 고려한 웹 콘텐츠를 생성해 내는 웹 저작도구를 설계하도록 돕고자 하는 지침이며, 동시에 접근성을 고려한 사용자 인터페이스를 가진 웹 저작도구를 개발하는 것을 돕고자 하는 지침이다.

그 근거를 보면, 저작도구는 웹 콘텐츠 저자가 접근성을 고려한 웹 콘텐츠를 만드는 것을 가능하게 해야 하고, 장애 정도에 관계없이 모든 이가 웹 콘텐츠의 저자가 될 수 있도록 하는 일은 모든 이가 웹 콘텐츠에 접근할 수 있도록 하는 일만큼이나 중요하기 때문이다. 따라서 웹상에서 정보를 생성하는 데 쓰이는 도구인 웹 저작도구도 접근성을 고려해야 한다는 의미이다.

이 지침의 대상인 소프트웨어 범주를 보면, HTML과 XML 편집기와 같은 웹 콘텐츠를 생성하기 위한 명시적인 용도와 목적을 지닌 도구, 워드프로세서와 같이 웹 형식으로 내용을 저장할 수 있는 옵션을 제공하는 도구, 문서를 웹 형식으로 변환하는 도구, 동영상을 제작하거나 편집하는 멀티미디어 제작 도구, 데이터베이스로부터 동적으로 웹 사이트를 자동 생성하는 도구, 그리고 내용물의 자리 배치(layout)나 배치를 관리하는 도구(예: CSS 편집도구) 등 거의 모든 저작도구가 포함된다고 볼 수 있다.

지침은 지침 번호, 문장으로 기술된 지침, 이론적 근거와 체크포인트로 구성되어 있다. 여기에서 체크포인트에 중요도를 배정하고 있는데 이는 규정된 웹접근성의 목표를 달성할 때 해당 체크포인트가 미치는 영향력의 정도를 반영한다. 중요도 1은 목표 달성에 체크포인트가 필수적인 것이고, 중요도 2는 체크포인트가 목표 달성에 중요한 것이며, 중요도 3은 체크포인트가 목표 달성에 유리한 것이다. 그 밖의 것은 중요도로 배정하지 않고 상대적이라는 용어를 배정한다. 7개

지침의 28개 검사 항목은 〈표 11-8〉과 같다.

〈표 11-8〉 ATAG의 지침과 검사 항목

지침	번호	체크포인트	중요도
1. 접근성 있는 저작 관행 지원	1.1	마크업 언어로 접근성 있는 콘텐츠를 만들 수 있도록 보장	1
	1.2	문서 작성, 변형 및 변환 과정에서 접근성 관련 정보를 보존	1
	1.3	자동 생성 마크업은 W3C의 웹 콘텐츠 접근성 지침에 부합	상대적
	1.4	도구가 제공하는 템플릿이 웹 콘텐츠 접근성 지침의 기준에 부합	상대적
2. 표준 마크업 생성	2.1	적절하다면, W3C 권고안의 최신판을 사용	2
	2.2	도구는 자동으로 유효한 마크업을 생성	1
	2.3	생성한 마크업이 W3C 표준에 부합하지 않는다면, 저자에게 사실을 알려야 함	3
3. 접근성 있는 콘텐츠 생성 지원	3.1	저자에게 등가인 대체정보(예: 자막, 설명 등)를 제공하도록 요구	상대적
	3.2	저자가 구조화된 콘텐츠를 만들고, 정보의 내용을 표현 방법과 분리하는 것을 도와야 함	상대적
	3.3	기본으로 들어 있는 내용물이 웹 콘텐츠 접근성 지침을 따르도록 함	상대적
	3.4	자동으로 등가인 대체정보를 생성해서는 안 됨. 기능이 의심 없는 것으로 알려진 경우를 제외하고는 저자의 확인 없이 이전에 쓰인 대체물을 재사용해서는 안 됨	1
	3.5	멀티미디어 내용물에 대한 등가 대체물을 관리하고, 편집하고, 재사용할 수 있는 기능을 제공	3
4. 접근성 없는 콘텐츠를 검사하고 교정기능 제공	4.1	접근성 관련 문제점의 존재 유무를 검사하고 저자에게 알려 줌	상대적
	4.2	저자가 접근성 관련 문제점을 교정할 수 있도록 지원	상대적
	4.3	도구가 인식하지 못하는 마크업을 보존하도록 허용	2
	4.4	저자에게 문서의 접근성 정도를 요약해서 제공	3
	4.5	구조적 정보를 전달하기 위해 표현을 위한 마크업을 쓴 오류가 있다면 이를 구조적 마크업으로 변환하는 기능을 제공	3

5. 접근성 기능을 전체적인 직관성과 유기적 결합	5.1	접근성 있는 저작 관행과 관련 있는 기능이 자연스럽게 전체적인 직관성과 어울리도록 유기적으로 결합	2
	5.2	웹 콘텐츠 접근성 지침에서 중요도 1을 부여한 체크포인트를 지원하는 접근성 있는 저작 관행이 들어 있어야 하고, 명확히 드러나야 함	2
6. 접근성 있는 콘텐츠 생성을 위한 방법을 도움말·문서로 제공	6.1	접근성 있는 콘텐츠 개발을 장려하는 모든 기능을 문서화	1
	6.2	접근성 있는 콘텐츠 작성법은 예제를 포함한 문서·도움말 제공	2
	6.3	문서의 한 절(혹은 장)을 접근성 있는 콘텐츠 작성을 장려하는 모든 기능을 설명하는 데 할애해야 함	3
7. 장애를 지닌 웹 저자도 저작도구 사용이 가능	7.1	모든 적용 가능한 운영체계와 접근성 표준 및 관행을 사용	1, 2, 3
	7.2	편집 가능한 문서 보기 모드에서 문서의 마크업에 영향을 주지 않은 채로 표현 방법을 바꾸는 것을 허용	1
	7.3	저자가 요소와 내용물의 모든 특성을 접근성 있는 방법으로 변경·편집하도록 허용	1
	7.4	편집 가능한 문서 보기 모드에서 접근성 있는 방법으로 문서의 구조에 의거한 탐색이 가능해야 함	1
	7.5	문서의 구조를 접근성 있는 방법으로 편집이 가능	2
	7.6	편집 가능한 문서보기 모드에서 검색이 가능	2

3.5 웹접근성의 이러닝 적용

웹접근성 지침을 이러닝에 적용하기 위해서는 이러닝 사이트가 구현된 후에, 웹 콘텐츠 접근성 지침(WCAG) 중에서 자동으로 평가가 가능한 영역에 대하여 자동으로 평가할 수 있는 도구들을 이용하여 수준을 검사할 수 있다. [그림 11-10]은 웹접근성 표준 2.0 지침을 보여 준다.

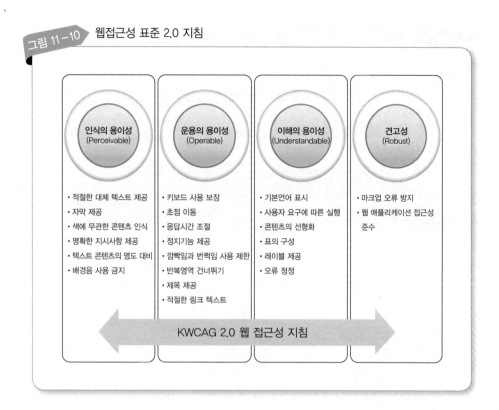

그림 11-10 웹접근성 표준 2.0 지침

인식의 용이성
(Perceivable)

- 적절한 대체 텍스트 제공
- 자막 제공
- 색에 무관한 콘텐츠 인식
- 명확한 지시사항 제공
- 텍스트 콘텐츠의 명도 대비
- 배경음 사용 금지

운용의 용이성
(Operable)

- 키보드 사용 보장
- 초점 이동
- 응답시간 조절
- 정지기능 제공
- 깜빡임과 번쩍임 사용 제한
- 반복영역 건너뛰기
- 제목 제공
- 적절한 링크 텍스트

이해의 용이성
(Understandable)

- 기본언어 표시
- 사용자 요구에 따른 실행
- 콘텐츠의 선형화
- 표의 구성
- 레이블 제공
- 오류 정정

견고성
(Robust)

- 마크업 오류 방지
- 웹 애플리케이션 접근성 준수

KWCAG 2.0 웹 접근성 지침

1) K-WAH 4.0

K-WAH 4.0은 KADO-WAH가 발전한 것으로 웹사이트 접근성을 증진시키기 위해 설계된 소프트웨어 프로그램이다. 웹페이지의 접근성 준수 여부를 평가하고 접근성의 오류들을 바로잡아 주는 수정 과정을 통해서 웹 개발자와 콘텐츠 제작자들에게 장애인들이 웹페이지 접근이 용이한 웹사이트를 만들 수 있도록 점검을 지원한다([그림 11-11] 참조).

국제표준을 근간으로 하여 우리나라 실정에 맞게 수정하여 사용하고 있는 K-WAH는 사용자가 지정한 수만큼의 로컬 및 온라인상 HTML 파일을 한 번에 평가한다. 또한 접근성 오류 부분을 소스코드 내에서 정확히 찾아 주고 평가 결과를 통계를 곁들인 보고서로 제공한다. 웹접근성 지침 22개 항목 중 수동 평가가 필요한 지침은 제외하고 기본적으로 준수되어야 하는 대체 텍스트 제공, 제목 제공, 기본언어 명시, 사용자 요구에 따른 새창 열기, 레이블 제공, 마크업 오류

그림 11-11 웹접근성 자동 평가 도구(K-WAH) 2004~2014

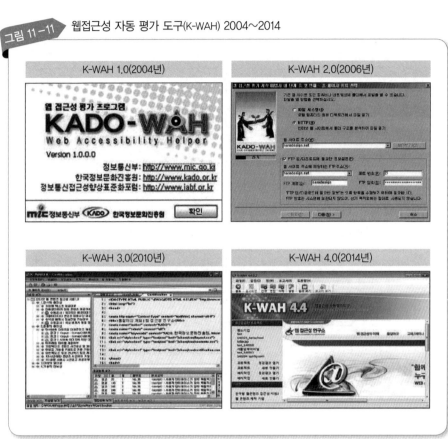

출처: 한국정보화진흥원, 2013.

〈표 11-9〉 K-WAH 4.0 평가 항목과 해당 지침

NO	평가 항목	지침
1	대체 텍스트 제공	인식의 용이성
2	제목 제공	운용의 용이성
3	기본언어 명시	이해의 용이성
4	사용자 요구에 따른 새창 열기	
5	레이블 제공	
6	마크업 오류 방지	견고성

방지를 포함한 K-WAH 4.0 평가 항목과 해당 지침은 〈표 11-9〉와 같다.

2) OpenWAX

OpenWAX(Open Web Accessibility eXtension)는 웹페이지의 접근성 진단을 쉽게 할 수 있도록 제작된 도구이다. OpenWAX는 파이어폭스, 구글, 크롬의 확장 기능 형태와 북마클릿(즐겨찾기 형식의 애플리케이션) 형태로 제공되며, WAX Score는 OpenWAX가 제공하는 접근성 점수이다. WAX Score는 기계적으로 검사할 수 있는 접근성 관련 항목들을 100점 만점으로 수치화하여 제공한다. OpenWax는 실제로 서버에서 구동되는 사이트에 대해서만 웹접근성 체크가 가

〈표 11-10〉 OpenWAX 검사 항목

항목	점수	설명
대체 텍스트	30	전체 이미지 대비 대체 텍스트가 제공된 이미지를 10점 만점으로 환산, 이미지가 사용되지 않았다면 30점
키보드 포커스	10	Onfocus 이벤트에 blur() 함수를 실행하여 키보드 포커스를 없애는 경우, CSS의 outline 속성이 0으로 설정된 경우가 있으면 0점, 그런 경우가 없으면 10점
프레임 제목	10	페이지에 프레임이 제공되었다면 프레임에 제목(title 속성)이 제공된 비율을 10점 만점으로 환산, 프레임이 제공되지 않았다면 10점
링크 텍스트	10	전체 링크 대비 링크 텍스트가 제공된 링크를 10점 만점으로 환산, 링크가 사용되지 않았다면 10점
기본 언어	10	페이지에 기본 언어가 명시되었는지를 점수로 환산, 프레임을 포함하여 검사하는 경우 기본 언어가 명시된 비율로 점수가 계산됨
의도하지 않은 실행	10	Onclick 이벤트에 Window.open이 포함된 경우 새창 알림(title 속성, target="_blank")이 제공된 비율을 10점 만점으로 환산, window.open이 포함된 onclick 이벤트가 없다면 10점
레이블	20	전체 폼 서식 대비 레이블이 제공된 폼 서식의 비율을 20점 만점으로 환산, 폼 서식이 사용되지 않았다면 20점
소계	100	

능하며, 한국형 웹접근성 콘텐츠 지침 2.0에 따라 웹접근성 준수 여부를 검사한다(〈표 11-10〉 참조).

3) AChecker

캐나다 토론토 대학 ATRC 연구소와 미국 위스콘신 대학 Trace Center가 공동으로 제작한 A-Prompt 평가 도구의 2세대 프로그램이다. PHP로 제작한 오픈소스 프로그램이기 때문에 소스를 다운로드 받아서 자신의 홈페이지에 설치하는 것도 가능하며, AChecker 웹사이트에서 별도의 프로그램 설치 없이 웹사이트의 평가도 가능하다. 〈표 11-11〉은 웹 호환성과 관련된 평가 항목을 보여 준다.

〈표 11-11〉 웹 호환성 평가 항목

구분	진단지표	체크리스트	진단방법
1. 웹표준 문법 준수	1-1 표준 (X)HTML 문법 준수 여부	W3C Markup Validator 검사 시 오류가 발생하지 않아야 한다.	W3C Markup Validator
	1-2 표준 CSS 문법 준수 여부	W3C CSS Validator 검사 시 오류가 발생하지 않아야 한다.	W3C CSS Validator
2. 웹호환성 확보	2-1 동작 호환성 확보 여부	8종 이상의 브라우저에서 자바스크립트(Javascript)가 의도한 기능이 오류 없이 정상적으로 동작되어야 한다.	브라우저 부가기능 크로스브라우징 테스트
	2-2 레이아웃 호환성 확보 여부	8종 이상의 브라우저에서 동일한 레이아웃(위치, 여백)에서 콘텐츠가 정상적으로 제공되어야 한다.	크로스브라우징 테스트
	2-3 플러그인 호환성 확보 여부	8종 이상의 브라우저에서 멀티미디어 콘텐츠 표시 플러그인 및 파일 송수신 플러그인 등이 정상적으로 동작되어야 한다.	플러그인 동작 테스트/크로스브라우징 테스트

제 12 장

12

역량과 성과관리

1.1 역량의 구조

스펜서와 스펜서(Spencer & Spencer, 1993)는 역량(competence)을 개인의 내적 특성으로 다양한 상황에서도 장시간 지속되는 행동 및 사고방식으로 정의하였

〈표 12-1〉 내적 특성

동기 (motives)	어떤 행동을 하도록 하는 가장 근본적인 요인이며, 목표를 향해 방향을 제시하도록 유도함
특성 (traits)	신체적인 특성, 상황, 또는 정보에 대해 일관성 있는 반응을 하도록 함
자기개념 (self-concept)	태도, 가치관, 자기상을 의미함
지식 (knowledge)	특정 분야에 대한 정보를 의미함
기술(skill)	특정한 과제를 수행할 수 있는 능력을 의미함

그림 12-1 역량의 구조 (1)

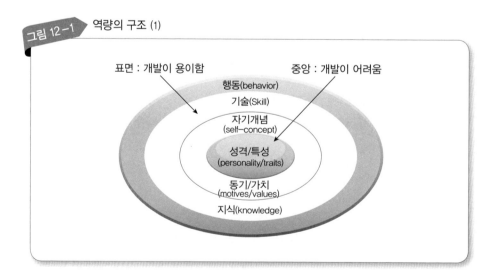

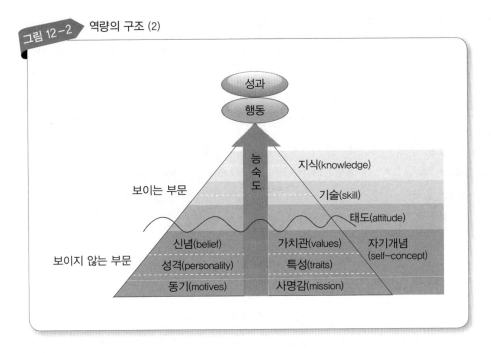

그림 12-2 역량의 구조 (2)

- 성과
- 행동
- 능숙도
- 지식(knowledge)
- 기술(skill)
- 태도(attitude)
- 보이는 부문
- 신념(belief)
- 가치관(values)
- 자기개념(self-concept)
- 보이지 않는 부문
- 성격(personality)
- 특성(traits)
- 동기(motives)
- 사명감(mission)

다. 여기서 내적 특성은 다섯 가지로 정의할 수 있는데 그 내용은 〈표 12-1〉과 같으며, [그림 12-1]과 [그림 12-2]는 역량의 구조를 보여 준다.

1.2 역량 모형의 발전과 특성

1) 역량의 발전

1970년대에는 매클렐랜드(McClelland, 1973)가 논문 「지능이 아닌 능력에 의한 테스트(Testing for competence rather than for intelligence)」를 발표하면서 전통적 학업 적성 검사 혹은 성취도 검사의 문제점을 지적하였으며, 이를 기반으로 미국 Foreign Service Information Service 요원을 선발하는 데 기준 샘플(criterion sample), 행동사건 면접(BEI: Behavioral Event Interview) 기법 등이 사용되었다. 1980년대 초에는 민츠버그(Mintzberg, 1973)의 『관리 업무의 본질(*The Nature of Managerial Work*)』을 옹호하는 여러 연구들과 보이애치스(Boyatzis, 1982)의 『유능한 관리

자: 효과적인 수행을 위한 모델(*The Competent Manager: A Model for Effective Performance*)』이 발표되면서 역량에 대한 이론적이고 실제적인 관심이 대두되었다. 1990년대에는 스펜서와 스펜서(1993)가 『업무에의 유능함: 우수한 성과를 위한 모델(*Competency at Work: Models for Superior Performance*)』을 발표하면서 286개의 역량 모형을 제시했으며 공통적인 역량을 추출하는 연구에 기여하였다. 같은 해 드보이(Dubois, 1993)는 『역량 기반 성과 개선: 조직 변화를 위한 전략(*Competency-Based Performance Improvement: A Strategy for Organizational Change*)』을 발표하여 역량 추출 방법 및 인적 자원(HR)에의 적용 방법을 제시하여 관심을 받았다.

2) 역량의 특성

역량의 특성을 구체적으로 살펴보면 다음과 같다.

첫째, 업무의 구체적인 수행 과정에서 나타나는 구체적인 행동으로서 고성과를 얻기 위한 행동을 뒷받침하고 있는 것이 지식과 기술이며, 역량은 그 사람의 의욕과 근본적인 사고방식이 가미되어 발휘된 구체적인 행동을 의미한다.

둘째, 조직의 변화를 지원하는 특성이다. 역량은 경영환경 변화에 따라 새롭게 필요한 역량은 규명하고, 중요성이 감소되는 능력은 파악하여 배제시킨다.

셋째, 상황 대응적인 특성으로서 개인의 역량은 두 가지 요인에 따라 달라지는데 조직이 제시하는 업적 기준과 직무 수행 환경이 그것이다.

넷째, 성과에 초점을 맞추는 특성이다. 직무 분석이 일의 절차나 단계, 구성요소를 분석하는 데 초점을 둔다면, 핵심역량은 비즈니스 성과 증대에 초점을 두게 된다.

다섯째, 개발이 가능한 특징이 있다. 교육, 코칭, 도전적 직무 부여, 높은 목표 설정, 피드백 등에 의해 역량은 개발과 학습이 가능하다는 것이며, 개발방법인 교육훈련에만 국한된 것은 아니다.

여섯째, 관찰과 측정이 가능한 특징이다. 역량은 행위 중심으로 기술되기 때문에 관찰이 가능하고 평가하여 피드백을 제공할 수 있다는 것이다.

회사나 조직에서 역량을 말할 때 핵심 역량(core competency)은 자사가 지니고

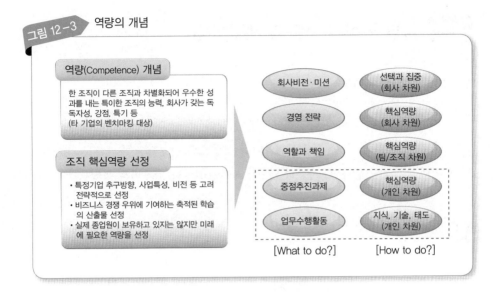

그림 12-3 역량의 개념

역량(Competence) 개념

한 조직이 다른 조직과 차별화되어 우수한 성과를 내는 특이한 조직의 능력, 회사가 갖는 독독자성, 강점, 특기 등
(타 기업의 벤치마킹 대상)

조직 핵심역량 선정

• 특정기업 추구방향, 사업특성, 비전 등 고려 전략적으로 선정
• 비즈니스 경쟁 우위에 기여하는 축적된 학습의 산출물 선정
• 실제 종업원이 보유하고 있지는 않지만 미래에 필요한 역량을 선정

회사비전·미션 — 선택과 집중 (회사 차원)
경영 전략 — 핵심역량 (회사 차원)
역할과 책임 — 핵심역량 (팀/조직 차원)
중점추진과제 — 핵심역량 (개인 차원)
업무수행활동 — 지식, 기술, 태도 (개인 차원)

[What to do?]　　[How to do?]

있는 고유하고 독자적이며 궁극적인 능력을 뜻하며, 조직 역량(거시적 관점)과 개인 역량(미시적 관점)으로 나누어진다. 조직 역량은 타 기업과 차별적이고 쉽게 모방되지 않으며 기업 내부에 뿌리 깊게 내재되어 있는 근본적인 경쟁우위 요소를 말하며, 기술, 시스템, 문화 등이 이에 속한다. 개인역량은 특정 직무 수행에서 높은 성과를 달성하는 데 직접적으로 관련 있는 요소를 말하며, 개인의 지식, 스킬, 태도, 가치 등이 이에 속한다([그림 12-3] 참조).

역량 모형(competency model)이란 조직의 성과를 극대화하는 데 필요한 지식, 기술, 태도 및 지적 전략을 포함하는 역량을 기술해 놓은 것(McLagan, 1996)으로 정의할 수 있으며, 역량 모형화(competency modeling)는 조직 목적 달성을 위해 특정 직무 또는 직무군에 결정적인 영향을 주는 역량을 체계적으로 결정하는 과정, 조직의 목적 달성에 필요한 조직 구성원의 기술, 역량 및 행동을 정의하는 과정, 특정한 직무나 역할을 수행하는 데 요구되는 핵심능력을 규명하는 의사결정 도구를 포함한다.

1.3 역량 모형의 구분과 개발방법

1) 역량 모형의 구분

역량은 구분 방법에 따라 다양하게 나누어진다. 개인 역량은 기본적으로 [그림 12-4]와 같이 공통 역량, 직무 역량, 리더십 역량으로 나누어질 수 있다. 기능적·일반적 역량으로 구분하면, 기능적 역량(functional competency)은 특정 직무에 요

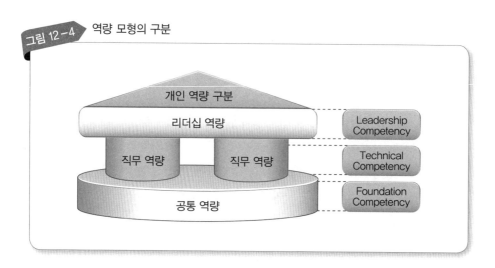

그림 12-4 역량 모형의 구분

〈표 12-2〉 역량 모형의 구분

		스펜서 & 스펜서 (Spencer & Spencer, 1993)	라도, 보이드 & 라이트 (Lado, Boyd, & Wright, 1996)
수준	기본적	Threshold competencies	Core competencies
	차별적	Differentiating competencies	Distinctive competencies
특성	조직	Org competencies	Core competence/capabilities
	기본	Foundation competencies	Core/basic competencies
	직무	Job competencies	Technical competencies
	역할	Role competencies	Leadership/Managerial competencies
	개인	Personal competencies	Personal skill

구되는 특유의 역량을 의미한다. 예를 들어, 영업관리자의 경우 시장 및 고객 세분화, 영업전략 개발 등이 기능적 역량에 포함된다. 일반적 역량(general competency)은 여러 직무에 공통적으로 적용되는 범용적인 역량으로 문제해결, 계획 수립, 전략적 사고, 협상, 프로젝트 관리 등을 예로 들 수 있다.

차별적 · 기본적 역량으로 구분하는 경우, 차별적 역량(differentiate competency)은 보통의 성과수행자와 탁월한 성과수행자를 구분해 주는 역량으로 탁월한 성과를 내는 사람에게서 일관되게 발견되는 핵심적 행동 특성을 의미하며, 기본적 역량(basic competency)은 보통 수준의 성과수행자와 탁월한 성과수행자의 차이가 없이 특정한 직무에서의 성과 창출에 당연히 필요한 기본적인 능력으로 누구나 갖추어야 하는 역량을 의미한다.

역량 모형은 그 목적에 따라 개발과 활용의 범위를 다양하게 적용할 수 있다. 스펜서 & 스펜서의 역량 모형 개발 접근법은 ① 준거 집단을 이용한 고전적 방법, ② 전문가 패널을 이용한 단축형 방법, ③ 미래형 직무 혹은 1인 직무에 대한 방법이 있다. 미래형 직무 혹은 1인 직무에 대한 방법은 인원이 적은 경우에 유리하다(〈표 12-2〉, [그림 12-5] 참조).

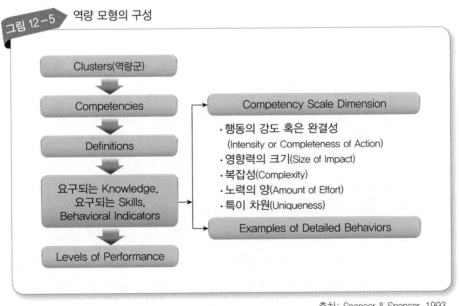

그림 12-5 역량 모형의 구성

출처: Spencer & Spencer, 1993.

2) 역량 모형의 개발방법

(1) 준거 집단을 이용한 고전적 방법

1단계는 수행 효과성의 준거 정의로, 효과적인 업무 수행을 정의할 수 있는 기준이나 척도를 규명한다. 예를 들어, 판매고, 수익, 논문 실적, 사고율 등이다.

2단계는 준거 집단 선정으로, 우수자 집단과 평균 집단을 선정한다. 우수자는 상급자, 동료, 부하 직원 모두에게 신망과 높은 평판을 얻어야 한다.

3단계는 자료 수집 단계로서, 행동사건 면접법, 전문가 패널, 설문조사, 직접 관찰 등의 방법을 선택한다.

4단계는 자료 분석과 역량 모형 개발 단계로서, 모든 경로를 통해 얻어진 자료를 분석하여 우수자 집단과 평균 집단을 구분하는 성격적 특성과 역량을 규명한다.

5단계는 역량 모형의 타당성 검증 단계로서, 역량 모형을 적용하여 사람을 선발하거나 훈련한 후, 미래에 실제로 이들이 우수한 직무 성과를 낳는가를 검토하는 방법이다.

6단계는 검증된 모형을 적용하기 위한 준비 단계로서, 타당성이 입증된 역량 모형을 여러 가지 용도로 활용하는 단계이다.

(2) 전문가 패널을 이용한 단축형 방법

1단계는 전문가 패널 소집 단계로서, 직무에 정통한 전문가, 관리자, 혹은 해당 직무의 우수자 그룹을 소집하고, 직무의 핵심 책임(key accountabilities), 핵심 성과, 직무 수행에 필요한 역량을 규명하고 역량 요건에 대한 설문을 실시한다.

2단계는 행동사건 면접법(BEI) 실시 단계로, 보통 선택 사항 단계로서 상황이 허락하면 소수의 우수자를 선정하여 면접을 실시하는 단계이다.

3단계는 자료 분석과 역량 모형을 개발하는 단계로서, 평균자와 우수자를 구분하고, 적절하게 직무를 수행하는 직원들이 나타내는 행동 양식과 성격적 특성을 규명한다.

4단계는 모형의 타당성 검증 단계로서, 규명된 역량을 적용하여 우수자와 평균자의 표본을 평가했을 때 우수자가 평균자보다 높은 점수를 받는지를 확인하여 역량 모형의 타당성을 신속히 검증하는 단계이다.

(3) 미래형 직무 혹은 1인 직무에 대한 방법

1단계는 현존 유사 직무를 활용하는 단계로서, 미래 직무 역량 요소를 규명하는 최선의 방법이다. 현존하는 유사한 직무에서 우수자 표본을 연구하고, 미래의 특정 시점에서 어느 정도의 인원이 해당 직무에 종사할 것인지와 해당 역량을 필요로 하게 될 것인지를 추정하는 단계이다.

2단계는 기존 직무 요소와 역량의 상관관계를 추정하는 단계로서, 미래 직무의 요소나 책임 사항 중에서 과거의 연구에서 이미 규명된 역량을 요건으로 하는 경우가 있으므로 이를 취합하여 미래 직무의 역량 모형을 구축한다.

3단계는 전문가 패널에 의한 추정으로서, 미래 직무를 전문가 패널을 통해 분석하는 일은 단축형 역량 모형 형성 과정에서 사용되는 전문가 패널 방법과 유사하게 실시한다.

1.4 역량 모형의 자료수집 방법

1) 행동사건 면접법

플래너건(J. C. Flanagan)의 중대사건 면접법(CII: Critical Incident Interview)에서 파생한 것으로, 중대사건 면접법은 해당 직무에 종사하면서 경험했던 중대한 사건에 대해 묻고 대답하는 형식으로 이루어진다. 행동사건 면접법은 중대사건 면접법보다 진일보한 방법으로 주제 통각 검사(TAT: Thematic Apperception Test)를 포함한다. 주로 성취동기, 논리적 사고력, 문제해결 등과 같은 역량을 측정한다. 장점은 심층적인 정보를 얻을 수 있고, 역량이 표출되는 양식을 구체적으로 규명할 수 있는 것이며, 단점은 시간, 비용, 전문성이 필요하므로 많은 직무를 분석하는 데 실용성이 떨어진다는 것이다.

2) 전문가 패널

전문가들에게 적정 수준(최소한의 허용 가능 수준 혹은 한계) 및 우수한 수준의 직무 수행에 필요한 특성을 생각해 내도록 하고, 특정 직무의 관리자나 우수자 그룹 또는 해당 직무에 정통한 외부의 전문가를 초빙할 수 있다. 성공적인 직무 수행을 위해 필요한 특성들을 중요도 순으로 순서를 매긴다. 장점은 방대한 양의 자료를 짧은 시간에 효율적으로 수집할 수 있는 것이고, 단점은 그릇된 통념 등이 반영되기도 하고 핵심적인 역량 요소의 누락 가능성이 있다는 것이다.

3) 설문 조사

효과적인 직무 수행을 위해 각각의 역량 요소(역량, 행동지표)가 얼마나 중요하며, 얼마나 자주 요구되는가 등을 전문가 패널이나 구성원이 평가하는 방법이다. 직무별로 담당자의 행동 특성을 규명해야 하고, 과업에 초점을 두어서는 안 된다. 항목 수는 100개 이하로 간결하게 표현해야 하고, 응답자는 해당 직무의 상급 관리자나 우수자 그룹, 해당 직무에 정통한 외부의 전문가로 해야 한다. 장점은 신속하고 저렴한 비용으로 자료수집이 가능하다는 것이고, 단점은 설문 개발 시 고려하지 않은 역량이 누락될 가능성이 있다는 것이다.

4) 직접 관찰

직무를 수행하는 모습을 직접 관찰하고, 개별 직무 행동에 코드를 부여하여 역량 분석에 활용하는 방법이다. 장점은 패널이나 설문조사, BEI 자료들을 근거로 형성한 가설을 직접 확인하고 규명하는 데 유용하다는 것이고, 단점은 비용이 많이 들어 비효율적이라는 것이다.

2 이러닝 비용 효과 분석

2.1 교육의 투자수익률 분석

일반적으로 투자 대비 효과를 분석하기 위해서는 투자수익률(ROI: Return On Investment) 분석을 한다. 교육에서는 이 개념을 교육의 투자수익률(ROE: Return On Education)로 개념화하고 있다. 그러나 교육에 투자한 것을 영업이익으로 계산하는 것은 쉬운 작업이 아니다. 예를 들어, 안전교육을 시행하지 않았을 경우의 사고율과 그에 따른 손실 계산이 비교적 쉽기 때문이다. 그러나 경영학 또는 직무교육을 한 후 이에 대한 수익률 계산이란 매우 곤란한 작업일 것이다.

따라서 사례가 거의 없는 실정이다. 뒤에서 해외 사례를 소개하겠지만 먼저 국내에서 연구 수행한 결과를 소개하고자 한다.

2004년 한국직업능력개발원의 사업으로 이러닝 전문회사가 연구한 기업에서 이러닝을 통해 비용 효용이 얼마나 일어났는지를 실험한 결과이다. 이는 비교적 과학적이고 논리적인 방법을 선택하였지만 항목의 객관성 확보에 미흡한 점을 남겼다. 그러나 기업의 이러닝 성과측정 모형을 제시했다는 점에서 높이 평가할 수 있다.

1) 기본 모형

ROHI(Return on HRD Investment) 기본 모형은 [그림 12-6]에서 보듯이 매출 증가, 비용 감소, 미래가치 창출의 함수로 이루어진 순편익을 학습, 운영, 전략, 기회비용으로 구성된 총 비용 항목으로 나누어 100을 곱하는 형태를 지닌다.

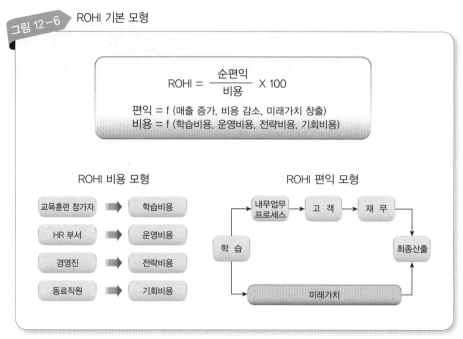

그림 12-6 ROHI 기본 모형

$$ROHI = \frac{\text{순편익}}{\text{비용}} \times 100$$

편익 = f (매출 증가, 비용 감소, 미래가치 창출)
비용 = f (학습비용, 운영비용, 전략비용, 기회비용)

ROHI 비용 모형

교육훈련 참가자 → 학습비용
HR 부서 → 운영비용
경영진 → 전략비용
동료직원 → 기회비용

ROHI 편익 모형

학 습 → 내무업무 프로세스 → 고 객 → 재 무 → 최종산출
학 습 → 미래가치 → 최종산출

출처: 한국직업능력개발원, 2004.

2) ROHI 비용 모형

ROHI의 비용 모형은 이해관계자 집단을 세분화하여 학습비용 및 운영비용뿐만 아니라 추가적으로 전략비용과 기회비용이라는 보이지 않는 비용을 측정함으로써 보다 정확한 비용 산출이 가능하다.

학습비용은 학습자가 교육훈련을 통해 자신의 지식 기술을 개발하고 자질을 변화시키는 데 사용하는 비용이며, 운영비용은 교육프로그램을 설계, 개발 운영, 평가하는 데 사용하는 비용으로 기업에서 지불하는 비용이다. 전략비용은 인적자원, 조직개발과 관련하여 전략을 세우고 이를 실행하는 데 드는 비용이며, 기회비용은 학습자가 교육에 참여하는 동안 업무 공백을 메우기 위해 소요되는 비용이다. 각 이해관계자별 소요 비용은 [그림 12-7]과 같다.

기존의 모형에서는 참가자와 회사의 교육훈련 비용만 주로 고려되었기 때문에 ROI 결과가 과장될 우려가 있었으나 ROHI 모형에서는 경영진과 동료직원의 요소를 포함하고 가능한 모든 비용이 포함되었다. 비용 모형의 네 가지 비용 항목에 포함되는 구체적 지출 내역은 [그림 12-8]과 같다.

　이러한 비용들은 기업의 입장에서만 산정한다. 즉, 기업이 부담하는 비용만을 측정하며 개인학습자가 학습을 위해 별도로 비용 부담을 할 경우는 포함하지 않는다.

　개별 교육프로그램의 학습 결과를 세분화하여 이를 전체 조직의 핵심성과지표(KPI: Key Performance Indicator)와 연결함으로써 개인 차원의 학습 결과뿐만 아니라 조직 차원의 학습결과를 도출할 수 있다([그림 12-9] 참조).

그림 12-7 ROHI 비용 모형

출처: 한국직업능력개발원, 2004.

그림 12-8 비용 항목별 지출 내역

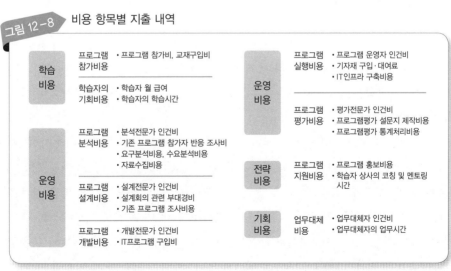

출처: 한국직업능력개발원, 2004.

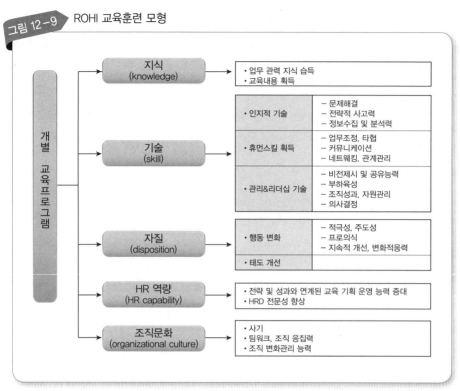

그림 12-9 ROHI 교육훈련 모형

개별 교육프로그램

지식 (knowledge)
- 업무 관련 지식 습득
- 교육내용 획득

기술 (skill)
- 인지적 기술
  - 문제해결
  - 전략적 사고력
  - 정보수집 및 분석력
- 휴먼스킬 획득
  - 업무조정, 타협
  - 커뮤니케이션
  - 네트웨킹, 관계관리
- 관리&리더십 기술
  - 비전제시 및 공유능력
  - 부하육성
  - 조직성과, 자원관리
  - 의사결정

자질 (disposition)
- 행동 변화
  - 적극성, 주도성
  - 프로의식
  - 지속적 개선, 변화적응력
- 태도 개선

HR 역량 (HR capability)
- 전략 및 성과와 연계된 교육 기획 운영 능력 증대
- HRD 전문성 향상

조직문화 (organizational culture)
- 사기
- 팀워크, 조직 응집력
- 조직 변화관리 능력

출처: 한국직업능력개발원, 2004.

3) ROHI 편익 모형

ROHI의 편익 모형은 기존의 균형성과 평가제도(BSC: Balanced Score Card)를 이용한 ROI 기반 모형들을 보다 효과적으로 재구성하고 추가적으로 미래가치라는 새로운 개념을 도입하여 최종 교육 효과를 산출하는 방식으로 구성되어 있다([그림 12-10] 참조).

학습은 교육프로그램을 통한 개인 및 조직 수준의 학습 결과를 의미하며 ① 지식, 기술, 자질 등의 개인수준의 학습결과와, ② HR(Human Resource) 역량, HR 효과성 등의 HR 학습 결과, ③ 학습 인원, 조직응집력 등의 조직 수준의 학습 결과로 구성된다. 내부 업무 프로세스는 학습의 결과로 인해 내부 업무 프로세스의 질이 향상되는 것을 의미하며, 고객과 관계된 대외 업무 프로세스와 업무처리의 효율성 및 수월성과 연관된 대내 업무 프로세스가 있다. 고객은 고객 관계의 질적 향상(고객 충성도)과 양적 증가(시장 점유율)를 의미한다. 재무는 내부 프로세스 향상과 고객 관계의 질적·양적 향상으로 인한 재무적 성과를 뜻하며, 매출 증가(고객 관계 향상으로 판매량 증가)와 비용감소(내부 운영 수월성으로 손실 감소)가 이에 해당한다.

미래가치는 조직 구성원의 근원적인 잠재력과 미래가치를 형성하는 원동력으로서, 조직 구성원 각자에게 체화되는 인적 자본과 조직의 비전 전략 문화 등의

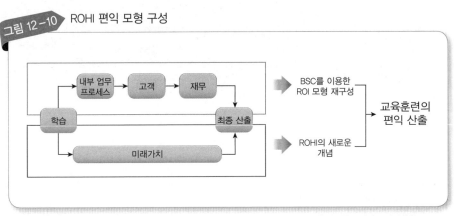

그림 12-10 ROHI 편익 모형 구성

출처: 한국직업능력개발원, 2004.

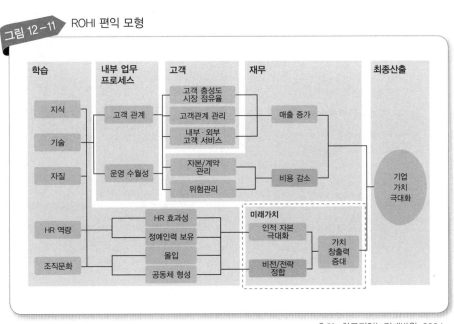

그림 12-11 ROHI 편익 모형

출처: 한국직업능력개발원, 2004.

그림 12-12 ROHI 편익 모형: BSC 기반(예시)

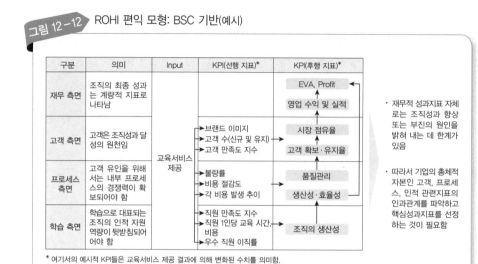

구분	의미	Input	KPI(선행 지표)*	KPI(후행 지표)*
재무 측면	조직의 최종 성과는 계량적 지표로 나타남	교육서비스 제공		EVA, Profit 영업 수익 및 실적
고객 측면	고객은 조직성과 달성의 원천임		브랜드 이미지 고객 수(신규 및 유지) 고객 만족도 지수	시장 점유율 고객 확보·유지율
프로세스 측면	고객 유인을 위해서는 내부 프로세스의 경쟁력이 확보되어야 함		불량률 비용 절감도 각 비용 발생 추이	품질관리 생산성·효율성
학습 측면	학습으로 대표되는 조직의 인적 자원 역량이 뒷받침되어야 함		직원 만족도 지수 직원 1인당 교육 시간, 비용 우수 직원 이직률	조직의 생산성

・ 재무적 성과지표 자체로는 조직성과 향상 또는 부진의 원인을 밝혀 내는 데 한계가 있음

・ 따라서 기업의 총체적 자본인 고객, 프로세스, 인적 관련지표의 인과관계를 파악하고 핵심성과지표를 선정하는 것이 필요함

* 여기서의 예시적 KPI들은 교육서비스 제공 결과에 의해 변화된 수치를 의미함.

출처: 한국직업능력개발원, 2004.

그림 12-13 ROHI 편익 모형: 미래가치

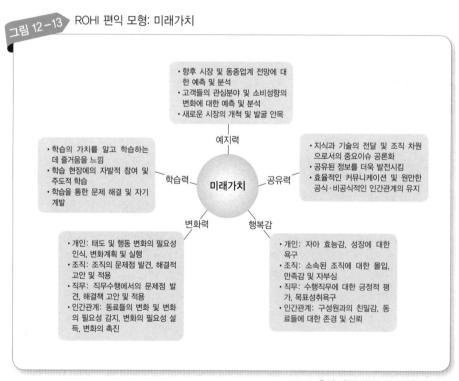

출처: 한국직업능력개발원, 2004.

구조적 자본으로 이루어진다([그림 12-11] 참조).

앞에서 언급하였듯이 ROHI 편익 모형은 학습, 내부 업무 프로세스, 고객 및 재무 측면에서의 기존 ROI 방식의 접근과 미래가치라는 새로운 개념을 측정하는 접근, 두 가지 접근 방향의 조합을 통해 도출된다. 우선 전자의 경우 도출된 성과지표들을 BSC상에서 KPI에 미치게 되는 인과 관계를 분석·제시하여 ROHI 관점의 교육 효과 분석을 위한 기초를 수립한다([그림 12-12] 참조).

ROHI 편익 모형의 미래가치는 예지력, 학습력, 변화력, 행복감 및 공유력의 다섯 가지 요소로 측정된다([그림 12-13] 참조).

2.2 이러닝의 효과 평가 사례

해외의 이러닝 효과에 대한 평가 사례는 많지는 않지만 아이비엠(IBM)이나 시스코(Cisco) 등 정보통신과 관련된 기업의 사례가 있다. 이 중 시스코의 사례를 살펴본다.

1) 평가의 효과 및 장점

(1) 평가 레벨

시스코 교육 조직은 사내외의 학습자에게 이러닝 과정을 제작, 저장, 전달 및 관리를 할 수 있는 능력을 길러 주는 시스템 및 사업과정을 수행하면서 네 가지 평가 레벨을 기준으로 이러닝의 영향과 효과를 다음과 같이 측정하고 있는데, 첫째, 학습자 만족도 평가, 둘째, 능력 테스트, 셋째, 업무 적용 평가, 넷째, 기업에 대한 영향 평가가 그것이다.

(2) 평가 자료의 활용

수집된 평가 데이터는 여러 가지로 활용될 수 있다. 우선 교육을 받은 인력과 그렇지 않은 인력 간의 업무성과 차이를 측정할 수 있고, 이러닝이 업무 성과에 미치는 영향을 보여 주는 양적·질적 데이터를 사용할 수 있으며, 여러 측정 활동을 최상의 업무 방식인 개방형 커뮤니케이션으로 대체하여 핵심적인 이러닝 표준을 이끌어 낸다.

(3) 평가의 장점

고객의 기술 수용 시간을 단축하여 효과적인 교육을 통해 수용주기를 단축시킬 수 있고, 첫 고객 선적에서 대량 선적까지의 주기를 단축시켜 그 결과 수익이 더욱 빠르게 증대할 수 있도록 영향을 주며, 세계적으로 시스코의 인증을 받은 전문가의 수를 증가시키고, 인증이 업무성과와 관련 있다는 것을 확실히 알 수 있기 때문에 새로운 능력에 따른 고용시간도 단축시킬 수 있다. 더욱이 영업력과 파트너 준비성 및 효과를 강화시켜 주며, 이러닝은 교육, 학습 및 조직의 업무 성과를 위한 기업의 최고 업무 방식이 될 것으로 여겨진다.

레벨 1에서 4까지의 평가는 서비스하고 있는 이러닝학습 과정에 대한 전사적인 평가를 수행하는 데 필요한 조치를 정의하고 있다. 여기에서는 다양한 시스템의 상호작용 방식, 보고되어야 할 데이터 필드, 평가를 수행하기 위해 추적되어야 할 측정 기준, 권장 조치를 기능적으로 전달하는 데 필요한 정보통신시스템 요건을 다룬다.

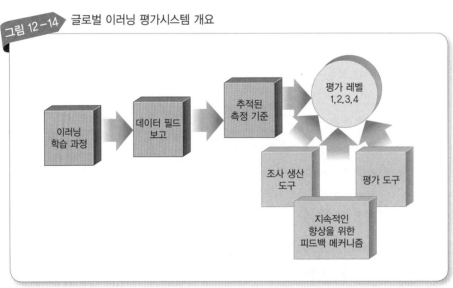

그림 12-14 글로벌 이러닝 평가시스템 개요

출처: 시스코, 2003.

(4) 성공 요소

이러닝학습 과정을 성공적으로 평가하기 위해서는 여러 가지 업무 프로세스 구성요소가 필요하며, 사용자 요건을 만족하는 도구 및 언급된 도구 교육에 대한 필요성을 특히 중요하게 다루고 있다([그림 12-14] 참조).

2) 데이터 필드 리포트

데이터 필드 리포트는 분석을 위해 조직된 활동 범위에 관한 사실 정보를 의미한다. 적절하고 정확한 데이터 필드 리포트는 궁극적으로 발생할 학습 과정을 평가하는 측정 기준 추적을 위한 기반이 된다. 이러닝학습 과정을 관리하는 시스템에서 리포트에 필요한 데이터 필드 기능은 다음과 같다.

(1) 학습자 프로파일

- 검색 추적(학습자가 검색할 경우 학습자가 찾고 있는 것)
- 각 학습 과정 및 학습자별 학습 전후 테스트 점수
- 각 학습 과정 및 학습자별 만족도 점수
- 각 학습 과정별 학습자 이름, 전자메일 주소, 사원 ID
- 학습자의 직무, 학습자가 현재 직무를 수행하는 시간
- 각 학습자별 지정 · 등록 · 완료 · 통과된 학습과정 일자
- 상태(등록, 대기자 명단, 적용 가능한 경우)
- 학습자 코딩에 사용되는 사이트 개인화 기본 정보(언어, 전달 방법, 위치)
- 도움말 추적 코딩(학습자가 도움을 요청하는 문제)
- 시스템 데이터 캡처
- URL(웹상에 위치하는 학습과정의 전체 경로 및 파일 이름)
- 학습 과정의 언어 선택, 각 학습 과정별 국가 및 지역
- 학습 과정 코드, 학습 과정 이름, 학습과정 약어, 학습과정 강사
- 각 학습과정별 수강료, 학습과정 책임 부서 번호, 학습과정 책임자
- 전달 조직, 전달 매체, 전달 유형(비동기식 또는 동기식)
- 동기식 학습 과정 일자, 비동기식 학습 과정의 가용 일자 범위

- 지정된 일자 범위 내의 학습자별 횟수, 금액
- 학습 과정 및 학습자별 로그인 횟수, 사용자 및 학습 과정별 연결 시간
- 학습 과정에 접근한 실제 일자 및 시간
- 학습자별 지정·등록·완료·통과된 교육학습 과정의 수

이러한 데이터 필드 목록은 이러닝학습 과정 관리시스템의 핵심 표준 요건이다. 이러닝학습 과정의 책임 조직은 전문적인 측정 기준을 리포트하기 위해 필요한 사항을 적절하게 추가할 수 있다.

(2) 측정 기준 추적

앞에서 언급한 데이터 필드 리포트를 통해 측정 기준을 추적할 수 있다. 이러닝학습 과정에 필요한 측정 기준 추적에는 만족도, 침투와 이용량, 효과, 관련성 및 비용이 포함된다. 달리 언급되지 않는 한 그룹 통계 추적을 위해 롤업(roll-up)할 수 있는 개별 사용자급 추적을 권장한다.

(3) 만족도

만족도에 필요한 항목은 다음과 같다.
- 개개의 학습 과정, 전달 유형 또는 전체 학습 과정
- 강사별 학습자 만족도 등급
- 각 학습자가 이용한 이러닝학습 과정의 수, 조직 전체가 사용한 총 학습 과정 수
- 지정·등록·완료·통과된 교육학습 과정의 수, 각 학습 과정 및 학습자별 로그인 횟수
- 이용 가능한 학습 과정에 대한 학습자의 전체 이용량
- 학기별 출석 기간, 개별 학습자의 월별 총 로그인 시간
- 학습 과정을 이용한 대상의 수, 이용된 전달 유형
- 학습자의 (커리큘럼) 로드맵 완료도, 각 학습자별 이용한 학습 과정의 비율
- 국가 및 지역별 지리 정보(적용 가능한 경우)
- 각 학습 과정별 한 직무 내에서 관리 보고와 관련된 업무를 담당하는 학습자의 수

(4) 효과

효과는 이해의 정도 및 소요 시간 항목으로 추산할 수 있으며, 다음의 항목들이 사용되었다.

- 학습 과정별 사전 테스트 및 사후 테스트 점수
- 학습 과정 이수에 필요한 시간
- 능력을 갖추는 데 필요한 시간
- 시간이 투자된 학습에 대해 학습자의 업무 책임 수행능력 변화

(5) 관련성

학습과 업무의 연관성을 위해 다음과 같은 항목이 사용되었다.

- 학습 과정의 직접 효과가 미치는 부분
- 학습 과정의 기능으로 보다 다양한 자료로부터의 정보 제공 여부
- 평생교육을 원하는 학습자의 접근 증가, 품질개선
- 추가적인 교육방법에 적합한가
- 주요 투자자의 기대를 충족한 데 대한 수익(ROE)

(6) 비용

효익을 분석하기 위해 비용으로서 다음과 같은 항목이 사용되었다.

- 장비 자본화, 서버 유지보수·수리
- 부서 관리비용
- 교육과정 개발자 시간(시스코 내부 및 외부 공급업체), 교육설계자 시간
- 생산비용
- 교육자 훈련비용, 전달 유형별 강사비용
- SME 비용, 전자메일 링크
- 기회 비용(고객이나 생산적인 작업 활동에 소비된 시간)
- 전달 유형별 교육 시간비용
- ASP(Application Service Provider) 지원
- 평가 비용
- 세계의 교육 대상을 위한 번역 서비스

데이터 필드 리포트와 마찬가지로 위의 측정기준 목록은 이러닝학습 과정의 핵심 표준 요건이다. 이러닝학습 과정의 책임 조직은 전문적인 측정 기준 리포트를 위해 필요한 사항을 적절하게 추가할 수 있다.

3) 이러닝 평가

(1) 평가 레벨

가) 레벨 1

레벨 1은 학습 과정에 대한 학습자의 만족 여부에 대한 반응 평가이다. 학습 과정에 대한 학습자 반응은 학습 과정을 평가하고 향후의 학습 과정을 향상시키기 위한 의견이나 제안을 파악할 수 있는 귀중한 데이터이다. 이러한 학습자 반응은 또한 이러닝 담당자들이 업무를 가장 효과적으로 수행할 수 있는 방안에 관하여 이러닝 담당자에게 피드백을 제공한다. 확보된 데이터는 또한 이러닝에 관심을 가지고 있는 매니저에게 제공될 수 있으며, 향후의 학습 과정을 위한 성과 표준을 확립하는 데 사용될 수 있다.

나) 레벨 2

레벨 2는 학습 과정으로 학습한 내용에 대한 능력 테스트이다. 학습 과정을 통해 습득한 지식, 변화된 태도 및 개발되거나 향상된 기술에 대한 정보를 학습평가를 통해서 얻어 낼 수 있다. 이러한 학습평가는 학습목표 중에서 한 가지 이상을 달성해야만 행동 변화를 기대할 수 있으므로 매우 중요하다.

(2) 평가 도구

평가 도구는 이러닝학습 과정 평가 항목의 작성, 전달, 관리 및 보고를 위한 데이터베이스 지향적 시스템의 기능을 수행한다. 따라서 이러한 목적을 달성하기 위해 사용되는 도구는 테스트 전달, 질문서 작성, 평가서 작성, ROI 기반 교육 및 유연한 보고 기능을 표준 특성으로 갖추어야 한다.

아울러 평가 도구는 인재 관리 데이터베이스 및 전사적 자원 계획(ERP: Enterprise Resource Planning) 데이터베이스와 인터페이스화되어야 한다. 이와 같은 도구가 갖추어야 할 평가 기능은 다음과 같다.

- 레벨 1 평가: 학습자 만족도
- 레벨 2 평가: 능력 테스트
- 레벨 3 평가: 업무 적용
- 추가기능: 학습자 학습과정 추적

(3) 지속적인 향상을 위한 피드백 메커니즘

이러닝학습 과정 이수 후 시스코의 공개 웹사이트로 링크된 피드백 메커니즘을 통해 학습자(또는 알파·베타 테스터)는 학습 과정에 대한 형성 또는 합산 평가서를 제출할 수 있다. 형성평가는 학습 과정이 알파 또는 베타 작성 단계에 있을 때에 향상이 가능하고, 합산평가는 평가 완료 후에 사용자별로 학습 과정의 가치나 장점을 측정한다.

이 활성 링크는 각각의 학습 과정의 끝에 나타나서 학습자(또는 알파·베타 테스터)가 사이트의 피드백 섹션으로 직접 이동해 코멘트를 입력할 수 있는 기회를 부여하도록 하는 것이 좋다. 또한 서면 형식의 피드백을 입력할 수 있도록 입력할 수 있는 텍스트 필드도 마련된다. 이러한 기능을 이용하면 실시간 피드백 정보를 데이터베이스에 수집할 수 있다. 그런 다음 이 정보는 다음의 기능 그룹별로 접근하게 된다.

- 학습 과정 내용 개발
- 웹 개발
- 생산
- 기술 정확성(예: 하드웨어 또는 소프트웨어별 정보 및 기술 절차 등)
- 기타(예: 전달 방법에 관한 문제)

참고문헌

- 강명희·강인애·송상호·조일현·임철일·최수진·허희옥, 『e-Learning 콘텐츠 설계』, 서현사, 1999.
- 강상규·류중경·박선영·송영수·윤태영·이만재·임재현·장은정·허원, 『2009 대학정보화 최신 동향 분석 자료집』, 한국교육학술정보원, 2009.
- 강인애·유승현·강연경, "학습성찰도구로서 e-포트폴리오 활성화를 위한 연구 : 경희대학교 사례를 중심으로", 한국콘텐츠학회논문지, 11(2), pp. 495~506, 2011.
- 교육과학기술부·한국교육학술정보원, 『2007 교육정보화백서』, 한국교육학술정보원, 2007.
- 국제e-비즈니스학회, 『방송통신 융합시대 디지털미디어의 포지셔닝 전략에 관한 연구: 최종보고서』, 한국전파진흥원, 2009.
- 권성연·나현미·임영택, 『e-learning 운영표준화 방안 연구』, 한국직업능력개발원, 2004.
- 김덕중·김연주, 『e-Learning 기획실무 스타일가이드』, 비비컴, 2002.
- 김동현·황재훈, "성공적인 엠러닝 구현을 위한 핵심 요인에 대한 연구", 연세대학교, 2005
- 김명숙, 『e-Learning 2.0 시대의 학습 미디어』, 북코리아, 2010.
- 김민영·한태인, "유아의 인성교육을 위한 안드로이드 기반 모바일러닝", 이러닝학회 추계학술대회, 2013.
- 김승해, 『글로벌 교육·연구 접속환경을 위한 스마트로밍(GSR) 서비스 모델개발 연구』, 한국과학기술정보연구원, 2013.
- 김영상, "IPTV 서비스의 미래와 가능성", 2005 디지털미디어 메가트랜드 발표자료집, 2005.
- 김용·손진곤·정영란·한태인, 『이러닝서비스 운영평가 및 결과관리』, 한국이러닝산업협회, 2012.
- 김은영·김정현·최예솔, "협동학습에서 소셜네트워크서비스(SNS)를 활용한 성찰 활동이 학습몰입, 학업적 자기효능감, 학업성취에 미치는 효과", 교육방법연구, 23(4), pp. 665~686, 2011.
- 김천식, "스마트러닝의 개념 및 방향", 통신연합, 2012.
- 김현철, 『스마트교육 콘텐츠 품질관리 및 교수학습 모형 개발 이슈』, 한국교육학술정보원, 2011.

- 나일주, 『웹기반 교육』, 교육과학사, 1999.
- 남창우, "웹기반 수업에서 학습자의 대인지능과 피드백 제시유형이 대인간 상호작용에 미치는 효과", 서울대학교 대학원 석사학위논문, 2001.
- 류지헌·조일현·허희옥·김정현·계보경·고범석, 『증강현실 기반 차세대 체험형 학습모형 연구』, 한국교육학술정보원, 2006.
- 박용환·김종영·최병관·이현희, 『배리어프리 디자인』, 기문당, 2008.
- 박종선, 『사이버 학습의 이해: 지식기반사회의 자기개발을 위한 학습전략』, 교육과학사, 2009.
- 박종선·김도헌·박홍균·임영택·정봉영, 『e-Learning 운영 표준화 방안 연구』, 한국직업능력개발원, 2003.
- 박치관·박준병·이준우, "사이버강의 참여자들의 상호작용이 교육효과에 미치는 영향 연구", 정보기술응용연구, 14(3), pp. 179~197, 2007.
- 산업자원부·한국U러닝연합회, 『2003 e-러닝 백서』, 2003.
- 서영석·조용상·신성욱·권영진·김관영·최미애, 『이러닝 표준화 로드맵 개발 연구』, 지식경제부 기술표준원, 2009.
- 소만섭, "외국어교육에서 학습포트폴리오 활용의 문제", 독어교육, 50(0), pp. 29~51, 2011.
- 손상영·김사혁·석봉기·김민규, 『디지털 컨버전스와 주요 멀티미디어 비즈니스 모델의 진화』, 정보통신정책연구원, 2009.
- 송상호, "e-Learning 플랫폼의 기능과 발전방향", 교육정보미디어연구, 10(3), pp. 151~182, 2004.
- 송재신·김유리·김정원·노정민·명창훈·문무상·백종명·변태준·서정희·신명호·이창훈·정광훈·정의석·정지윤·조용상·채보영·홍철기, 『최신 교육정보화론』, 교육과학사, 2011.
- 안부영·김규리·전승리·이종숙, "이공계 교등교육을 위한 SNS 활용방안 연구", 한국인터넷정보학회지, 13(3), pp. 70~76, 2012.
- 유인식, 『스마트러닝에서의 학습관리시스템(LMS) 현안 분석』, 한국교육학술정보원, 2012.
- 유인출, 『성공적인 e-Learning 비즈니스 전략』, 이비컴, 2001.
- 윤순혜, "SNS를 활용한 건강체력교실의 운영효과 및 영향요인 분석에 관한 연구: 중학교 3학년의 클래스팅 사용을 중심으로", 한양대학교 대학원 석사학위논문, 2013.
- 윤여순, "기업에서의 성공적인 가상교육 구현을 위한 정책적 전략: LG Cyber

Academy 사례를 중심으로", 기업교육연구, 2(1), pp. 93~117, 2000.

- 윤완철·이문용, "통합형 집단지성에 근거한 새로운 이러닝 시스템", Telecommunications Review, 2010.
- 이상태·권혁찬·김원식·김진호·박세진·박지현·백혜승·석현정·성은진·이용호·정상훈·환민철, 『감성기술 동향조사 및 콘텐츠 산업 접목방안 연구』, 문화체육관광부, 2009.
- 이수경·정란·오영훈·변숙영·이현우, 『원격훈련과정 교·강사의 활용 실태 분석 및 역할 제고 방안 연구』, 한국직업능력개발원, 2009.
- 이종연, "대학에서 SNS(Social Network Service)를 활용한 학습 커뮤니케이션 사례연구", 사회과학연구 25(1), pp. 93~123, 2012.
- 이주형, 『궁금해요 스마트러닝?: 스마트러닝의 모든 것』, 북랩, 2013.
- 이준·김지경·이윤옥·구양미·임진숙·정순원·이은환, 『청소년 SNS 활용 실태 분석 및 스마트교육 적용방안』, 교육부, 2012.
- 이지형·김효근, 『차세대 이러닝 기술 동향 및 개발 전략 연구』, 산업자원부, 2007.
- 이화여대대학교 교육공학과, 『21세기 교육방법 및 교육공학(개정판)』, 교육과학사, 2006.
- 임걸, "스마트 러닝 교수학습 설계모형 탐구", 컴퓨터교육학회논문지, 14(2), pp. 33~45, 2011.
- 임걸·강민석·신성욱, "SNS 활용 요소 개발 및 IPA 방법에 의한 SNS 교육적 활용 우선순위 규명", 교육공학연구, 28(4), pp. 925~952, 2012.
- 임정훈, "모바일 기반 스마트러닝: 개념 탐색과 대학교육에의 적용 가능성", 2011 한국교육정보미디어학회 춘계학술대회 발표자료집, 2011.
- 임정훈, "모바일 학습을 위한 교수설계전략", 한국U러닝연합회 제15회 이러닝 매치포인트 세미나 발표자료집, 2010.
- 임정훈, "혼합형 학습(blended learning) 전략의 초·중등학교 현장 적용 가능성 탐색", 교육학연구 42(2), 교육학연구, pp. 339~431, 2004.
- 임정훈·김경·한승연·고범석·류은영·김영애, 『IPTV의 교육적 활용방안 연구』, 한국교육학술정보원, 2009.
- 장명희·이병욱·유선주, 『기업 e-Learning 인력 연수 프로그램 개발 및 운영』, 한국직업능력개발원, 2004.
- 전자정보센터, 『웹2.0의 진화, 웹3.0과 기업전략』, 2007.
- 정기오·서정희·김용·김경미·이지현·윤세진·이준규·정미순·김종헌·박준홍·김기수·양명옥·임재강, 『미래교육을 위한 U-러닝 교수-학습 모델 개발』, 한국교

육학술정보원, 2005.

• 정명선, 『IT강국 코리아의 퀀텀점프를 이끌 플랫폼 전략』, 2011.

• 정성무·류진선·김선태·나현미·정영란·장은정·김종하, 『이러닝 품질관리사 자격체계 및 연수 프로그램 개발 연구』, 한국교육학술정보원, 2008.

• 정영란·곽덕훈, "이러닝에서의 학습자 정보 표준화 모형 연구", 컴퓨터교육학회논문지, 7(4), pp. 77~91, 2004.

• 정유진·배국진, "소셜네트워킹서비스(SNS)의 동향과 전망", Emerging Issue Report 20, 한국과학기술정보연구원, 2008.

• 정인성, 『원격교육의 이해』, 교육과학사, 2002.

• 정인성, "평생교육을 위한 웹 기반 학습에서 상호작용 유형에 따른 효과 분석", 교육공학연구, 16(1), pp. 223~246, 2000.

• 정현선, "IT 전공학생의 역량개발을 위한 이포트폴리오 설계 연구", 한국방송통신대학교 대학원 석사학위논문, 2012.

• 조광수·장근영·계보경·정태연·이수진·고범석, 『학습자의 흥미, 동기, 몰입 강화에 기반한 차세대 e-러닝 학습 모델 및 개발방법론 연구』, 한국교육학술정보원, 2005.

• 조현구, "Development and application of the mobile based social learning system: 모바일 기반 소셜 러닝 시스템 개발 및 적용", 서울교육대학교 교육대학원 석사학위논문, 2012.

• 지식경제부·정보통신산업진흥원·한국U러닝연합회, 『2009~2010 이러닝 백서』, 2011.

• 최민재·양승찬, "인터넷 소셜 미디어와 저널리즘", 한국언론진흥재단, 2009.

• 최정임, 『교사, 학생, 학부모의 역할에 기초한 사이버가정학습 활성화 전략』, 한국교육학술정보원, 2005.

• 최형미·이동국, "학교통일교육에서 소셜네트워크서비스(SNS)를 활용한 성찰활동이 통일문제 인식 변화에 미치는 영향", 도덕윤리과교육, 37, pp. 555~579, 2012.

• 클래스팅 원격연수 교육자료, 클래스팅연구모임, 2012.

• 한국교육개발원, 『웹 기반 학습에서 테크놀러지적 상호작용 지원체제의 교육적 활용방안』, 2007.

• 한국교육학술정보원, 『2012년 스마트교육 글로벌 동향』, 2012.

• 한국방송공사, "EDRB 활용 학교수업 지도안 개발 연구", 2013.

• 한국생산성본부 사회능력개발원, 『한 권으로 끝내는 이러닝 교수설계 실무』, 한국생산성본부, 2008.

- 한국정보통신기술협회,『정보통신 표준화백서 2008』, 진한엠엔비, 2009.
- 한국정보화진흥원,『스마트 시대의 미래 변화 전망과 IT 대응 전략』, 2012.
- 한국정보화진흥원,『IT & Future Strategy 4: 미래 사회의 新학습모델, 소셜 러닝의 부상』, 2011.
- 한국직업능력개발원,『기업 내 이러닝을 위한 교육 성과 측정 모델 발표회』, 한국 직업능력개발원, 2005.
- 한국U러닝연합회,『스토리텔링 실무』, 콘텐츠미디어, 2006.
- 한상용·김경숙,『모바일 컴퓨팅 환경의 교육적 활용 방안 연구』, 한국교육학술정 보원, 2003.
- 한정은, "가상현실 e-학습 프로그램의 유형과 활용에 관한 사례연구", 이화여자대 학교 교육대학원 석사학위논문, 2002.
- 한태인, "협력학습 지원을 위한 에이전트 간의 의사소통 데이터 모델에 관한 연 구", 전자공학회논문지, 48(3), pp. 36~45, 2011.
- 한태인·곽덕훈,『이러닝 유러닝』, 한독산학협동단지, 2006.
- 한태인·김용·김자미·이원규·김용천·김혜정·윤일규·최지영·조용상·류진선, 『교육정보 표준화 및 품질관리 융합방안 연구』, 한국교육학술정보원, 2010.
- 홍삼열·오재철, "트위터와 페이스북 사용자 접속요인 비교분석", 한국인터넷정보 학회 2010년도 정기총회 및 추계학술발표대회 자료집, pp. 189~190, 2010.
- 일본 先進學習基盤協議會,『이러닝 백서 2004~2005』, 2005. 12.
- 일본 미디어교육개발센터,『이러닝 정의』, 2006.
- 일본 경제인연합,『이러닝도입법』, 경제인연합출판부, 2006.
- 일본 능률협회, "이러닝정의", 능률협회 메니지먼트센터, 2006.
- 常盤祐司,『이러닝: 실천적 기술의 습득방법』, 다이아몬드사, 2000.
- 타나카 나오토,『유니버설 환경 디자인』, 일본 유니버설디자인연구센터, 2008.
- 미키 히로유키·호소노 나오쯔네,『IT 유니버설 디자인』, 내하출판사 2007.

- AZUMA, Ronald T., et al. A survey of augmented reality. *Presence*, 1997, 6.4: 355~385.
- Beth Holland, http://www.edudemic.com/creative-ways-to-use-google-tools-to-maximize-learning, 2013.
- BOYATZIS, Richard E. *The Competent Manager: A Model for Effective Performance*, John Wiley & Sons, 1982.
- BRENNAN, Michael; FUNKE, Susan; ANDERSON, Cushing. "The learning

content management system: A new eLearning Market Segment Emerges", White Paper, International Data Corporation, 2001.

- BRICKEN, William. Virtual reality: Directions of growth. *Notes from the SIGGRAPH*, 1990, 90: 90~91.
- BROGAN, *Chris. Google+ For Business*, Que Publishing, 2011.
- CLARK, Ruth Colvin. 『e-러닝과 교수과학』, 조일현 역, 아카데미프레스, 2006.
- COLLIS, David J. Organizational capability as a source of profit, In B. Moingeon and A. Edmondson (eds.), *Organizational Learning and Competitive Advantage*. Sage, forthcoming, 1995.
- CZARNECKI, Kelly; GULLETT, Matt. Meet the New You: In Teen Second Life, Librarians Can Leap Tall Buildings in a Single Bound and Save Kids from Boring Assignments-All before Lunch. *School Library Journal*, 2007, 53.1: 36.
- DICKEY, Michele D. Three-dimensional virtual worlds and distance learning: two case studies of Active Worlds as a medium for distance education. *British journal of educational technology*, 2005, 36.3: 439~451.
- DICKEY, Michele D. Teaching in 3D: Pedagogical affordances and constraints of 3D virtual worlds for synchronous distance learning. *Distance education*, 2003, 24.1: 105~121.
- DILLON, Connie L.; GUNAWARDENA, Charlotte N. *A framework for the evaluation of telecommunications-based distance education*, 17th Congress of the International Council for Distance Education, Open University, Milton Keynes, 1995.
- DOWNES, Stephen. Feature: E-learning 2.0. *Elearn magazine*, 2005, 2005.10: 1.
- DRISCOLL, Marcy P. *Psychology of Learning for Instruction*, Needham Heights, MA, Allyn & Bacon, 2000.
- DUBOIS, David D. *Competency-based performance improvement: A strategy for organizational change*. HRD Press, Inc., 22 Amherst Road, Amherst, MA 01002, 1993.
- DUTTON, William H. The Wisdom of Collaborative Network Organizations: Capturing the Value of Networked Individuals 1. *Prometheus*, 2008, 26.3: 211~230.
- EISENHARDT, Kathleen M. Agency theory: An assessment and review. *Academy of management review*, 1989, 14.1: 57~74.

- ELLISON, Nicole B., et al. Social network sites: Definition, history, and scholarship. *Journal of Computer-Mediated Communication*, 2007, 13.1: 210~230.
- FARDOULY, N. *Principles of instructional design and adult learning: Instructional design of learning materials*, The University of New South Wales, 1998.
- GAGNE, Robert M. *The condition of learning* (4th ed.), Holt, Rinehart, Winston, 1985.
- GAO, Fei; NOH, Jeongmin J.; KOEHLER, Matthew J. Comparing role-playing activities in Second Life and face-to-face environments. *Journal of Interactive Learning Research*, 2009, 20.4: 423~443.
- GILBERT, Larry; MOORE, David R. Building Interactivity into Web Courses: Tools for Social and Instructional Interaction. *Educational Technology*, 1998, 38.3: 29~35.
- GPII, Cloud platforms Lead to Open and Universal access for people with Disabilities and for All European Commission, CEN/LTSC FP7 Project 289016 http://www.cloud4all.info/
- GRUBER, Tom. Collective knowledge systems: Where the social web meets the semantic web. *Web semantics: science, services and agents on the World Wide Web*, 2008, 6.1: 4~13.
- GUNAWARDENA, Charlotte N.; ZITTLE, Frank J. Social presence as a predictor of satisfaction within a computer-mediated conferencing environment. *American journal of distance education*, 1997, 11.3: 8~26.
- HARASIM, Linda. Educational applications of computer conferencing. *International Journal of E-Learning & Distance Education*, 1986, 1.1: 59~70
- HARASIM, Linda. Online education. *Computer networking and scholarly communication in the twenty-first-century university*, 1996, 203~214.
- HORTON, William. Evaluating e-learning. American Society for Training and Development, *ASTD*, 2001.
- ISHII, Hiroshi; ULLMER, Brygg. Tangible bits: towards seamless interfaces between people, bits and atoms. In: *Proceedings of the ACM SIGCHI Conference on Human factors in computing systems*. ACM, 1997. p.234~241.
- JONASSEN, D. H.; HOWLAND, J.; MOORE, J.; MARRA, R. M. *Learning to solve problems with technology: A constructivist perspective* (2nd ed.), Prentice

Hall, 2003.

- KIRKPATRICK, D. L. *Another Look at Evalvating Training Programs*, Alexandria, VA: ASTD, 1998.

- MACE, Ronald L.; HARDIE, Graeme J.; PLACE, Janie P. *Accessible environments: Toward universal design*, Center for Accessible Housing, North Carolina State University, 1990.

- MCCLELLAND, David C. Testing for Competence rather than for "intelligence." *American psychologist*, 1973, 28.1: 1.

- MCLAGAN, Pat. Great Ideas Revisited. Competency Models. Creating the Future of HRD. *Training and Development*, 1996, 50.1:60~65.

- MEISTER, Jeanne C.; Willyerd, Karie. *2020 Workplace*, 2010.

- MILGRAM, Paul; KISHINO, Fumio. A taxonomy of mixed reality visual displays. *IEICE TRANSACTIONS on Information and Systems*, 1994, 77.12: 1321~1329.

- MOORE, Michael G.; KEARSLEY, Greg. Distance education: A systems view. *An International Thompson Publishing Company*, London, 2012.

- OECD, *Giving Knowledge for Free: The Emergence of Open Educational Resources*, OECD publishing, 2007.

- OECD, *IPTV: Market Development and Regulatory Treatment*, OECD publishing, 2007.

- OISHI, Lindsay. Surfing Second Life: What Does Second Life Have to Do with Real-Life Learning? *Technology & Learning*, 2007, 27.11: 54.

- OLIVER, Ron; OMARI, Arshad; HERRINGTON, Jan. Exploring student interactions in collaborative World Wide Web learning environments. *Journal of Educational Multimedia and Hypermedia*, 1998, 7.2/3: 263~287.

- PARRY, Scott B. *Evaluating the Impact of Training*, Alexandria, VA: ASTD, 1997.

- PICCOLI, Gabriele; AHMAD, Rami; IVES, Blake. Web-based virtual learning environments: A research framework and a preliminary assessment of effectiveness in basic IT skills training. *MIS quarterly*, 2001, 401~426.

- ROSENBERG, Marc Jeffrey. *E-learning: Strategies for delivering knowledge in the digital age*. New York: McGraw-Hill, 2001.

- SCHWIENHORST, Klaus. The 'third place'–virtual reality applications for second language learning. *ReCALL*, 1998, 10.01: 118~126.

- SIEMENS, George. Connectivism: A learning theory for the digital age. *International journal of instructional technology and distance learning*, 2005, 2.1: 3~10.

- SLOMAN, Martyn. The E-Learning Revolution: How Technology Is Driving a New Training Paradigm. 2002.

- SPENCER, Lyle. M.; Spencer, Signe. M., *Competence at work: Models for superior performance*, N. Y. Wiley & Son, Inc, 1993.

- SYSCO, *Evaluation system for global e-learning*, Sysco Inc., 2003.

- TREUER, Paul; JENSON, Jill. Electronic Portfolios Need Stands to Thrive, *Educause Quarterly*, 2003, 26.2: 34~42.

- WEBSTER, Jane; HACKLEY, Peter. Teaching effectiveness in technology-mediated distance learning. *Academy of management journal*, 1997, 40.6: 1282~1309.

- WEISER, Mark. The computer for the 21st century. *Scientific american*, 1991, 265.3: 94~104.

- WINN, William. An account of how readers search for information in diagrams. *Contemporary Educational Psychology*, 1993, 18.2: 162~185.

- WANG, Xiao Dong, et al. Shibboleth access for resources on the national grid service (SARoNGS). In: *Information Assurance and Security, 2009. IAS'09. Fifth International Conference on*. IEEE, 2009. p.338~341.

- YOUNG, Jeffrey R. 10 High Fliers on Twitter. *Chronicle of Higher Education*, 2009, 55.31.

- ZUBIZARRETA, John. *The learning portfolio: Reflective practice for improving student learning*. John Wiley & Sons, 2009.

- 다음 백과사전, http://100.daum.net/encyclopedia/view.do?docid=b12s2252n10
- 동아일보, "[다윈은 살아 있다]〈9〉 웹 3.0 시대의 사회", http://news.donga.com/3/all/20090302/8702386/1, 2009.03.02.
- 전자신문, "IPTV란 무엇인가?", http://www.etnews.co.kr/news/detail.html?id=200801150280, 2008.
- http://211.232.26.80:8002/smart_educell/03.Busan/06/common/index.html
- http://blog.plasticmind.com/social-networking/social-graph-defined/

- http://en.wikipedia.org/wiki/BitTorrent
- http://static.lukew.com/ajax_overview.gif
- http://wiki.fluidproject.org
- http://www.flickr.com/map/
- http://www.fluidproject.org
- http://www.fredcavazza.net/2010/12/14/social-media-landscape-2011/
- http://www.radarnetworks.com
- http://www.science.or.kr
- http://www.techfever.net/2010/06/air-hair-augmented-reality-for-those-who-want-to-learn-haircutting

찾아보기